蝉噪林愈静

薛燕平

2016.1.2

动画馆

英国动画

BRITISH ANIMATION

薛燕平 著

中国传媒大学出版社

图书在版编目（CIP）数据

英国动画/薛燕平著．一北京：中国传媒大学出版社，2010.4
ISBN 978－7－81127－896－5
（动画馆系列丛书/薛燕平主编）
Ⅰ.①英…　Ⅱ.①薛…　Ⅲ.①动画片一简介一英国　Ⅳ.①J954
中国版本图书馆CIP数据核字（2010）第061893号

英国动画

著　　者：薛燕平
丛书策划：冬　妮
责任编辑：张　旭
封面设计：曹　迪
责任印制：范明懿
出 版 人：蔡　翔

出版发行：中国传媒大学出版社（原北京广播学院出版社）
社　　址：北京市朝阳区定福庄东街1号　　邮编：100024
电　　话：65450532或65450528　　传真：010－65779405
网　　址：http：//www.cucp.com.cn
经　　销：全国新华书店
印　　刷：北京中科印刷有限公司

开　　本：787×1092毫米　1/16
印　　张：18.75　彩插2.5
版　　次：2010年5月第1版　2010年5月第1次印刷

ISBN 978－81127－896－5/J·896　　定价：58.00元

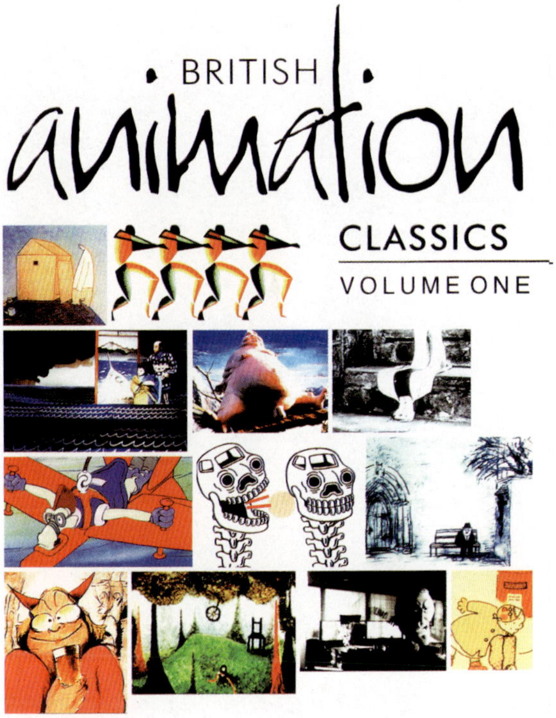

图1 英国动画大奖（British Animation Awards）出品的《英国经典动画短片集》（*British Animation Classics Vol* 1）

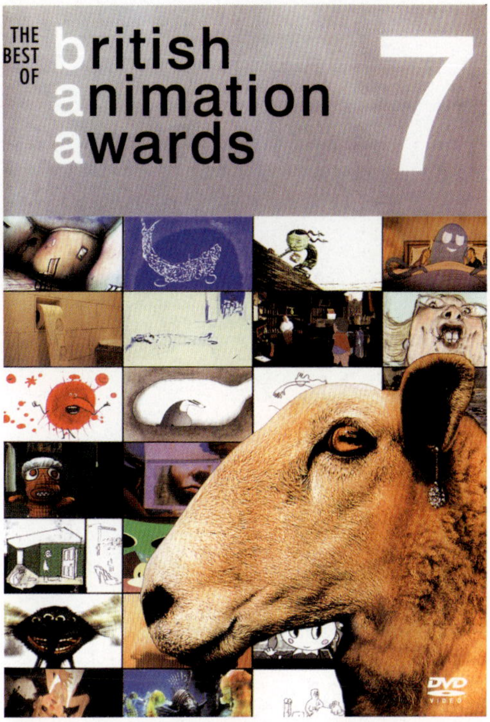

图2 英国动画大奖精选集DVD封面

图3 英国动画之父——约翰·哈拉斯（John Halas）与乔伊·巴彻拉（Joy Batchelor）

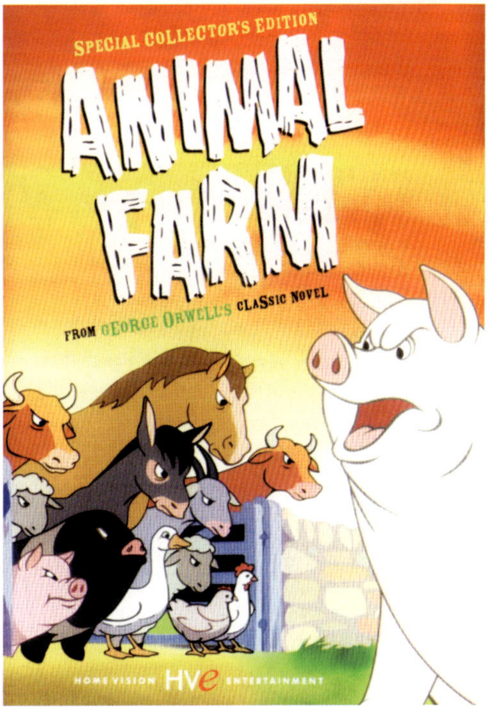

图4 英国首部影院动画长片《动物农庄》（*Animal Farm*，1954）

1 | 2
3 | 4

图5　《动物农庄》改编自著名作家乔治·奥威尔（George Orwel）的同名小说

图6　《为了你的健康》（*To Your Health*，1956）是约翰·哈拉斯夫妇为世界健康组织制作的关于戒酒的公益短片，影片完成后的30年中它被翻译成26种语言在全世界广泛流传

图7　“哈拉斯与巴彻拉动画公司”（Halas & Batchelor Cartoon Films Ltd.）出品的《音乐小象汉密尔顿》（*Hamilton the Musical Elephant*，1961）

图8　鲍伯·苟德弗瑞（Bob Godfrey）执导的《梦中宝贝》（*Dream Doll*，1979）

5|6
7|8

图9 成人动画导演菲尔·莫洛伊（Phil Mulloy）作品集锦

图10 菲尔·莫洛伊执导的《链条》（*The Chain*，1998）获得2000年萨格勒布国际动画电影节评论家奖

图11　菲尔·莫洛伊执导的《党同伐异》三部曲之《党同伐异3：大结局》（*Intolerance III—The Final Solution*，2004）

图12　巴瑞·普维斯（Barry J.C. Purves）定格动画作品集锦

图12A　巴瑞·普维斯执导的《吉尔伯特与苏利文：超级模特》（*Gilbert & Sullivan: The Very Models*，1998）

图13 《弄臣》（*Rigoletto*，1993）是英国S4C与BBC电视台联合出品的电视系列动画片《动画歌剧》（*Operavox*）中的一集，由巴瑞·普维斯执导

图14 30分钟的《弄臣》无论是美术设计还是摄影机运动都极具奢华之气

图15 2007年Focal Press将巴瑞·普维斯的专著《定格动画：激情、工艺与表演》(*Stop Motion: Passion, Process and Performance*)推广上市，这本厚达370多页的书可谓当今世界定格动画界最权威的教材

图16 艾利森·斯诺登（Alison Snowden）与大卫·菲恩（David Fine）1993年导演的《鲍博的生日》(*Bob's Birthday*)

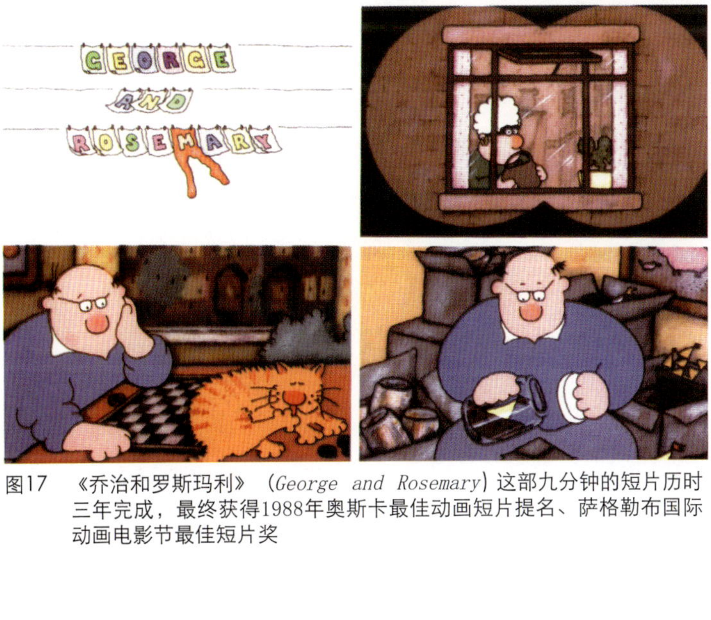

图17 《乔治和罗斯玛利》(*George and Rosemary*)这部九分钟的短片历时三年完成，最终获得1988年奥斯卡最佳动画短片提名、萨格勒布国际动画电影节最佳短片奖

图18　麦克尔·杜克·德威特（Michael Dudok de Wit）执导的《和尚与鱼》（*Monk and Fish*）

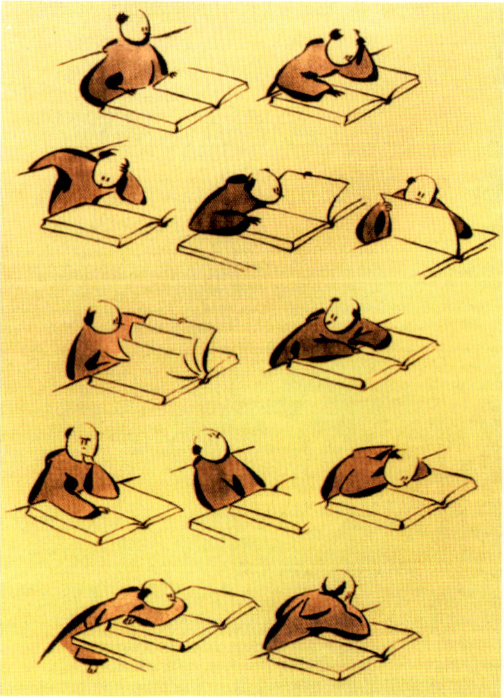

图19　《和尚与鱼》使用了水彩、印度水墨等特殊技法

图20　《和尚与鱼》获得1994年渥太华国际动画节评审团特别奖，1995年奥斯卡最佳动画短片提名、英国影视艺术学院奖最佳动画短片提名、安纳西国际动画节艺术品质特别贡献奖，1996年广岛国际动画节大奖等众多国际奖项

图21　《父与女》（*Father and Daughter*，2000）由英国与荷兰联合出品，麦克尔·杜克·德威特导演

图22 《父与女》全长8分30秒，历时四年才得以完成

图23 丹尼尔·格雷弗斯（Daniel Greaves）执导的《平面世界》（*Flat World*, 1997）

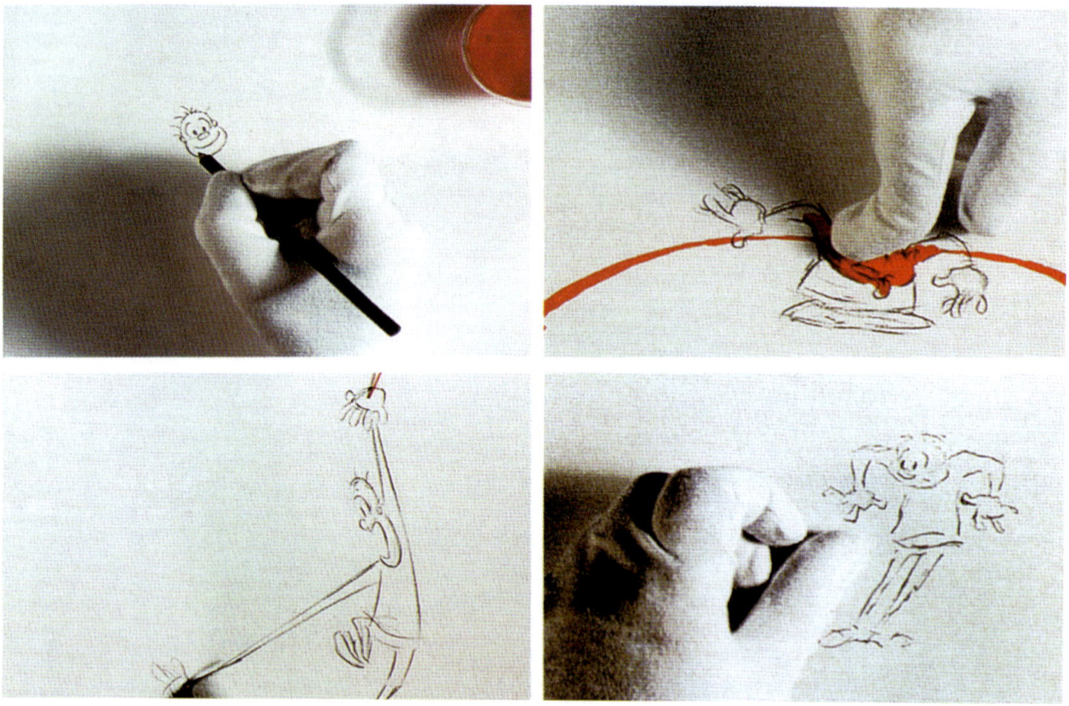

图24　获得1992年奥斯卡最佳动画短片奖的《操纵者》（*Manipulation*，1991），导演丹尼尔·格雷弗斯

图25　“街头霸王”乐队（Gorillaz）

图26　“街头霸王”乐队吉他手小面（Noodle）

图27 “街头霸王”乐队鼓手洛胖（Russel）

图28 “街头霸王”乐队主唱阿D（2D）

图27A “街头霸王”乐队鼓手洛胖

图29 “街头霸王”乐队贝斯手魔头（Murdoc）

27 | 28
27A | 29

图30　“街头霸王”乐队动画片故事板

图31 “街头霸王”乐队

图32 “街头霸王”乐队

图33 “街头霸王”乐队

图34　“街头霸王”乐队动画MV故事板

图35 皇家艺术学院教授蒂姆·韦伯（Tim Webb）执导的动画纪录短片《心灵自闭》（*A Is For Autism*）。该片所有画面、文字均来源于自闭症儿童患者之手

图36 皇家艺术学院毕业生苏茜·坦普利顿（Suzie Templeton）执导的《彼得与狼》（*Peter & the Wolf*）获得2008年奥斯卡最佳动画短片奖

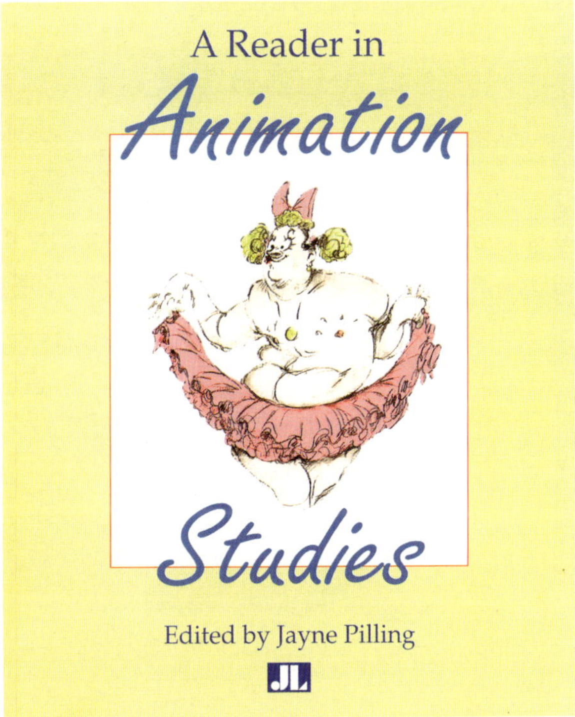

图37 世界动画理论书籍大本营——约翰·利比出版社（John Libbey Publishing）与印第安纳州立大学出版社(Indiana University Press)联合出版的图书——《动画研究》（*A Reader in Animation Studies*），珍·琵琳（Jayne Pilling）著

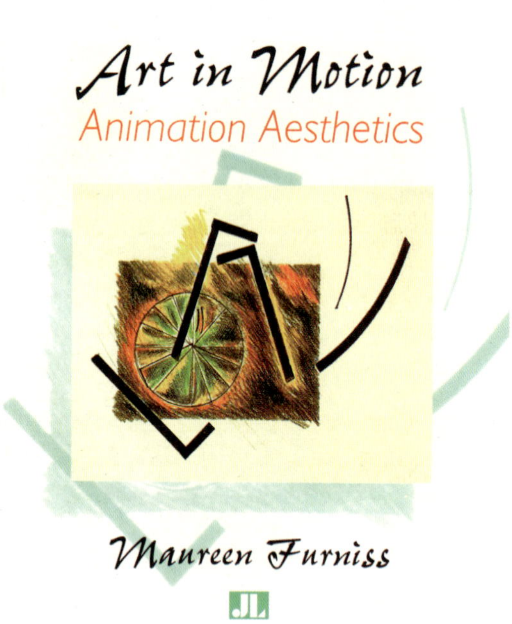

图38 约翰·利比出版社与Company Pty Ltd.联合出版的图书——《运动的艺术：动画美学》（*Art in Motion: Animation Aesthetics*），莫林·弗尼斯（Maureen Furniss）著

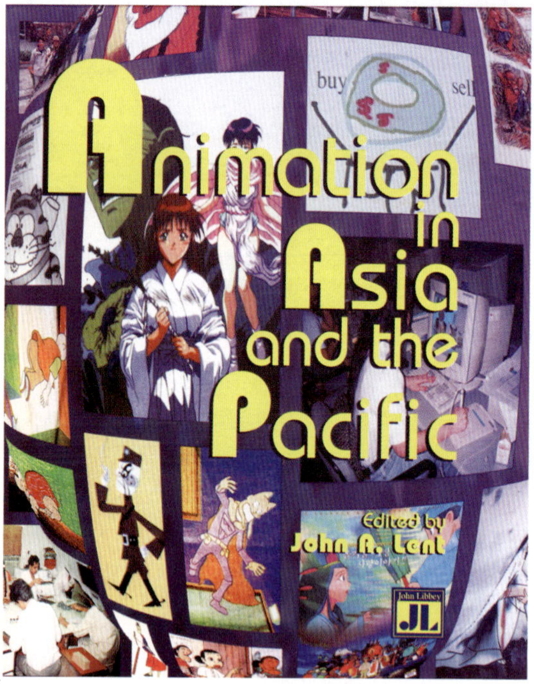

图39 约翰·利比出版社出版的图书——《亚太动画》（*Animation in Asia and the Pacific*），约翰·A. 兰特（John A. Lent）编著

图40 约翰·利比出版社出版的图书——《尤里·诺尔斯金与故事中的故事：一位动画师的旅程》（*Yuri Norstein and Tale of Tales: An Animator's Journey*），克莱尔·凯特森（Clare Kitson）著

图41 约翰·利比出版社出版的图书——《未被歌颂的动画英雄》（*Unsung Heroes of Animation*），克里斯·罗宾逊（Chris Robinson）著

38|39
40|41

图42　约翰·利比出版社出版的图书——《动画世界》（*Animated 'Worlds'*），苏泽尼·布彻恩（Suzanne Buchan）主编

图43　约翰·利比出版社出版的图书——《爱沙尼亚动画：天才与文盲》（*Estonian Animation: Between Genius & Utter Illiteracy*），克里斯·罗宾逊著

图44　约翰·利比出版社出版的图书——《圣女与女巫：迪斯尼动画长片中的女性》（*Good Girls & Wicked Witches: Women in Disney's Feature Animation*），艾米·M.戴维斯（Amy M. Davis）著

图45　约翰·利比出版社出版的图书——《泰克斯·艾弗瑞：宝贵的遗产（1942-1955）》[*Tex Avery: A Unique Legacy* (1942-1955)]，弗罗瑞纳·普利斯-瓦根纳斯（Floriane Place-Verghnes）著

图46　约翰·利比出版社出版的图书——《诺曼·麦克莱伦的电影作品》（*The Film Work of Norman McLaren*），特伦斯·多博森（Terence Dobson）著

42 | 43
44 | 45 | 46

图47　约翰·利比出版社出版的图书——《加拿大动画：梦想国度》(*Canadian Animation: Looking for A Place to Happen*, 2009)，克里斯·罗宾逊著

图48　保罗·韦尔斯（Paul Wells）撰写的《动画与美国》（*Animation and America*, 2002, Rutgers University Press出版）

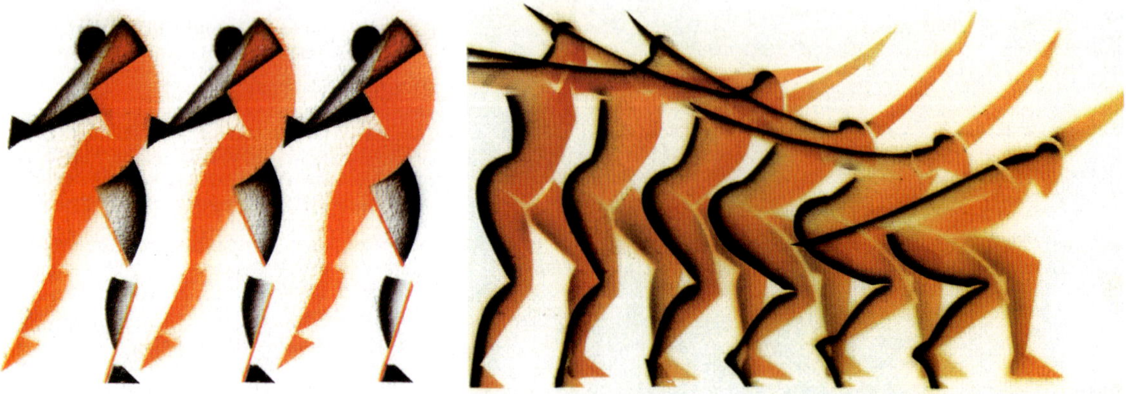

图49　英国动画大本营——第四频道（Channel 4）投资出品的《足之歌》（*Feet of Song*, 1988），埃里卡·拉塞尔（Erica Russell）导演

图50 埃里卡·拉塞尔为李维斯牛仔裤制作的动画广告片

图51　迄今为止《超级无敌掌门狗》系列已经制作了四部中篇、十部短片、一部影院长片而当之无愧地成为阿德曼动画公司(Aardman Animations)的“镇宅之宝”

图52　1995年的中篇《超级无敌掌门狗：间不容发》(*Wallace & Gromit in A Close Shave*)

图53　今天，华莱士(Wallace)和他忠诚的小狗格罗米特(Gromit)被英国旅游部门推荐为外国游客不可不认识的英国人物

图54　《超级无敌掌门狗：疯狂机关》(*Wallace & Gromit in Cracking Contraptions*)每集2~3分钟，共十集

51 | 52
53 | 54

图55　阿德曼动画公司创始人大卫·史波克斯顿(David Sproxton)、彼得·洛德(Peter Lord)、金牌导演尼克·帕克(Nick Park)与梦工厂创始人之一的杰弗里·卡森伯格（Jeffrey Katzenberg）在戛纳国际电影节《超级无敌掌门狗：人兔的诅咒》(*Wallace & Gromit: The Curse of the Were-Rabbit*)首映式上

图56　《超级无敌掌门狗：人兔的诅咒》画册封面

图57　尼克·帕克与史蒂夫·鲍克斯(Steve Box)讨论故事板

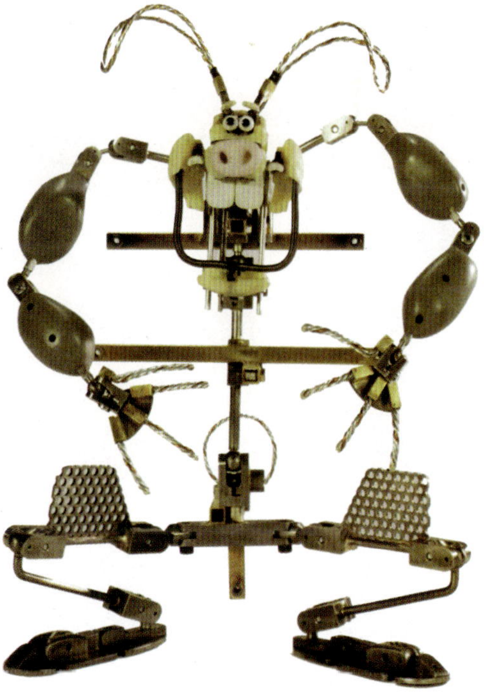

图58　《超级无敌掌门狗：人兔的诅咒》中人兔的骨架

55|56
57|58

图59　《超级无敌掌门狗：人兔的诅咒》是该动画形象系列产品积累30年后的首部影院长片

图60　《超级无敌掌门狗：面包师谋杀案》(*Wallace & Gromit in A Matter of Loaf and Death*, 2008)是《超级无敌掌门狗》系列的第四部中篇作品

图61　《愤怒小子》(*Angry Kid*)不仅制作工艺独树一帜，其内容的成人性也是阿德曼动画公司作品中极其少见的

59|60
61

图62　电视系列动画片《愤怒小子》已经制作完成了两季，共计52集

图63　电视系列动画片《小羊肖恩》（*Shaun the Sheep*）中这只怎么看怎么像刚做完“锅底灰面膜”的苏格兰黑面羊风靡全球

图64　尽情享受生活的小羊与淳朴自然的英国田园风光使《小羊肖恩》大获成功，连续播出了三季

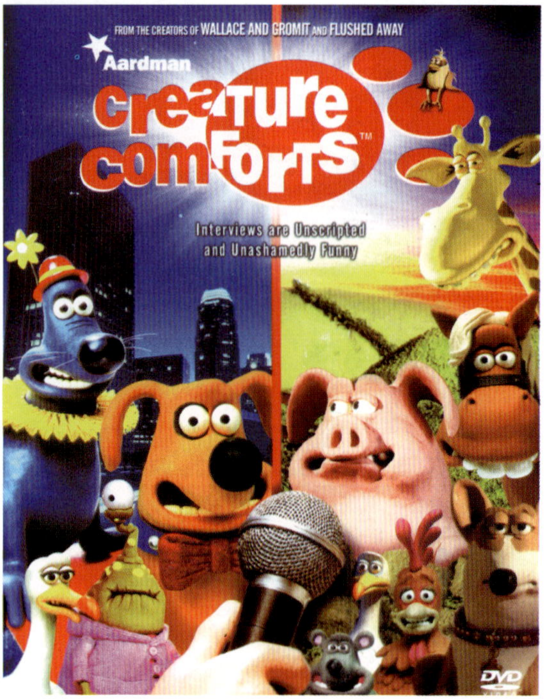

图65　2003年至2005年，阿德曼动画公司根据1989年尼克·帕克的奥斯卡获奖短片《动物悟语》为英国ITV电视台制作了同名电视系列动画片《动物悟语》（*Creature Comforts*）

图66　阿德曼动画公司出品的短片《皮普与鲍格》（*Pib and Pog*，1994）

图67　寇斯格罗夫·霍尔电影公司（Cosgrove Hall Films）动画人物全家福。该公司不仅是欧洲规模最大、产量最多、历史最悠久的动画公司之一，也是英国为数不多的几家同时拥有手绘、定格与电脑动画制作能力的动画公司

65|66
67

图68　光明电影公司（Illuminated Films）出品的《雪人》（*The Snowman*，1982）

图69　光明电影公司2001年出品的《圣诞颂歌：大电影》（*Christmas Carol: The Movie*）

图70 影院动画长片《圣诞颂歌：大电影》由村上吉米（Jimmy Murakami）导演，尼古拉斯·凯奇（Nicolas Cage）、凯特·温丝莱特（Kate Winslet）等明星参与了配音工作

图71　2008年，我有幸见到了前来参加第三届中国（北京）国际大学生动画节的村上吉米导演，老人还把《圣诞颂歌：大电影》中的一幅手稿赠送给了中国传媒大学动画学院

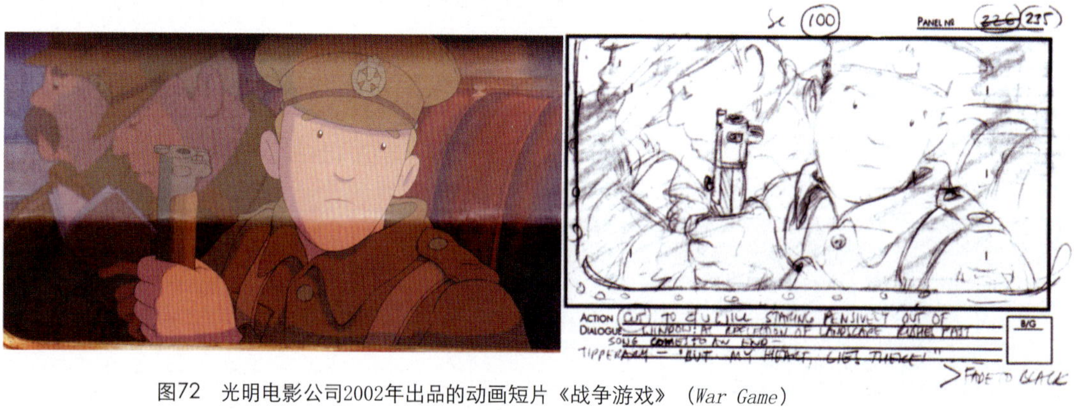

图72　光明电影公司2002年出品的动画短片《战争游戏》（*War Game*）

图73　《战争游戏》获得2002年英国动画大奖最佳儿童动画片奖、安纳西国际动画节最佳电视动画特别节目奖

71
72
73

图74 由阿卡工作室（Studio aka）投资制作的动画短片《星外飞仙》（*Jojo in the Stars*，2003）获得2003年英国影视艺术学院奖最佳动画短片奖、2005年的欧洲卡通论坛大奖

图75 马克·克雷斯特（Marc Craste）执导的《星外飞仙》海报

图75A　2008年，阿卡工作室当家导演马克·克雷斯特完成了一部24分钟的动画片《淘气鬼》（*Varmints*），影片根据著名儿童文学作家海伦·沃德（Helen Ward）的同名作品改编而成，同时马克·克雷斯特还为该书绘制了插画

图76　尼克萨斯动画公司（Nexus Productions）为史蒂文·斯皮尔伯格导演的《逍遥法外》（*Catch Me If You Can*）制作的动画片头

图77　尼克萨斯动画公司制作的动画广告

图78　风靡网络的日本动画系列片《监狱兔》的编剧、导演富冈聪长期与尼克萨斯动画公司合作，这是他为本田汽车制作的广告

图79　皇家艺术学院毕业生乔纳森·霍奇森(Jonathan Hodgson)执导的《有着美丽眼睛的男人》(*The Man with the Beautiful Eyes*，1999)

图80　《有着美丽眼睛的男人》剧照。该片彻底奠定了乔纳森·霍奇森在英国动画影坛的稳固地位，同时也为他创建英国著名动画特效公司——果冻动画公司（Sherbet）打下了基础

77|78
79|80

图81　角色商店公司（The Character Shop）是一家以三维电脑动画与视觉特效为主的英国公司

图82　角色商店公司出品的三维电脑动画短片《太空战士》（*Space Man*，2003）

图83　角色商店公司出品的三维电脑动画短片《屠宰场》(*Slaughter House*，2004)

图84　《屠宰场》主角造型设计灵感来源于英国著名摇滚明星奥兹·奥斯伯恩（Ozzy Osbourne）

图85　放纵驼鹿公司（Loose Moose）是一家以定格动画为主打的英国公司

83
84|85

图86 放纵驼鹿公司动画作品

图87 女导演鲁斯·灵福特（Ruth Lingford）执导的《死神与母亲》（*Death and the Mother*，1997）

图88　女导演鲁斯·灵福特执导的《多爱》（*Whole Lotta Love*，1989）

图89　女导演乔安娜·奎恩（Joanna Quinn）的动画作品

图90　女导演乔安娜·奎恩执导的《健美选拔赛》（*Body Beautiful*，1991）获得1991年英国影视艺术学院奖最佳动画片奖、1992年萨格勒布国际动画电影节最佳幽默动画短片奖

图91　《健美选拔赛》剧照

图92　《健美选拔赛》剧照

图93　《健美选拔赛》设计稿

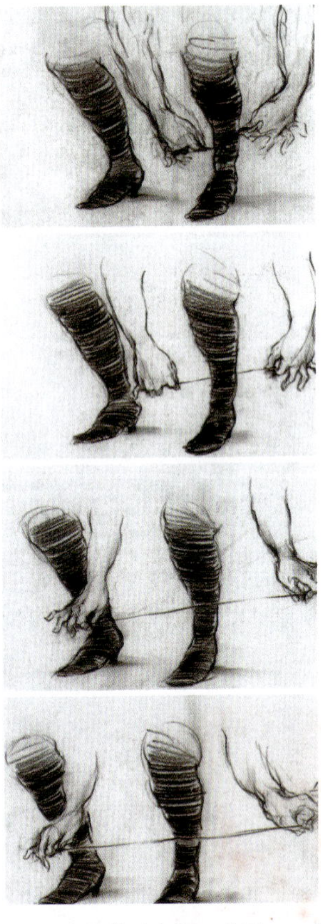

图94　女导演乔安娜·奎恩1992年的作品*Elles*

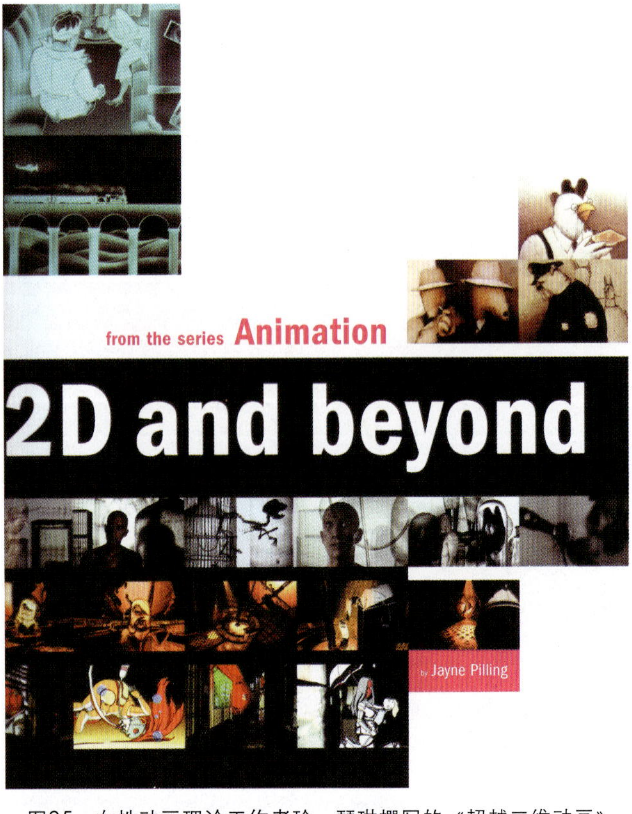

图95　女性动画理论工作者珍·琵琳撰写的《超越二维动画》（*2D Animation & Beyond*，2001，RotoVision出版）

卷首语

送给所有喜欢动画片的人

“小时候我们总能在地上发现密密麻麻的蚂蚁，
仿佛世界是由蚂蚁组成的。
长大后突然有一天我们发现蚂蚁消失了。
其实并不是现在的蚂蚁比过去少了，
只不过是我们不能再像小孩那样
随时随地趴在地上去观察它们而已。”

本书献给我那一去不复返的英国留学时光
以及在我家住了半年、
也是一去不复返的苏格兰折耳——猫儿球君

——薛燕平

目录

前　言

关于《动画馆》系列丛书

以下文字是我作为《动画馆》的主编在每本书前必须说的，不管那书是不是我写的。

我策划这套系列丛书的初衷很单纯——这些选题都是我自己想写的。我要有时间、有能力，才舍不得叫别人写去呢，咱这不是没那本事嘛。与其自己憋着好选题写不出来，叫那主意烂肚子里，不如叫有能力的人写。真要写出好书，对地球人都有好处，起码我再写书需要参考资料时有现成的书看了。就跟那广告词说的一样，“你好，我也好”。

《动画馆》系列丛书试图囊括与动画相关的所有领域的内容，比如说已经出版的《怪谈——日本动漫中的传统妖怪》、《世界游戏制作大师》、《世界玩具经典》、《世界动画电影大师》、《非主流动画电影》等专著。之所以做这件事是因为我一直认为仅仅把动画自己那点事儿弄明白对动画艺术与产业的长期发展远远不够，必须搞明白与动画貌似无关却又有着千丝万缕联系的其他艺术门类与产业状况，才能使中国动画真正强大起来，例如：动画和玩具、动画和漫画、动画和电子游戏、动画和儿童文学、动画和电视、动画和电影特效等等。只有把这些兄弟艺术门类与产业链的历史、特点、运营模式、成功经验、代表人物、经典案例以及它们与动画的关系研究透，动画艺术与产业才能立体与清晰。

因此，《动画馆》系列丛书将是一辈子的活儿，每半年能推出一本我就很开心了。开放性、独创性、不断更新与补充是这一系列产品的特点。当然，动画历史、流派、大师等方面的研究与引进、翻译国外优秀理论著作也是该系列丛书必不可少的内容。

我选择作者的标准很简单——有能力与激情，人品好。ACGT[①] 是很时髦的东西，你叫老教授写“凉宫春日”玩具为什么“萌”倒一片男人，这不是明摆着为难人家吗？所以我不在意作者的专业背景与学历，只要对动画及动画周边某一领域有深入研究，语

---

① ACGT 是我创造的一个专业名词，即动画(Anime)、漫画(Comic)、电子游戏(Game)和玩具(Toy)的综合简称。其实这一称谓在日本非常流行，一般称为 ACG。我认为玩具也是必不可少的重要元素，因此把 Toy 增加了进去，便成了现在的 ACGT。

言表达能力强，有激情，想和读者分享自己的感受，确实够“宅”，并且不指望通过写字发财就可以加入。现在几本书的作者就有在校学生，年纪都不大，但是他们确实是超级 ACGT 发烧友，这是所谓的专家学者们所不具备的。

《动画馆》系列丛书的宗旨是：第一，每本书阐述的主题都应与动画有关；第二，每本书的内容都应与中国该领域现状有关。比如说我会要求《世界玩具经典》的作者阐述玩具与动画的关系以及中国玩具业现状。

之所以强调这两点是从该系列丛书整体构思出发的：强调与动画的关系是为了“点题”——这是《动画馆》丛书，如果说的一切都和动画没关系，那岂不是笑话。另外，该丛书的最终目的是帮助中国动画走出低谷，那么内容必须与中国国情有关。你可以单独拿出一章写，也可以打散了在行文中体现，总之作者一定要带着这两个观点创作。只有这样，才能保证该丛书整体论调统一而不至于像蒸散了的窝头一样单摆浮搁。

这一系列丛书中很多内容将是国内相关领域的“第一本”。说它是“第一本”绝不代表它如何了不起，只是想告诉读者——万事开头难，对该丛书中不成熟的地方请多多包涵。

关于《英国动画》的缘起

这本书的出现纯属偶然。

两年前，台南艺术大学音像动画研究所的余为政教授请我为他主编的《世界动画通鉴》一书撰写《英国动画简史》一章，余老师说有个两三万字就足够了。结果我一不小心写了 12 万字……我承认这次有点认真过头了……

余老师非常惊讶与诚恳地说：“真用不了这么多字！一个英国就十几万字，那别的国家得多少字啊？还要考虑全书的比例均衡问题，你干脆再凑点字单独出本书吧。”一句话点醒梦中人！于是余老师拿走了三万字，剩下的就是这本书的雏形。

本以为再凑个十万字就 OK 了，对于一个月写四万字而什么事也不耽误的我来说三个月后一本新书就又诞生了。想想就激动，于是我信心十足地去出版社签合同——半年搞定，玩着就干了的事情。

没想到两年过去了，早已超过了合同规定的 20 万字，比合同规定的交稿时间晚了整整 11 个月。好在出版社对我的创作一贯大力支持，当我倍感歉意地一拖再拖时，我的编辑却说：“不急，慢慢来，精益求精，保证质量。”想想也是，上一本书《非主流动画电影》光校对就用了八个月，这么算来两年写本书还是很正常的。

细细想来从 2001 年到 2009 年，八年来我似乎每天都在写字。三本书，120 万字。当年在英国上学时，有一个经常通宵上网的学生总在英国时间 24 点（北京时间早上八点）QQ 问我：“您又码字呢？”八年过去了，那孩子早已毕业、结婚生孩子了，我却还在码字。前不久的一个深夜，我的 QQ 闪烁，一个 2008 级的新生上来就问：“您又码字呢？”

那一瞬间我仿佛又回到了八年前的英国。

有些累了，三年内不写字了，做点片子玩吧。

别担心，未来三年内大家不会没有新书看的，因为我会继续主编、策划，寻找优秀作者，认认真真地将《动画馆》系列丛书做成国内动画理论书籍的品牌。也许下本书的作者就是你，一个真正热爱动画并有话想说的人。

关于我的"网络搜索狂人"

"网络搜索狂人"是我的一位网友，男的，安徽人。他不仅为本书作出了巨大贡献，而且我们的相识也是那么神奇与"富有教育意义"。

多年前我无意中进入淘宝网的一家动画 DVD 专卖店，顿时目瞪口呆与无地自容——店里的盘我几乎都没看过！爱沙尼亚动画?！巴西动画?！古巴动画?！天啊！身为动画专业教师的我竟然都没有听说过！万分激动的我加了老板的淘宝旺旺，说："兄弟，你这好东西太多了！我要买！"对方的回答使我险些跌倒："薛老师，我店里这点东西和你的收藏相比不值一提。"

……

我第一次加一个淘宝网的陌生人，对方不仅知道我姓什么，还知道我是干吗的！甚至还知道我收藏了些什么！顿时我觉得一点安全感都没了！这世界忒不太平了!!

"汗……我认识你吗?"我问道。

"我老去你博客搜集动画专业资料来给我的商品加注释"，"黑客"回答。

"你怎么知道这淘宝旺旺 ID 就是我?"

"因为你的旺旺和博客名字一样。"

……

"言归正传，我要买你的盘，全部的。多少钱?"

"全部送你，薛老师，一分钱都不要。"

……

"那不行，你这些盘是有成本的，尽管都是刻录的，但是你买这么多原版 DVD 也很贵的。"

"我这些盘不是从原版盘刻录下来的，都是网上免费下载的。"

……

"我怎么就下不到啊?！你都哪儿找的啊?"

"搜索呗，关键词输入很重要。"

……

在简短的交谈中我数次被雷倒，万般无语中……这是何方神圣啊?！你真是来上自习的吗?!

一来二往，我们混熟了。他是一个再普通不过的路政局工作人员而绝非动画专业人士，喜欢动画并拥有强大的网络搜索能力。于是此人每天挂在网上寻找、下载各种稀有的动画片(然后再发给我)。之所以称其为“网络搜索狂人”是因为你给他蛛丝马迹的线索他就可以找到你需要的东西。你扔出去一根牛骨头,他就能给你牵回一头牛来!有一次我告诉他一位我特别喜欢的动画大师新出版了一套5D9套装,我唏嘘不已地说:“啥时候我才能搞到这套盘啊?!”“网络搜索狂人”平静地说:“你等会儿。”半个小时后,这套5D9的免费下载种子已经到手了!

在撰写《英国动画》这本书时,我经常会给他布置工作——去给我找这个片子!去给我找那大师的照片!无一失手,百发百中!毫不夸张地说,没有他就没有这本书。

为了他,我买了1T硬盘;为了他,我升级了ADSL带宽;为了感谢他我送了他1T硬盘。这么做我依旧无法表达感激之情,因此在此单独拿出篇幅大书特书表扬他!不仅因为他帮助我完成这本以及日后的每一本书,还要感谢他给我及我的学生上了生动的一课——每次面对偷奸耍滑,理直气壮告诉我无法完成作业的原因是网上资料太少的学生时,我就会给他们讲“网络搜索狂人”的故事。然后质问他们:“人家为什么找得到?!你怎么就找不着?!”他教会了我网络时代的学习方法与刻苦钻研的精神,这比给我片子值钱得多。

为了使读者对本书所涉及的英国动画作品有直观与深入的了解,我将对应书中内容在自己的博客——“猫粮的动画馆”上传一些英国动画片资料,这些片子80%都是“网络搜索狂人”发给我的。

再次感谢“网络搜索狂人”同志!由衷地!

关于与前两本书内容交叉的问题

上高中时我的学校在西边,为了避免每天上学走同样的路,我宁可早点出门换着路线骑车上学,甚至出家门直接奔北。我是一个极其讨厌重复自己的人,因此这本书绝对不会把我前两本书里的相关内容拿来凑数,更何况我的编辑也不允许我那么做。[①]

《世界动画电影大师》一书上市时间为2006年1月,《非主流动画电影》上市时间为2007年7月。三年过去了,之前介绍的各个公司与导演都有了新动态与作品,《英国动画》一书就是对前两本书中涉及的英国部分进行补充。例如在本书的《英国动画代表人物》一章就特意分为“温故”与“知新”两部分,用意很明确——“温故”部分便是对以往写过的内容进行补充与校正,把这三年来他们所做的事情记录在案(也许这一部分改名为《温故2006～2009》更为贴切)。再例如本书中《阿德曼动画公司》一文就是《世界动画电影大师》一书中《Aardman公司与Nick Park》一章的全面升级版。过去的文

---

① 令我万般无奈的是,在撰写《英国动画简史》一章时,为了保证历史的完整性不得不引用了我之前两本书中的部分相关文字,在此致歉。在个人习惯与尊重历史面前,我也只好选择后者。另外在《英国动画教父——鲍伯·荀德弗瑞(Bob Godfrey)》一文中我引用了《非主流动画电影》中关于《梦中宝贝》(*Dream Doll*)的文字,因为这部短片对于鲍伯·荀德弗瑞太重要了,同时它也是我最喜欢的影片之一。

章着重介绍了尼克·帕克以及他的《超级无敌掌门狗》系列作品，而对阿德曼动画公司所谈甚少。而新文章中不仅对该公司历年来的动画长片、电视系列片、动画广告片、艺术短片进行了系统梳理，还介绍了除尼克·帕克以外的公司主要导演。另外还对原来文章中的错误进行了修正——例如原来我翻译这公司的名字为“阿达姆动画公司”，但是三年过去了，现在大家习惯称之为“阿德曼动画公司”，于是我连公司名字都改了。这新增加的内容都是原来文章中不曾提及的，因此毫不夸张地说这绝不是从1.0升级到1.1版本，而是从DOS升级到VISTA。

这么做对于第一次看我书的读者来说也许感觉不过瘾甚至莫名其妙，一些在我前两本书中出现过的、已故的英国动画大师在本书中干脆只字未提，这必定会影响阅读的完整性。但是对于老读者和我来说必须这么做，因为如果把原来已经出版过的相关文字全部拿来再做补充的话，这本书就奔着一百万字去了。我、老读者以及出版社都不允许这种“炒冷饭”的事情发生。

世界动画艺术源远流长，只有开始，没有结束，那么就让我的一本本书在我有生之年见证它的发展吧。直到某一个导演或我死的那一天，读者也许就可以彻底了解某一段完整的历史了。

不知道为什么，写到这里我不由得想起郭德纲的相声——“爸爸带你去看五百年的老艺术家，别动手！小心咬着……”

要感谢的人

康征（我的母亲）、薛京山（我的父亲）、季勇、中国传媒大学动画学院2006级动画创作理论与实践方向研究生——宫盈、李梦、肖潇、牛文瑾

2009年5月1日

于北京家中

第 1 章 英国动画简史

雏形期:20 世纪初期

这个时期的英国动画产量与质量都不是很高,大部分作品基本停留在静止画面在银幕上闪烁的水平。英国人美其名曰——“光影图画”(lightning sketch)。如果我们以早期实验动画的标准衡量这些作品也许称得上“图画”,但是更多时候它们不过是技术落后的产物。1895 年末,伯特·阿克斯(Birt Acres)制作了英国第一部“动画片”。严格地讲,这部作品算不上是真正的动画,它只不过是根据漫画家汤姆·麦瑞(Tom Merry)关于德国皇帝恺撒·威廉(Kaiser Wilhelm)的漫画改编的闪烁图形而已。在 19 世纪与 20 世纪交替的时候,这种“变戏法式”的作品并不少见,例如 1901 年华特·P. 布斯(Walter P. Booth)导演的《工作室里的魔鬼》(*The Devil in the Studio*)。当然,这种“光影图画”不是英国人独创的,此时全世界的动画发展都处于雏形阶段,大家都在摸索之中,这种现在看来粗糙简陋的作品是动画艺术发展的必经阶段。

1906 年,华特·P. 布斯拍摄了《艺术家之手》(*The Hand of the Artist*),影片全程记录了一双手在纸上绘制一个小女孩和一个小贩的舞蹈过程。在接下来的三四年间,他又制作了《魔法师的剪刀》(*The Sorcerer's Scissors*,1907)。

1910 年,剪纸动画高手塞缪尔·阿姆斯特朗(Samuel Armstrong)制作了《小丑与驴》(*The Clown and His Donkey*)以及其他几部动画片,但是影响不大。

第一次世界大战期间,英国“光影图画”艺术家哈瑞·佛尼斯(Harry Furniss)和弗兰克·利亚(Frank Leah,印度籍英国人)像连环画与讽刺插画作者一样将他们的美术风格带进了动画片创作之中。这些艺术家创作了大量讥讽德国统治者、鼓舞士气的作品,例如:乔治·恩斯特·斯达迪(George Ernest Studdy)1914 年拍摄的《战争研究》(*War Studies*);哈瑞·佛尼斯导演的《和平与战争铅笔画》(*Peace and War Pencillings*,1914)、《温切尔西和它的郊外》(*Winchelsea and Its Environs*,1914);达德利·坦匹斯特

(Dudley Tempest)制作的《战争卡通》(*War Cartoons*,1914) 等。这其中以兰斯洛特·斯皮特(Lancelot Speed)根据战争真实事件制作的讽刺系列动画片《坏孩子》(*Bully Boy*)知名度较高,最为有趣的是《U 形管道》(*The U Tube*)和《海洋梦》(*Sea Dreams*,1914)两集。前者讲述德国皇帝试图挖一条地道侵入英国,但是却挖错了方向;后者嘲讽了德国统治者企图扩展海军的野心。1917 年,达德利·巴克斯顿(Dudley Buxton)导演的《曾经是那样吗?》(*Ever Been Had?*)是第一次世界大战期间制作最为精良的一部英国动画作品。影片讲述地球上最后一个人也因战争而死去,整个英国毁灭了。当观众沉浸在无限的绝望与悲痛之中时,导演一抖包袱——原来这是一部"戏中戏",刚才观众所看到的一切只不过是在拍电影而已。

20 世纪初期,当赛璐珞技术还没有普及的时候,剪纸动画和定格动画成为英国动画的主流技术。截止到第一次世界大战结束,英国动画师已经具备了一定的动画制作技术和动画工业从业经验。尽管战后经济问题困扰着处于襁褓之中的英国动画业,但全新的动画系列片与新兴动画公司依旧破茧而出。例如:兰斯洛特·斯皮特于 1921 年至 1924 年间导演的 26 集剪纸动画系列片《果仁》(*Pip*)与《斯奎克与威尔弗雷德》(*Squeak and Wilfred*)。乔·诺博(Joe Noble)制作的《萨米与香肠》(*Sammy and Sausage*)讲述了一个男孩和他的小狗的故事。希德·格里菲斯(Sid Griffiths)的动画知识来自在电影院做放映员时对《菲利克斯猫》(*Felix the Cat*)的反复观摩与研究,他也执导了一系列有关狗的动画片,名为《杰瑞与小狗》(*Jerry the Tyke*)。面对铺天盖地的"卡通狗"造型,汤姆·韦伯斯特(Tom Webster)选择了一匹马作为他《X 型腿马——提希》(*Tishy the X-Legged Horse*)的主角。乔治·恩斯特·斯达迪的《波让狗》(*Bonzo*) 是这一时期最为有名的系列动画片。该系列片开始于 1924 年,讲述一只小狗在中产阶级社会的冒险故事。

这一阶段的代表人物主要有:亚瑟·墨尔本·库珀(Arthur Melbourne Cooper)和安生·戴尔(Anson Dyer)。

英国定格动画之父——亚瑟·墨尔本·库珀

亚瑟·墨尔本·库珀(1874.4.15~1961.11.28)出生于英格兰圣奥尔本(St Albans),是英国电影的创始人之一,世界动画先驱者。他于 1901 年导演的《朵莉的玩具》(*Dolly's Toys*)被史学家公认为真正意义上的第一部英国动画片。

1899 年他拍摄了动画短片《比赛:吸引力》(*Matches: An Appeal*),这部短片是为政府发动市民为军队募捐而制作的宣传片。1904 年他创建了阿尔发培训公司(Alpha Trading Company),为客户制作真人与动画短片。该公司是早期英国电影工业极其罕见的集制作、发行、展映于一身的机构(1927 年被大火烧毁)。1904~1909 年间,他一直与罗伯特·W. 保罗(Robert W. Paul,1869.10.3~1943.3.28)合作制作真人与定格动画相结合的科幻题材短片。1908 年,亚瑟·墨尔本·库珀与罗伯特·W. 保罗联合导演了《玩具王国梦游记》(*Dreams of Toyland*),这部真人与玩具相结合的黑白定格动画默片表现了一个孩子充满玩具的美好梦境，成为世界动画史上不可不提的经典案例。导演在户外利用日光进行拍摄，这无疑使影片质量有所下降，但是从这部古董级的短片中依旧可以看出偶的流畅动作与导演营造的神秘气氛。

1910年，罗伯特·W. 保罗退休后亚瑟·墨尔本·库珀继续独立撰写剧本，导演、拍摄动画片。

亚瑟·墨尔本·库珀的代表作品：

1898年	《山村铁匠》(*The Village Blacksmith*)
1899年	《比赛：吸引力》(*Matches: An Appeal*)
1901年	《朵莉的玩具》(*Dolly's Toys*)
1904年	《神奇的玩具匠》(*The Enchanted Toymaker*)
1905年	《玛克楠博游伦敦》(*MacNab's Visit to London*)
1906年	《诺亚方舟》(*Noah's Ark*)、《仙女教母》(*The Fairy Godmother*)
1908年	《玩具王国梦游记》(*Dreams of Toyland*)
1912年	《灰姑娘》(*Cinderella*)、《木制运动员》(*Wooden Athletes*)
1913年	《玩具匠的梦》(*The Toymaker's Dream*)

动画制片人常青树——安生·戴尔

安生·戴尔（1876.7.18～1962.2.22）出生于英国南部港口城市布莱顿(Brighton)，在进入动画界前从事了20年教堂玻璃画绘制工作，39岁才正式参与动画制作。他作为动画师的成就远没有作为动画制片人大，安生·戴尔曾经一度成为20世纪30年代英国最重要的动画制片人。在第一次世界大战期间，他与达德利·巴克斯顿联合制作了政治宣传动画系列片《公牛约翰的动画写生簿》(*John Bull's Animated Sketchbook*)、动画系列片《牙牙学语》(*Kiddigraphs*)。二人分手后，安生·戴尔主要从事将莎士比亚作品改编为动画片的工作，而达德利·巴克斯顿则制作了两部系列动画片：《米菲的往事》(*Memoirs of Miffy*)、《巴克西的滑稽表演》(*Bucky's Burlesques*)。

李道明在《欧洲现代动画》一文中谈到："英国动画传统大约开始于第一次世界大战期间。安生·戴尔在20年代创作了一些动画作品，后来他又领先成立了专业的动画片厂。1924年他根据设计、编剧、绘画、拍摄等不同阶段的创作分门别类，找专家来拍摄动画，使他的片厂能有持续固定的作品面世。他最好的作品可能是1934年(编者按：应为1935年，这里估计是作者笔误)一系列以'萨姆'这个角色为中心的动画影集。但是，和当时的好莱坞动画相比，这些作品技巧上虽然很专业，但视觉与情感上均不够复杂,因此不很受英国观众的喜爱。"[①]

值得一提的是安生·戴尔历时两年制作的《旗帜的故事》(*The Story of the Flag*)。这部长达一个小时的作品应该算是英国第一部动画长片,但是这部影片却因投资方对导演的漫长工期及巨额预算丧失了信心而中途下马,影片最终于1927年被分为六集短片上映。

安生·戴尔的代表作品:

1917年	《彼得的图画诗歌》(*Peter's Picture Poems*)
1918年	《三只小猪》(*Three Little Pigs*)
1921年	《马车里的美元》(*Dollars in Surrey*)
1922年	《小红帽》(*Little Red Riding Hood*)

与英国真人电影相比,这一时期的英国动画处于"与世隔绝"的状态,它们的播出平台几乎只有民间展映这一途径。少数几部动画片获得了发行上映的机会,但是影响力较小。可以说20世纪初的英国动画默默无闻,即使在欧洲范围内也是无名小辈。

发展期:20世纪30年代

20世纪30年代,大部分英国动画师靠制作动画广告片为生,少数人有机会参与真人娱乐电影制作。安生·戴尔在从事了几年真人电影及纪录片拍摄工作后又回到动画领域,1935年他创建了英格兰电影公司(Anglia Film),试图与席卷全球的美国动画抗衡。公司建立之初,他主要制作根据古典音乐改编的短片,例如1935年的《卡门》(*Carmen*)。后来他把创作方向调整为以英国观众早已熟悉的人物为主角的动画片,例如:小萨姆(Sam Small),一个傻傻的、总成为替罪羊的小个子士兵。这个角色最早是由喜剧演员斯坦利·郝勒威(Stanley Holloway)创作的音乐剧形象,后来被改编为广播剧在英国广泛流传。斯坦利·郝勒威参与了安生·戴尔导演的"小萨姆"动画系列片配音工作,共为其配音18集,最早一集是1935年的《萨姆和步枪》(*Sam and His Musket*)。这一动画系列片不仅是有声电影,并且使用了彩色电影技术,这在当时的动画界并不多见。由此可见,安生·戴尔是位勇于尝试新鲜事物的导演。但是影片效果并不理想,观众反响平平。当第五集播出后,投资方停止了与安生·戴尔的合作,但是慷慨地留下了部分设备。这些设备足以支撑安生·戴尔的小公司继续制作动画广告片,其中比较有趣的作品有1937年的《坏脾气的国王》(*The King with Terrible Temper*)。

由于迪斯尼公司在彩色动画技术方面的垄断,英国彩色动画片发展缓慢。尽管英国也出现过其他彩色影片技术,例如20世纪初期的杜宁彩色系统(Dunning Colour),

① 黄玉珊、余为政编著:《动画电影探索》,台湾远流出版事业股份公司,1997年版,第181页。

但是效果都不太理想。直到 1935 年由安东尼·格洛斯(Anthony Gross)和海克特·霍金(Hector Hoppin)导演的《狐狸亨特》(*Fox Hunt*)上映,才标志着英国彩色动画片的诞生。

1936 年,漫画家罗兰·戴维斯(Roland Davies)试图把他的畅销漫画主角"大马史蒂夫"改编为动画片,但是陈旧的黑白美术风格与过时的动画观念使该片很快被观众遗忘。

此时,英国缺乏本土动画人才的现状开始显现出来,大量外国动画师来到英国借助英国资金进行创作,这其中不乏大师级人物:德国剪纸动画导演洛特·雷妮格(Lotte Reiniger)、新西兰实验动画大师列恩·雷(Len Lye)以及日后导演了英国第一部动画长片的约翰·哈拉斯(John Halas)。从某种意义上说,英国动画历史是由外国人创造的,这一现象在英国动画史中屡见不鲜。此时,只有来自苏格兰的诺曼·麦克莱伦(Norman McLaren,1914.5.11～1987.1.27)坚守着英国本土动画阵地并为英国邮政总局(British General Post Office)制作了大量动画宣传片。

第二次世界大战

英国动画一大特点在于动画宣传片大行其道,无论是用于商业用途的动画广告片还是各种公益事业动画宣传片,从英国动画诞生之日起就成为主力军。这其中特别值得一提的是政治动画宣传片和科教动画片,从某个角度来说,这两种动画片是英国动画得以长足发展的基础。毕竟政府的大力支持是所有艺术发展的强大后盾。

当其他国家的动画师因第二次世界大战而颠沛流离,动画事业停滞不前之时,英国动画却获得了稳步的发展。尽管此时的英国动画广告片生产几乎停滞,但政治宣传与战争科教动画片使英国动画在二战期间得以存活,并为战争结束后的复苏奠定了基础。例如,1940 年成立的拉金斯·布斯(Larkins Both)公司便是以制作政治宣传片为主。该公司最初是由比尔·拉金斯(Bill Larkins)与安生·戴尔联合创建的,但是经过短暂合作二人便分道扬镳。比尔·拉金斯独立支撑公司,制作了大量动画科教片。他与彼得·萨克斯(Peter Sachs)、丹尼斯·吉普林(Denis Gilpin)共同创造了全新的英国动画片美术风格,并希望英国动画超越美国联合制作公司取得革命性的进步。

寻找有英国特色的动画片之路始终是英国动画艺术家们不懈奋斗的目标,而实现这一理想的方法有很多种。1944 年,J·亚瑟·阮克(J. Arthur Rank) 创建的 GB 动画公司(G. B. Animation)吸引了大批动画师前来求职。该公司的动画师怀抱着打破迪斯尼动画垄断世界的局面的理想而努力工作着。1946 年,《白雪公主》和《小鹿斑比》的导演大卫·汉德(David Hand,1900～1986)被聘为该公司的首席动画师,负责培训员工。他按照迪斯尼公司 30 年代考核与培训动画师的模式培养员工,大量退伍军人通过考试进入该公司。公司宣称要招聘 2000 名动画师而成为英国规模最大的动画公司。大卫·汉德的训练方法实用而系统,他传授给英国动画师迪斯尼的经典角色设计与表演方法。但是在这种训练模式下制作的系列动画片《动物乐园》(*Animaland*,1948～1950)和《音乐画具箱》(*Musical Paintbox*,1949～1950)反响却不好,大卫·汉德承认这部讲述两只松鼠故事的作品虽然技术完美，但缺乏趣味性，这是其失败的主要原因。很多动画师反对大卫·汉德这种全盘迪斯尼化的做法，他们呼吁发扬英国传统，创造具有英国本土特色的动画片。1950 年该公司解散。

英国动画之父：约翰·哈拉斯(John Halas)

约翰·哈拉斯(1912.4.16～1995.1.20)生于匈牙利首都布达佩斯，后到巴黎师从定格动画大师乔治·帕尔(George Pal)学习动画制作。1936 年来到英国并遇到本地画家、剧作家——乔伊·巴彻拉(Joy Batchelor，1914.5.22～1991.5.14)，二人一见钟情并结为终身伴侣。

1940 年约翰·哈拉斯夫妇建立了以自己名字命名的公司——"哈拉斯与巴彻拉动画公司"(Halas & Batchelor Cartoon Films Ltd.)，公司从创建之初一直到 20 世纪 50 年代末始终与政府保持着紧密的合作关系。

第二次世界大战期间，哈拉斯与巴彻拉动画公司为英国战争办公室、英国情报与国防部、英国海军情报中央办公室制作了 70 多部短片。这不仅使他们在经济上受益匪浅，最重要的是与政府部门建立了良好的合作关系，为他们以后的事业奠定了坚实的基础。这种关系一直保持到大战结束，其中影响较大的作品有：为英国海军制作的影院版动画长片《造船》(*Handing Ships*，1945)、为英国情报部门制作的八集系列动画片《查理》(*Charley Series*，1946～1947)、为"欧洲复兴计划"(European Recovery Program)制作的《鞋匠与帽匠》(*The Shoemaker and the Hatter*，1949)、为卫生部制作的《房子漫天飞》(*Fly About the House*，1949)等。

壮大期：20 世纪 50～70 年代

安生·戴尔在二战期间导演了几部反纳粹的政治宣传动画短片后，把兴趣转向娱乐片的制作，例如：《松鼠战争》(*Squirrel War*，1947)。1951 年，安生·戴尔退休，跟随他多年的动画师各奔东西，纷纷创建自己的工作室。

乔治·莫瑞诺(George Moreno)是来自弗莱舍尔兄弟公司的美国动画师，他在英国制作了一系列以伦敦出租车司机和他的出租车为主角的短片《气泡与尖叫》(*Bubble & Squeak*)，该系列片一共五集。

杰勒德·侯德沃斯(Gerard Holdsworth)、J·华特·汤普森(J. Walter Thompson)与乔治·帕尔从 20 世纪 30 年代开始一起制作木偶动画片。1951 年，在荷兰动画师的帮助下，杰勒德·侯德沃斯为劳力士手表制作的动画广告片《时间的历史》(*His Story of Time*)今天看来依旧堪称经典而被广泛流传。但是，改编自法国作家圣－埃克苏佩里(Saint-Exupéry)同名童话的《小王子》(*The Little Prince*)一片却使公司一蹶不振。

1946 年，匈牙利人彼得·弗德斯(Peter Földes，1924～1977.3.29)随家人移民到英国，1952 年他在英国电影学会(British Film Institute，简称 BFI)的资助下导演了处女作

《动画创世纪》(*Animated Genesis*)。这部短片以幽默而深刻的方式讲述了人类的起源以及人类与地球的关系。1955年的《短见》(*Short Vision*)描述了人类在核爆威胁下的生存状态,可以说这部作品与他的处女作在主题上如出一辙。彼得·弗德斯影片的特点在于其凝重而华丽的美术风格。1956年,彼得·弗德斯来到法国,过起了悠闲而安静的画家生活。

1953年至1968年间,一个动画业余爱好者组织的"蚱蜢团"(Grasshopper Group)值得一提,该团体的创建者与领袖之一约翰·达伯恩(John Daborn)使用真人演员拍摄了两部动画片《两个人的公司》(*Two's Company*)、《新娘与新郎》(*Bride and Groom*)。他还根据诺贝尔文学奖获得者、英国作家吉卜林(Kipling,1865～1936)的文章《王格普之战》(*The Battle of Wangapore*)导演了同名短片。

理查德·泰勒(Richard Taylor)1929年6月16日生于伦敦,著名招贴画师的儿子。牛津大学毕业的理查德·泰勒子承父业,1953年,他受雇于拉金斯·布斯公司从事动画创作。1957年,他开始独立执导影片,1960年升职为公司的首席导演。1965年,理查德·泰勒创建了自己的公司。观其一生的创作,他只导演了一部艺术动画片——政治讽刺短片《革命》(*The Revolution*,1967)。其余作品都是科教片、广告片,主要作品有:关于农业自动化的《地球是战场》(*Earth Is a Battlefield*,1957);为巴克利银行(Barclays Bank)在尼日利亚和加纳分部制作的广告片《把乌娜的钱存在那》(*Put Una Money for There*,1957);宣传儿童卫生的科教片《你的不良习惯》(*Some of Your Bits Ain't Nice*,1981)。他还为BBC的《电视英语》(*English by Television*,1984～1986)教学节目制作了70多分钟的动画片。

理查德·泰勒主张艺术、政治、商业三者完美结合,他将毕生精力都奉献给自己所追求的动画"实用性"与"有益性"。1986年,他当选为英国动画协会会长。

英国第一部影院版动画长片——《动物农庄》(*Animal Farm*)

1953年,约翰·哈拉斯根据乔治·奥威尔(George Orwell)1945年出版的同名小说拍摄了英国历史上第一部动画长片《动物农庄》。

约翰·哈拉斯夫妇极其重视这部影片,不仅大量招聘、增加工作人员,还特意成立了一个分公司,用来培训新员工。在70多人的不懈努力下,影片历时两年,终于完成。从影片制作一开始约翰·哈拉斯夫妇便深刻领悟了原作者的意图并力求忠实于原作而不是单纯的政治宣传品。乔伊·巴彻拉说他们只想拍摄一部关于"自由"的影片。约翰·哈拉斯坚持采用小说灰暗、极具讽刺意味的结尾。但是,美国投资方却坚持影片必须有一个大团圆的结尾。于是现在影片中就出现了"所有被奴役的动物联合起来打倒统治者"的结尾。这个"大团圆结尾"不仅满足了美国观众的口味,也传达给前苏联统治者以强烈的政治暗示——总有一天他们会被推翻。面对这个问题约翰·哈拉斯只好自嘲地说:"在纽约上映时有一位女士哭着扑进我的怀里,久久不能平静(因为她认为片中的前苏联人民太惨了)。当她冷静下来后,我告诉她那只是一部动画片而已。试想我用喜剧结尾都有观众认为太过凄惨而无法坚持看完电影,如果我忠实于原著,以悲剧收场,那将会出现怎样可怕的情形?"

影片于 1954 年 4 月上映,英国本土及美国《时代》周刊都对该片给予极高评价,称其为杰作。《动物农庄》使约翰·哈拉斯夫妇名声大振,彻底奠定了其英国动画大师的地位,他们二人的名字甚至可以成为英国动画的代名词。

20 世纪 60 年代,英国逐渐成为欧洲动画中心。随着动画政治宣传短片和传统的娱乐短片需求量的降低,动画师们开始寻找其他生存途径。影院版动画长片、电视系列动画片、科教片成为他们的首选。而高质量的动画广告片更使英国动画跻身于世界动画前列。良好的组织结构、完善的策划、齐备的动画辅助机构与设施纷纷建立,例如动画学校、儿童动画工作坊、业余动画爱好者组织等等。但是,这些机构与组织各自为政,利己主义严重,分崩离析的英国并未在世界动画之林呈现出应有的整体形象。可是,英国动画无限的创作自由,丰富多彩的主题与影片样式还是可圈可点的。

为了保护本国电影业,激励笼罩在好莱坞阴影之中的电影工业,英国政府推出很多优惠政策:放映英国短片的电影院、英国本土的发行公司都可以享受免税或减税的待遇。1960 年约翰·哈拉斯夫妇制作了英国首批电视系列动画片:*Foo Foo*(33 集)、*Habatales*(六集)等。1964 年乔伊·巴彻拉根据经典同名歌剧改编、独立执导了影院动画长片《女巫的诅咒》(*Ruddigore*)。

1965 年,罗恩·怀亚特(Ron Wyatt)和托尼·卡坦尼欧(Tony Cattaneo)创建了以他们二人名字命名的公司,日后该公司成为世界著名的动画广告片制作基地。

60 年代最应大书特书的无疑是以"甲壳虫"乐队(The Beatles)为原型的影院版动画长片《黄色潜水艇》(*Yellow Submarine*,1968)。

乔治·杜宁(George Dunning)与《黄色潜水艇》

乔治·杜宁(1920.11.17～1979.2.20)生于加拿大的多伦多,22 岁加入加拿大国家电影局与诺曼·麦克莱伦共事。他是约翰·格里尔逊为加拿大国家电影局(NFB)动画部引进的第三位动画人才,可谓加拿大国家电影局的开山元老之一。

1955 年他前往纽约加入美国联合制作公司(United Productions of America,简称 UPA),参与制作动画系列片《格拉德·麦克波一波》(*Gerald McBoing-Boing*)。该年他受美国联合制作公司委任来到伦敦开发市场。但是随着美国联合制作公司领导阶层的变化,他渐渐脱离美国联合制作公司而在伦敦建立了自己的公司——"电视卡通公司"(TV Cartoon Ltd.)并雇用了原来美国联合制作公司的同事为电视台制作系列节目和商业广告。

1962 年他凭借《飞人》(*The Flying Man*) 获得了自己的第一个世界动画大奖——安纳西国际动画节大奖。影片采用粗犷豪迈的水彩画形式,这种用刷子沾上水彩颜料在玻璃上制作的动画片与当时迪斯尼动画片的画风截然不同。

1968 年"甲壳虫"乐队自己的"苹果唱片公司"(Apple Productions)委托乔治·杜宁

的电视卡通公司就其同名专辑制作一部影院版动画长片《黄色潜水艇》。

与乔治·杜宁的其他动画短片相比,《黄色潜水艇》算不上出类拔萃之作,但是在商业运作上却取得了巨大的成功。

据当时负责《黄色潜水艇》电影原声音乐制作的乔治·马丁(George Martin)透露:"'甲壳虫'乐队从一开始就对影片不感兴趣,当被要求为影片谱写新音乐时,'甲壳虫'乐队的回答是'我们不会为它写任何正经音乐,如果你要的话就把那些我们想丢进纸篓里的垃圾音乐拿去好了'。"因此电影只好用他们的一些成名曲来组织故事结构。最终"甲壳虫"乐队很不情愿地参加了影片中真人表演部分的拍摄,但是拒绝给自己的动画形象配音。

尽管困难重重,乔治·杜宁对这部影片依然充满了新奇的设想。他绝不是制作电视垃圾的混混,他请来了在欧洲搞舞台、平面广告设计的"波普"艺术大师捷克人汉斯·艾德曼(Heinz Edelmann)担任角色造型设计的工作。此人把波普艺术风格带入影片之中,使全片弥漫着浓重的迷幻色彩,以至于今天的嬉皮一族们仍把《黄色潜水艇》奉为圣物高高供起。全片影像的超现实主义风格不禁使人想起达利的作品。影片的编剧是耶鲁大学的古典文学教授阿尔·布鲁达克斯(Al Brodax)与畅销小说作家埃里克·西格尔(Eric Segal,他后来出版的小说《爱情故事》被改编为同名经典好莱坞电影,我相信你一定听过那首著名的主题歌)等人。

1978 年美国著名动画理论家、动画导演约翰·卡尼梅卡(John Canemaker)在《动画电影杂志》(*AnimaFilm*)第三期上曾经发表过一篇名为《我们不得不生活下去》(*One Has to Live*)的文章。文章里提供了大量乔治·杜宁制作《黄色潜水艇》时的感受:"我们的预算是一百万美元,制作周期为 11 个月。但是'甲壳虫'乐队从中拿走了 20 万美元的劳务费。我们 200 人在伦敦的 SOHO 区集中苦干了五个月。大家当时都抱着一种'不成功,则成仁'的态度拼命工作着。我们都憋着一股劲,一定要证明给大家看我们做的东西和电视系列动画片就是不一样。"

虽然该片大卖特卖但是在动画学术界却被骂得一文不值。这一切也是在预料之中的,因为它毕竟是一部商业宣传片,第一目的是推销"甲壳虫"乐队的唱片。所以尽管它在形式上大胆创新,可称得上是集 60 年代各种动画类型于一身的"目录性质"影片,但是其内容的乏味与浓厚的商业叫卖气息注定它必将成为过眼云烟。

好莱坞经典动画的集大成者:理查德·威廉姆斯(Richard Williams)

理查德·威廉姆斯 1933 年 3 月 19 日生于加拿大多伦多,由于他长期在英国工作并在那里成名,所以大家一直认为他是英国动画大师。年轻时他曾经跟随乔治·杜宁在蒙特利尔工作过一段时间,但是很快他就前往西班牙学习绘画了。在西班牙期间他开始着迷于动画电影,但是那里根本没有创作环境与资金允许他制作动画片。1955 年他来到伦敦开始从事电视广告制作的工作。

1958 年他独立制作并导演了动画短片《小岛》(*The Little Island*,30 分钟),这部讽刺人类自身贪婪本性、哲学意味极强的作品得到了极高的评价,从而让理查德·威廉姆斯一夜成名。影片讲述三个代表人类"真、善、美"的小怪物在一个小岛上为了追逐各自的欲望而导致塌天大祸的故事。在影像风格上该片既是对迪斯尼动画片的致敬又是对迪斯尼样式的一种反叛。这部里程碑式的作品为理查德·威廉姆斯带来了无数商业机会。他在伦敦成立了自己的工作室,很快他的公司就成为许多艺术家所向往的动画圣殿。

1962 年,理查德·威廉姆斯执导了《爱我爱我》(*Love Me... Love Me*)和《男人的教训》(*The Lecture on Man*)两部短片。但是为了能维持公司正常运转,他不得不把工作重心转向制作动画电视商业广告。其中最有名的是为"杜鲁门牌"啤酒(Truman Bitter)制作的系列广告。为真人电影制作动画片头和动画片段也成为他谋生的主要手段之一,这其中包括:1965 年的《什么事,猫咪?》(*What's New, Pussycat?*)和《清算人》(*The Liquidator*),1967 年的《游乐场的蛋糕》(*Casino Royale*),1968 年的《光旅主人》(*The Charge of Light Brigade*),1968 年的《塞巴斯蒂安》(*Sebastian*)以及 1974 年的《粉豹归来》(*The Return of the Pink Panther*)。

1968 年对理查德·威廉姆斯来说是人生的一个重要转折点。这一年他观看了迪斯尼公司出品的《丛林日记》(*The Jungle Book*, 1967),大受震动。原本认为已经熟练掌握了塑造生动动画角色技巧的他瞬间觉得自己是如此无知与浅薄。特别是影片中的老虎更是他的最爱。于是理查德·威廉姆斯来到迪斯尼公司参观学习了一年时间。在那里他见到了该角色的创造者米尔特·卡尔(Milt Kahl)以及弗兰克·托马斯(Frank Thomas)、奥利·约翰斯顿(Ollie Johnston)和肯·安德森(Ken Anderson)等迪斯尼公司的元老级人物。这之后理查德·威廉姆斯聘请米尔特·卡尔到自己伦敦的工作室来教授动画课程。他与米尔特·卡尔的友谊一直延续到 1987 年米尔特·卡尔逝世,二人情同父子。参与课程教授的还有《幻想曲》中蘑菇舞的制作者阿尔特·巴比特(Art Babbitt)。

理查德·威廉姆斯不仅自己从这些大师那里受益匪浅,同时也为英国动画师们请来了世界上最棒的老师。1967 年他又把华纳公司动画师、恰克·琼斯(Chuck Jones)的首席助理——肯·哈里斯(Ken Harris)接到伦敦边工作边教学。二人合作了 18 年直到 1982 年肯·哈里斯去世。1973 年他又聘请曾经参与制作《白雪公主》的格瑞姆·奈特维克(Grim Natwick)来到伦敦为他和他公司的动画师教授"角色动态"(Live-in)课程。可以说,理查德·威廉姆斯在培训英国本土动画师学习好莱坞经典动画技巧方面功不可没。

自从 60 年代以广告时段收入为主的商业电视台在英国建立后,动画被作为一种行之有效的表现形式出现在电视广告中。加拿大籍动画大师理查德·威廉姆斯和乔治·杜宁为此作出了极大的贡献,他们使动画广告片的内容、创意与制作工艺有了质的飞跃。当时,理查德·威廉姆斯恢复了在 60 年代几乎被遗忘的"全动画"(Full Animation)传统。后来他的助手中很多人做出了优秀的短片,例如埃里卡·拉塞尔

(Erica Russell)导演的《三角形》(*Triangle*)获得奥斯卡最佳动画短片提名。而乔治·杜宁在制作《黄色潜水艇》时雇用了大量外国艺术家与动画师，这也对参与工作的英国动画师产生了新的刺激与影响。

70年代早期，英国很少有正规的动画高等教育机构。随着国家影视学校(National Film and Television School，简称NFTS)的建立，很多业界人士和已取得本科甚至硕士学位的人得到了继续深造的机会。1971年国家影视学校成立，最初名为国家电影学校(The National Film School)，是英国顶级的专业电影学校。

鉴于当时英国电影工业与艺术创作已经落后于美国和欧洲其他国家，专业电影学校的创建势在必行，于是1967年英国教育与科学部决定成立一所国家级的电影专业学校。1969年，博恩·丹尼斯·劳埃德(Born Dennis Lloyd)男爵开始大兴土木，实施这一计划。

1970年，苏格兰人科林·杨(Colin Young)——美国加利福尼亚大学戏剧艺术系(University of California's Department of Theater Arts)系主任，被任命为国家电影学校首任校长。当时的国家影视学校并没有什么固定的课程，学校聘请动画和影视从业人员充当导师，带领学生制作短片。这些不计成本与周期的学生作业使英国动画在70年代中期崭露头角。

国家影视学校第一批毕业生日后在业界都大有作为，例如：琼·阿胥沃斯(Joan Ashworth)创建的三桃工作室(Three Peach Animation)是伦敦最有名的定格动画公司。琼·阿胥沃斯现在担任英国最好的动画艺术学校——皇家艺术学院(Royal College of Art，简称RCA)动画系主任。

1971年鲍伯·苟德弗瑞(Bob Godfrey)导演的《卡玛·苏卓归来》(*Kama Sutra Rides Again*)成为英国本土公开发行的第一部X级动画片。

乔伊·巴彻拉于70年代中期不再从事创作，一心负责公司的日常管理工作。有了贤内助的大力支持，约翰·哈拉斯在60年代末大胆引进了电脑技术，制作了《什么是电脑》(*What Is a Computer*，1967)，《接触》(*Contact*，1974)，《高速公路》(*Autobahn*，1979)，《进退两难》(*Dilemma*，1981)等电脑动画片。这不仅在英国是史无前例的，在整个欧洲乃至全世界也是意识超前之举。

艾伦·凯擎(Alan Kitching)1945年8月16日出生，为电脑动画先驱。1973年他就在全球范围内推出了Antics这款电脑动画软件。

阿根廷人奥斯卡·吉瑞罗(Oscar Grillo)生于1943年，20世纪70年代来到英国定居。他主要从事动画广告片创作，1979年他导演了《海边女人》(*Seaside Woman*)。这部色彩亮丽的短片是为琳达·麦卡特尼(Linda McCartney)制作的MTV。

伊恩·艾米斯(Ian Emes)在70年代为英国最伟大的摇滚乐队平克·弗洛伊德(Pink Floyd)制作了大量动画MTV。

保罗·维斯特(Paul Vester，1941年12月生)于1967年导演了处女作《循环》(*Repetition*)，接下来又创作了《足球怪人》(*Football Freaks*，1971)和《快乐的人》(*Sunbeam*，1980)。

在影院长片方面，尽管很难再有英国动画能够超越《动物农庄》和《黄色潜水艇》这两部里程碑式的作品，但是它们之后有两部作品还是值得一提的。第一部是画家罗纳德·斯尔乐(Ronald Searle)与美国动画师比尔·麦伦迪兹(Bill Melendez)联合导演的《神枪手迪克的责任》(*Dick Deadeye or Duty Done*，1975)，这部81分钟的影片的灵感来自《吉尔伯特与苏利文》(*Gilbert & Sullivan*)的歌剧。影片画面精致、优美却没有获得商业成功。另外一部长片是改编自理查德·亚当斯(Richard Adams)畅销小说的《向下漂流的船》(*Water-ship Down*)。这部讲述兔子之间战争的作品虽然由美国人马丁·罗森(Martin Rosen)担任制作人，但影片并未落入美式卡通的俗套。该片长101分钟，最早由约翰·胡布利(John Hubley)导演，但是不久他便被制片人解雇了。影片最终由马丁·罗森和托尼·盖伊(Tony Guy)联合执导完成。影片于1978年上映，获得巨大商业成功(特别是海外发行)，但是评论家却因其与原著出入较大而颇有微词。值得一提的是，这两部作品都是由规模不大的中小型公司制作的，这无疑说明英国动画业整体实力提高了。

成熟期：20世纪八九十年代

动画理论研究与高等教育

英国动画理论研究开始于20世纪70年代中期，安迪·达利(Andy Darley)在70年代末、80年代初撰写了《与日俱增与日渐卓越的动画》一文，从某种意义上讲是对当时英国动画艺术的理论肯定。这篇文章在大学中掀起一股对影视、动画理论争相研究的热潮。这种热衷于动画学术研究除了出于个人喜爱的原因以外，80年代的英国及世界动画影展对导演学历背景的要求也是其迅速发展的诱因之一。特别是各个研讨会与导演发言使得动画师们必须具备一定的动画历史、美学知识，以便与业内人士交流。

20世纪80年代的英国动画无论规模还是技术都有相当大的发展，很多原来主修绘画、雕塑与纯艺术的学生看见电视上播出的不再是哄小孩的“可笑的卡通”后，纷纷投身于这一行业。英国艺术学校与业界保持紧密联系，各个艺术院校中有一个传统始终保留着：不论学校之间的教学理念与方法如何不同，都会邀请知名艺术家与业界人士到学校兼职讲课。在50年代后期到整个60年代，这为动画广告片与视觉艺术创新培养了熟练工人，打下了良好基础。

新一代动画师多半是电影学院与动画学院毕业的科班出身。截至1997年，英国共有27所设计学院开设了动画课程。

这一时期英国最突出的动画高等院校是皇家艺术学院和创意艺术大学。

皇家艺术学院(Royal College of Art)

皇家艺术学院最初是由伊丽莎白一世及其丈夫阿尔伯特公爵一手创建的，至今已有150多年的历史。这对传奇夫妻对艺术与科学的浓厚兴趣使得学校从一开始便披上了皇家高贵而耀眼的外衣。

1837年,皇家艺术学院的前身——国家设计学校(Government School of Design)正式成立。1896年,皇家艺术学院成立,它不仅是英国乃至全世界最优秀的艺术院校,而且也是世界上唯一一所只培养研究生的艺术与设计类大学。学院拥有工艺美术、建筑、平面设计、时装设计、动画、视觉传达、艺术史、工业设计等专业的文学硕士学位(MA)、哲学硕士学位(MPhil)和博士学位(PhD)授予权。

皇家艺术学院的动画硕士、博士主要培养实验动画导演,该专业从1995年开始设置硕士学位,每年招生,平均每届学生十人左右。皇家艺术学院动画系"鼓励跨专业、跨学科的艺术家充分发挥自己的创造精神与想象力;鼓励各种不同类型的动画片创作——纪录片、科幻片、叙事与实验动画片等。影片结构、节奏、影像、声画之间的关系是教学重点。角色性格塑造、动画基本技巧、指导演员表演、动画时间掌握与节奏也是授课的重点内容"。

该系学生作品几乎囊括了世界所有重要动画节的大奖。例如其2005级研究生托尼·卡莫里(Tony Comley)导演的《阿比盖尔》(*Abigail*)获得了2006年安纳西国际动画节学生组一等奖;而学院也获得渥太华国际学生动画节(International Student Animation Festival of Ottawa,简称SAFO)动画教育贡献奖(1997年)与最佳动画高等院校奖(1999年、2001年)。

据2002年数据统计,1997～2002年间,皇家艺术学院动画专业硕士毕业生的就业率为93%。由于学校位于伦敦,因此就业机会极其丰富。激情动画公司(Passion Pictures)、阿卡工作室(Studio aka)和索尼电影公司等大公司都争先恐后地聘用该校毕业生。

创意艺术大学(University College for the Creative Arts)

成立于2005年8月的创意艺术大学由两所一流的艺术设计院校——肯特艺术与设计学院(Kent Institute of Art & Design)、萨里艺术与设计学院(Surrey Institute of Art and Design)合并而成。

创意艺术大学法勒姆校区是原来的萨里艺术与设计学院下属的一个学院,已有120多年历史。主要开设绘画、雕塑、平面设计、电影、传媒、广告等专业。该校区的动画专业是由英国动画大师鲍伯·苟德弗瑞一手创办的,可谓历史悠久,人才辈出。例如:曾经发掘了阿德曼动画公司两位创始人的著名电视制作人托尼·哈特(Tony Hart);荣获奥斯卡最佳动画短片奖的作品《操纵者》的导演丹尼尔·格雷弗斯(Daniel Greaves)、《父与女》的导演麦克尔·杜克·德威特(Michael Dudok de Wit);2008年奥斯卡最佳动画短片《彼得与狼》的导演苏茜·坦普利顿(Suzie Templeton);三次奥斯卡最佳动画短片提名获得者马克·贝克(Mark Baker)。

动画理论研究与动画史料整理工作也逐步展开。1987年约翰·哈拉斯为BBC制作了一套讲述世界动画艺术历史的纪录片——《动画大师》(*Masters of Animation*)。这套总长为339分钟的教学节目耗时十年,收集了来自13个国家和地区的近7000名动画工作者的资料和采访记录。全片分为四部分:第一部分讲述美国和加拿大动画片；第二部分介绍英国、法国、意大利的动画状况；第三部分侧重于东欧的波兰、匈牙利、苏联、南斯拉夫的动画艺术；最后一部分则是亚洲动画片（以日本为主）和电脑动画的论述。我想任何一个热爱动画的人都会对这部由大师制作、讲述大师故事的纪录片爱不释手。更令人激动的是，1987 年约翰·哈拉斯还为该节目出版了同名著作，从而使得这套影片更具收藏价值。

约翰·哈拉斯说自己是包豪斯学派的忠实信徒，他曾经拜包豪斯学派代表人物——匈牙利人拉斯洛·莫霍里一纳吉（László Moholy-Nagy）为师。包豪斯主张“艺术家回归社会，强调艺术创作实用性”的理念在约翰·哈拉斯身上体现得淋漓尽致。这也许正是他如此热衷于制作科教片、宣传片的原因吧！约翰·哈拉斯本着服务社会的原则积极参与各种动画节与文化活动；大力宣扬、推广动画艺术（曾担任世界动画协会主席）；撰写动画理论书籍与评论文章；拍摄动画发展史纪录片；培训动画师，大力提携年轻人。

这也许正是约翰·哈拉斯被称为“英国动画之父”的原因：他不仅制作了英国第一部影院版动画长片、第一部电视系列动画片和第一部电脑动画片，还致力于动画理论研究与动画史料的保留及动画事业的推广。约翰·哈拉斯撰写的《动画电影制作技术》（*The Technique of Film Animation*）和《动画的时间掌握》（*Timing for Animation*）成为很多大学动画课程的教材。1999 年，《动画的时间掌握》一书更被中国电影出版社翻译出版。

除了大学与大师在普及、推广动画艺术外，各种官方与民间机构、组织也逐渐成为扶持艺术动画的主力军。这其中的代表是英国艺术委员会（Arts Council of Great Britain）与英国电影学会。

英国艺术委员会——这一政府机构致力于扶持“高雅艺术”，例如：歌剧、古典音乐、戏剧、影视艺术等。在大卫·柯蒂斯（David Curtis）的远见卓识下，英国艺术基金会开始资助动画创作。最初投资的重点是“动画纪录片”，即以动画导演的观点阐述其他领域艺术家的观点，例如奎伊兄弟（Brother Quay）制作的关于音乐家斯特拉文斯基（Igor Stravinsky）和莱奥什·杨纳克（Leoš Janáĉek）的带有动画成分的纪录片。

其实早在五六十年代，英国电影学会就为英国动画的迅速发展提供了帮助，它设立的实验电影基金（Experimental Film Fund）资助了一大批艺术家创作充满创造精神的电影，例如：彼得·金（Peter King）的《地狱十三章》（13 *Cantos of Hell*，1955）和麦尔·克拉曼（Mel Calman）的《箭》（*The Arrow*，1969）。英国电影学会一般会把投资给予“少数族群”，例如女性导演与少数民族导演（或反映少数民族文化的影片），其中女性动画导演的成绩斐然，例如维拉·纽布尔（Vera Neubauer）。1985 年，英国电影学会还出版了由著名英国女导演、动画节策划人、动画制片人珍·琵琳（Jayne Pilling）撰写的《女性与动画》（*Women and Animation*）一书来介绍英国乃至全世界的女性导演。

英国电影学会出版发行了很多国外优秀的动画大师作品集，例如尚·史云梅耶和奎伊兄弟的 D9 套装。与此同时，英国电影学会还把一些新生代导演的短片结集发行，并定期举办各种有特色的小规模影展，用以推广年轻人。

动画制作机构与独立动画师

1953年英国只有两家动画公司与为数不多的几个各自为政的动画师，全英国的动画从业人员不超过200人。1987年，仅伦敦一地就已经拥有超过30家的动画公司，在布里斯托尔、卡的夫、格拉斯哥、曼彻斯特、利兹等地也涌现出很多动画制作机构，这时的英国动画从业人员已经超过千人。这其中，员工不超过30人的小型公司占绝大多数。80年代的英国动画公司与它们的前辈相比更加灵活，动画公司不再长期雇用大批员工，而是在有活干时才把处于自由职业者状态的动画师召集在一起，项目一完，大家便各奔东西。

阿德曼动画公司(Aardman Animations Ltd.)

1976年，大卫·史波克斯顿(David Sproxton，1954年生)与彼得·洛德(Peter Lord，1953年生)创建了阿德曼动画公司。

公司早期作品主要是强调口型与台词对位准确的动画对话系列短片，例如1978年为BBC制作的《动画交谈》(*Animated Conversation*，两集)，1981～1983年为第四频道制作的《对话片段》(*Conversation Pieces*，五集)，1989年的《同期录音》(*Lip Synch*，五集)。其中以《同期录音》系列最为有名，名扬世界的《同期录音：下一个》(*Lip Synch：Next*)与《同期录音：动物悟语》(*Lip Synch：Creature Comforts*)就是其中两集。

1989年对公司来说是具有纪念意义的一年，这一年，他们不仅熟练掌握了动画对口型的技术而成为这一领域的专家，而且日后阿德曼的金牌导演，拥有爵士头衔与英国皇家艺术学院荣誉博士头衔的英国国宝级导演——尼克·帕克创作了两部对公司日后发展至关重要的作品：获得1991年奥斯卡最佳动画短片、安纳西国际动画节评委会大奖、英国影视艺术学院奖最佳动画电影提名、欧洲卡通论坛大奖、渥太华国际动画节三等奖的《同期录音：动物悟语》，十几年后公司以这部短片为蓝本制作了24集同名电视系列动画片。而获得1990年英国影视艺术学院奖最佳动画电影奖、1991年奥斯卡最佳动画短片提名的《超级无敌掌门狗：奇异的假期》(*Wallace & Gromit in A Grand Day Out*)则成为未来阿德曼动画公司最知名的产品。

迄今为止《超级无敌掌门狗》系列已经制作了四部中片、十部短片、一部影院版长片而当之无愧地成为阿德曼动画公司的“镇宅之宝”与拳头产品。

1998～2001年，理查德·哥勒斯索斯基导演了电视系列动画片《矮子雷克斯》(*Rex the Runt*)，共两季，26集。这套黏土动画片的雏形最早来自1989年理查德·哥勒斯索斯基导演的一部短片《同期录音：识别》(*Lip Synch：Ident*)，经过漫长的酝酿期，于1998年12月在BBC2播出，成为阿德曼动画公司又一拳头产品。

1999～2000年，《愤怒小子》(*Angry Kid*)第一季(25集)在www.atomfilms.com上首播，标志着阿德曼动画公司开始向网络拓展业务。影片编剧、导演达伦·沃尔什(Darren Walsh)毕业于萨里艺术与设计学院，他的毕业作业使用了真人戴面具产生动画效果的方法，这与日后的《愤怒小子》在制作手法上几乎如出一辙。《愤怒小子》不仅制作工艺独树一帜，其内容的成人性也是阿德曼动画公司作品中极其少见的。

可以毫不夸张地说，阿德曼动画公司是继约翰·哈拉斯后又一英国动画的代名词。

除了像阿德曼动画公司这样的超级公司外，很多小公司如雨后春笋般涌现出来。其中以伊恩·默·杨(Ian Moo Young)的片厂最为有名。牙买加人伊恩·默·杨生于1943年12月29日，著名广告人。他导演了动画广告片《露西·乔丹的歌谣》(*The Ballad of Lucy Jordan*，1975)、《花花公子的世界》(*The World of Net-lon Trebor Dandies*，1980)等。

在威尔士，乔安娜·奎恩(Joanna Quinn)和康地·加德(Candy Guard)加入一个独立制片的工作室制作二维动画片。寇斯格罗夫·霍尔电影公司(Cosgrove Hall Films)是一个以制作儿童电视系列动画片为主的主流商业公司，但是他们允许员工在下班后使用公司设备制作非儿童动画片。这种公司免费提供设备、场地、软件甚至人员的做法并非寇斯格罗夫·霍尔电影公司独创，伦敦很多动画与后期特效制作公司都会在非工作时间为艺术家免费提供他们所需要的帮助。这无疑对提高公司声望、丰富工作作品集、吸引公司业务有一定帮助，此外这也巩固了公司与员工的关系。他们制作的定格恐怖动画短片《沙人》(*The Sandman*)获得好评，其中一位导演因此被聘用到美国，在亨利·塞利克(Henry Selick)的工作室工作，并参与《圣诞夜惊魂》、《飞天巨桃》的创作。

寇斯格罗夫·霍尔电影公司不仅是欧洲规模最大、产量最多、历史最悠久的动画公司之一，也是英国为数不多的几家同时拥有手绘、定格与电脑动画制作能力的动画公司。公司代表作有电视系列动画片《神勇小白鼠》(*Danger Mouse*)、《怪鸭历险记》(*Count Duckula*)、《柳林风声》(*The Wind in the Willows*)、《安迪宝宝》(*Andy Pandy*)、《比尔与本》(*Bill and Ben*)、《机器人历险记》(*Little Robots*)、《邮差叔叔》(*Postman Pat*)等。

而英国著名偶动画工作室——麦康瑞与桑德斯(Mackinnon & Saunders)担任了《僵尸新娘》的全部偶与模型的制作工作。大卫·安德森(David Anderson)建立的爱得威工作室(Dedwing Studio)与阿德曼动画公司同在布里斯托尔，制作广告和艺术短片。

由乔治·杜宁与约翰·柯蒂斯(John Coates)于1957年创建的电视卡通公司(TVC)制作了许多优秀动画片。理查德·威廉姆斯与鲍伯·苟德弗瑞都曾经在这里工作过。在乔治·杜宁去世后，约翰·柯蒂斯继续经营TVC，他与光明电影公司(Illuminated Films)合作拍摄了《雪人》(*The Snowman*，1982)、《当风吹起的时候》(*When the Wind Blows*，1986)、《父亲的圣诞节》(*Father Christmas*，1991)、《熊》(*The Bear*，1998)、《冬之柳》(*The Willows in Winter*，1996)、《摇滚明星弗瑞德》(*Famous Fred*，1996)以及不被人们所重视的动画系列片《彼得兔和他朋友的世界》(*The World of Peter Rabbit and Friends*，1992年开始至今)。

作为欧洲顶级动画公司，位于伦敦西部的克林伍德—欧海尔娱乐公司(Collingwood O'Hare Entertainment)由两位英国国家影视学校的同学——托尼·克林伍德(Tony Collingwood)和克里斯多夫·欧海尔(Christopher O'Hare)创建于1988

年。20多年来该公司致力于儿童电视系列动画片与学龄前儿童电视动画特别节目的制作，生产了近600集、总计7000余分钟的动画片。

1955～1985年间，传记电影公司(Biographic Films)凭借其天才动画师维拉·琳尼卡(Vera Linnecar)、基思·勒纳(Keith Learner)、南希·汉纳(Nancy Hanna)、鲍伯·苟德弗瑞制作了大量电视系列动画片、动画广告片和动画宣传片。

1994年，制片人格伦·贺伯顿(Glenn Holberton)与导演肯·莱德斯特(Ken Lidster)创建了放纵驼鹿动画公司(Loose Moose Productions Ltd.，见彩图85～86)。格伦·贺伯顿曾与英国定格动画大师巴瑞·普维斯(Barry Purves)于1989年共同创办了"光板公司"(Bare Boards)。他担任制片人，帮助巴瑞·普维斯制作了《剧本》(*Screen Play*)、《弄臣》(*Rigoletto*)、《阿基里斯》(*Achilles*)等享誉全球的影片。1994年，格伦·贺伯顿担任S4C与BBC电视台联合制作的六集电视系列动画片《动画歌剧》(*Operavox*)的制片人。

这个位于英国动画产业最核心位置——伦敦SOHO区的动画公司与其他制作动画MV、广告、动画片头、动画宣传片、个人动画短片的公司没有太多不同——依托世界一流客户走国际合作路线，广纳贤才，崇尚不拘一格的风格与技术。放纵驼鹿动画公司的中流砥柱大部分来自电视剧、真人电影、戏剧领域而并非我们想象的全部是动画专业毕业生。很多导演在来到这里之前没有制作过动画片，但是凭借其扎实的影视语言基本功与在相关领域的工作经验和知名度创作出大量动画作品。

安娜贝尔·杰克尔(Annabel Jankel)和洛奇·莫顿(Rocky Morton)创建的"黄瓜工作室"(Cucumber)专攻电脑动画片。

菲尔·奥斯汀(Phil Austin)与德里克·海伊斯(Derek Hayes)联合导演了科幻题材动画片《空中的鲸鱼》(*Skywhales*，1983)和反战动画片《胜利者》(*The Victor*，1985)。

托尼·巴恩斯(Tony Barnes)和娜奥米·琼斯(Naomi Jones)的"流线型电影公司"(Fairwater Films)位于威尔士，处女作是六集系列动画片*Hanner Dwsin*。这部使用爱尔兰方言——盖尔族语(Gaelic)的动画片讲述了一个摇滚乐队的冒险故事。

电视台

由于动画从业人员的迅速增加，就业机会越来越少。与花费高昂价格雇用本国动画师制作动画片相比，电视台更愿意低价购买美国、苏联等国制作的现成动画片。英国本土动画公司只好把工作重点从电视系列动画片与影院版长片再次转向动画广告片的制作。而像鲍伯·苟德弗瑞这样的著名动画师则到国外寻求发展机会。

近年来，随着商业电视台的出现，英国动画再度复兴。泰晤士电视台(Thames Television)资助寇斯格罗夫·霍尔电影公司；威尔士电视台S4C投资创建Siriol动画公司；第四频道也开始为独立动画师提供创作机会。这些电视台中以第四频道、S4C和BBC最为有名。

◎第四频道

20世纪80年代英国动画复兴是由一连串的因素促成的，包括各式各样公共机构如电视台、艺术影片基金组织的发展，具有影响力及远见的各机构掌权者，以及抓住机会的影片创作者所造成的综合结果。而第四频道的创立无疑是其中的催化剂。

80年代中期，第四频道开始投资制作全新的动画短片。很多日后的大师就是抓住了这一机会而崭露头角的。这批作品无论是制作工艺还是主题思想都各具特色，与之前其他国家的艺术动画片倾向国际性符号化的特点相比，第四频道出品的动画片主题经常被认为是无法做成动画的主题，极其个人化与动画纪录片也许是第四频道动画的特点。虽然这些动画片的播出时间比较晚而并非黄金时间，但是它特有的艺术气质与创造精神（特别是大量国外的艺术短片与介绍动画大师、流派、历史与制作工艺的纪录片）对培养观众审美、开阔英国动画师的眼界与思路大有裨益。很多现在30多岁的英国动画师经常把第四频道的动画节目录下来反复观看，他们表示自己最初就是看了第四频道的节目后才对动画产生兴趣的。

起初，第四频道主要投资制作一些与社会现实紧密联系的“动画纪录片”，类似于阿德曼动画公司当年为其制作的《对话片段》系列。代表作品有蒂姆·韦伯导演的《心灵自闭》和玛珠特·瑞米恩（Marjut Rimmenin）制作的《保护》（*Some Protection*）。有趣的是这两部短片都被心理学家所推崇，而尼克·帕克的奥斯卡最佳动画短片奖作品——《同期录音：动物悟语》则是第四频道投资制作最成功的案例。

第四频道鼓励实验动画片的创作，强调影片质量。导演有充分的自由来选择影片主题、样式、风格、时长。他们不必为制作周期与经费担心，因为第四频道提供的资金充足，也不硬性规定交片时间。对有创意但缺乏经验的动画导演第四频道还会委派经验丰富的制片人协助其完成任务。而对于有想法的制片人第四频道也可以帮助他们联系导演。第四频道重视创作者的专业素质以及合作团队的水平，会委派专职制片人来统筹一切合同、版权、财务问题，而让导演专心创作。第四频道并非轻易把大笔资金交给影片制作者，而是建立了一套完整的委任制度。一般会分阶段验收事前约定好的成果，而付款也是伴随着验收工作而分阶段进行的。当然第四频道投资制作的动画片也并非全部是精品，这一点他们也意识到并承认自己的失误，但是如果没有这些大胆的尝试与冒险也就不会有英国动画的今天。

伴随着1999年3月第四频道电视台动画部主编克莱尔·凯特森（Clare Kitson）的突然辞职，第四频道电视台的政策发生了巨大变化。与其他国家对动画短片支持力度不够大相比，英国堪称乌托邦。但是这种理想状态现在也有所变化。当初由于第四频道的收视率较低（5%～10%），又没有独立财政权，所有一切都要受制于ITV。随着第四频道的知名度越来越大，收视率越来越好，其观众群体也主要集中在欣赏水平和审美品位较高的中产阶级。而这一收入高、消费能力强的群体正是广告商追逐的对象。于是，第四频道以“有助于增加节目预算及提高节目质量”为由成功地说服政府改变了原来的资金来源结构，从ITV手中夺回了广告时段出售权，获得了独立财政大权。

这样一来，原来完全无需考虑收视率的第四频道必须为生存问题做出一些妥协。毕竟广告商看重的是收视率而非作品的艺术性。而最初“雇用电视台以外的人”逐渐变成了“雇用其他电视台的人”，这样一来第四频道从一个体制外的先锋慢慢变得和其他商业电视台没有任何区别了。紧接着发生的事情就是全面缩减对独立动画公司的投资,只投资极少数制作周期短、成本低、风险小的影片,并且也由过去的独资变为只提供部分资金或以设备等资源入股的方式与导演合作。预算明显下降,对影片完成时间有严格限制,这些"店大欺客"的做法严重挫伤了动画师们的创作积极性。

◎BBC

BBC 简史

80 多年来英国广播公司(British Broadcasting Corporation,简称 BBC)一直是全球公认最有影响力的媒体之一。在相当长的一段时间内 BBC 始终垄断着英国的广播电视领域。在私营商业电视台(1955 年)、电台(1973 年)出现之前,BBC 一直是英国唯一的广播电视公司。今天,BBC 除了是一家享誉全球的媒体外,还提供书籍出版、报刊发行、英语教学、交响乐团演出以及互联网新闻节目点播等服务。

1922 年 10 月,一些无线电收音机制造商在以英国通用电气公司为首的几大财团的资助下创建了英国广播公司。当年 11 月 14 日,BBC 的第一个广播节目首播。1936 年 11 月 2 日,BBC 开始了全球第一个电视播送服务——今天的 BBC1 是世界上第一个电视台。

1904 年的英国无线电法案规定,任何人如要播送或接收广播节目,都必须从英国邮政局取得许可证。在 BBC 建立后,用户的接收费成为 BBC 的主要经费来源。1971 年,家庭广播接收许可证被取消,但是个人若要收看电视节目还必须付费取得许可证。今天,除了老年人和少数低收入人群享受政府优惠政策免费收看外,英国的每个家庭和企业每年都必须购买电视收看许可证,以确保 BBC 能够拥有足够的资金"教育、通告和娱乐"大众。费用数量由政府决定,正是由于这种特殊的经费来源,BBC 几乎成为英国唯一国立广播电视机构而不用担心制作经费来源问题。因此 BBC 国内的九个电视频道及十个广播频道从不播出任何商业广告。2003 年 BBC 国内的电视节目收看许可证收入高达 26.59 亿英镑。"国营铁饭碗"的垄断地位不仅表现在政府"强制"全国人民为 BBC 买单上,多年来,BBC 还获得了英国政府的特别资助,例如 2003 年英国外交部便为"BBC 全球服务"拨款 2.01 亿英镑。

BBC 虽然是接受英国政府财政资助的国营媒体,其管理却是由一个独立于政府以外的 12 人监管委员会负责,并且通过皇家宪章保障其独立性。监管委员由英国首相提名,英女皇委任,委员们以公众利益信托人的身份管理 BBC。委员是来自苏格兰、威尔士、北爱尔兰和英格兰的社会名流。

近年来,来自其他商业电视台的竞争压力越来越大,单纯依靠国家拨款的日子也越来越不好过,于是 BBC 开始利用其丰富的节目资源与业界优势地位涉足商业活动。通过自己专门的国际销售商——BBC Worldwide,BBC 向世界各国出售其音像、书籍等产品的使用权。2003 年该销售商收入为 1.47 亿英镑。该品牌在 World Brand Lab 编制的 2006 年度《世界品牌 500 强》排行榜中名列第 146 位。

1991 年 BBC 全球新闻频道正式开播(1995 年 1 月更名为 BBC World)。与 BBC 全球电台服务以及 BBC 国内公立电视频道不同的是,BBC 全球新闻是一个商业电视频道,通过播放广告赢利,这也意味着该频道不能在英国本土播出。2003 年该频道收入为 2.237 亿英镑。

BBC 目前在国内有八个非商业电视频道、十个广播频道、一个高清电视频道(BBC HD)、两个网络服务平台,同时在国外还有 12 个商业电视频道。每天以 43 种语言向全球提供广播与电视节目服务。

BBC 的艺术动画片

当英国动画在第四频道的大力扶持下开始在国际动画影坛崭露头角时,英国其他电视台看到了这些适合成人观看的艺术动画短片的商机,也纷纷投资制作此类动画片。

BBC 通过它在布里斯托尔的分部开办了每周半小时的动画节目,并给予高额预算,《超级无敌掌门狗》系列作品与丹尼尔·格雷弗斯的《平面世界》(*Flat World*)就是这一节目投资拍摄的。BBC 还与鲍莱克斯兄弟(Brother Bolex)合作,投资制作风格怪异的真人动画片《拇指汤姆历险记》(*The Secret Adventures of Tom Thumb*);与西维亚·乔迈(Sylvain Chomet)合作制作半小时动画片《老妇人与鸽子》(*The Old Lady and Pigeons*)。这部作品使导演获得了国际知名度,为其日后导演的《美丽城三重奏》吸引资金奠定了良好的基础。

2003 年 2 月 9 日,电视系列动画片《猴土》(*Monkey Dust*)第一季在 BBC3 播出。这部成人系列动画片反映了英国社会黑暗的一面,对那些不良现象进行了讽刺。影片一经播出便招来无数非议,观众对它大胆表现谋杀、恋童癖等敏感话题议论纷纷。可谓是英国版的《辛普森一家》。该系列片由多家英国动画制作机构共同完成,但是统一的美术风格与主题使它显得天衣无缝。每一集影片没有名字,代替标题的是主角出来介绍本集的主题或用一幅素描交代。截止到 2005 年该系列片共播出了三季,18 集,每集 30 分钟,并获得 2004 年英国动画大奖最佳喜剧片奖。

《超级无敌掌门狗》的成功使 BBC 更关注系列动画片与特别节目(即投资较大、时间较长的动画片),而这无疑对电视台的财政能力提出了巨大的挑战。因此,电视台必须提高收视率,使更多观众喜欢上这些节目,于是现在 BBC 的动画片越来越趋向主流。值得一提的是 BBC4 于 2005 年 10 月播出的三集专题片《动画王国》(*Animation Nation*),该片详述了英国动画发展史,通过大量珍贵的纪录片资料与动画师访谈,展现了英国儿童动画片、动画广告、影院版动画长片以及艺术动画短片的来龙去脉。

BBC 的儿童动画片

BBC 设有三个儿童频道:CBBC 主要针对八岁以上的儿童;CBeebies 则服务于八岁以下的幼儿;BBC 儿童频道(BBC Kids)只在加拿大播出,涵盖面更加宽泛——面向 0~12 岁的孩子。动画片无疑成为这三个儿童频道的主要内容。

CBeebies 拥有 70 多档儿童节目,其中动画片占了 86%。大家耳熟能详的英国本土原创系列动画片有电脑动画片《火车小骑兵》(*Chuggington*)、定格动画片《建筑师鲍勃》(*Bob the Builder*)与特摄片《天线宝宝》(*Teletubbies*)等。

《建筑师鲍勃》于 1999 年 4 月在 BBC 首播,目前已经被 100 多个国家的电视台购买并播出。故事发生在一个小镇上,一群忙碌的工程车在建筑师鲍勃的带领下团结合作,成功完成了大大小小的修路、盖房子以及各种维修任务。这套系列动画片不仅在英国学前教育电视节目评选中获得最高级别,还于2001年在美国打破同类节目的收视纪录。由于社会反响强烈,BBC于2003年推出了该主题的影院版动画片《建筑师鲍勃:全能骑士》(*Bob the Builder: The Knights of Can-A-Lot*,45分钟)。值得一提的是该片的主题歌——《我们能把它修好吗?》(*Can We Fix It?*)于2000年12月在英国流行歌曲排行榜上竟然超过了为纪念黛安娜王妃逝世而创作的《风中蜡烛》,可见其受欢迎程度已经超出了儿童范畴而吸引了大量成年人。迄今为止,《建筑师鲍勃》的相关书籍在英国已经达到500万册的销量,而录像带也售出了250万盘。美国著名玩具公司——孩之宝为《建筑师鲍勃》开发、制造了大量玩具。

至于那部国人再熟悉不过的《天线宝宝》,虽然从严格意义上讲不能算动画片,但是我相信大部分中国观众对英国儿童电视节目的最初认识应该都由它开始。这部针对0～5岁宝宝的低幼电视节目由英国Ragdoll公司制作、BBC出品,目前已在40多个国家播出。

◎S4C

S4C是在威尔士以英语和威尔士语双语播出的电视频道,与第四频道成立于同一年。由于政治因素,S4C是政府对威尔士要求民族自治权而不断发生的民族政治运动的安抚。S4C主要制作家庭以及教育题材的动画片,例如由歌剧、圣经、莎士比亚等经典文学作品改编而成的动画系列片。它偶尔也会资助一些独立实验动画短片的制作。

1994年,S4C与BBC电视台联合制作了六集电视系列动画片《动画歌剧》(*Operavox*,每集30分钟)。这套以歌剧为题材的动画片包括普契尼的《图兰朵》、罗西尼的《塞维里亚理发师》、莫扎特的《魔笛》、威尔第的《弄臣》、瓦格纳的《莱茵的黄金》和比才的《卡门》。

这六部动画片风格迥异,既有传统手绘动画《图兰朵》[加里·赫斯特(Gary Hurst)导演]、《魔笛》[威伦·欧甘纳夫(Valeri Oganov)导演]、《莱茵的黄金》[格雷厄姆·拉尔夫(Graham Ralph)导演];也有木偶动画《塞维里亚理发师》[娜塔莉亚·达比扎(Natalia Dabizha)导演]、《弄臣》(巴瑞·普维斯导演);而马里奥·卡瓦里(Mario Cavalli)导演的《卡门》更是将真人与电脑技术结合在一起。

这些政府电视台的出现无疑为英国动画师提供了更多的选择与支持,各家电视台的品位与好恶不同,第四频道不喜欢你的创意,也许BBC会有兴趣。但是,随着有线电视及卫星电视的加入,传统电视台面临更多的竞争。各个电视台越来越趋向主流,同质化越来越高。为了让观众容易记住在固定的时间打开电视机收看节目,节目时间安排变得死板而严格,这意味着动画短片的放映空间越来越小。与系列动画片容易建立观众群相比,动画短片越来越不被电视台重视。当然这些改变并不是英国电视台独有的,文化与公共服务的意识与力度在整个欧洲都削弱了,市场的商业观念大行其道。英国动画是否能继续在短片上寻找出口,目前不得而知。对于一些创作者来说,走向主流商业是必经之路。

珍·琵琳在《英国动画的文艺复兴》一文中谈道:“英国动画‘文艺复兴’一词经常

被使用，因此第四频道所引领的英国动画片新浪潮并非空穴来风。1975～1985年间，英国动画短片三次获得奥斯卡最佳动画片提名，以及一次奥斯卡最佳动画片奖；1989～1999年英国动画片22次获得奥斯卡最佳动画片提名，三次奥斯卡最佳动画片奖。其中有两年，4/5的提名都来自英国。在著名的'最佳欧洲动画短片'比赛中，11部入围作品中有六部影片来自英国，剩下的五部作品有两部是英国投资制作，或是制作班底由英国人组成。"①"英国动画的文艺复兴"，这一描述非常贴切。也许是约翰·哈拉斯昔日创造的辉煌太过灿烂，也许是《黄色潜水艇》的先锋意识太过超前，以至于英国动画在20世纪70年代显得停滞不前、后劲不足。但是步入80年代后，英国动画无论是民营制作机构——阿德曼动画公司，还是国营电视台——第四频道；无论是官方组织——英国电影学会，还是动画高等教育机构——国家影视学校、皇家艺术学院；无论是作品的商业价值还是影片的艺术品位，无论是国际知名度还是在本国的影响，20世纪八九十年代的英国动画都呈现出飞速发展的态势，展现出欧洲动画特有的气质。昔日的"日不落帝国"又散发出无限活力，英国动画再度复兴。

21世纪至今

2008年9月19日至22日，作为欧洲动画最高端活动的欧洲卡通论坛(Cartoon d'Or)在西班牙举行。英国动画短片从来自欧洲各个国家的27部作品中脱颖而出，占据了五部最佳动画短片提名中的三个。英国的各大媒体在各自的头版头条纷纷用"Lead"(引领)这个词来形容英国动画在欧洲动画界的地位。其实英国动画从欧洲卡通论坛大奖设立之初就开始占据垄断地位。1991～2006年，该奖项共产生16部最佳动画短片，英国动画就占了八个席位。

国际化合作——阿德曼动画公司的成与败

2000年，斯皮尔伯格的"梦工厂"为阿德曼动画公司投资，推出了该公司的第一部影院版动画长片《小鸡快跑》。该片获得包括英国影视学院奖最佳影片、金球奖最佳影片在内的19项国际大奖和22项提名。从此阿德曼动画公司拉开了国际合作拍摄动画大片的序幕。

接下来的《超级无敌掌门狗：人兔的诅咒》前前后后花费了整整五年时间，仅实际拍摄阶段就用了15个月。但是工夫不负有心人，《超级无敌掌门狗：人兔的诅咒》一经上映便名利双收，不仅票房高居排行榜榜首，还获得了包括奥斯卡最佳动画长片在内的29项国际大奖和16项提名。

2006年上映的《鼠国漂流记》是阿德曼动画公司与梦工厂合作的第三部动画长片。如果不说，没人会相信这是阿德曼动画公司的作品，当然阿德曼动画公司也不愿意承

---

① 余为政主编：《动的艺术 画的电影(续)》，台南艺术学院，2006年版，第62页。

认这部平庸的作品出自其手。这部历时两年制作的电脑动画长片被《综艺》杂志评为2006年美国电影的“十大票房哑弹”之一，其投资与国内票房的差距达到9000万美元。《鼠国漂流记》的失败导致阿德曼动画公司与梦工厂的彻底分裂，2006年10月3日，《纽约时报》(*The New York Times*)报道由于意见不合阿德曼动画公司将不再与梦工厂续签合同。阿德曼动画公司发言人说：“梦工厂的商业运行模式不再适合我们，反之亦然。”

2007年4月阿德曼动画公司与索尼电影公司(Sony Pictures Entertainment)签订了为期三年的合同，彼得·洛德说：“对合作的巨大潜力我们双方都很满意与兴奋，这次合作将使我们酝酿多年的几个项目同时上马。”两个月后阿德曼动画公司公布了最新影片制作计划，四部影院版长片将投入生产。

当然，国际化在任何领域向来都是双刃剑，来自寇斯格罗夫·霍尔电影公司的资深动画师约翰·奥弗德(John Offord)说：“资金充足不仅是保证作品质量的重要条件，而且也是获得作品知识产权的基础。使用国外资金意味着我们无法得到全部版权，当然国际合作有其好的一面，我们可以通过与其他各国动画师的合作增长经验，取长补短。”

无论是成功还是失败，通过三部影院版动画长片的磨炼，阿德曼动画公司已经成为世界顶级动画公司。2006年5月吉卜力博物馆举办了阿德曼动画公司专题展，两位创始人出席了展览开幕式并会见了阿德曼动画公司的超级粉丝——宫崎骏。另外，阿德曼动画公司通过在动画节设置奖项等途径为年轻动画师提供相关资源与培训，例如在英国Animex国际动画与电脑游戏节设置“阿德曼奖”，为有潜力的动画新手提供剧本方面的咨询与建议。可以说阿德曼动画公司的国际化合作为英国动画指出了未来发展的必由之路。

动画新概念——“街头霸王”(Gorillaz)

“街头霸王”是由英国著名摇滚乐手、污点乐队(Blur)主唱戴蒙·阿尔本(Damon Albarn)与英国著名漫画家、成人漫画《坦克女孩》(*Tank Girl*)的作者杰米·休利特(Jamie Hewlett)共同创造的动画虚拟乐队。

“街头霸王”乐队由四位虚拟二维动画人物——主唱阿D(2D，见彩图28)、吉他手小面(Noodle，见彩图26)、贝斯手魔头(Murdoc，见彩图29)和鼓手洛胖(Russel，见彩图27、彩图27A)组成。乐队成立于2001年，到目前为止共发行两张唱片——《街头霸王》(*Gorillaz*)和《魔鬼岁月》[又译为《等待黎明》(*Demon Days*)]。

“街头霸王”乐队自出道以来风靡全世界，创造了无数奇迹。该乐队拥有白金唱片销量；他们获得了2005年全美MTV音乐录像带之“年度最具突破奖”、“最佳视觉效果”、“最佳乐队”三项大奖；他们的最新单曲《挑战》(*Dare*)一经发行随即夺得当周全英单曲榜冠军；同时在大西洋另一岸的美国，“街头霸王”乐队的单曲《巨爽公司》(*Feel Good Inc.*)不仅成为苹果公司iPod产品的广告歌曲，还蝉联全美现代摇滚榜冠军达三周之久；其最新专辑《魔鬼岁月》发行首周就进入 Billboard 专辑前六名；而在中国台湾地区一发行就登上了西洋榜的销售冠军位置。就连乐坛大姐大麦当娜在第 48 届格莱美颁奖典礼上，也得屈尊与这些投射在舞台上的激光卡通影像同台演出。

“街头霸王”乐队是一组策划周密、包装到位、全方位的虚拟人物：它拥有自己的歌迷会、专著[《街头霸王：魔鬼的崛起》(*Gorillaz：Rise of the Ogre*)]、专用录音棚；乐队成员会定期在官方网站上回答粉丝的提问；每个乐手都有详细的简历；他们会做世界巡回演出并与真人歌手同台表演；他们甚至会“出席”音乐颁奖晚会或因分身无术而制作感谢致词 Video 发给组委会。他们的形象渗透到唱片、电子游戏、电影、网络等各个最时尚与新潮的领域。就连大导演史蒂文·斯皮尔伯格也称看上了这些动画英雄，打算下一部新片起用他们做主角(不知道是史大导演一时兴起，还是乐队宣传攻势的另一种手段)。总之，没人把他们当做动画人物来看待，尽管在他们的动画专辑 DVD《街头霸王第一集：明星堕落记》(*Gorillaz Phase One：Celebrity Take Down*)中已将其来龙去脉说得一清二楚。更多观众把这张 DVD 当做了乐队的纪录片与生活真实写照。

2007 年，他们二人又以“猴”的名义与华裔导演陈士铮合力打造了新概念歌剧《西游记》，并在英国、法国公演，好评如潮。杰米·休利特一如既往地负责舞台背景大屏幕的动画制作以及布景与服装设计工作，而戴蒙·阿尔本则负责音乐创作。《西游记》的火爆使得 BBC 电视台体育频道从中看到了商机。他们聘请戴蒙·阿尔本与杰米·休利特将歌剧版《西游记》继续发扬光大，为配合北京奥运会制作了 BBC 版本的奥运动画宣传片《东游记》。这部宣传片于 2008 年 8 月正式推出，此前杰米·休利特说：“这次我们将继续借用‘西游’的概念，让师徒四人重新‘东游’，历经九九八十一难，回到北京，来到鸟巢。孙悟空将是一个核心角色，他将被赋予如同奥林匹克运动员一样的力量，并将这种精神与特殊技能运用到铲除妖魔鬼怪的过程中——比如说孙悟空会体操，猪八戒会摔跤，沙僧会跆拳道——护送师徒四人成功抵达北京奥运赛场。”

“街头霸王”乐队的成功已经超越了“动画片”这一概念。可以说它赋予动画艺术全新理念并拓展了其功能，为未来动画艺术的走向提供了参考。

第 2 章

英国动画节与组织机构

英国动画节

英国影视艺术学院奖(British Academy of Film and Television Arts)

英国影视艺术学院奖(简称 BAFTA),又称英国电影学院奖,是英国乃至全世界影视界的一大盛事。这个号称"英国奥斯卡"的奖项有着 60 多年的历史,可谓英国知名度最高、最权威的影视艺术奖项。一年一度的英国影视艺术学院奖几乎覆盖了电影、电视、游戏、互动多媒体等所有视听艺术领域。

1947 年 4 月 16 日,14 位英国影视界领军人物在伦敦海德公园饭店的一个套间里召开会议,筹划创建英国电影学院(British Film Academy)以促进英国本土电影的发展。最终,曾执导过《日瓦格医生》(*Doctor Zhivago*, 1965)、《阿拉伯的劳伦斯》(*Lawrence of Arabia*, 1962)、《桂河大桥》(*The Bridge on the River Kwai*, 1957)等名片的英国著名导演大卫·里恩(David Lean, 1908～1991)当选为英国电影学院首位主席,这就是英国影视艺术学院奖的前身。

1958 年,面对势不可当的电视媒体,英国电影学院和英国电视制片人与导演协会(Guild of Television Producers and Directors)联合组成英国影视艺术协会(The Society of Film and Television Arts,简称 SFTA)。大卫·里恩将《桂河大桥》、《日瓦格医生》的版税捐献出来作为该协会的运营资金。70 年代初期,英国女王又把纪录片《皇室家族》(*Royal Family*)一片的版税捐献给该协会,英国影视艺术协会利用这笔资金将其总部搬至现在的办公地点——伦敦皮卡迪利街 195 号。新总部拥有了两个放映厅与一个会议室。1976 年,在英国皇室的倡议下英国影视艺术协会正式更名为英国影视艺术学院并一直沿用至今。

英国影视艺术学院的总部设在伦敦,但是在英格兰北部、苏格兰、威尔士、纽约和洛杉矶都设有分部,大力鼓励英国少数民族语言影视作品(例如威尔士语)与跨国合作。英国影视艺术学院奖对所有国家的电影开放,为了鼓励英国本土影视创作,组委会设立了“最佳英国电影”。时至今日,几乎各个分部都有权力颁发自己的特殊奖项,例如从1989年开始,洛杉矶分部开始颁发其独有的奖项——大不列颠奖(Britannia Awards)。

英国影视艺术学院的主要工作包括:普及影视专业知识;推广会员制度;档案资料的收集与出版;促进创作者与发行商的密切合作;为专业人员寻求、提供稳定与雄厚的资金支持。查理·卓别林(Charles Chaplin)、阿尔弗莱德·希区柯克(Alfred Hitchcock)、史蒂文·斯皮尔伯格(Steven Spielberg)、肖恩·康纳利(Sean Connery)、伊丽莎白·泰勒(Elizabeth Taylor)、斯坦利·库布里克(Stanley Kubrick)、安东尼·霍普金斯(Anthony Hopkins)等国际知名影视工作者都曾经担任过英国影视艺术学院奖的评委会主席。

英国影视艺术学院奖的奖杯是非常雅致的,每一座奖杯都是一件艺术品。1948年,刚刚成立的英国电影学院委托英国著名雕塑家亨利·莫尔(Henry Moore,1898~1986)设计、制作奖杯。这位享誉世界的大师所设计的青铜人物坐像奖杯在1948~1967年间使用。早年每个奖项都有自己特制样式的奖杯,今天的奖杯则逐渐统一为一个样式——古希腊戏剧面具,这个由美国女雕塑家米特兹·坎利夫(Mitzi Cunliffe)设计的奖杯从1955年开始一直沿用至今。而1954~1967年间颁发给动画的奖杯则是一座印度佛像头像,其原型是维多利亚与阿尔伯特博物馆中的一件藏品。

英国影视艺术学院奖从创办之初就对动画十分重视,1948年诺曼·麦克莱伦凭借其抽象动画短片被提名特别大奖(Special Award);1952年的特别大奖颁发给主题为“动画起源”(Animated Genesis)的11部动画短片作者。1954年组委会为动画设置专门奖项——最佳动画电影(Animated Film),首个获此殊荣的是捷克斯洛伐克导演吉瑞·川卡(Jirí Trnka)的短片《草原之歌》(*Arie Prerie*) 。1982年英国影视艺术学院奖首次明确提出了最佳动画短片(Short Animated Film)奖这一概念,获得该奖的是英国导演大卫·安德森(David Anderson)的《梦境特快》(*Dreamland Express*)。同年,首次设置的最佳儿童电视节目(娱乐片、剧情片类)(Children's Programme —Entertaiment/Drama)颁给了英国动画片《雪人》(*The Snowman*)。1996年组委会增添最佳儿童动画(Children's Animation)奖,英国电视系列动画片《侏罗纪乐园》(*Gogs*)获得该奖。2000年,最佳动画长片(Feature Film)奖出现在英国影视艺术学院奖的名单上,美国动画片《铁巨人》(*The Iron Giant*)获得该奖。随着知名度与主办经验的不断增加,关于动画的奖项设置越来越细致,2001年组委会又增加了最佳学龄前儿童动画(Pre-School Animation)奖,英国52集电视系列动画片《动物故事》(*Animal Stories*)获得该奖。

2009年2月,英国国宝级导演尼克·帕克的“超级无敌掌门狗”第四部中篇作品——《超级无敌掌门狗:面包师谋杀案》(*Wallace & Gromit in A Matter of Loaf and Death*)获得第62届英国影视艺术学院奖最佳动画短片奖;而最佳动画长片奖则被《机器人总动员》(*WALL·E*)收入囊中。值得一提的是本届学院奖的终身成就奖由美国动画导演、剧作家、漫画家、真人电影导演特里·吉列姆(Terry Gilliam)获得。这是自1971年设置该奖项以来第一位获得该殊荣的动画导演，特里·吉列姆最近一部有影响的作品是真人电影《格林兄弟》(*The Brothers Grimm*,2005)。

英国影视艺术学院奖历年动画获奖名单：

1948年	诺曼·麦克莱伦凭借其抽象动画短片被提名特别大奖(Special Award)
1952年	特别大奖颁发给主题为"动画起源"(Animated Genesis)的11部动画短片作者
1954年	最佳动画电影(Animated Film): 《草原之歌》(*Arie Prerie*) 23分钟 捷克斯洛伐克 导演:吉瑞·川卡(Jirí Trnka)
1955年	最佳动画电影: 《闪烁线条》(*Blinkity Blank*) 5分钟 英国 导演:诺曼·麦克莱伦
1956年	最佳动画电影: 《格拉德·麦克波一波在火星》(*Gerald McBoing-Boing on the Planet Moo*) 7分钟 美国 导演:罗伯特·加农(Robert Cannon)
1957年	最佳动画电影: *Pan-Tele-Tron* 10分钟 英国 导演:迪哥比·特宾(Digby Turpin)
1958年	最佳动画电影: 《小岛》(*The Little Island*) 33分钟 英国 导演:理查德·威廉姆斯
1959年	最佳动画电影: 《小提琴手》(*The Violinist*) 美国 导演:恩斯特·平特弗(Ernest Pintoff)
1960年	最佳动画电影: 《宇宙》(*Universe*) 29分钟 加拿大 导演:罗楠·克瑞特(Ronan Kroitor)、科林·罗(Colin Low)
1961年	最佳动画电影: 《101斑点狗》(*One Hundred and One Dalmatians*) 79分钟 美国 导演:克莱德·杰洛尼米(Clyde Geronimi)、汉密尔顿·卢斯克(Hamilton Luske)、沃尔夫冈·雷德门(Wolfgang Reitherman)
1962年	最佳动画电影: 《苹果》(*The Apple*) 英国 导演:乔治·杜宁

续表

1963年	最佳动画电影： 《汽车狂想曲2000》(*Automania* 2000)　9分钟　英国 导演：约翰·哈拉斯 《批评家》(*The Critic*)　4分钟　美国 导演：恩斯特·平特弗
1964年	最佳动画电影： 《昆虫》(*The Insects*)　5分钟　英国 导演：村上吉米(Jimmy Murakami)
1965年	最佳动画电影： 《小心男孩》(*Be Careful, Boys*)　英国 导演：维拉·林妮卡(Vera Linnecar)、南希·汉纳(Nancy Hanna)、基思·琳娜(Keith Learner)
1967年	最佳动画电影： 《三角形芭蕾舞》(*Notes on a Triangle*)　5分钟　加拿大 导演：雷内·乔都(René Jodoin)
1968年	最佳动画电影： 《双人舞》(*Pas de deux*)　13分钟　加拿大 导演：诺曼·麦克莱伦
1970年	最佳动画电影： 《亨利朝九晚五的生活》(*Henry* 9 *til* 5)　6分钟　英国 导演：鲍伯·荀德弗瑞
1973年	最佳动画电影： 《积木世界》(*Tchou-Tchou*)　14分钟　加拿大 导演：考·浩德曼(Co Hoedeman)
1974年	最佳动画电影： 《饥饿》(*La Faim*)　10分钟　加拿大 导演：彼得·弗德斯
1975年	最佳动画电影： 《伟大》(*Great*)　30分钟　英国 导演：鲍伯·荀德弗瑞
1980年	最佳动画电影： 《三个发明家》(*Les* 3 *Inventeurs*)　13分钟　法国 导演：米歇尔·奥斯洛(Michel Ocelot)
1981年	最佳动画电影： 《毛衣》(*The Sweater*)　10分钟　加拿大 导演：谢尔登·科恩(Sheldon Cohen)

续表

1982 年	最佳动画短片(Short Animated Film): 《梦境特快》(*Dreamland Express*) 英国 导演:大卫·安德森(David Anderson) 最佳儿童电视节目(娱乐片、剧情片类)(Children's Programme-Entertainment/Drama): 《雪人》(*The Snowman*) 26 分钟 英国 导演:戴安·杰克森(Dianne Jackson)
1983 年	最佳动画电影: 《亨利的猫》(*Henry's Cat*) 英国 导演:鲍伯·苟德弗瑞 最佳儿童电视节目(娱乐片、剧情片类): 《柳林风声》(*The Wind in the Willows*) 79 分钟 英国 导演:马克·霍尔(Mark Hall)、布莱恩·寇斯格罗夫(Brian Cosgrove)
1984 年	最佳动画电影: 《鲁珀特与青蛙歌曲》(*Rupert and the Frog Song*) 13 分钟 英国 导演:乔夫·邓巴(Geoff Dunbar)
1985 年	最佳动画短片: 《小丑艾利亚斯》(*Alias the Jester*) 10 分钟 英国 导演:马克·霍尔、布莱恩·寇斯格罗夫、克里斯·兰德尔(Chris Randall)
1986 年	最佳动画电影: 《超级特德》(*Super Ted*) 英国 导演:大卫·爱德华兹(David Edwards)、罗宾·里昂斯(Robin Lyons)
1987 年	最佳动画短片: 《骑士降龙记》(*The Reluctant Dragon*) 30 分钟 英国 导演:布里奇特·艾剖拜(Bridget Appleby)
1988 年	最佳动画短片: 《山丘农庄》(*The Hill Farm*) 18 分钟 英国 导演:马克·贝克(Mark Baker)
1989 年	最佳动画短片: 《奇异的假期》(*A Grand Day Out*) 22 分钟 45 秒 英国 导演:尼克·帕克(Nick Park)
1991 年	最佳动画短片: 《气球》(*Balloon*) 6 分钟 英国 导演:肯·莱斯特(Ken Lidster)
1992 年	最佳动画短片: 《道米尔的法律》(*Daumier's Law*) 15 分钟 英国 导演:乔夫·邓巴

续表

1994 年	最佳动画短片： 《重要的故事》(*The Big Story*) 2 分钟 美国 导演：蒂姆·沃茨(Tim Watts)、大卫·斯托顿(David Stoten)
1995 年	最佳动画短片： 《间不容发》(*A Close Shave*) 30 分钟 英国 导演：尼克·帕克
1996 年	最佳儿童动画(Children's Animation)： 《侏罗纪公园》(*Gogs*) 5 分钟/集/13 集 英国 导演：丹尼尔·莫里斯(Daniel Morris)、迈克尔·莫特(Michael Mort) 最佳动画短片： 《老妇人与鸽子》(*La Vieille dame et les pigeons*) 25 分钟 法国 导演：西维亚·乔迈(Sylvain Chomet)
1997 年	最佳儿童动画： 《摇滚明星弗瑞德》(*Yr Enwog Fred*) 25 分钟 英国 导演：乔安娜·奎恩(Joanne Quinn) 最佳动画短片： 《怯场》(*Stage Fright*) 11 分钟 英国 导演：史蒂夫·鲍克斯(Steve Box)
1998 年	最佳电视动画(Animation)： 《小狗卡皮》(*Kipper*) 30 分钟 英国 导演：迈克·斯图亚特(Mike Stuart) 最佳动画短片： 《坎特伯雷故事集》(*The Canterbury Tales*) 28 分钟 英国、俄罗斯 导演：乔安娜·奎恩、阿依达·布利柯瓦(Aida Zyablikova)等八位导演
1999 年	最佳电视动画： 《冬天的第一场雪》(*The First Snow of Winter*) 28 分钟 英国 导演：格雷厄姆·拉尔夫 最佳动画短片： 《有着美丽眼睛的男人》(*The Man with the Beautiful Eyes*) 5 分钟 英国 导演：乔纳森·霍奇森(Jonathan Hodgson)
2000 年	最佳电视动画： 《狐狸小鬼》(*Foxbusters*) 英国 导演：乔恩·道尔(Jon Doyle)、约翰·奥福特(John Offord) 最佳动画短片： 《父与女》(*Father and Daughter*) 8 分 30 秒 英国、荷兰 导演：麦克尔·杜克·德威特 最佳动画长片(Feature Film)： 《铁巨人》(*The Iron Giant*) 86 分钟 美国 导演：布拉德·伯德(Brad Bird)

续表

2001 年	最佳电视动画： 《世界动画故事之老虎姑妈》(*Aunt Tiger*:*Animated Tales of the World*) 26 分钟/集/12 集 美国、英国 导演：迈克·莫特(Mike Mort) 最佳动画短片： 《狗》(*Dog*) 5 分钟 英国 导演：苏茜·坦普利顿(Suzie Templeton) 最佳动画长片： 《怪物史莱克》(*Shrek*) 90 分钟 美国 导演：安德鲁·亚当森(Andrew Adamson)、维姬·詹森(Vicky Jenson) 最佳学龄前儿童动画(Pre-School Animation)： 《动物故事》(*Animal Stories*) 5 分钟/集/52 集 英国 导演：托尼·克林伍德、克里斯多夫·欧海尔
2002 年	最佳电视动画： 《圆桌武士与绿骑士》(*Sir Gawain and the Green Knight*) 25 分钟 爱尔兰 导演：蒂姆·弗妮(Tim Fernée) 最佳动画短片： 《永不睡觉的鱼》(*Fish Never Sleep*) 6 分钟 英国 导演：伽雅·丹尼斯(Gaëlle Denis) 最佳动画长片： 《怪物公司》(*Monsters,Inc.*) 92 分钟 美国 导演：大卫·斯里弗曼(David Silverman)、彼得·达科特(Pete Docter) 最佳学龄前儿童动画： 《艾迪和小熊》(*Eddy & the Bear*) 30 分钟 英国 导演：托尼·克林伍德、克里斯多夫·欧海尔
2003 年	最佳电视动画： 《建筑师鲍勃：难忘的圣诞节》(*Bob the Builder*: *A Christmas to Remember*) 63 分钟 英国 导演：莎拉·鲍尔(Sarah Ball) 最佳动画短片： 《星外飞仙》(*Jojo in the Stars*) 12 分 41 秒 英国 导演：马克·克雷斯特(Marc Craste) 最佳学龄前儿童动画： 《动物故事》(*Animal Stories*) 5 分钟/集/52 集 英国 导演：威尔·布伦顿(Will Brenton)

续表

2004 年	最佳电视动画： 《牙刷头》(*Brush Head*)　美国 导演：团队创作 最佳动画短片： 《祝生日》(*Birthday Boy*)　10 分钟　澳大利亚 导演：朴世宗(Sejong Park) 最佳学龄前儿童动画： 《动物老友记》(*Yoko! Jakamoko! Toto!*)　5 分钟/集/52 集　英国 导演：托尼・克林伍德、克里斯多夫・欧海尔
2005 年	最佳电视动画： 《小驯鹿》(*The Little Reindeer*)　29 分钟　英国、法国 导演：大卫・昂温(Dave Unwin) 最佳动画短片： 《堕落的艺术》(*Fallen Art*)　6 分钟　波兰 导演：托迈克・巴吉斯基(Tomek Bagiski) 最佳动画长片： 《超人总动员》(*The Incredibles*)　115 分钟　美国 导演：布拉德・伯德 最佳学龄前儿童动画： 《粉红猪小妹》(*Peppa Pig*) 5 分钟/集/52 集　英国 导演：马克・贝克、纳维尔・阿斯特里(Neville Astley)
2006 年	最佳电视动画： 《神奇的马戏三兄弟》(*The Amazing Adrenalini Brothers*)　英国、加拿大 导演：丹・钱伯斯(Dan Chambers)、克莱尔・安德伍德(Claire Underwood) 最佳动画短片： 《盖伊 101》(*Guy* 101)　9 分钟　美国 导演：伊恩・W. 古德斯通(Ian W. Gouldstone) 最佳动画长片： 《超级无敌掌门狗：人兔的诅咒》(*Wallace & Gromit in The Curse of the Were-Rabbit*)　85 分钟　英国 导演：尼克・帕克、史蒂夫・鲍克斯 《快乐的大脚》(*Happy Feet*)　109 分钟　美国 导演：乔治・米勒(George Miller) 最佳学龄前儿童动画： 《小小的我》(*Pocoyo*)　7 分钟/集/20 集　西班牙、英国 导演：大卫・坎特托拉(David Cantolla)、吉列莫尔・加西亚(Guillermo Garcia)

续表

2007 年	最佳电视动画： 《神秘秀》(*The Secret Show*)　英国 导演：托尼·克林伍德、克里斯多夫·欧海尔 最佳动画短片： 《黑色姐妹花》(*The Pearce Sisters*)　9 分钟　英国 导演：路易斯·库克(Luis Cook) 最佳动画长片： 《料理鼠王》(*Ratatouille*)　111 分钟　美国 导演：布拉德·伯德 最佳学龄前儿童动画： 《小小的我》(*Pocoyo*)　西班牙、英国 导演：大卫·坎特托拉、吉列莫尔·加西亚
2008 年	最佳电视动画： 《查理与罗拉的秋季特别节目》(*Charlie and Lola Autumn Special*)　20 分钟　英国 导演：基蒂·泰勒(Kitty Taylor) 最佳动画短片： 《超级无敌掌门狗：面包师谋杀案》(*Wallace & Gromit in A Matter of Loaf and Death*)　29 分钟　英国 导演：尼克·帕克 最佳动画长片： 《机器人总动员》(*WALL·E*)　98 分钟　美国 导演：安德鲁·斯坦顿(Andrew Stanton) 最佳学龄前儿童动画： 《查理与罗拉》(*Charlie and Lola*)　英国 导演：基蒂·泰勒

英国影视艺术学院的联系方式：

The British Academy of Film & Television Arts　　电话：+44(0)20 7734 0022
195 Piccadilly　　传真：+44(0)20 7734 1792
London　　E-mail：info@bafta.org
W1J 9LN　　官方网站：http://www.bafta.org

英国动画大奖(British Animation Awards)

英国动画大奖(简称 BAA)创办于 1996 年，是一个以鼓励、展示、交流英国动画作品为主的民间评选活动。这一活动是由珍·琵琳与古乐森·雅尼克(Gulsen Yanik)共同创办的。英国动画大奖每两年举办一次，2008 年 3 月 13 日举行了第七届比赛。入选作品被分为三个展映单元，在全英国 20 个电影院进行巡回放映。每一个电影院都会有观众投票点，观众可以通过现场或者网络投票选出自己最喜欢的作品。

该活动征集的作品范围涵盖英国动画的方方面面，凡是由英国导演制作或由英国投资的动画片都有资格参赛。奖项设置覆盖学生作业、动画广告、儿童系列动画片、动画 MV、实验动画等各个方面。活动期间还会举办最新的动画技术、创意、剧本展示。主办者每年还会在伦敦市中心的动画艺术画廊（Animation Art Gallery）举办名为 *BAAs* 的展览。

谈到创办动画节的初衷，珍·琵琳说道："我希望能征集一些跨国界、多主题的优秀动画片。作品分成 19 个类别进行评选，每个类别都有专业的评审委员。我不希望为小孩子做娱乐动画的人来当实验片的评委。从当影展评委的经历中，我发现人们经常忽略实验动画，这不公平，所以我特别为实验动画片设立了奖项。而对于那些娱乐性与故事性较差的片子我们也予以同等重视并设立了奖项。当然，我对学生作品与主流商业影片同样感兴趣。所有这些作品都会在电影院放映，1999 年的动画节我们除了在伦敦放映外，还在其他十个城市做巡回放映。2001 年我们在 15 个城市放映，更多的观众将参与进来，这对创作者来说无疑是很重要的。"

以下这些世界知名的动画大师都参加过英国动画大奖活动：弗瑞德里克·拜克（Frédéric Back）、蒂姆·伯顿、恰克·琼斯、伊格尔·科亚利沃夫（Igor Koayalyov）、卡洛琳·莉芙（Caroline Leaf）、迈克尔·奥斯洛特（Michel Ocelot）、尚·平卡瓦（Jan Pinkava）、温迪·蒂尔比（Wendy Tilby）、麦克尔·杜克·德威特。而英国本土的动画师当然也不会错过这一盛事，尼克·帕克、丹尼尔·格雷弗斯、乔安娜·奎恩、马克·贝克、彼得·洛德和理查德·威廉姆斯也都曾大驾光临。

英国动画大奖在奖品设计方面与众不同，组织者并非像其他动画节那样给获奖者颁发证书、奖杯，而是根据获奖者的喜好寻找动画师、艺术家，为其量身定做各种艺术品。组织者的原则就是给获奖者最想要的东西，例如：著名动画师的手稿、绘画、雕塑作品，给予获奖者创作灵感的动画师的亲笔签名，经典动画片的一格胶片。我相信这种奖励一定比奖金更诱人。

英国动画大奖的 Logo 是一只羊，这是因为其英文简称 BAA 在英语中是羊的叫声。于是主办者邀请著名动画艺术家以此 Logo 为基础创作各种宣传品。很多世界知名的动画大师都为英国动画大奖绘制了"群羊图"。当然，这些带有大师亲笔签名的绘画作品也会被当做奖品颁发给英国动画大奖比赛获胜者。

每届评选都会出版获奖作品集 DVD，并不定期地推出其他动画精选集，例如 2006 年出版的《法国优秀电脑动画精选》（*Best of French Computer Animation*）、《世界现代经典动画片集》（*International Modern Classics*）、《欲望与性：1～3 集》（*Desire & Sexuality: Animating the Unconscious Vols* 1, 2 & 3）。作品集销售额成为英国动画大奖这一非官方扶持的动画节最主要的资金来源。截止到 2007 年，英国动画大奖已经出版发行了 13 张 DVD 以及一本相关书籍，包括：六张英国动画大奖获奖作品集（见彩图 2）、两张《英国经典动画短片集》（*British Animation Classics Vols* 1, 2，见彩图 1）和五张其他国家动画作品精选集。而《英国动画大奖艺术手册》（*The Book of BAA Art*）则全面介绍了英国动画大奖的历史与成绩，是了解这一英国本土动画节的必备工具书。

2007 年第二届中国北京国际大学生动画节举办了英国动画大奖专题展览，放映了 1996～2006 年的全部获奖作品。我明显感觉到越新的作品越有看头，由此可见，英国动画是在稳步发展的，而英国动画大奖则见证了这一切。

2006 年英国动画大奖获奖名单：

最佳学生作品(Best Student Film)	《宇航员》(*Astronauts*) 导演：马太・沃克(Matthew Walker) 威尔士大学(University of Wales)
最佳儿童动画系列片(Best Children's Series)、最受儿童观众喜爱的影片(Children's Choice Award)	《小流氓：裤子奥德赛》(*Those Scurvy Rascals: Pants Odyssey*) 导演：奥利弗・哈雅特(Oliver Hyatt)
最佳电视动画节目(Best TV Special)	《愤怒小子：你以为你是谁?》(*Angry Kid: Who Do You Think You Are?*) 导演：达伦・沃尔什(Darren Walsh)
最佳学龄前儿童动画系列片(Best Children's Pre-School Series)	《粉红猪小妹：猪妈妈上班记》(*Peppa Pig: Mummy Pig at Work*) 导演：马克・贝克、纳维尔・阿斯特里(Neville Astley)
最佳动画短片(Best Short Film)、最佳边缘动画片(Best Film at the Cutting Edge)	《兔子》(*Rabbit*) 导演：阮・瑞克(Run Wrake)
最佳喜剧动画片(Best Comedy)	《婴儿潮》(*Bromwell High: Baby Boom*) 导演：皮特・比舍普(Pete Bishop)
最佳动画 MV(Best Music Video)	《敏感乐队：天鹅肉》(*Subtle: Swan Meat*) 导演：SSSR
最佳电影、电视美术设计(Best Film/TV Graphics)	《摩托罗拉经典系列》(*Motorola Classics*) 导演：史密斯与佛科斯(Smith & Foulkes)
最佳编剧(Writers Award)	《树袋熊兄弟：圣诞特别节目》(*Koala Brothers: Outback Christmas Special*) 编剧：戴夫・印汉姆(Dave Ingham)
动画广告类之最佳导演奖(Best Commercial: Direction)	《本田汽车之 GRRR 篇》(*Honda: GRRR*) 导演：史密斯与佛科斯

续表

动画广告类之最佳技术奖(Best Commercial: Craft)	《沃达丰移动通讯之蜉蝣篇》(*Vodafone: Mayfly*) 导演:达伦·沃尔什
最佳欧洲动画长片(Best European Feature Film)	《僵尸新娘》(*Corpse Bride*) 导演:麦克·约翰逊(Mike Johnson)、蒂姆·伯顿
最受观众欢迎奖(Public Choice Winners)、最佳动画广告(Best Commercial)	《OM,从阿巴到扎帕》(*OM From Abba to Zappa*) 导演:史密斯与佛科斯
最佳动画 MV(Best Music Video)	"街头霸王"乐队的《巨爽公司》(*Feel Good Inc.*) 导演:杰米·休利特、皮特·坎迪兰德
最佳动画短片(Best Short Film)	《城市天堂》(*City Paradise*) 导演:盖尔·迪恩斯(Gaelle Deins) 《我是谁、我要什么》(*Who I Am and What I Want*) 导演:大卫·舍瑞利(David Shrigley)、克里斯·舍伯德(Chris Shepherd)

英国动画大奖组委会的联系方式:

British Animation Awards
c/o: Th1ng53 Beak Street
London
W1F 9SH
电话:020 7734 6459
传真:020 7437 8211
Jayne Pilling:jayne@britishanimationawards.com
官方网站:http://www.britishanimationawards.com

布拉德福动画节(Bradford Animation Festival)

一年一届的布拉德福动画节(简称 BAF)是英国历史最悠久、规模最大的动画节之一。它由国家传媒博物馆(National Media Museum)于 1993 年创办,动画节地点就设在国家传媒博物馆内。动画节每年都会举办各种展览、研讨会、专题放映和比赛,而 BAF 大奖更是对当年全世界动画片的一次巡礼。

国家传媒博物馆是英国国家科学与工业博物馆集团(NMSI Museums Group)(1)的一部分,位于英格兰北部的西约克郡。博物馆主要收藏与展示摄影、电影、电视、网络、广播等传媒方面的展品。1983 年 6 月 16 日正式对外开放,当初的名称是国家摄影电影电视博物馆(The National Museum of Photography, Film & Television)。

博物馆每年吸引大约 100 万人前来参观,它拥有英国最早也是最大的巨幕电影院(IMAX)。从 1984 年起,这个巨幕电影院的观众席便成了博物馆采访业界名人的指定地点,美国著名导演马丁·塞克西斯(Martin Scorsese)就曾在这里接受采访。2006年11月30日正式更名为国家传媒博物馆。

2002年我曾经参观过这个博物馆,那时正值它举办《007》电影系列展览。漫步于琳琅满目的邦德电影道具之中,我有点分不清什么是现实,什么是虚幻。不知不觉走到了博物馆的顶层,发现整整一层楼竟然都是动画展厅!往日只能在教科书里看见的影片现在就在墙上的大屏幕中滚动播放着。我清晰地记得自己坐在一张黑色的沙发上,完整地看完《玩具王国梦游记》(*Dreams of Toyland*)。空荡荡的动画展厅里只有我一个人在静静地观看着这部1908年的默片。瞬间我似乎从令人眩晕的007英雄世界回到了100年前那个黑白时代——单纯、安静。一路走去,展厅中摆满了熟悉的动画人物玩具、模型、场景与道具,而观众只有我一个人。这种感觉很梦幻、很亲切,一个中国人在英国的博物馆里独自感受着百年动画,仿佛置身于童话世界之中,这场景本身就已经很"动画片"了。

2007年11月14～17日,第14届布拉德福动画节举行。英国动画大师尼克·帕克、鲍伯·荀德弗瑞、保罗·布什(Paul Bush)以及瑞士实验动画大师乔治·史威兹贝尔(Georges Schwizgebel)出席了活动并举办了他们的个人作品回顾展(尼克·帕克除外,他的专题展映在之前的动画节已经举办过)。

动画节开幕典礼上放映了2007年刚刚在戛纳国际电影节上获得评委会大奖的法国动画长片《我在伊朗长大》(*Persepolis*)。本届动画节有以下特别活动:

(1)第四频道电视台《广播图解》(*AIR Scheme*)节目精选作品展

动画节期间不仅展映了《广播图解》节目16年来的精品动画片,还举办了四部最新作品的首映。它们分别是萨利·亚瑟(Sally Arthur)的*A-Z*、威尔·贝彻尔(Will Becher)的《气象预报员》(*The Weatherman*)、乔·劳伦斯(Joe Lawrence)的《发光》(*Glow*)、马克·纽特(Mark Nute)的《我发现一本关于胡子的书》(*The I've Spied Book of Beards*)。

(2)"双重否定"公司(Double Negative)首席动画师见面会

位于伦敦市中心的"双重否定"公司是世界著名视觉特效制作公司,它曾为《世贸中心》、《哈利·波特与凤凰社》等影片制作CG特技效果。本次动画节上该公司的首席动画师举办讲座,与观众见面交流。

(3)"故事板与艺术视觉化"研讨会

动画节聘请了著名插画师、漫画家与动画师一起探讨故事板在动画创作中的重要性。

(4)喜剧动画研讨会

(5)国家影视学校(NFTS)动画作品展映

本展映不仅有2007年动画专业学生毕业作品,还包括尼克·帕克、艾利森·斯诺登(Alison Snowden)、大卫·菲恩(David Fine)、马克·贝克等四位杰出毕业生的六部获奖作品。

(6)“红星”公司(Red Star)立体动画展映

“红星”公司是一家从事三维动画、立体动画与影视特效的英国动画制作机构。本次动画节上他们带来一部十分钟的立体动画片《骷髅石的诅咒》(*The Curse of Skull Rock*)。观众必须乘坐特制的观影舱才能欣赏这部讲述海盗战斗的作品。

(7)编剧训练营(Workshop)

动画节聘请影院版动画《亚特兰蒂斯》(*Atlantic*)的编剧艾伦·吉尔比(Alan Gilbey)主持此活动,探讨动画剧本写作问题。

(8)电子游戏单元

约克郡是英国电子游戏工业的基地,大量世界知名游戏公司坐落于此。因此布拉德福动画节依托这一优势举办了多场电子游戏推广活动,并邀请游戏制作人举办专场讲座与玩家交流。

2007年7月,约克郡的三所大学联合发表声明,决定组成战略伙伴关系共同发展电子游戏高等教育。本次动画节上布拉德福大学、赫尔大学与谢菲尔德哈勒姆大学举行新闻发布会,将其依托约克郡发达的电子游戏产业共同培养电子游戏设计专业硕士生的计划公布于众。

查尔斯·塞西尔(Charles Cecil)是英国电子游戏界的常青树,25年来他制作了多款经典游戏,比如《断剑:死亡天使》(*Broken Sword: The Angel of Death*)系列产品。此次他举办了一个详细剖析电子游戏制作中叙事问题的讲座。

动画节邀请了英国电子游戏界的元老级人物大卫·布拉本(David Braben)前来举办讲座。此人早在1982年还是大学在校生时就已经独立开发制作游戏,并获得业内关注。他制作的经典游戏*Zarch*、《模拟乐园:惊奇世界》(*Thrillville: Off the Rails*)获得近百项大奖。他创建的“疆域无限”(Frontier Developments)公司成立于1994年,制作了《过山车大亨3》(*Roller Coaster Tycoon* 3)、PS2游戏《幸福小狗》(*Dog's Life*)和《人兔的诅咒》(*Curse of the Were-Rabbit*)等知名游戏。

“数字艺术家挑战赛”(Dare to be Digital)是英国著名的业余电子游戏设计大赛,创办于2000年。每年一届的比赛面向全世界想进入电子游戏界的业余爱好者与专业学生,参赛者被集中在一起,以团队为单位,限定十周内必须制作出一个小游戏。最终获胜者将在爱丁堡互动娱乐艺术节(Edinburgh Interactive Entertainment Festival)上展示自己的作品。2009年的布拉德福动画节举办了历年“数字艺术家挑战赛”的获奖作品精选展。

2007年9月上市的、获得E3电子游戏大赛大奖的《天剑》(*Heavenly Sword*)是由位于剑桥的“忍者信条”公司(Ninja Theory)开发制作的。动画节邀请该公司首席动画师前来与观众交流,介绍创作过程。

“原子星球”公司(Atomic Planet Entertainment)成立于2000年,是英国电子游戏50强公司之一。该公司致力于游戏引擎的开发,到目前为止它已经为40多款游戏设计了引擎并获奖无数。该公司最新出品的一款电视游戏《深海怪物3D》(*Sea Monsters 3D*)亮相本次动画节,《深海怪物3D》的首席设计师也亲临现场就如何将电影改编为游戏与大家交流。

“故事中的故事”公司(Tale of Tales)是成立于2002年的比利时游戏公司,本次动画节上公司两位创始人携带其2005年开发的网络游戏《无尽头的森林》(*The Endless Forest*)与玩家进行现场交流。

(9)儿童活动单元

动画节期间组委会为孩子们安排了丰富多彩的活动,例如:放映皮克斯公司最新影院动画片《料理鼠王》,举办免费训练营向小朋友展示动画制作的简单技巧,在讲解员的带领下免费参观国家传媒博物馆收藏的与动画有关的展品。

(10)非竞赛单元展映

动画节设有名为“全景”(Panorama)的非竞赛展映单元,分为四部分,共有累计时间211分钟的39部动画短片参加展映。另外,吉卜力工作室的影院版动画片《地海传说》也在动画节上放映。

除了以上活动外,动画节还举办了签名售书活动。著名游戏编剧伊恩·西蒙斯(Iain Simons)撰写的《走进游戏设计》(*Inside Game Design*)以访谈录的形式展现了电子游戏作为新型视觉艺术的魅力所在。此次动画节上他还到场为读者签名售书。

动画节通票票价:成人85英镑、折扣票60英镑、团体票50英镑。

2007年布拉德福动画节入围作品名单

2007年的竞赛单元共收到来自全世界的750多部动画片,最终有40部作品入围。比赛分为五个组:专业组(Professional Films)、电视系列动画片与动画广告片组(TV Series/Commercials)、学生组(Student Films)、动画MV与独立电影组(Music Videos/Independent Films)、儿童动画片组(Films for Children)。

专业组入围作品	《大道下》(*Down the Road*)　丹麦　15分56秒 导演:卢恩·克里森(Rune Christensen) 《黑色姐妹花》(*The Pearce Sisters*)　英国　9分27秒 导演:路易斯·库克(Luis Cook) 《售空》(*Sold Out*)　荷兰　7分30秒 导演:玛丽·琼斯·冯德林登(Marie Jose van der Linden)、格里特·范迪克(Gerrit van Dijk) 《洞察力》(*Insight*)　丹麦　6分45秒 导演:萨尔瓦多·西蒙·布索姆(Salvador Simo Busom) 《查格的激情》(*Chagall's Passion*)　俄罗斯　13分34秒 导演:安德烈·麦尼克夫(Andrey Melnikov)

续表

电视系列动画片与动画广告片组入围作品	电视系列动画片： 《皮普与鲍格：彼得的房间》(*Pib and Pog: Peter's Room*) 英国 《乌比乐园：乌比的音乐》(*Wobbly Land: Wobbly Music*) 英国 《小羊肖恩：寂静的生活》(*Shaun the Sheep: Still Life*) 英国 《查理与罗拉：我会特别小心》(*Charlie & Lola: I Will Be Especially Careful*) 英国 《弗兰肯斯坦的猫：墙》(*Frankenstein's Cat: The Wall*) 英国、法国 动画广告片： 《可口可乐之电子游戏篇》(*Coca-Cola "Videogame"*) 英国 《世界野生动物基金会宣传片》(*WWF*)
学生组入围作品	《这就是生活》(*C'est la vie*) 韩国 11分30秒 导演：李惠莲(Hyeryun Lee) 《生命线》(*Life Line*) 匈牙利 6分25秒 导演：托米克·杜克西(Tomek Ducki) 《未来》(*The Future*) 法国 3分58秒 导演：克里斯多夫·艾林达(Christophe Alenda) 《他们的环境》(*Their Circumstances*) 导演：JiHyun Ahn 美国 10分6秒 《管理员》(*Administrators*) 比利时 6分37秒 导演：罗马·克罗克夫(Roman Klochkov)
动画MV与独立电影组入围作品	动画MV： 《丛林中的阿里》(*Ali in the Jungle*) 英国 导演：乔娜斯·奥黛尔(Jonas Odell) *Neige* 法国 3分50秒 导演：斯迪芬·栢拉(Stephane Berla) 《你应该杀人》(*Thou Shalt Always Kill*) 英国 3分22秒 导演：克伦·潘曼(Karen Penman)、林姆·布雷热(Liam Brazier) 《格特耶——心乱如麻》(*Gotye—Hearts a Mess*) 澳大利亚 4分40秒 导演：布伦达·库克(Brendan Cook) 《每一天》(*Every Day*) 以色列 4分10秒 导演：克尔·尤姆(Kol Yom) 独立动画短片： 《吞噬时间的山羊》(*The Goat That Ate Time*) 澳大利亚 7分钟 导演：露辛达·斯彻瑞巴(Lucinda Schreiber) 《旅行者》(*The Tourists*) 加拿大 3分钟 导演：马尔科姆·萨瑟兰(Malcolm Sutherland) 《屋子里的大象》(*The Elephant in the Room*) 英国 3分8秒 导演：莎拉·威肯斯(Sarah Wickens) 《超级老人》(*The Old, Old, Very Old Man*) 英国 6分38秒 导演：伊丽莎白·霍博斯(Elizabeth Hobbs) 《剩菜》(*The Leftovers*) 塞尔维亚 6分3秒 导演：伊格·格瑞克(Igor Coric)

续表

儿童动画片组	*Zhiharka* 俄罗斯 导演：奥利格·乌兹诺夫(Oleg Uzinov) 《大象》(*The Elephant*) 以色列 6分5秒 导演：迈莉娜·克利巴诺娃(Milena Klebanov) 《普希金》(*Pushkin*) 英国 5分钟 导演：特雷弗·哈代(Trevor Hardy) 《弗林特船长与旧沙发》(*Captain Flints Old Sofa*) 德国 8分钟 导演：迈克尔·泽玛尼斯(Michael Zamjatnins) 《雨中的长颈鹿》(*A Giraffe in the Rain*) 比利时 12分10秒 导演：帕斯卡·黑奎特(Pascale Hecquet)

布拉德福动画节的联系方式：

Bradford Animation Festival
National Media Museum Bradford
West Yorkshire
BD1 1NQ
England

电话：+44(0)1274203308
传真：+44(0)1274394540
官方网站：http://www.baf.org.uk;
http://www.nationalmediamuseum.org.uk

备注：

(1)NMSI是National Museum of Science and Industry的简称，即国家科学与工业博物馆。包括国家科学博物馆(National Science Museum)和国家铁路博物馆(National Railway Museum)与国家传媒博物馆。

伦敦国际动画节(London International Animation Festival)

伦敦国际动画节(简称LIAF)创建于2005年，是英国规模较大的动画节之一。

2007年8月21日至26日，第三届伦敦国际动画节在伦敦举行。本次动画节放映了来自28个国家与地区的200多部动画片，这些影片在伦敦展映完毕后还在英国其他城市巡回展览。

参与本次动画节竞赛活动的不仅有获得奥斯卡最佳动画短片奖的《丹麦诗人》(*The Danish Poet*)，美国著名成人动画导演唐·赫特菲尔德(Don Hertzfeldt)与瑞士动画大师乔治·史威兹贝尔、荷兰动画大师麦克尔·杜克·德威特也将自己的最新作品送来参赛。伦敦国际动画节的竞赛活动非常有趣，除了全场最重要的两个大奖——最佳动画大奖(Grand Jury Prize for the Best Film)和最佳英国动画(Best British Film)奖由评委会选出外，还会在不同的展映单元中分别设置评委会奖与观众投票奖，充分调动观众参与的积极性。在动画节结束前一天组委会将观众投票选举出的获奖影片公示，并举办所有竞赛与展映单元获奖作品的放映活动。

本次伦敦国际动画节的主要活动有：

(1)爱沙尼亚动画专题展映

普瑞特·帕恩(Priit Parn)无疑是爱沙尼亚最富盛名的动画大师,本次专题展映当然少不了这位世界动画协会(ASIFA)终身成就奖获得者的特别展览。展览中不仅放映了普瑞特·帕恩的代表作品《1895》,还有一部名为《帕恩传记》(*Parnography*)的纪录片。这部52分钟的影片不仅回顾了大师作品,还采访了大量爱沙尼亚动画师,探讨了动画与政治的关系。

另外,爱沙尼亚著名偶动画工作室"努库电影公司"(Nukufilm)成立50周年的专题展映也是本次动画节的一大亮点。该工作室在过去50年中制作了200多部动画片,获得了90多个世界大奖。这个名为《赋予灵魂》(*Having Soul*)的展映不仅放映该工作室的经典动画作品,还展出了120个精美的木偶道具。今天的"努库电影公司"以一种艺术沙龙的形式继续存活着,约30名艺术家在这里工作。

(2)电脑动画发展史——Siggraph回顾展

(3)怪异动画片展映单元

15部极其怪异的成人动画短片构成了这一单元的主要内容。

(4)手绘动画单元

每届伦敦国际动画节都会有一个旨在强调动画技术重要性的竞赛单元——"技术聚焦"(Technique Focus),2007年的主题是手绘动画技术。

(5)动画纪录片展映单元

英国人似乎很偏爱以动画形式制作的纪录片,每届伦敦国际动画节都设有动画纪录片展映单元。2007年共有来自英国、澳大利亚、美国的7部作品参加了展映。

(6)波兰动画大师作品展

波兰的动画历史可以追溯到19世纪20年代,一大批波兰动画大师在世界动画史教科书上留下了自己的名字:祖菲亚·奥拉泽武斯克(Zofia Oraczewska)、尚·兰尼卡(Jan Lenica)、杰泽·库萨(Jerzy Kucia)、萨比格尼·瑞比克金斯基(Zbigniew Rybczynski)、皮奥特·杜马尔(Piotr Dumala)、瓦莱利安·博罗夫奇克(Walerian Borowczyk)、雷迪斯洛·斯塔瑞维科兹(Ladislaw Starewicz)。本次伦敦国际动画节共设置两个展映单元,放映包括奥斯卡最佳动画短片《探戈》(*Tango*)在内的15部波兰动画大师作品。

(7)克雷格·韦尔奇(Craig Welch)作品回顾展

克雷格·韦尔奇是加拿大国家电影局杰出的动画导演,其极富诗意的黑白美术风格影响了一大批动画师。

2007 年伦敦国际动画节获奖名单：

最佳动画大奖(Grand Jury Prize For the Best Film)	《一切顺利》(*Everything Will Be OK*) 导演：唐·赫特菲尔德(Don Hertzfeldt)　美国
最佳英国动画(Best British Film)	《时间飞逝》(*Time is Running Out*) 导演：马克·瑞斯比格(Marc Reisbig)　英国
分类奖(Session Awards)	国际单元 1(International Programme 1) 评委会奖：《戏言》(*Jeu*)　导演：乔治·史威兹贝尔(Georges Schwizgebel)　瑞士 观众投票奖：《黑色姐妹花》(*The Pearce Sisters*)　导演：路易斯·库克(Luis Cook)　英国 国际单元 2(International Programme 2) 评委会奖：《鸟鸣》(*Birdcalls*)　导演：马尔科姆·萨瑟兰(Malcolm Sutherland)　加拿大 观众投票奖：《封面与封底》(*Recto Verso*)　导演：加百利·杰奎特(Gabriel Jacquet)　法国 国际单元 3(International Programme 3) 评委会奖：《里斯本的晚宴》(*Dinner in Lisbon*)　导演：安德烈·卡瑞罗(Andre Carrilho)　葡萄牙 观众投票奖：《约翰与约翰的冒险》(*The Adventures of John and John*)　导演：威尔·比舍普·史蒂文斯(Will Bishop Stevens)　英国 *T. O. M.*　导演：丹·格雷(Dan Gray)、汤姆·布朗(Tom Brown)　英国 国际单元 4(International Programme 4) 评委会奖、观众投票奖：《超级老人》(*The Old, Old, Very Old Man*) 导演：伊丽莎白·霍博斯　英国 国际单元 5(International Programme 5)　怪异动画片展映单元 评委会奖：《多少的传说》(*The Tale of How*)　导演：黑心帮(The Blackheart Gang)　南非 观众投票奖：《食肉动物退潮》(*Carnivore Reflux*)　导演：动画人民共和国(The People's Republic of Animation)　澳大利亚 国际单元 6(International Programme 6) 10 分钟以上短片 评委会奖：《一切顺利》(*Everything Will Be OK*)　导演：唐·赫特菲尔德　美国 观众投票奖：《丹麦诗人》(*The Danish Poet*)　导演：特里尔·科夫(Torill Kove)　挪威 数码全景单元(Digital Panorama) 评委会奖：《莫洛克》(*Moloch*)　导演：马新·帕泽拉(Marcin Pazera)　波兰 观众投票奖：《虎》(*Tyger*)导演：桂赫米·马肯迪斯(Guilherme Marcondes)　巴西

续表

分类奖（Session Awards）	抽象全景单元（Abstract Panorama） 评委会奖：《拉卡的记忆》（*Lajka's Memory*） 导演：伊娃·图斯（Eva Toth） 匈牙利 观众投票奖：《劳里·吉布斯的循环》（*Circle by Laurie Gibbs*）、《茶香》（*The Aroma of Tea*）导演：麦克尔·杜克·德威特 英国、荷兰 手绘动画单元（Hand-painted Film） 评委会奖：《城市故事》（*Urban Tale*） 导演：佛罗伦萨·米亚赫（Florence Miailhe） 法国 观众投票奖：《我的至爱》（*My Love*）导演：亚历山大·佩德罗（Alexander Petrov） 俄罗斯 英国全景单元（British Panorama） 评委会奖：《时间飞逝》（*Time is Running Out*） 导演：马克·瑞斯比格 英国 观众投票奖：977 导演：皮克·瓦瑞拉（Peque Varela） 英国 评委会特别提名奖（Jury's Special Mention） 《生活的滋味》（*The Taste of Life*） 导演：尤罗·皮克夫（Ulo Pikkov） 爱沙尼亚 评委会特别推荐奖（Jury's Highly Commended） 《丹麦诗人》（*The Danish Poet*） 导演：特里尔·科夫 挪威 《等待中的男人》（*The Man Who Waited*） 导演：希尔多·尤舍夫（Theodore Ushev） 加拿大 《奇谈……光之精华》（*Yarn... Good Light is Essential*） 导演：瑞卡·贾克斯（Reka Gacs） 英国

伦敦国际动画节的联系方式：

London International Animation Festival
The Film and Video Workshop
Hungerford Primary School
Hungerford Rd
London
N7 9LF
UK
电话：0207 607 8660
E-mail：info@liaf.org.uk
官方网站：http://www.liaf.org.uk/index.html

Animex国际动画与电脑游戏节（Animex International Festival of Animation & Computer Games）

一年一度的Animex国际动画与电脑游戏节虽然是一个历史不到十年的动画节，但以其在电脑动画、游戏方面的前瞻性、专业性与普及性著称于英国。该动画节的前身是提赛德大学（University of Teesside）计算机学院（The School of Computing）于2000年举办的“动画2000”（Animation 2000）活动。

教育机构主办的动画节就是与一般动画节不同，不以赢利为目的，以普及动画、电脑游戏知识为初衷。例如2008年举办的动画、电脑游戏普及活动吸引了3000多名中小学生与家长。孩子们不但可以免费观看电影,还可以免费参加讲座与培训活动。动画节组委会还与当地儿童教育机构、影视艺术组织合作开展校外动画、电脑游戏教育活动。在学生绘制动画背景的比赛中获胜者不仅可以获得250英镑奖金,其作品还将在当地画廊展出并有专家点评。

为期一周的动画节设有竞赛单元,奖项设置如下:

电脑动画大奖(3D Animation Award)——强调三维技术

二维动画大奖(2D Animation Award)——强调二维技术

实验动画大奖(Experimental Animation Award)——十分钟以下的任何动画形式混合完成的影片

定格动画大奖(Stop Motion Award)

游戏艺术大奖(Games Art Award)——使用二维、三维动画技术设计的游戏角色、背景或游戏宣传片

视觉特效大奖(Visual Effects Award)——使用二维、三维技术与真人影像相结合的影片

运动图像大奖(Motion Graphics Award)——使用二维、三维技术与平面设计图形图像影像相结合的新媒体产品与艺术品

提赛德大学计算机学院

提赛德大学计算机学院的电脑动画与电脑游戏专业在英国享有盛誉。其前身可追溯到创建于1930年的康斯坦丁学院(Constantine College),早在1966年该学院就成立了计算机系,成为英国最早开设计算机专业的院校。多年来他们一直致力于计算机技术的开发与应用,力求将电脑技术与数字娱乐、新媒体视听艺术完美结合。今天该学院不仅是英国最好的计算机学院之一[1994年被英国高等教育基金委员会(Higher Education Funding Council for England)评为教学质量优秀学院],而且其电脑动画与电脑游戏专业在世界相关大学专业排名中名列前20位。提赛德大学计算机学院的毕业生成为梦工厂、迪斯尼等大公司争相签约的抢手货,《哈利·波特》、《魔戒》等大片的电脑动画创作都有该校毕业生参与。

除去我不了解的纯电脑技术与应用类专业外,该计算机学院设置的本科专业基本上分为三类:电脑动画类、电脑游戏类、网络多媒体与视觉特效类,这与我所在的中国传媒大学动画学院的系部设置极其相似,因此我对该学院的专业设置很感兴趣。

提赛德大学计算机学院目前有100多位教职员工,1000多名本科生、硕士生、博士生,开设的专业主要有:

电脑动画类:电脑游戏动画(Computer Games Animation)、电脑角色动画(Computer Character Animation)、电脑动画(Computer Animation,该专业还设有硕士学位)等。

电脑游戏类:电脑游戏科学(Computer Games Science)、游戏图形程序设计(Games Graphics Programming)、电脑游戏艺术(Computer Games Art,该专业还设有硕士学

位)、电脑游戏美工(Computer Games Design)、电脑游戏程序设计(该专业还设有硕士学位)等。

网络多媒体与视觉特效类:数字视觉特效(Digital Visual Effects)、动画与视觉特效程序设计(Animation and Visual Effects Programming)等。

依托电脑技术优势,提赛德大学计算机学院开设了大量纯电脑技术专业与课程,这无疑对动画、游戏、数字媒体艺术等介于艺术与技术之间的专业提供了巨大帮助。一些特色专业(硕士学位)也随之诞生,例如:视觉与网络技术应用(Visual and Web Applications)、电脑动画与图形图像技术应用(Computer Animation and Graphical Technology Applications)。

提赛德大学除了计算机学院外,艺术与媒体学院(The School of Arts & Media)也开设了相关的本科专业,例如数字媒体艺术(Creative Digital Media)、网络与多媒体设计(Web and Multimedia Design)、音乐与数字媒体(Music and Digital Media)、音乐与电脑游戏设计(Music and Computer Games Design)、音乐与动画(Music and Animation)等。这无疑是为 Animex 国际动画与电脑游戏节的成功举办呐喊助威,添砖加瓦。

2009 年 Animex 国际动画与电脑游戏节

2009 年 1 月 31 日至 2 月 6 日,第十届 Animex 国际动画与电脑游戏节在提赛德大学举行。为了庆祝动画节十周岁生日,本次活动内容空前丰富。评委会由以阿德曼动画公司的创始人大卫·史波克斯顿为首的动画、电脑游戏界成功人士出任,不仅有来自迪斯尼公司、索尼电影公司动画部(Sony Pictures Animation)的主管,而且还有《骇客帝国》(*The Matrix*)、《篱笆墙外》(*Over the Hedge*)、《与恐龙同行》(*Walking with Dinosaurs*)的视觉特效总监。活动内容如下:

◎游戏(Animex Game)

除了各种最新电脑游戏体验活动外,动画节还邀请了大量游戏界高端人士进行各种专题演讲,包括:

(1)Capcom 公司开发制作的 PS2 游戏《忍者儿雷也见参》(*Jiraiya: The Magical Ninja*)的角色设计师、著名日本插画师松下进(Susumu Matsushita)主持训练营,为大家讲述日式漫画的特点。

(2)PC 单机游戏《汽车驾驶员》(*The Wheelman*)的首席动画师进行名为《〈汽车驾驶员〉制作心得》(*The Making of Wheelman*)的讲座,重点介绍动画在电脑游戏制作各个阶段所起的作用。

(3)《〈波斯王子〉的视频点播系统》(*On Demand Storytelling in Prince of Persia*):探讨在交互、点播系统日益成为电脑游戏与数字娱乐主要叙事形式的今天,传统的线性叙事是否已经死亡,专业编剧通过 Xbox 360 游戏《波斯王子》这一经典案例阐述什么时候、为什么以及怎样运用交互、点播系统。

(4)英国著名电影衍生产品与玩具、模型开发公司"游戏工坊"(Games Workshop)的创始人之一伊恩·利文斯敦(Ian Livingstone)发表《文化表相:生活游戏说》(*Eidos: Life is a Game*)的演讲,回忆上个世纪 80 年代他创造的玩具与相关书籍的销售神话。

他还会以《古墓丽影》为案例分析数字时代文化创意产业的价值。

(5)《圣徒与罪人:〈黑街圣徒 2〉发展史》(*Saints & Sinners: Developing Saints Row 2*):PlayStation 3、Xbox 360 游戏《黑街圣徒 2》(*Saints Row 2*)的制作公司项目主管介绍该系列游戏的创作过程。

(6)《街头霸王 2 归来》(*The Return of Street Fighter* Ⅱ):美国《街头霸王 2》系列官方授权漫画制作公司、PS3 和 Xbox 360 游戏《街头霸王 2 高清混合版》(*Super Street Fighter II Turbo HD Remix*)游戏开发商之一 UDON Entertainment 负责人讲述这款高清游戏的制作过程。

(7)日本知名游戏杂志《Fami 通》主编介绍日本最新电子游戏产业动态。

(8)《创造恐惧与死亡艺术之洗礼》(*Creating Horror and Immersion with the Art of Dead Space*):如何营造电子游戏中的恐怖气氛从而抓住玩家。

(9)《21 世纪中叶的电脑娱乐前景》(*The Future of Computer Entertainment to* 2050)。

◎展映(Animex Screen)

两部重量级的纪录片在动画节上映:《皮克斯传奇》(*The Pixar Story*)与讲述迪斯尼公司开国功臣之一乌布·伊沃克斯(Ub Iwerks)一生的纪录片《米老鼠的幕后英雄》(*The Hand Behind the Mouse*),两部影片的导演是乌布·伊沃克斯的孙女莱斯利·伊沃克斯(Leslie Iwerks)。闭幕式上放映立体动画电影《闪电狗》(*Bolt*)。

除了法国集锦式影院版动画长片《怕黑怪谈》(*Fears of the Dark*)与动画节历年获奖作品精选展映外,还有免费对儿童开放的儿童动画专场放映(成人如果想免费观看必须携带一个孩子)。

◎论坛(Animex Talk)

《无敌浩克》(*Incredible Hulk*)的技术制作总监介绍"浩克"的 CG 变形问题。

《功夫熊猫》(*Kung Fu Panda*)的视觉特效总监结合该片讲述一部电脑动画大片是如何诞生的。他试图说服我们,大片并非观众所想象的只要有堆积如山的钱和无敌的技术就可以制作出来。艺术家与技术员、无穷的创意与有限的预算永远处于斗争与妥协之中。

蓝天工作室(Blue Sky Studios)的代表通过背景、角色以及色彩设计阐述如何将苏斯博士(Dr. Seuss)(1) 的经典儿童文学作品改编为电脑动画长片《霍顿与无名氏》(*Horton Hears a Who*)。

曾以 CGI 技术总监、程序工程师、技术与艺术协调员身份参与《狮子王》(*The Lion King*)、《美女与野兽》(*Beauty and the Beast*)、《铁巨人》(*The Iron Giant*)等的 S. F. 约翰斯敦(Scott F. Johnston)阐述如何使二维、三维技术与艺术完美结合以及展望二维与三维动画工业的发展趋势。

著名动画理论家保罗·韦尔斯(Paul Wells)发表了关于动画工业发展前景的演讲。

◎训练营(Animex Workshops)

动画节聘请了包括皮克斯动画师在内的高手与大学教授,针对业余爱好者进行了基础训练与动画、游戏普及教育。每个训练营平均七个小时，包括：角色与背景设计、3ds Max视觉特效制作、动物运动规律练习、动画表演训练、概念与气氛图绘制等。

中国动画在 Animex

2009年的动画节力推亚洲动画与游戏，特别是中国台湾与韩国。我无意中搜索到了该动画节的中文网站（http://www.animex.net.cn/zhong.htm），在这里该动画节被翻译为“英国国际动画与计算机游戏节”，并出现了大量富有“中国特色”、符合目前中国动画状况的语句：

“为了更好地帮助中国动漫产业与世界接轨，让中国动漫走出国门、走向世界，经文化主管部门协调，国际动漫节组委会专门成立了中国代表处，协调组织中国动漫军团进军动漫节。本次动漫节单独为中国参展企业增加以下环节：中国动漫游戏企业产品展示、中国团专场推介会（文化输出与网络游戏）、中国网络游戏产业发展未来与国际合作专题研讨会、世界动漫与游戏技术培训、运营培训（颁发证书）、高峰论坛等，敬请希望走出国门的相关产业领导、有关院校领导以及动漫网游企业关注并光临。”

为期十天的活动除了三天参加动画节外，其余七天都在游山玩水——日夜兼程地奔波于爱丁堡、格拉斯哥、曼彻斯特、伦敦等英国的大好河山之间。“运营培训（颁发证书）”几个大字赫然纸上，我甚是惊讶英国人啥时候知道我们对“证书”如此感兴趣？看着这极其熟悉的中文套话与昂贵的考察费用（普通团员39800元/人，VIP团员59800元/人），我恍然间有一种陌生感。

中国动画真的“火”到了连这么牛的英国动画节都主动请你去参加的地步？还是又有人想趁机开发一下“中国动画的无限商机”？我不知道该为在如此优秀的动画节上出现国人面孔感到骄傲，还是该为那“英国七日游”感到无奈。

总之，这个中文网站里的信息使我云里雾里，真假难辨。英国顶级动画节是那么遥远，中国动画参观团是如此接近。但是对我来说哪个更远，哪个更近，我分不清。

Animex 国际动画与电脑游戏节的联系方式：

Animex International Festival of Animation & Computer Games
School of Computing
University of Teesside
Middlesbrough
Tees Valley
TS1 3BA
UK
电话：+44 01642 342631
传真：+44 01642 342691
E-mail：info@animex.net
官方网站：http://www.animex.tees.ac.uk

备注：

（1）苏斯博士（Dr. Seuss，1904.3.2～1991.9.24）：原名西奥多尔·苏斯·盖泽尔（Theodor Seuss Geisel），20世纪最受欢迎的美国儿童文学作家和插图画家之一。苏斯博士并没有获得过博士学位，这只是他的笔名而已。在50多年的创作中他完成了60多本著作。2000年《出版商周刊》（*Publishers Weekly*）统计的有史以来最畅销的100本书中他的作品就占了16本。

苏斯博士毕业于英国牛津大学林肯学院文学专业，1927年从欧洲返回美国后为几家杂志创作漫画、插图以及广告设计，同时还为好莱坞撰写电影脚本。

1954年5月，《生活》（*Life*）杂志报道美国小学生因为教科书太过枯燥乏味，无法引起阅读兴趣导致语文水平下降。于是，国际出版巨头——美国兰德公司(Random House)邀请苏斯博士与他的妻子一起策划了《小学馆》(*Beginner Books*)系列丛书，旨在用最少、最简单的语汇讲述最有趣的故事。

苏斯博士 1957 年出版的《戴高帽的猫》(*The Cat in the Hat*)一书只用了 223 个字却成为经典著作，这本书对儿童读物的发展起到了革命性的影响，直到今天仍受到美国学生的喜爱。迄今，该书发行量已达 722 万册，美国邮政部门曾发行《戴高帽的猫》纪念邮票。

1960 年，苏斯博士和友人打赌 50 块美金，只能用 50 个字写成一本书，结果他赢得了赌注。这本因打赌而诞生的杰作《绿鸡蛋和火腿》(*Green Eggs and Ham*)成为苏斯博士最畅销的作品之一(迄今为止已经销售 814 万册)。

几十年来，苏斯博士的作品被多次改编为动画、真人电影、舞台剧等艺术作品。

英国动画组织机构

英国扶持动画的政策与方式

英国政府没有针对动画的特殊扶持政策与专门官方组织，动画师的个人创作资金一般来自各种民间组织、基金会与电视台的资助。英国没有专门的动画协会，但是形形色色的基金会非常多。抛开国民文化素质高、有崇尚艺术的传统并且有钱不提，就连著名的“乐透彩票”(Lottery Fund)每年都会拿出巨额资金资助各种艺术创作活动。当然，各大动画公司的创作也不可忽视，不过那与优惠政策和国家扶持无关，只是按照市场规律进行的商业行为而已。

各种组织机构、基金会资助个人动画师创作的目的或是为了鼓励艺术，或是为了扶持弱势群体(比如说女性动画导演、反映女性与少数民族题材的动画片)，或是为知名大学提供科研经费，当然其中也不乏投资动画片以寻求资金回报与社会效应的。比较有代表性的组织机构有英国电影学会(British Film Institute)、英国艺术委员会(Arts Council of Great British)、英国电影委员会(The UK Film Council)等。

大多数动画导演都是通过申请基金资助筹集经费创作自己的独立艺术短片的，一般一个短片需要几个基金会的共同资助从而降低投资风险。这种基金不仅英国人可以申请，有能力与知名度的外国人也可以申请。而知名大学在校师生获得这种资助的可能性就更大，甚至学生刚一入学就可以申请项目资金以奖学金的形式减免学费。虽然这种资助从本科生到博士生都可以申请，但只针对英国本土学生(部分资助可以放宽到欧盟国家)。

随着 1997 年工党上台，英国政府开始大力扶持本土真人电影创作并颇见成效。刚成立的传媒、文化与体育部(Department of Media, Culture and Sport)说服政府减免影视创作的税收。但是这一措施对动画创作帮助不大，因为申请这一优惠政策本来就很困难，而这种免税只针对影视公司创作的第一年，那么它显然不适用于生产周期漫长的动画片。以独立制片人协会(The Independent Producers Association)为代表的英国动画人力争取得像法国与加拿大那样针对动画创作特性而设立的专门优惠政策。

出于对投资方利益的考虑，独立制片人协会提出英国目前缺少长篇电视系列动画片，建议把13集的英国电视系列动画片惯例改变为国际流行的26集，从而为广告时间投放创造可能性。

保守党将“乐透彩票”拉进了影视投资领域，这无疑为英国电影业注入了新鲜且取之不尽的血液。可是要求资金回报与商业发行成功的门槛使动画资助申请屡屡受挫，例如申请者必须有院线老板的推荐信。试问又有多少影院老板对动画短片感兴趣呢？另外，由于“乐透彩票”往往是一部影片最大的投资方（投资占50%以上），所以它在影片出品方的排名与回报分配率方面永远要求排到第一位。这使得其他投资方很难与之合作和分配利益，因此在找到它投资的同时也就意味着很难再有别的投资者了。

随着资金的缩减与观众的分流，越来越多的投资者（特别是电视台）将资助目标转向更加国际化、市场化、商业化的真人长片。面对近年来对动画资助越来越少的状况，英国著名动画女导演乔安娜·奎恩说：“关于如何找到投资，我只想告诉你——投资商都是‘人类’。他们不会为一个好点子付钱。如果你非要去表达自己的创造精神的话，我建议你尽可能言简意赅，不要在那些根本不可能有时间听你说话的人身上浪费时间。你的积极只会招来他们的痛恨与厌烦，一张A4纸足够了。愿者上钩。”

常年在英国工作，动画短片《父与女》的导演麦克尔·杜克·德威特说：“20世纪七八十年代英国的动画公司大多集中在伦敦，吸引了许多自由动画工作者。虽然有竞争，但不会因此拼得你死我活，同行之间保持着良好的关系。有时我可能是导演，朋友帮忙制作动画部分；有时情况刚好相反，他当导演，我负责动画制作。英国的个人主义传统非常根深蒂固，特别是在大都会，这样良好的环境得以孕育出创意非凡的作品。在媒体方面，英国重要电视台之一的第四频道一贯支持独立动画短片，很可惜这方面的支持已经逐渐减少。伦敦虽然有比较多的工作机会，但生活费相当贵，要有心理准备。”

英国电影学会（British Film Institute，简称BFI）

英国电影学会集影视专业资料收集整理、影视书籍及音像制品出版发行、影视投资制作、影视教育、电影节主办等功能于一身，成为享誉世界的著名影视艺术学术机构。

英国电影学会成立于1933年，旨在保护、发扬英国优秀的影视艺术资源与传统。今天，这一宗旨已经扩展到保护与促进全世界影视艺术与工业发展的范畴。现任会长是曾执导《迷墙》（*The Wall*）的英国著名导演艾伦·帕克（Alan Parker）。

1929年，英国成人教育学会（British Institute for Adult Education）召开会议决定进行一项关于电影文化与教育的调查研究，希望利用电影普及教育、培养观众的电影欣赏能力与文化品位，同时进行民意测验决定是否有必要建立一个永久性的电影教育机构。1932年一篇名为《国民生活中的电影》（*The Film in National Life*）的调查报告发表，报告阐述建立一个由国家资助、独立运营的电影教育机构势在必行。

1933年9月30日，经过与电影界的长时间艰难谈判，英国电影学会终于成立了。

学会建立之初的主要任务是向会员提供各种电影信息与资料，培养观众对电影的兴趣，协调电影院线与电影工业的关系。当然，最终目的是向政府证明电影在普及教育方面潜力巨大。英国电影学会的会员主要由影视专业教师、学生、电影社团组织、影评家及普通电影爱好者组成。

1949年英国电影学会机构改组，发展方向与主要任务也随之变化。由过去借助电影普及教育的方针转变为大力发展电影艺术，鼓励电影记录当代人的生活状态，提升观众欣赏品位。这意味着英国电影学会已经摆脱了单纯的说教而获得了真正意义上独立发展的机会（其电影教育功能转交别的机构负责）。同年，其会刊《视听》(*Sight & Sound*)杂志也由内部刊物升级为对外销售的正规刊物。

1952年英国电影学会设立"实验电影基金"(Experimental Film Fund)以资助年轻的电影艺术爱好者拍摄自己的影片。

1956年，在英国电影学会的资助下，林赛·安德森(Lindsay Anderson)与卡雷尔·雷兹(Karel Reisz)举办了"自由电影"(Free Cinema)展映并获得巨大成功，这是自由电影运动在英国的首次亮相。而同年举办的"电影60年展"(60 Years of Cinema)更是反响强烈，共有20万人参观了这一展览。

1965年，新任艺术部长将英国电影学会的资助从财政部转交到教育与科学部，这样一来，每年国家给予的预算增加了三分之一。

1982年，英国电影学会与第四频道共同投资拍摄了彼得·格林纳威(Peter Greenaway)导演的《绘画师的合约》(*The Draughtsman's Contract*)。

1992年，英国电影学会与伦敦大学伯克贝克学院(Birkbeck College)联合办学，正式招收影视艺术专业的硕士研究生。

1997年，英国电影学会获得"乐透彩票"的1380万英镑资助，英国著名导演艾伦·帕克被任命为该学会会长。

2000年英国电影委员会成为英国电影学会的主要资助者之一，英国电影学会从而成为英国电影委员会的成员。

英国电影学会下属的国家档案馆(The BFI National Archive)是世界上最大的活动影像资料库。成立于1935年的国家档案馆目前收藏有27.5万部电影、21万部电视节目、700万张图片和1.5万张电影海报。英国电影学会的另外一个资料保存机构——国家图书馆(The BFI National Library)主要收藏影视艺术与技术相关资料，其4.6万本书籍、5000种期刊、200万张报纸的馆藏规模堪称世界一流。

英国电影学会拥有自己的电影院——英国电影学会南岸电影院[BFI Southbank，即原来的国家电影院(National Film Theatre)]和巨幕电影院，每年放映1000多部电影。从经典默片到另类的cult电影，从同性恋专题电影展映到英国优秀电视电影播放，无所不有。

英国电影学会每年都要举办两个电影节——伦敦电影节(London Film Festival)和"伦敦女同性恋与男同性恋电影节"(London Lesbian and Gay Film Festival)。前者创建于1957年，后者创建于1987年。每届电影节为期两周，是欧洲规模最大的电影节。

这两个电影节一直延续至今。2007 年第 51 届伦敦电影节设立了两个动画片展映单元:儿童动画专场和世界动画专场。前者放映了来自瑞典、日本、丹麦的七部短片,后者放映了来自英国、爱沙尼亚、法国、加拿大的八部短片。另外电影节还放映了《我在伊朗长大》、《蜜蜂大电影》(*Bee Movie*)等最新动画长片。

英国电影学会出版发行了大量影视方面的书籍、影评、传记、史论,应有尽有。其出版的电影月刊《视听》已有 77 年历史(1932 年创刊),成为世界影视艺术与技术的权威杂志。同时学会还为影视教育提供其编写出版的专业教材。例如它出版的《100 部日本动画:BFI 观影手册》(100 *Anime*: *BFI Screen Guides*, Philip Brophy 著, BFI Publishing2005 年版),便是从东西方文化比较的层面对日本动画文化进行了较为深入的剖析。而《100 个电子游戏:BFI 观影手册》(100 *Videogames*: *BFI Screen Guides*,詹姆斯·纽曼与艾恩·西蒙斯著,BFI Publishing2007 年版),则较详细地介绍了从 1960 年到现在的电子游戏发展史。

在音像制品发行方面,英国电影学会更是功不可没,它整理出版了大量观众很难在电影院看到的先锋短片、实验电影、艺术动画与亚非拉艺术电影。国内购买盗版 DVD 的朋友一定对 BFI 三个字不陌生,大量艺术电影都是他们出品的。仅以动画为例,它发行的 DVD 有:德国女导演洛特·雷妮格 1926 年制作的无声剪纸动画长片《阿基米德王子历险记》(*The Adventures of Prince Achmed*)、法国导演迈克尔·奥赛洛特(Michael Ocelot)执导的《叽里咕与女巫》(*Kirikou and the Sorceress*)、英国成人动画大师菲尔·莫洛伊(Phil Mulloy)的精选短片集《菲尔·莫洛伊:极端动画》(*Phil Mulloy*: *Extreme Animation*)、奎伊兄弟(Quay Brothers)的精选集《奎伊兄弟:1979－2003 短片集》(*Quay Brothers—The Short Films* 1979－2003)、英国皇家艺术学院动画系资深教授蒂姆·韦伯(Tim Webb)的个人短片《心灵自闭》(*A is For Autism*,见彩图 35)。特别值得一提的是它最新出版的捷克斯洛伐克超现实主义动画大师尚·史云梅耶(Jan Švankmajer)作品精选集《尚·史云梅耶:短片全集》(*Jan Švankmajer*: *The Complete Short Films*)。这 3D9 的套装不仅收录了尚·史云梅耶 26 部最具代表性的短片,还附送一本 54 页的画册。这套近八小时的精选集中的第三张 DVD 不仅收录了从 1984 年到 2001 年间制作的三部关于这位大师的纪录片与采访,还有尚·史云梅耶 1958 年的早期作品及他为真人电影《尼克·卡特在布拉格》(*Nick Carter in Prague*, 1977)制作的动画片段。而 2001 年由法国人制作的纪录片《史云梅耶的幻想》(*Les Chimres des Švankmajer*)对研究其作品、了解其世界观与创作初衷更是大有裨益。

今天,英国电影学会全方位发展的模式无疑成为全世界同行的榜样,这个政府资助的学术机构以其近 80 年的经验打造出一套极其系统的影视产业链而进入良性发展的轨道。除了常规的图书、杂志与音像制品的出版发行外,英国电影学会还开发了各种电影衍生产品,例如《阿基米德王子历险记》的明信片、笔记本、胸针、手翻书玩具甚至冰箱贴等。同时,英国电影学会还出租其电影院,为各种私人、民间活动提供场地。

英国电影学会的联系方式：
Stephen Street Office / BFI National Library
British Film Institute
21 Stephen Street
London
W1T 1LN
电话：＋44 (0)20 7255 1444
官方网站：http://www.bfi.org.uk

英国电影委员会(The UK Film Council)

近年来好莱坞电影占据了英国85%的电影市场，而非英语电影，本土非主流电影，以文化、社会和政治为主旨的电影，被重新发行的经典电影，纪录片，反映少数民族生活题材的电影逐渐成为"特殊电影"。2000年，英国政府出资创建了英国电影委员会，旨在发展英国电影工业，制定英国电影发展战略规划，进行电影管理，普及电影艺术教育，将英国电影推广到全世界。

英国有3500块银幕，平均票价五英镑，英国电影最辉煌的时候曾创下全国4710个电影院、年观影16.35亿人次的纪录。2006年的电影票房是7.8亿英镑，在全球票房榜名列第三位。英国2006年共发行了450部影片，其中50部影片的票房占据了总票房的95%。英国是世界上胶片电影发行成本最昂贵的国家之一，在2005年全英国大约有三亿英镑用于影片的发行和买卖交易，而其中只有1800万英镑用于"特殊电影"，仅占全部的6%，大多数"特殊电影"只发行不到20个拷贝。因此英国电影委员会认为英国并不缺影片，问题在于放映内容的种类太狭窄。为了实现英国政府的要求，英国电影委员会为支持"特殊电影"的发行和放映制定了如下扶持政策：A. 利用国家彩票基金("乐透彩票")的资助，利用数字放映发行成本低、发行便捷等优势建立一个覆盖整个英国的数字银幕网。B. 设立专项基金资助"特殊电影"拷贝提供与商业宣传。C. 制订观众发展计划，鼓励英国观众学习如何欣赏"特殊电影"。

该委员会每年从"乐透彩票"和英国政府分别得到2700万英镑资助，这5400万英镑每年要拿出400万英镑支持包括剧本在内的影片前期工作，例如编剧或导演的处女作可以申请到最高25000英镑奖金。这一基金不仅针对个人，近两年来英国电影委员会一共给15家英国电影制作机构颁发了150万英镑奖金，表彰其制作本土电影，这是欧洲扶持力度最大的基金。

另外，英国电影委员会每年还会拿出1300万英镑投资拍摄英国电影长片(800万英镑资助主流电影，500万英镑资助非主流电影)。除了影院长片外，迄今为止英国电影委员会已经资助了450部短片拍摄，2008～2009年两年就拿出七万英镑资助短片。除了出资拍摄影片，英国电影委员会每年还会拿出650万英镑影视人才培养费，800万英镑少数民族及宗教电影创作专项资金，110万英镑青少年导演扶持费等。其中，每年400万英镑的电影发行、宣传资助费颇见成效，自2003年以来，有26部外语影片在英国取得了单片超过100万英镑的票房收入。其中超过半数的影片得到了来自英国电影委员会在资金、发行与宣传方面的支持，得以在英国大规模上映。

2003 年以来英国电影委员会投资 1200 万英镑(加盟电影院出 10%，其余由该委员会出资)建立英国数字银幕网(Digital Screen Network)项目，目前有 210 个电影院拥有数字电影放映设备，全国每天有 240 块银幕放映数字电影。该项目的实施使得英国目前数字影院的数量在全球位居第二。

英国电影委员会要求每个加入数字银幕网的电影院都要给“特殊电影”提供放映时间，至于放映的具体时间要由英国电影委员会根据每个影院的地理位置、规模、票房情况等分别确定。影院在提出申请时首先要写明能提供放映“特殊影片”的场次数，经协商后载入与英国电影委员会的合同中。

英国电影委员会在与数字放映设备承包商签订合同时规定，当数字银幕网 85%的影院客户提出设备和技术升级要求时，承包商应负责免费升级，并且数字影院的消耗品(如氙灯)的更换以及系统的维修都由承包商免费承担。这些内容不但写进了合同条款中，而且还写进了银行担保的条件中，这样可以确保在此项目运行中英国电影委员会处于零风险。

与英国电影学会这一民间组织相比，英国电影委员会由于拥有政府背景与大财阀的经济支持，因此在各个方面都显得财大气粗、官样十足。在其官方网站上充斥着各种预算、基金、文件、政策、未来计划与表格下载与申请，就连历史比它悠久得多的英国电影协会每年也要伸手管它要 1600 万英镑的活动经费。

英国电影学会与英国电影委员会的不同之处是什么？二者的关系又是什么样的呢？有人说英国电影学会与加拿大国家电影局很像，曾在英国电影学会工作了 11 年的珍·琵琳这样比较二者：“我们跟法国和加拿大不一样，他们政府有专款资助拍片，爱尔兰也是，他们有很棒的制度，鼓励第一次拍片的导演。若是有才华的，还会继续支持他们拍片。英国则不然，我们很难得到官方的资助。加拿大国家电影局自己投资制作影片，我们虽然也有制作部门，但那不是我们的工作重点。英国电影学会的主要工作是国家戏院的经营、电视电影资料的收集整理与保存、通过与教育机构的合作以及各种出版物的发行普及影视艺术知识等。但是近年来随着英国电影委员会的出现情况有所变化，整个国家扶持电影的资金几乎全流向了那里。而他们只对投资能赢利的商业长片有兴趣，而我们的钱却越来越少。以前，英国电影学会十分独立，完全不受资助者的左右，制作出很多不错的影片，例如彼得·格林纳威的处女作就是 BFI 出品的。”

英国电影委员会的联系方式：

The UK Film Council
10 Little Portland Street
London
W1W 7JG
电话：+44 (0) 20 7861 7861
传真：+44 (0) 20 7861 7862
E-mail：info@ukfilmcouncil. org. uk
官方网站：http://www. ukfilmcouncil. org. uk

第 3 章

英国动画代表人物

英国动画之父——约翰·哈拉斯(John Halas)与乔伊·巴彻拉(Joy Batchelor)

约翰·哈拉斯(1912.4.16～1995.1.20,见彩图3)生于匈牙利首都布达佩斯,后到巴黎师从定格动画大师乔治·帕尔(George Pal)学习动画制作。1936年来到英国遇到本地画家、剧作家——乔伊·巴彻拉(1914.5.22～1991.5.14),二人一见钟情并结为终身伴侣。

动画也政治——《动物农庄》(*Animal Farm*)

提到约翰·哈拉斯,人们就会想到他们夫妇二人联合导演的英国历史上第一部动画长片《动物农庄》(见彩图4～5)。1951～1954年间他们根据英国左翼作家、新闻记者、社会评论家乔治·奥威尔(George Orwell,1903.6.25～1950.1.21)1945年出版的同名小说拍摄了《动物农庄》。

如果说《萤火虫之墓》使人心碎的话,那么《动物农庄》则让人心痛不已。

前者看完,观众还可以痛痛快快地大哭一场;而后者看完却让你欲哭无泪,那种压抑感久久不能挥去。观众在观看《萤火虫之墓》时总有一种淡淡的忧伤围绕在左右,那种感觉有时叫人很陶醉,毕竟现代人喜欢怀旧。当你走出影院,擦干眼泪后也许会有一种如释重负的畅快感。但是观众在欣赏《动物农庄》时大多数时间在笑,甚至笑得很开心。而当你走出影院,无限的郁闷、悲愤与无奈萦绕在你身边几天,几个月,几年,几十年,挥之不去。

《动物农庄》在世界动画史上之所以占有重要位置,不仅因为它是英国第一部动画长片,而且它是一部"成人得不能再成人,政治得不能再政治"的动画片。传闻影片的投资方之一正是美国中央情报局，尽管美方做足了官样文章掩盖事实，甚至在影片策划时美国人还对表现苏联故事而提出反对意见，但这并不能改变他们借助此片抨击苏联的本意。

影片讲述农场里的家畜们无法忍受农场主的残暴而揭竿起义，以暴力手段赶走农场主后开始了一段悠闲、自由的生活。他们自给自足，自愿劳动，平等待人，和睦相处。动物们在一面墙上写下了巨大的标语：

凡两条腿行走者皆为仇敌；
凡四肢行走者，或长翅膀者，皆为亲友；
任何动物不得着衣；
任何动物不得卧床；
任何动物不得饮酒；
任何动物不得伤害其它动物；
所有动物一律平等。

但是好景不长，曾经被奴役的黑猪——拿破仑——很快就走上了农场主的老路，开始过起骄奢淫逸的生活。而另一只白猪——雪球——也开始组织反对力量进行“二次革命”。但是很快就被血腥镇压下去了。那面曾经写满振奋人心标语的墙上出现了新统治者修改后的口号：所有动物一律平等，但有些动物比其他动物更加平等。

从《动物农庄》的小说问世到拍成动画片，无论是乔治·奥威尔还是约翰·哈拉斯都无时无刻不被世人所误解。从苏联人到美国人，双方都认为这是一部“指桑骂槐”的政治宣传作品。我相信如果斯大林看见这部动画片一定会像希特勒当年看完卓别林导演的《大独裁者》一样恨得咬牙切齿，发誓占领美国后的第一件事就是亲手吊死卓别林！而罗斯福总统看完影片一定会暗自窃笑，认为这钱花得太值了——不动声色地就由英国人替我们美国人骂了苏联，于是重奖中央情报局官员。

其实从小说作者到影片导演的出发点都没这么狭隘。乔治·奥威尔在1945年该书第一次出版时说：“它是一部革命史，但它误入歧途，而且每一次偏离都那么有理由。”作者的初衷并不想指名道姓地攻击苏联，而是对这种掩盖在社会主义名义下的极权主义表达不满。从对人民的暴政与欺骗性来讲，“斯大林主义”与“纳粹主义”没什么区别。乔治·奥威尔以辛辣的笔触讽刺了那些泯灭人性的极权主义社会和追逐权力的人，而小说对极权主义政权的预言在之后的50年中也不断地被历史所印证。由于历史上东西方的对峙，乔治·奥威尔的作品经常被视为“反苏”和“反共”的代名词，因而在苏联东欧等社会主义国家遭到封杀。

乔治·奥威尔在《我为什么要写作》中这样说道：

“我在1936年以后写的每一篇严肃的作品都是直接或间接地反对极权主义和拥护民主社会主义的，当然是根据我所理解的民主社会主义。在我们那个年代里，认为你能避免写这种题材，在我看来几乎是胡说八道。”

“我在过去十年之中一直最想做的事情就是使政治写作成为一种艺术。我的出发点总是由于我有一种倾向性，一种对社会不公的强烈意识。我坐下来写一本书的时候，我并没有对自己说，我要生产一部艺术作品。我之所以写一本书，是因为我有一个谎言要揭露，我有一个事实要引起大家的注意，我最先关心的事就是要有一个让大家来听我说话的机会。但是，如果这不能同时也成为一次审美的活动，我是不会写一本书的，甚至不会写一篇杂志长文。”

“回顾我的作品，我发现在我缺乏政治目的的时候我的书毫无例外地都是没有生命力的、华而不实的空洞文章。尽是没有意义的句子、辞藻的堆砌和通篇的假话。”

由此可见，乔治・奥威尔想表达的是广义的“专制、自由、反抗、人性”，而绝非阶级斗争与“冷战宣传”。否则他也不会因被怀疑是共产主义者而被英国军情五处和苏格兰场特别科自1929年起一直严密监视至1950年逝世。这一情况直到2007年9月4日英国国家档案馆部分资料解密时才被世人知道。而其小说中文译本在首次出版40多年后才与读者见面(上海人民出版社1988年10月版)。他的另外一部反极权主义名著《一九八四》直到目前才有简体中文版发行，而且标明“内部读物”，只允许特定人群购买阅读。

正因为文学原著复杂的政治背景，动画版《动物农庄》瞬间变成了“禁片”，以至于几十年来一直不为社会主义国家观众所知。当我问起动画专业的学生是否看过这部动画史上赫赫有名的影片时，他们的回答令我啼笑皆非：“老师您说的是那个《猪宝贝进城》吗？我看过哦！”

从某种意义上讲，《动物农庄》其实就是动画版的《地下》(*Underground*)，只不过来得没有《地下》深刻而已。也许并不是它不深刻，只不过是我们这些没经历过那样日子的“局外人”很难理解罢了。我坚信自己对《地下》、《无人地带》(*No Man's Land*)这样优秀的“政治电影”的理解一定与导演的初衷有巨大出入，尽管我对它们推崇备至。并不是我的读解能力有问题，而是我对南斯拉夫、波黑乃至斯堪的纳维亚半岛的历史背景太不了解。这就如同法国上个世纪60年代“毛主义”的产生虽然深受“中国文化大革命”的影响，但是其运动宗旨与对毛泽东的理解却与中国人截然不同。甚至在中国人眼中是那么可笑与怪异。

我一直认为电影涉及“政治”主题是一件费力不讨好的事情，更何况政治题材的动画片。因为观众需要很多影片之外的背景知识。像《动物农庄》这种跨意识形态领域的影片就更难彻底搞懂。毕竟文化背景、审美取向、阶级基础相差悬殊，观众很难完全摘掉“有色眼镜”客观地领会导演的意图。因此原本很优秀的电影很容易成为“一小撮别有用心”的人的政治斗争工具。

政治宣传片与科教片

《动物农庄》这样重大的政治题材影片能落到约翰・哈拉斯夫妇手中并非偶然，完全得益于其与政府良好的合作关系。多年来他们为官方制作了大量政治宣传片、科教片，可谓英国政府的御用动画制作者。

1940年约翰·哈拉斯夫妇建立了以自己名字命名的公司——“哈拉斯与巴彻拉动画公司”，公司从创建之初起一直到20世纪50年代末始终与政府保持着紧密的合作关系。

第二次世界大战期间，哈拉斯与巴彻拉动画公司为英国战争办公室、英国情报与国防部、英国海军情报中央办公室制作了70多部短片。这不仅使他们在经济上受益匪浅，最重要的是与政府部门建立了良好的合作关系，为他们以后的事业奠定了坚实的基础。这种关系一直保持到二战结束。其中影响较大的作品有：为英国海军制作的影院版动画长片《造船》(*Handing Ships*, 1945)；为英国情报部门制作的八集系列动画片《查理》(*Charley Series*，1946～1947，影片以“查理”这个最普通不过的英国市民形象为公众解释战后国家的各种新法规)以及反法西斯题材动画系列片《阿布》(*Abu*)；为“欧洲复兴计划”(European Recovery Program)[1]制作的《鞋匠与帽匠》(*The Shoemaker and the Hatter*，1949)；为卫生部制作的《房子漫天飞》(*Fly About the House*，1949)等。

二战后，约翰·哈拉斯夫妇在拓展新业务的同时并没有忘记这一起家的看家本事，他们继续制作科教片，例如1961～1969年的《八毫米概念教学片》(*8mm Concept Films*)；1964年为了普及外语教育制作了《绿林马车夫》(*The Carters of Greenwood*，英语)、《火星人在莫斯科》(*Martian in Moscow*，俄语)、《家庭奇遇记》(*Les Aventures de la famille*，法语)等。

艺术影片

由于忙于各种政治宣传片与科教片的制作，约翰·哈拉斯夫妇直到1948年才有机会创作他们第一部非命题作文性质的艺术动画短片——《魔布》(*Magic Canvas*)。1951年他们又导演了两部极具艺术品位的短片《诗人与画家》(*The Poet and Painter*)与《女巫》(*The Pythoness*)，后者的造型设计师是英国著名雕塑家亨利·莫尔。

约翰·哈拉斯夫妇似乎对汽车与摩托车情有独钟，他们不仅拍摄了讲述摩托车发展史的《飞驰的精神》(*Moving Spirit*，1951)，而且还于1963年导演了《汽车狂潮2000》(*Automania* 2000)。影片描述人类疯狂发展工业的后果便是使伦敦成为汽车垃圾场。该片获得1964年奥斯卡最佳动画短片提名、英国影视艺术学院奖最佳动画电影奖。1971年他们又以儿童绘画比赛优胜者的画稿为原型，充分发挥孩子们的想象力，制作了动画短片《孩子与汽车》(*Children and Cars*)，这部八分钟的影片获得1971年英国影视艺术学院奖最佳动画片提名。其实，与其说这对夫妻对交通工具感兴趣，不如说他们一直在探求以汽车为代表的工业文明对自然环境、社会结构乃至人类内心活动的影响。1981年他们制作的《进退两难》(*Dilemma*)就探讨了这一终极问题，这部11分钟的短片获得该年戛纳国际电影节最佳短片提名。

1964年乔伊·巴彻拉根据经典同名歌剧改编、独立执导了影院版动画长片《女巫的诅咒》(*Ruddigore*)，影片以幽默的方式展现了伦敦19世纪至20世纪之交的变化。

1984～1986年，约翰·哈拉斯夫妇制作了《大师》(*Great Masters*)电视系列动画片，本来想将世界著名画家全部囊括其中，但是由于各种原因最终只完成了三集——《桑德罗·波提且利》(*Sandro Botticelli*，1984)、《列奥纳多·达·芬奇》(*Leonardo da Vinci*，1986)、《亨利·德图卢兹－劳特累克》(*Henri Toulouse-Lautrec*，1986)。

1987年约翰·哈拉斯为BBC制作了一套讲述世界动画艺术历史的纪录片——《动画大师》(*Masters of Animation*)。这套总长为339分钟的教学节目耗时十年，收集了来自13个国家和地区的近7000名动画工作者的资料和采访。全片分为四部分：第一部分讲述美国和加拿大动画片；第二部分介绍英国、法国、意大利动画状况；第三部分侧重于东欧的波兰、匈牙利、前苏联、前南斯拉夫的动画艺术；最后一部分则是亚洲动画片(以日本为主)和电脑动画的论述。我想任何一个热爱动画的人都会对这部由大师制作、讲述大师故事的纪录片爱不释手。更令人激动的是，1987年约翰·哈拉斯还为该节目出版了同名著作，从而使得这套影片更具收藏价值。其实早在1981年约翰·哈拉斯就撰写了《动画的时间掌握》(*Timing for Animation*)一书。今天这本书已经被中国电影出版社翻译出版，并在各大动画院校广泛流传。

与电视台的合作

电视动画广告

随着1955年英国首家商业电视台ITV电视台的建立，电视动画广告的需求量剧增。据统计，1957年全英国已经有50家左右的动画公司涉足动画广告制作领域。而哈拉斯与巴彻拉动画公司凭借《动物农庄》的盛名当仁不让地成为英国最早制作电视动画广告的公司。以这样的专业背景进入动画广告界自然要价不菲，1955年该公司的广告业务利润就已经达到15万美元，其中不乏力士香皂这样的国际知名品牌。

1955年9月他们制作的动画广告成为ITV电视台的首播内容，也正是在该年哈拉斯与巴彻拉动画公司成为欧洲最大的动画公司。从1958年约翰·哈拉斯接受采访时的话不难看出鼎盛时期的公司实力："1959年我们公司的生产额将是今年的一倍。39部供影院、电视台放映的短片以及250部左右电视动画广告片。"

电视系列动画片

1960年约翰·哈拉斯夫妇制作了英国首批电视系列动画片：*Foo Foo*(6分钟/集/33集)、剪纸动画片《斯尼普与斯纳普》(*Snip & Snap*，6分钟/集/26集)、*Habatales*(7分钟/集/6集)。在影院版动画长片、动画广告以及电视系列动画片三大领域全面开花的哈拉斯与巴彻拉动画公司扮演着与迪斯尼公司对抗竞争的角色。到2001年为止它生产了2000部(集)动画短片和七部动画长片。

除了制作英国本土原创动画片外，约翰·哈拉斯夫妇还与其他国家合作，创作出大批观众耳熟能详的电视系列动画片。例如：1955年他们为《大力水手》做加工；1960年他们与意大利动画大师布鲁诺·波兹托(Bruno Bozzetto)合作完成了《世界发明史》

(*The History of Inventions*);1972 年他们为如日中天的美国演唱组“杰克逊五兄弟”(The Jackson Five)制作了同名电视系列动画片(日后的流行音乐天王迈克尔·杰克逊就是这个组合的成员);1973 年夫妇二人与美国动画大师约瑟夫·巴巴拉(Joseph Barbera)、威廉·汉纳(William Hanna)合作,将曾被无数次搬上银幕的西方经典恐怖喜剧——《亚当斯家族》(*The Addams Family*)制作成同名电视系列动画片。该动画片一共 37 集(每集 30 分钟),约翰·哈拉斯负责其中的八集。

约翰·哈拉斯夫妇在技术上勇于创新,英国最早的宽银幕动画、立体动画与电脑动画的诞生都与他们的大胆尝试有关。60 年代末,约翰·哈拉斯大胆引进了电脑技术,制作了《什么是电脑》(*What Is a Computer*,1967)、《接触》(*Contact*, 1974)、《高速公路》(*Autobahn*, 1979)、《进退两难》(*Dilemma*, 1981)等电脑动画片。这不仅在英国是史无前例的,在整个欧洲乃至全世界也是意识超前之举。约翰·哈拉斯不仅在动画技术方面勇于创新,在影片音乐上也极为前卫——《高速公路》便使用了大家公认的电子音乐鼻祖,但在当年却是刚刚出道的德国著名乐队 Kraftwerk 的曲子。

20 世纪 60 年代末期至 70 年代早期是公司的一个转折期,他们曾一度将公司出售给 ITV 下属的泰恩·缇思电视频道(Tyne Tees Television)。在离开公司的这段日子里夫妻二人又回到科教片制作领域。虽然 70 年代中期他们又把公司买了回来(乔伊·巴徇拉于 70 年代中期不再从事创作,一心负责公司的日常管理工作),但是从那以后公司的产量明显下降,并再也没生产过影院长片。

与之前和美国动画公司频繁合作相比,70 年代后期哈拉斯与巴徇拉动画公司的目标主要是与欧洲各国动画机构合作。例如 1974 年与意大利电视台合作 33 集电视系列动画片《欧洲民间传说》(*European Folk Tales*)。约翰·哈拉斯有生之年最后的作品是 1995 年与英国动画大师鲍伯·苟德弗瑞合作的《了解欧洲人》(*Know Your Europeans*)系列动画片。

结尾

大英博物馆附近有一家很小的电影书店,老板是个有趣的捷克人。当他听说我是来学习动画的中国人时就兴致勃勃地给我讲述他看过的一个“中国”动画片:一个武士挥剑把飞过的蚊子四肢瞬间砍下。他太过投入地表演受伤的蚊子落地时的情形,以至于激动得把桌子上的咖啡都打翻了。我问他如果我只能从他这买一本关于动画的书他会推荐哪一本,他毫不迟疑地拿出《动画电影制作技术》(*The Technique of Film Animation*),并告诉我英国很多大学都用它作为动画课程的教材。

我翻开书的封面,作者正是约翰·哈拉斯。

备注:

(1)又称马歇尔计划(Marshal Plan),是二战后美国对被战争破坏的各国进行经济援助、协助重建的计划,对这些国家的发展和世界政治格局产生了深远的影响。

约翰·哈拉斯夫妇导演与担任制片的主要作品：

1937 年	*Nikotex*
1938 年	《乐手》(*Music Man*) 5 分钟 《勇敢的小锡兵》(*The Brave Tin Soldier*)
1940 年	《火车烦扰》(*Train Trouble*) 5 分钟 《衣柜狂欢节》(*Carnival in the Clothes Cupboard*) 5 分钟
1941 年	《垃圾桶游行记》(*Dustbin Parade*) 10 分钟 《填补缺陷》(*Filling the Gap*) 6 分钟
1942 年	《为胜利而耕作》(*Digging for Victory*) 《纺织神话》(*The Fable of Fabrics*)
1943 年	《阿布的地牢》(*Abu's Dungeon*) 《阿布的毒井水》(*Abu's Poisoned Well*) 《阿布的收获》(*Abu's Harvest*) 《阿布修水坝》(*Abu Builds a Dam*) 《丛林战》(*Jungle Warfare*) 《施肥》(*Compost Heaps*) 《模型分类员》(*Model Sorter*) 《停、看》(*I Stopped, I Looked*) 《早耕》(*Early Digging*)
1944 年	《无谓的安慰》(*Cold Comfort*) 《编制与缝纫》(*From Rags to Stitches*) 《昆虫闪电战》(*Blitz on Bugs*) 《裁缝女士》(*Mrs. Sew and Sew*) 《圣诞愿望》(*Christmas Wishes*)
1945 年	《大帐篷》(*The Big Top*) 《造船》(*Handing Ships*) 《六个丛林男孩》(*Six Little Jungle Boys*) 《汤米的双重麻烦》(*Tommy's Double Trouble*)
1946 年	《现代医疗手册》(*Modern Guide to Health*) 9 分钟 《老太太的故事》(*Old Wives' Tales*) 《无线电战》(*Radio Ructions*) 《英国出口政策》(*Britain Must Export*) 《行车安全》(*Road Safety*) 《出口或死亡》(*Export or Die*) 《出口！出口！出口！》(*Export! Export! Export!*) 《天堂的钥匙》(*The Keys to Heaven*) 《好国王温彻拉斯》(*Good King Wenceslas*)

续表

1947 年	《查理的新镇》(*Charley in the New Town*)　10 分钟 《查理的三月》(*Charley's March of Time*)　9 分钟 《查理:你很健康》(*Charley in Your Very Good Health*)　9 分钟 《小查理的校园生活》(*Charley Junior's Schooldays*)　9 分钟 《查理的巫术》(*Charley's Black Magic*) 《农夫查理》(*Farmer Charley*) 《独行侠查理》(*Robinson Charley*) 《娃娃烧水记》(*Dolly Put the Kettle On*) 《这是美国空军》(*This Is the Air Force*)
1948 年	《灭火》(*Water for Firefighting*) 《魔布》(*Magic Canvas*)　10 分钟 《强尼远行》(*Leave Away My Johnny*)　8 分钟 《奥克斯大街》(*Oxo Parade*)
1949 年	《第一道防线》(*First Line of Defence*) 《房子漫天飞》(*Fly About the House*) 《什么是烹饪?》(*What's Cooking?*) 《鞋匠与帽匠》(*The Shoemaker and the Hatter*)
1950 年	《古老的传说》(*As Old As the Hills*) 《工党的土壤》(*Earth in Labour*)
1951 年	《女巫》(*The Pythoness*) 《春与冬》(*Spring and Winter*) 《瘟疫年代》(*In Time of Pestilence*) 《诗人与画家》(*The Poet and Painter*) 《飞驰的精神》(*Moving Spirit*) 《两只乌鸦》(*Two Corbies*) 《冬季花园》(*Winter Garden*) 《水手的安慰》(*Sailor's Consolation*) 《歌曲审查》(*Check to Song*) 《骑士约翰》(*John Gilpin*)
1952 年	《猫头鹰与小猫》(*The Owl and the Pussycat*)　7 分钟 《任重道远》(*We've Come a Long Way*) 《直线加速器》(*Linear Accelerator*)
1953 年	《破浪神》(*The Figurehead*)　9 分钟 《飞翔的力量》(*Power to Fly*)
1954 年	《动物农庄》(*Animal Farm*)　75 分钟 获得 1956 年英国影视艺术学院奖最佳动画电影提名 《长路漫漫》(*Down a Long Way*) 《海洋》(*The Sea*)

续表

1955 年	《动物、蔬菜、矿产》(*Animal Vegetable Mineral*) 《大力水手》(*Popeye*) 电视系列动画片
1956 年	《做蜡烛的人》(*The Candlemaker*) 13 分钟 《小伊戈的世界》(*The World of Little Ig*) 8 分钟 《为了你的健康》(*To Your Health*,见彩图 6)
1957 年	《电影院的历史》(*History of the Cinema*) 10 分钟 《仲夏夜之梦》(*Midsummer Night's Dream*) 《全部点亮》(*All Lit Up*)
1958 年	《圣诞访客》(*The Christmas Visitor*) 7 分钟 《第一个 99》(*The First 99*) 《跟踪那辆车》(*Follow That Car*) 《畅销书》(*Best Seller*) 《付款区》(*Paying Bay*) 《三角洲大坝》(*Dam the Delta*) 《加速耕种》(*Speed to the Plough*) 《早期传媒》(*Early Days of Communication*)
1959 年	《如何成为一名空姐》(*How to Be a Hostess*) 《无声的男人》(*Man in Silence*) 《更好或更坏》(*For Better for Worse*) 《能源政策》(*Energy Picture*) 《炙手可热的 BP 机》(*BP Piping Hot*)
1960 年	《斯尼普与斯纳普》(*Snip & Snap*) 6 分钟/集/26 集 *Foo Foo* 6 分钟/集/33 集 *Habatales* 7 分钟/集/6 集 《海格特池塘的怪物》(*The Monster of Highgate Ponds*) 《世界发明史》(*The History of Inventions*) 《羊毛奇观》(*Wonder of Wool*) 《纳瓦龙的枪》(*Guns of Navarone*)
1961 年	《音乐小象汉密尔顿》(*Hamilton the Musical Elephant*,见彩图 7) 《汉密尔顿在音乐节》(*Hamilton in the Music Festival*) 《八毫米概念教学片》(*8mm Concept Films*)
1962 年	《小羊拉里的出场》(*The Showing up of Larry the Lamb*) 《巴纳比》(*Barnaby*) 电视系列动画片 《亲爱的父亲》(*Father Dear Father*) 《姗姗来迟的布鲁斯》(*Overdue Dues Blues*)
1963 年	《汽车狂潮 2000》(*Automania 2000*) 10 分钟 获得 1964 年奥斯卡最佳动画短片提名、英国影视艺术学院奖最佳动画电影奖 《斧子与灯》(*The Axe and the Lamp*) 《魔术师的故事》(*The Tale of Magician*)

续表

1964 年	《进化论》(*Evolution of Life*)　12 分钟 《霍夫曼传说》(*Tales from Hoffnung*)　电视系列动画片　10 分钟/集/7 集 《绿林马车夫》(*The Carters of Greenwood*) 《火星人在莫斯科》(*Martian in Moscow*) 《多多鸟》(*Do Do*)　电视系列动画片 《女巫的诅咒》(*Ruddigore*)　56 分钟　影院长片 《家庭奇遇记》(*Les Aventures de la famille*)
1966 年	《经典童话故事》(*Classic Fairy Tales*) 《流程图》(*Flow Diagram*) 《线性规划、母体与拓扑学》(*Linear Programming, Matrices and Topology*) 《吸烟有碍健康》(*Dying for a Smoke*) 《僵局》(*Deadlock*)
1967 年	《孤独的护林者》(*Lone Ranger*)　37 集 《心理问题》(*The Question*)　7 分钟 获得 1969 年英国影视艺术学院奖最佳动画片提名 《什么是电脑》(*What Is a Computer*) 《女孩长大》(*Girls Growing Up*) 《母亲与父亲》(*Mothers and Fathers*) 《科伦坡计划》(*The Colombo Plan*) 《联邦》(*The Commonwealth*)
1968 年	《博利》(*Bolly*) 《关系的作用》(*Functions and Relation*)
1969 年	《男人的尺度》(*Measure of Man*) 《致我们孩子的孩子》(*To Our Children's Children*)
1970 年	《弗洛瑞娜》(*Flurina*) 《荒诞的小故事》(*Short Tall Story*) 《五》(*The Five*) 《圆点沃特》(*Wot Dot*) 《愚蠢的举动》(*Tomfoolery*)　电视系列动画片 《爱的信物》(*This Love Thing*)
1971 年	《孩子与汽车》(*Children and Cars*)　8 分钟 获得 1971 年英国影视艺术学院奖最佳动画片提名 《足球怪物》(*Football Freaks*) 《男人的地位》(*The Condition of Man*)
1972 年	《杰克逊五兄弟》(*The Jackson Five*) 《亚当斯家族》(*The Addams Family*)　30 分钟/集/8 集

续表

1973 年	《奥斯蒙演唱组》(*The Osmonds*)　电视系列动画片 《孩子创作卡通》(*Children Making Cartoons*) 《接触》(*Contact*) 《混合音乐》(*Making Music Together*) 《光荣的步兵》(*The Glorious Musketeers*) 《高卢勇士之十二个任务》(*The Twelve Tasks of Asterix*)
1974 年	《厨房设想》(*Kitchen Think*) 《欧洲民间传说》(*European Folk Tales*)　33 集　电视系列动画片 《蝴蝶鲍尔》(*Butterfly Ball*)　4 分钟 《挤牛奶的女工》(*Carry on Milkmaids*)
1975 年	《如何血本无归》(*How Not to Succeed in Business*) 《人寿保险教学片》(*Life Insurance Training Film*)
1976 年	《马克斯和莫里茨》(*Max und Moritz*) 《空中飞人》(*Skyrider*)
1977 年	《驱动》(*Making it Move*) 《诺亚方舟》(*Noah's Ark*)
1978 年	《威廉·布什专辑》(*Wilhelm Busch Album*)电视系列动画片
1979 年	《高速公路》(*Autobahn*)　13 分钟 《为比利喝彩》(*Bravo for Billy*) 《梦中宝贝》(*Dream Doll*,见彩图 8) 11 分 5 秒　与鲍伯·荀德弗瑞合作
1980 年	《圣经故事》(*Bible Stories*)
1981 年	《进退两难》(*Dilemma*)　11 分钟 获得 1981 年戛纳国际电影节最佳短片提名
1983 年	《大玩家》(*Players*)　7 分钟 获得蒙特利尔国际动画节最佳短片奖
1986 年	《大师》(*Great Masters*)　3 集　电视系列动画片
1987 年	《动画大师》(*Masters of Animation*)　13 集
1989 年	《世界之光》(*Light of the World*)
1990 年	《纪念莫霍里一纳吉》(*A Memory of Moholy-Nagy*)　15 分钟
1995 年	《了解欧洲人:英国篇》(*Know Your Europeans: The United Kingdom*)　10 分钟 《了解欧洲人:德国篇》(*Know Your Europeans:Germany*)　10 分钟　与鲍伯·荀德弗瑞合作

英国动画教父——鲍伯·苟德弗瑞(Bob Godfrey)

引子:“之父”与“教父”的区别

如果说约翰·哈拉斯是英国动画之父的话,那么鲍伯·苟德弗瑞就是英国动画的教父。别看“之父”与“教父”只差一个字,其含义却大不相同。前者听起来就显得那么和蔼可亲,慈祥宽厚;而后者则冥冥之中带着一丝杀气与黑暗。

于是有人会说:“你《教父》电影看多了吧?!”也许吧。

在我看来,之所以称呼鲍伯·苟德弗瑞是“英国动画的教父”有两层含义:

第一,他所取得的丰功伟绩丝毫不比约翰·哈拉斯逊色。近60年中,他制作了上百部动画短片、动画广告片与真人电影的动画片段。鲍伯·苟德弗瑞是英国动画史上第一位获得奥斯卡最佳动画短片奖的导演;1986年,他获得“大英帝国议员”称号(Member of the British Empire,简称M.B.E.)以表彰他对电影工业作出的杰出贡献;1990年他获得世界动画协会终身成就奖;1992年,70岁高龄的鲍伯·苟德弗瑞又获得萨格勒布国际动画电影节终身成就奖。这位尚且在世的动画前辈已经获得了四次奥斯卡最佳动画短片提名和无数次英国影视学院奖最佳动画短片奖。与约翰·哈拉斯相比,鲍伯·苟德弗瑞最大的优势在于——他依旧健在并健康快乐地继续进行创作。

第二,鲍伯·苟德弗瑞是一个极其特立独行、离经叛道的另类。在获得无数国际声望的同时也招来了众多指责甚至谩骂。他的作品充斥着性、政治等成人主题,而对英国及欧洲历史、民族、文化劣根性的无情讽刺使他成为众矢之的。鲍伯·苟德弗瑞的很多作品被定为限制级,但他却熟视无睹,依旧我行我素。鲍伯·苟德弗瑞这样回应各种非难:“如果艺术一定要有一种固定模式的话,我宁愿砸烂这些所谓的条条框框。(对于传统艺术观念来说)我是剽窃者。我要侮辱它、亵渎它、摧毁它。我所做的只有一件事——表达自我、传递信息。”他甚至对高官政要大加抨击,1993年,鲍伯·苟德弗瑞在接受电视节目采访时说:“我想,撒切尔夫人耗尽了我对女人的所有厌恶之情。我并不是什么‘左派’人士,只是极其反感这个女人。”尽管撒切尔夫人获得了英国帝国勋章并受到很多英国人的尊敬,但是鲍伯·苟德弗瑞依旧明目张胆地在自己的公司门口悬挂羞辱撒切尔夫人的画像。在他眼中只要自己高兴才不管英国首相是否开心。就连他办公室里的摆设都那么“黑帮片”:在他摆放奥斯卡小金人与各种奖杯的柜子上面放着一只北极狐标本。

综上所述,鲍伯·苟德弗瑞具备了“之父”的资历与“教父”的嚣张。他绝对不会像普通父亲那样循规蹈矩地教育你,即使他博学多才。爱听就听,不爱听拉倒,你再多说一句话“爸爸”就抽你!从某些方面讲,这个强悍的“父亲”还可能教你“学坏”,给你灌输一些少儿不宜的东西。但是,他传达信息的过程与方法是如此真诚、新奇而又永远可以自圆其说。在你惊讶于“父亲”怎么可以如此“不合规矩”的同时,你又不得不佩服他的才华与对生活的独到见解。当然，你也完全可以对他不屑一顾，因为他原本也没想引起你的注意。

也许这就是“父亲”与“教父”的区别吧。我承认，我确实是黑帮片看多了……

鲍伯·苟德弗瑞简史

拉金斯工作室与传记电影公司

鲍伯·苟德弗瑞（中国台湾译为鲍勃·贾佛瑞）的父母是英国人，他于1922年5月27日[1]出生于澳大利亚西南威尔士一个叫马掌铁（Horse Shoe Bend）的地方，幼年随父母来到伦敦定居。鲍伯·苟德弗瑞在伦敦东部长大，毕业于雷顿艺术学校（Leyton Art School）的电影专业。20世纪30年代末期开始从事平面设计工作，为肥皂、香肠绘制广告。他初次参与动画创作是40年代中期为GB动画公司（G. B. Animation）的系列动画片《动物乐园》（*Animaland*）绘制背景。

鲍伯·苟德弗瑞真正以动画师身份出现是20世纪50年代参与拉金斯工作室（Larkins Studio）的动画创作。起初他对动画并不了解甚至谈不上喜欢，非常反感别人称呼他为动画背景师。回忆当年的工作时，他说：“他们问我，你对动画制作了解多少？我说，‘一无所知’。于是他们说，‘很好，周一来上班吧’。似乎一切都安排好了，我只是负责背景绘制。但是当我看见成片中那些丑陋的角色在我绘制的优美背景前移动时心中很是不爽。”于是鲍伯·苟德弗瑞决定制作自己的短片。他花两英镑买了一部发条驱动的二手摄影机，灯具则是由罐头瓶改装而成的。“当时我感觉自己对电影的认识比别人晚了至少50年。当我第一次拿着27英尺的胶片去洗印时心都在颤抖。”在拉金斯工作室期间，他利用业余时间与别人创建了一个半专业性的电影组织——“蚱蜢团”（Grasshopper Group）。在这里他得到了编剧、导演以及动画制作方面的锻炼并完成了他的动画处女作《大阅兵》（*The Big Parade*，1952）。

1954年，鲍伯·苟德弗瑞与基思·勒纳（Keith Learner）合作完成动画短片《观鸟》（*Watch the Birdie*）。同年他又与基思·勒纳、杰夫·黑尔（Jeff Hale）、南希·汉纳（Nancy Hanna）、维拉·琳尼卡（Vera Linnecar）共同创建了“传记电影公司”（Biographic Films）。

1955年，伴随着英国首家商业电视台的出现，很多规模较小的影视制作公司迅速成长。由于当时的竞争并不激烈，因此英国的动画工作室在一年之内从最初的六家迅速发展为300多家。1954年至1965年间，传记电影公司制作了上百部电视商业广告片与政府宣传片以维持鲍伯·苟德弗瑞等人的艺术短片创作。其中为英国最早的商业电视台——ITV制作的15秒一个的黑白动画短片较为突出。另外，鲍伯·苟德弗瑞与“勇气牌”啤酒（Courage beer）长期合作，为其制作了大量动画广告片。

鲍伯·苟德弗瑞回忆他早年的工作状况时说：“这是一个边走边整队的过程，当时的广告公司和电视台的人对动画完全不了解，而我们也是一头雾水。”正因为不了解传统动画的制作规程，他常使用19世纪版画与当代杂志、照片、剪纸进行拼贴，简洁的美术风格，DIY的幽默感，这种模式后来启发与激励了一大批想成为动画师的英国年轻人，这其中包括年轻的特里·吉列姆。

随着公司的不断壮大，鲍伯·荀德弗瑞的知名度也越来越高。1959年，他导演了《波洛尼厄斯》(*Polygamous Polonius*)。这部杂耍式的作品充满了对女性的讽刺与厌恶，简洁的美术风格与形式上的创新以及对性题材的大胆表现成为他日后作品的标志性内容。影片对荒谬的传统性观念进行了讽刺，这也是当时较为少见的一部与英国自由电影运动(Free Cinema)遥相呼应的英国本土动画片。

1961年，他导演了《卡通自学手册》(*Do It Yourself Cartoon Kit*)。影片对所谓的动画片创作规则进行了讽刺，对导演那种一成不变、程式化的动画不屑一顾。13年后，英国广播公司为早已功成名就的鲍伯·荀德弗瑞出版了他撰写的《动画片自学手册》(*The Do-It-Yourself Film Animation Book*)一书，这本95页的小薄册子现在已经成为古董级的收藏而很难再找到。影片获得1962年英国影视艺术学院奖最佳动画片提名、1961年戛纳国际电影节最佳短片提名。

鲍伯·荀德弗瑞在拉金斯工作室制作的最后两部动画片是1963年的《老实人的广告指南》(*The Plain Man's Guide to Advertising*)和1964年的《阿尔夫、比尔和弗瑞德》(*Alf, Bill and Fred*)。前者讲述了一个超现实的故事：一个女人疯狂地追逐她的创造者。后者是他早期作品中比较优秀的，讲述了一个男人与一条狗、一只鸭子的故事。这部讲述友谊与快乐的作品也属于闹剧类型。

鲍伯·荀德弗瑞的电影百货公司

1965年，鲍伯·荀德弗瑞离开拉金斯工作室与传记电影公司，另立门户，成立"鲍伯·荀德弗瑞的电影百货公司"(Bob Godfrey's Movie Emporium)。很快这个名字缩短为"鲍伯·荀德弗瑞电影公司"(Bob Godfrey Films)，公司一直经营至今。除了制作艺术短片外还生产各种商业系列片，换句话说，从1965年起，鲍伯·荀德弗瑞的所有作品都是独立制片。

1967年的《绳索骗局》(*Rope Trick*)讲述了一个男人用绳子捉弄人的故事；同年他为罗曼·波兰斯基的电影《大胆吸血鬼》(*The Fearless Vampire Killers or Pardon Me, But Your Teeth are in My Neck*，1967)制作了动画片段。1969年的《即兴二人组》(*Two off the Cuff*)讲述了一个近乎诡辩的喜剧故事。1970年的《亨利朝九晚五的生活》(*Henry 9 til 5*)讲述了普通办公室职员每天如何通过意淫打发上班的无聊时光，影片获得1971年英国影视艺术学院奖最佳动画短片奖。1976年的《亲爱的马乔里·布伯斯》(*Dear Marjorie Boobs*)讲述一个中年男人为了帮助他孤苦伶仃的姑妈而去四处寻花问柳的离奇故事。

1980年的《速食性》(*Instant Sex*)讲述一个男人疯狂购买性爱罐头产品而无法自拔的故事。1980年的《女人简历》(*Bio Woman*)讲述一个男人无法忍受老婆的唠叨，于是开始想象杀死老婆的各种方法。但是，当他偶然制造出一个人造情人时所有一切都改变了。1984年的《重访波洛尼厄斯》(*Polygamous Polonius Revisited*)是他对早年作品——《波洛尼厄斯》的致敬之作。

一个有趣的现象是,鲍伯·荀德弗瑞不仅在他的作品中对英国文化进行了反思与颠覆,他似乎对整个欧洲的文化、历史都有自己独特的见解。1989 年的《法国革命》(*French Revolution*)以一个英国人的视点阐述了法国人的生活态度及方式。1991 年的《瑞士生日快乐》(*Happy Birthday Switzerland*)赞美了瑞士人为世界作出的贡献,影片包含很多他自己实拍的纪录片片段。1995 年,他应约翰·哈拉斯之邀为《了解欧洲人》(*Know Your Europeans*)系列动画片创作了《了解欧洲人:英国篇》(*Know Your Europeans: The United Kingdom*)与《了解欧洲人:德国篇》(*Know Your Europeans: Germany*)。这部动画音乐剧对英国历史进行了讽刺与反思,与他之前导演的《法国革命》风格类似。遗憾的是该系列产品现存世的寥寥无几,很多作品当年就没有完成。

1994 年鲍伯·荀德弗瑞导演了《简短谈话》(*Small Talk*),讲述一个老人回忆自己当年的多事之秋,这部短片为他带来第四个奥斯卡最佳动画短片提名。

1995 年,他为“黑色安息日”乐队(Black Sabbath)制作了动画 MV《握手》(*Get a Grip*)。

70 岁之后的他依旧活跃在创作一线,鲍伯·荀德弗瑞为 MTV 电视台制作了大量 20 秒左右的、由漫画改编的短片,其中以改编自杰里米·班克斯(Jeremy Banx)的同名漫画《诺曼·斯皮特的多种死因》(*The Many Deaths of Norman Spittal*,1999)最为有名。

1999 年的《撒切尔夫人:我这是在哪?》(*Maggie Thatcher: Where am I Now?*)是为第四频道制作的五集电视系列动画片,影片讽刺了撒切尔夫人执政时期的所作所为。

2000 年的《千禧盛世:音乐剧》(*Millennium: The Musical*)也是为第四频道制作的,导演试图把英国 2000 年的历史浓缩在半小时内。影片以喜剧形式展现了黑死病、理查德三世等悲剧事件。这部作品非常成功,于是鲍伯·荀德弗瑞又开始尝试将莎士比亚的作品改编为动画音乐剧。2004 年,82 岁的他导演了《初学者的莎士比亚》(*Shakespeare for Beginners*)。

◎代表作品

性爱宝典:《卡玛·苏卓归来》(*Kama Sutra Rides Again*)

1971 年的《卡玛·苏卓归来》是鲍伯·荀德弗瑞性爱动画的登峰造极之作。卡玛是印度神教中的爱神,导演借其名讲述了一对中年夫妇从一本性爱手册上学习各种性爱技巧的故事。其实在印度艺术创作中性爱题材比比皆是,印度史诗《罗摩衍那》中有一段关于“恒河起源”的故事——印度教大神湿婆和乌玛交媾,一次就达 100 年之久,从不间断。众神对湿婆的超强性能力感到惊慌,就央求湿婆把他的精液倾泻到恒河之中,这就是“恒河之水天上来”的原因。黑格尔在他的《美学》一书中也曾谈及这个故事,并说,“我们的羞耻感简直都要被搅乱了”。

12 位动画师参与了《卡玛·苏卓归来》的创作,每一位动画师负责一种做爱姿势的动画制作。鲍伯·荀德弗瑞回忆当年情景时说:“有一次我给学生放映《卡玛·苏卓归来》,突然一个美国人来问我是否愿意把这片子卖给他。他说他非常喜欢这电影,想把它作为结婚礼物送给他儿子,于是我便把一卷 16 毫米的胶片以 150 英镑的价格卖给了他。幸亏没卖给他我别的作品(否则我损失巨大啊,卖得太便宜了)。当这部影片获得了奥斯卡最佳动画短片提名后,我惊讶地发现这部动画片竟然不允许在美国上映。"该片成为英国本土公开发行的第一部 X 级动画片。

这部"生理卫生教学片"式的动画不仅为那位美国父亲解决了儿子的性教育问题,还获得了 1972 年奥斯卡最佳动画短片提名。尽管影片在美国没有上映,却出人意料地在英国顺利通过审查。影片上映后,大师级导演斯坦利·库布利克(Stanley Kubrick)致电鲍伯·苟德弗瑞说这种电影都可以上映,为什么他的《发条橙子》(*A Clockwork Orange*)却重重受阻不能顺利发行。这通电话使鲍伯·苟德弗瑞记忆犹新:"电影圈的人都知道,库布利克打电话只会骂人。所以当我接到他的电话竟然是请我帮忙,我当时惊讶得差点儿把话筒扔了。"

《卡玛·苏卓归来》的成功使鲍伯·苟德弗瑞名声大振,很多英国艺术家开始寻求与之合作,他的创作已经跳出了单纯的动画片范畴。1971 年,他为约翰·列侬(John Lennon)、小野洋子(Yoko Ono)夫妇的实验电影——《建筑物》(*Erection*)制作了动画片段。鲍伯·苟德弗瑞使用不同拍摄速度下的定格动画技术记录各种建筑物的建造过程。其实在这次合作之前,他就曾建议约翰·列侬把他那本深奥到不知所云的书——《工作中的西班牙人》(*A Spaniard in the Works*)改编为动画片。但是由于各种原因这个想法最终并没有得以实现。

"约翰·列侬对把其作品改编为动画片的点子非常感兴趣,但是他说我需要先去和他的经纪人谈一下预算问题。遗憾的是在我和这位经纪人见面之前他就死了。好在约翰·列侬请我为《建筑物》制作一个实拍的片段。这是一部讲述一座饭店如何建造的电影,他想把这片子当做每次去外国演出被海关人员检查时戏耍他们的道具,因为总有人怀疑他携带毒品。"看来两个天才遇到一起就会发生各种稀奇古怪的事情,因为这两人都实在太有个性了。有时我总邪恶地想,哪天约翰·列侬万一拿错了胶片,把《卡玛·苏卓归来》带出了国,而又恰巧被海关检查,那将是一番怎样的情景呢?

英国动画史上第一部奥斯卡最佳动画短片奖作品:《伟大》(*Great*)

"如果我随便做个片子就可以提名奥斯卡,那为什么我不利用工作之便(套一些钱)做自己喜欢的片子呢?我曾经读过一本关于艾萨姆巴德·青德姆·布鲁乃尔(Isambard Kingdom Brunel)的书,于是我去找与这位工程师有关的基金会——大不列颠之狮(British Lion)谈合作。我对他们说想制作一部半小时长的动画片,反映维多利亚时代的英国工程师,不知他们是否有兴趣投资。他们二话没说就给了我两万英镑。这些人当时一定以为我吃错药了,要不就是太阳从西边出来了。我估计当时我要告诉他们想做一部关于厕所的动画片他们也会给我钱。"在这种无情的戏谑下,英国动画史上第一部奥斯卡最佳动画短片奖作品——《伟大》诞生了。

1975 年的《伟大》是一部半小时长的音乐剧式作品,讲述了英国著名工程师艾萨姆巴德·青德姆·布鲁乃尔(1859～1906)传奇的一生。此人不仅修建了"西线铁路"

(Great Western Railway)，还创建了伦敦至纽约的第一条蒸汽航运线路。鲍伯·苟德弗瑞在展现工程师丰功伟绩的同时还描述了工程师的痛苦与失败，从而暗示英国君主制度的腐朽、教条与没落，可谓明扬实贬。影片保持了导演一贯简洁的视觉风格与幽默感，大量的歌舞场面及精巧的剪辑使影片充满了无政府主义的狂热。鲍伯·苟德弗瑞之所以制作这样一部作品，原因很简单："从没有人制作过一部半小时长的动画音乐剧反映维多利亚时代一个头戴高帽、身穿礼服的小工程师的故事。"影片费时四年，耗资三万六千英镑。该片不仅获得1975年奥斯卡最佳动画短片奖，还获得1976年英国影视学院奖最佳动画短片奖。鲍伯·苟德弗瑞成为英国动画史上第一位获得奥斯卡最佳动画短片奖的导演。

《红气球》与《梦中宝贝》

如果想从1979年的《梦中宝贝》(*Dream Doll*)中获得惊喜的话，强烈建议先观看法国著名导演阿尔伯特·拉摩里斯(Albert Lamorisse)的真人短片《红气球》(*Le Ballon rouge*)。因为《梦中宝贝》就是一部动画版的《红气球》！

记得我第一次看《红气球》是上大学时在司徒兆墩老师的课上。这部摄制于1956年的短片虽然只有34分钟，但是给我的心理冲击丝毫不亚于任何影院长片。我看完的第一感受只有四个字——"目瞪口呆"。那一瞬间我突然感觉自己活得很脏，即使在旁人眼中我已经"幼稚"到了极点。到目前为止《红气球》是我看过最纯洁、最童真的电影！如果有人问我"电影是什么？"的话，我会不加思考地说："去看看《红气球》吧，你就知道了。"

全片几乎没有一句对话，讲述了一个极其简单的故事。但正是这个采用非职业演员演出、近乎于学生作业般的短片却击败了当年费里尼的《大路》而荣获奥斯卡最佳原著剧本奖。该片荣获1956年戛纳国际电影节金棕榈大奖、1956年法国电影最高奖——金奖、英国电影学院特别奖。《苏格兰影评人》这样评论："电影人在经历过那一刻的红气球后，谁还敢再在银幕上表现红色的气球？或者说，谁又敢表现气球不是红色的？"由此可见该片在世界影坛的显著地位！

20多年后，鲍伯·苟德弗瑞与萨格勒布动画导演柴拉克·葛雷吉克(Zlatko Grgić)竟然敢冒天下之大不韪制作了一部几乎一模一样的动画片——《梦中宝贝》！关于这两部影片的观摩顺序问题，最好是先看《红气球》再看《梦中宝贝》。这样一来效果奇佳！前者是那么纯洁，略带感伤；后者是那么"猥琐"，幽默甚至疯狂。前者讲述一个小孩在街边捡到一只红气球并与之为伴，形影不离，最后这只有灵性的红气球被坏小孩残忍地一脚踩破的故事。而后者则描绘了一个寂寞的中年男人买来一只成人用品——"充气娃娃"并与之为伴，形影不离。最后这只有灵性的"充气娃娃"被一群流氓残忍地"搞破"的故事。《红气球》结尾是全巴黎的气球都飞了出来，安慰伤心的小男孩。最终，沉浸于惊喜与幸福中的小男孩被无穷无尽的气球带着飞上了天空。而《梦中宝贝》的结尾则是全伦敦的"充气娃娃"都飞了出来，安慰伤心的中年男人。最终沉浸于惊喜与幸福中的中年男人被无穷无尽的“充气娃娃”带着飞上了天空。

我不知道鲍伯·荀德弗瑞当年在制作《梦中宝贝》时是否看过《红气球》，更不知道他们是否有意模仿与戏谑《红气球》。我只知道影片在安纳西国际动画电影节首映时，法国人对其嗤之以鼻，不以为然。如果抛开对《红气球》的过度崇拜所导致的“《梦中宝贝》亵渎经典”的愤怒不谈，《梦中宝贝》所阐述的主题其实和《红气球》一样深刻。影片描述了都市人的寂寞与无助。中年男子买“充气娃娃”并不是为了发泄性欲，而是把她（它）当做自己真实的爱人与伴侣。与她交谈——尽管永远不可能有回音；与她相互依偎——尽管永远不可能得到真人般的体温；与她漫步公园（男人牵着飘浮在空中的“充气娃娃”）——尽管遭到无数人的白眼甚至报警。中年男人只希望每个寂寞的夜晚能有一个女人陪伴在自己身边，得到一份精神上的慰藉。他这个小小的愿望并没有妨碍与伤害任何人，但是这一点点要求还是被无聊的流氓们摧毁。

每次我看着“充气娃娃”被流氓搞破的感觉与看着红气球被坏小孩一脚踩破的感觉是一样的：震惊、愤怒、悲伤与无奈。导演甚至在处理这场戏时使用的方法都非常相似——都是长镜头——叫观众眼睁睁看着一个生命一点点死去与消亡。这种血淋淋的残酷感丝毫不亚于目睹一起凶杀事件。只不过《梦中宝贝》利用动画片特有的夸张、幽默特性使影片看上去更不“正经”一些。

如果从动画技术与整体流畅性上谈，鲍伯·荀德弗瑞的作品不够完美，有时甚至略显粗糙，但是《梦中宝贝》却是个例外。这部作品画面细腻，制作精良，人物运动流畅，风格极其成熟。这也许应归功于影片的另外一位导演——柴拉克·葛雷吉克吧。

鲍伯·荀德弗瑞除了要执导影片外，还要与约翰·哈拉斯联合担任制片人的工作。那段辛苦的日子不堪回首，用他自己的话说“每天宛如和水母一起工作（长八只手都忙不过来）”。但是他对影片最终效果非常满意，“影片呈现出克罗地亚特有的世界末日感，我的很多作品都是极其间离的，这部作品例外，它很流畅”。《梦中宝贝》荣获1979年奥斯卡最佳动画短片提名、1979年伦敦电影节英国电影学院奖最佳动画片提名。

儿童电视动画片

鲍伯·荀德弗瑞虽然钟情于成人动画，但是他从不拒绝为小朋友制作影片。从1970年的《亨利朝九晚五的生活》开始，他的创作便分为两条路线：颇受争议的成人动画与极具神秘色彩的儿童动画。他是英国儿童电视动画片的先驱。鲍伯·荀德弗瑞试图将成人世界的思维方式与主题不露声色地融合在儿童动画片中。他说：“我们并不是有意要那么做，只是感觉像《谁偷走了圣诞节》那种老套的题材已经过时了。”

鲍伯·荀德弗瑞导演的儿童动画系列片不仅在英国颇受欢迎，在美国也很流行。其中最成功的无疑是1974年的电视系列动画片《罗芭芭》（*Roobarb*）。罗芭芭是一只好动的绿色小公狗，他经常把自己设想为身处某种超现实的环境之中。其中《罗芭芭没看见太阳升起……》（*When Roobarb Didn't See the Sun Come Up...*）和《罗芭芭造钉记》(*When Roobarb Made a Spike*)两集最为出色。

1976年的《飞船中的诺亚和奈利》(*Noah and Nelly in Skylark*)是一部手绘电视系列动画片,讲述诺亚和奈利与一只双头怪物的故事。

1982年鲍伯·荀德弗瑞导演了又一大获成功的电视系列动画片《亨利的猫》(*Henry's Cat*),共五季。由他本人亲自配音、解说,每集结尾时都会讲述一个深刻的哲学道理。

1990年,鲍伯·荀德弗瑞与格雷·朱利夫(Gray Jollife)共同导演了《淘气的威利》(*Wicked Willie*),影片讲述威利和他自己的意志成为好朋友的故事。该片在美国播出时为49分钟,在德国播出时则为39分钟。

1992年,鲍伯·荀德弗瑞导演了《兔子的尾巴》(*The Bunbury Tails*),影片讲述一群热爱体育运动的兔子在与黑暗邪恶势力斗争完毕后就去做运动、打比赛的故事。影片的音乐使用了大量当红明星的歌曲,例如:比·吉斯(Bee Gees)、艾瑞克·卡拉普顿(Eric Clapton)、乔治·哈瑞森(George Harrison)和埃尔顿·约翰(Elton John)。

1996年鲍伯·荀德弗瑞开始制作《凯文拯救世界》(*Kevin Saves the World*),该片于2002年播出。这部短片改编自丹尼·波斯吉特(Danny Postgate)的儿童文学作品,讲述一个男孩与他的火星人朋友的故事,获得1997年芝加哥国际儿童电影节动画类评委会大奖。

艺术特色

在分析鲍伯·荀德弗瑞影片艺术特色之前,我想先引用他的两句话,这也许对理解其作品内涵有帮助。

关于打破常规、张扬个性,鲍伯·荀德弗瑞这样说:"我想导演机器人版的《哈姆雷特》。去掉所有诗意,保留所有暴力与妄想与偏执。"他认为动画是这样一种媒体:"(动画艺术)允许你做各种不可能的事情,那么我们就把那些可能的事情留给电视新闻节目好了。"

主题成人化

乍一看,这个大鼻子、扇风耳、短胡须的英国男人总给人一种猥琐的感觉。他总在挑战观众的观赏极限以及审查制度,表现出一种极其焦躁不安的男性性冲动。鲍伯·荀德弗瑞一个主要的创作源泉是唐纳德·麦克吉尔(Donald McGill)的漫画,此人以画色情明信片出名。唐纳德·麦克吉尔画的女人身体巨大、雄壮威猛,而男人则都神经质与下流。这无疑为鲍伯·荀德弗瑞极具色情意味的成人性喜剧作品提供了创造灵感。鲍伯·荀德弗瑞自嘲地称呼这类作品为"性群殴"(sexual punch-ups)。

《卡玛·苏卓归来》在澳大利亚上映时被定为R级(即仅限成人观看),这是澳大利亚第一部R级电影。当然这并未影响它的票房成绩,反而大卖特卖。一位前南斯拉夫影评家这样评价鲍伯·荀德弗瑞的作品:"他的作品是全世界人民都能理解的。"因为全世界人民在"性"问题上的想象力与理解力都是无穷的。

对常规、英雄、政治等概念的否定也是鲍伯·苟德弗瑞作品的一大主题，这些主题往往隐藏在某一富有象征意义的视听符号之下，例如：手淫、充气娃娃、白日梦、罐装性快餐等。他似乎对表现真实生活（特别是真实的女人）没什么兴趣。

尽管他的作品获奖无数，但是依旧有很多人对其影片颇有微词。《伟大》就遭到女权主义者的抗议与批评，因为作品中充满了对女性的不尊重与厌恶。就连影片投资方都发表声明说："这部影片充满了对历史的曲解与下流的影射。"而面对这样的指责鲍伯·苟德弗瑞作出的反应是："难道我说的不对吗？！"近年来，他一直在努力回避媒体给予他的"男性沙文主义电影旗手"的评价。鲍伯·苟德弗瑞与左翼无政府主义动画师史蒂夫·贝尔（Steve Bell）合作创作政治色彩浓厚的动画片，以一种极其激进与前卫的态度表达他们对欧洲政治的看法。他在表达无政府主义方面的幽默丝毫不比他表现色情逊色。

美术风格简约

鲍伯·苟德弗瑞有一句名言："再伟大的动画技术也不能挽救一个糟糕的故事，但是一个好故事却可以拯救糟糕的动画技术。"正是在这样的方针指导下他的作品普遍"制作粗糙"。他喜欢混合使用多种动画技术，手绘、剪纸、定格、拼贴甚至真人表演。鲍伯·苟德弗瑞的作品明快、简约，他始终在极力回避与打破一切既定的动画手段。鲍伯·苟德弗瑞告诫自己的学生，应学会有破有立——学习规则的目的是为了摧毁它："通过教授动画基础课程我认识到（作品优秀与否）完全取决于创作者本身（的想法与个性，而与绘画基础没有必然联系）。伟大的插画家永远不会成为优秀的动画师。我认识很多杰出的动画师根本不会画画。那些真正的天才是不会听你摆布的。"

虽然鲍伯·苟德弗瑞对技术不屑一顾，但是他并不排斥新兴的电脑动画技术："我不是你们说的那种电脑动画艺术家，但是我雇用了很多那样的人。我不是老顽固与老古董，公司里所有辛勤工作的员工们都感谢电脑，它确实为动画产业带来了一场革命。但奇怪的是，我所有使用电脑技术制作的动画片看上去依旧和我过去使用传统技术制作的影片没啥区别。"

结构松散

与简约的美术风格相呼应，鲍伯·苟德弗瑞的作品结构都比较松散，故事性与逻辑性并不强。"我喜欢舞厅音乐与搞笑脱口秀节目，这对我的早期作品影响很大。我在进行创作时基本不考虑动机，只是跟着感觉走，这种方式对我来说很有效。"与他合作了 30 年，共同创作了《卡通自学手册》、《伟大》、《千禧盛世：音乐剧》等作品的编剧科林·皮尔森（Colin Pearson）谈到鲍伯·苟德弗瑞这种即兴创作的特点时说："他向来（不和我们商量就）随意修改剧本，这种松散的影片结构最终只能使用画外音解说才能使观众看懂。在创作《伟大》时我就对他的工作方法很不满意，于是我把自己的名字从主创人员名单上拿了下来。"

对英国文化的反思

他的作品经常表现那些生活没热情、处处受限制的英国小男人。他们外表古板而奇怪，而内心却极度变态，特别是在性问题上。这一切都发自于他对英国伪善文化的认识。他的作品也许是了解英国人不被世人了解的一面最好的例证，因为这一切都是一个英国人说的。50年代末期，他与一些在电视台工作的导演、动画师交往甚密。他们经常在一起搞实验先锋短片、喜剧，他说："我们已经为即将到来的60年代文化变革做好了准备。"

2000年初，他为第四频道导演的《意志世界》(*Will's World*)，对威廉王子的婚姻生活进行了大胆辛辣的讽刺。

结尾

80岁的鲍伯·苟德弗瑞依旧每天忙碌在自己位于伦敦的公司。回顾自己60年的动画创作生涯，当被问及是否有遗憾时，鲍伯·苟德弗瑞说："我一直想做影院版动画长片，但是能力有限啊。回顾我的作品，它们就像一连串30秒的动画广告片剪辑在一起。看来，我是一个只能做短片的人，不管我的初衷是否如此。"言语之中流露出一丝霸王别姬、英雄气短的无奈与惆怅。

鲍伯·苟德弗瑞的主要作品：

1952年	《大阅兵》(*The Big Parade*)　与基思·勒纳合作导演
1953年	《观鸟》(*Watch the Birdie*)　与基思·勒纳合作导演
1960年	《波洛尼厄斯》(*Polygamous Polonius*)
1961年	《卡通自学手册》(*Do It Yourself Cartoon Kit*)　5分25秒 获得1962年英国影视艺术学院奖最佳动画片提名、1961年戛纳国际电影节最佳短片提名
1962年	《小海鳟艾米利的起起落落》(*Rise and Fall of Emily Sprod*)
1963年	《老实人的广告指南》(*The Plain Man's Guide to Advertising*)　22分钟
1964年	《阿尔夫、比尔和弗瑞德》(*Alf, Bill and Fred*)
1965年	《单人乐队》(*One Man Band*) 《亨利，9—6》(*Henry*,9 *till* 6)
1967年	《绳索骗局》(*Rope Trick*)
1969年	《即兴二人组》(*Two off the Cuff*)
1970年	《亨利朝九晚五的生活》(*Henry* 9 *til* 5) 6分钟 获得1971年英国影视艺术学院奖最佳动画短片奖 《方法与意义》(*Ways and Means*)

续表

1971 年	《电子传说》(*The Electron's Tale*) 《卡玛・苏卓归来》(*Kama Sutra Rides Again*)　9 分钟 获得 1972 年奥斯卡最佳动画短片提名
1974 年	《罗芭芭》(*Roobarb*)
1975 年	《伟大》(*Great*)　30 分钟 获得1975 年奥斯卡最佳动画短片奖、1976 年英国影视学院奖最佳动画短片奖
1976 年	《飞船中的诺亚和奈利》(*Noah and Nelly in Skylark*) 电视系列动画片 《亲爱的马乔里・布伯斯》(*Dear Marjorie Boobs*)　电视系列动画片
1979 年	《梦中宝贝》(*Dream Doll*) 11 分 5 秒　与柴拉克・葛雷吉克联合导演 获得1979 年奥斯卡最佳动画短片提名、1979 年英国影视艺术学院奖最佳动画短片提名
1980 年	《女人简历》(*Bio Woman*) 获得 1981 年英国影视艺术学院奖动画短片类最佳影片提名 《速食性》(*Instant Sex*)
1981 年	《绝望海峡》(*Desperate Straits*)
1982 年	《亨利的猫》(*Henry's Cat*)　电视系列动画片 获得 1984 年英国影视艺术学院奖动画短片类最佳影片奖
1990 年	《淘气的威利》(*Wicked Willie*)　电视动画片
1994 年	《简短谈话》(*Small Talk*) 获得 1994 年奥斯卡奖最佳动画短片提名
1996 年	《凯文拯救世界》(*Kevin Saves the World*) 获得 1997 年芝加哥国际儿童电影节动画类评委会大奖
1999 年	《撒切尔夫人:我这是在哪?》(*Maggie Thatcher: Where am I Now?*)　电视系列动画片
2000 年	《千禧盛世:音乐剧》(*Millennium: The Musical*)　22 分钟　电视动画片
2004 年	《初学者的莎士比亚》(*Shakespeare for Beginners*)

注释:

(1)关于他的出生年月有两种说法,第一种是吉亚纳贝托・班达兹(Giannalberto Bendazzi)在《动画百年》(*Cartoons—One Hundred Years of Cinema Animation*, 1994, John Libbey & Company Ltd.)一书中提到的 1922 年 5 月 27 日,另一种说法是 1921 年 1 月 27 日。持第二种观点的权威机构有英国创意艺术大学的动画研究中心与著名影视资料收费网站 http://www.imdb.com。尽管后者的出现频率远远大于前者,但是因为《动画百年》的权威性,我在此引用了该书上的信息。

英国动画的“魔教教主”——菲尔·莫洛伊(Phil Mulloy)

小引子:“有动画A片吗? 借我看看!”

第一次看到菲尔·莫洛伊的作品是2002年冬天,在位于伦敦市中心的英国电影学会总部一楼,一间极其狭小、低矮,类似库房的屋子里(据说是他们的商品销售部门),我买到了他的短片精选集DVD——《菲尔·莫洛伊的极端动画》(*Phil Mulloy Extreme Animation*)。

拿着这张DVD我感觉很“恍惚”,眼前的一切似乎与享誉全球的“英国电影学会”六个字格格不入。这个英国最大、最权威的影视机构竟然破旧得使我怀疑自己是否走进了制作盗版盘的“地下黑作坊”。只有那20英镑(约300元人民币)一张的DVD价格使我相信自己确实在英国而不是中关村。面对柜台上琳琅满目的世界各国经典影视作品录像带,你很难把“录像带”与“发达国家”四个字联系在一起。但事实却是如此,起码在2002年,英国绝大多数老百姓还在使用录像机而非DVD机,音像店里的录像带出租与销售生意依旧如火如荼。

在这里,黑泽明、伯格曼、戈达尔的作品大都以录像带形式出版,这样看来,我们更不可能指望动画片出DVD了。但是,在堆积如山的经典名片中,唯一的动画DVD竟然是这张打着“18禁”的菲尔·莫洛伊(见彩图9)精选集。当我拿着美国动画之父——温莎·麦凯(Winsor McCay)与德国剪纸动画先驱——洛特·雷妮格的作品录像带时,很是纳闷——谁是菲尔·莫洛伊? 他(她)的影响力难道比这两位前辈还大吗? 要不为什么BFI会为此人发行DVD呢? 看着“本DVD收录了菲尔·莫洛伊1991～2001年间制作的短片,全部时长为153分钟”的说明,我更为惊异——153分钟的少儿不宜动画片? 这不把人做死了啊?! 看都得看死了?! 英国人果然有趣,放着大师经典作品不做DVD,偏偏出版这“少儿不宜”的。不管怎么说,菲尔·莫洛伊肯定是个人物。不然的话,英国电影学会也不会如此兴师动众地“捧”这个“角儿”。我回去一定好好学习一下,研究透彻。

结果,

五年过去了,

我却从来没有勇气与毅力,

把这张盘,

一次性,

看完……

因为它太暴力了,太色情了,太刺激了,太与传统道德观念不符了……实在无法用语言形容这种感受。

称呼菲尔·莫洛伊的作品为“极端动画”一点也不过分。下面仅举一个例子来说明他的作品如何“极端”——

一个男性朋友得知我从英国带回大量原版动画片后，便兴致勃勃地来找我：“有动画A片吗？借我看看，没看过这个。”

我正襟危坐地说：“我可是规矩人家的孩子。”

“得了吧你！快！麻利儿的……”

“那你把这拿走吧”，我顺手给了他《菲尔·莫洛伊的极端动画》，“这可是大师作品啊！但估计你看不下去。”

“不可能！A片还会看不下去！?”

“那好吧，你很强大，很有爱！再说一次啊，我可是规矩人家的孩子。”

不到24小时，这位兄弟就把盘还回来了。

我说：“怎么样？看得下去吗？”

“我就去……我父母好不容易不在家啊，我特意约了女朋友一起观摩啊！我买了一堆零食，准备边看边吃。结果……”

“你吐了吧？”

“你知道还借我这盘！?根本就看不下去啊，恶心死我了！那么好的兴致全被你这盘毁了！”

“我早告诉过你，我是规矩人家的孩子。你不信啊……”

两人互殴中……

横扫“四大门派”的“魔教教主”

不知道是我喜欢给人起外号，还是英国这些动画大师们都太有个性，一个个特点如此鲜明：约翰·哈拉斯是英国动画之父；鲍伯·荀德弗瑞是英国动画教父；相比之下，菲尔·莫洛伊则更像“英国动画的魔教教主”（这几个人凑一起够写本《笑傲江湖之大不列颠分舵》的了）。因为他的作品无论是手法还是主题，无论是制作水平的精良程度还是美术风格的审美价值，实在无法让江湖中的“名门正派”接受（当然，菲尔·莫洛伊向来也没奢望被他们承认与接受）。一贯独来独往、神龙见首不见尾的他经常会因“口出狂言”而引来“杀身大祸”（真的很“狂”，他竟然拿上帝开玩笑）。

但是，菲尔·莫洛伊武功高强，又有“左右护法”相伴（他的一双儿女也是影视圈内知名人士，后文将详细介绍），因此多年来他一直笑傲江湖而“东方不败”。在不到15年的时间里，他“横扫江湖四大门派”——囊括了世界四大动画节的主要奖项：

萨格勒布国际动画电影节——1993年的《音乐之声》（*The Sound of Music*）获得最佳音乐奖；1996年的《变化之风》（*The Wind of Changes*）获得克罗地亚电影评论家协会奖；1998年的《链条》（*The Chain*，见彩图10）获得评论家奖；2004年的《党同伐异3：大结局》（*Intolerance III—The Final Solution*）获得评委会提名奖。

广岛国际动画节——1996年的《十诫之十：不可贪恋他人之妻》（*The Ten Commandments Number 10: Thou Shalt Not Covet thy Neighbour's Wife*）获得特

别奖。

安纳西国际动画节——2000 年的《党同伐异》(*Intolerance*)获得评委会大奖。

渥太华国际动画节——2006 年《克利斯蒂一家》(*The Christies*)获得最佳动画长片水银奖。

这四大动画节是由世界动画协会授权举办的,可谓全球动画领域档次最高的权威比赛。一个动画师能在其中一个动画节载誉归来就已经终生无憾了,现在这位"魔教教主"竟然"打遍四大动画节无敌手"。也许是我孤陋寡闻,但是到目前为止,据我所知,能取得菲尔·莫洛伊这样战绩的动画师屈指可数。在 2006 年的日本广岛国际动画电影节上,主办方为他举办了个人作品回顾展并聘请他作为评委。

菲尔·莫洛伊 1948 年出生于英国默西塞德郡的港口城市——沃拉希(Wallasey),曾在雷文斯本设计与传播学院(The Ravensbourne College of Design and Communication)与英国皇家艺术学院学习绘画与电影。1978 年,菲尔·莫洛伊导演了第一部动画短片《森林中》(*In the Forest*),从而开始了他的艺术生涯。他涉及的领域很广,包括真人电影、电视、纪录片、动画片的编剧、导演甚至制片工作。

有趣的是,菲尔·莫洛伊当年考进皇家艺术学院时提交的面试作品是一部动画短片,而 1971 年毕业后却从事了近 20 年的电视与纪录片工作,直到 20 世纪 80 年代末、90 年代初他移居威尔士,才又正式回归动画创作领域。

《牛仔》(*Cowboys*)系列动画片

1991 年,菲尔·莫洛伊为第四频道制作了名为《牛仔》的六集动画短片(每集三分钟)。这套系列产品基本奠定了其日后作品的美术风格与主题思想:黑白为主、极其简单甚至粗糙的线条、很不流畅的运动规律、永无休止的暴力加色情。这六集短片分别是:《牛仔:正午》(*Cowboys: High Noon*)、《牛仔:谋杀!》(*Cowboys: Murder*!)、《牛仔:暴虐》(*Cowboys: Outrage*!)、《牛仔:苗条的皮金斯》(*Cowboys: Slim Pickins*)、《牛仔:不算啥》(*Cowboys: That's Nothing*)、《牛仔:同流者》(*Cowboys: The Conformist*)。

影片的主角——牛仔们,都长得一模一样:骷髅般的剪影效果面容,戴着高高的牛仔帽,棒子一样细长的胳膊和腿,令人生厌的高鼻子,咧着大嘴露出利剑般的牙齿,宛如窟窿一样、空洞无神的白色眼睛。这种极其贪婪、邪恶、猥亵的造型成为菲尔·莫洛伊日后作品的惯用经典形象。我想导演之所以赋予这样的造型"牛仔"二字,可能是因为在传统观念中牛仔极具男性特征——不修边幅、四处流浪、骑骏马、泡美女、动不动就掏枪决斗,不知从何时起牛仔便成为大家都能认同的男性的代名词了。

在菲尔·莫洛伊眼中男性的代名词其实是阳物,男人的所作所为完全受性欲支配而非大脑。因此在《牛仔:不算啥》一集中出现了这样一个真实而又夸张的情景:

一群牛仔在那里吹牛,炫耀自己的性能力多么强大,自己会的做爱姿势多么非人类,每人吹牛完毕都会招来别人的不屑——"这算啥"!当大家都黔驴技穷时,只好一起去马厩里××马。

这个貌似荒诞的故事恰恰反映了导演日后作品的世界观——性在男人或者说人类生存中占据了极其重要的位置，但有时人类这种最本能与自然的生理反应——性冲动，却又是如此盲目与可笑。我不想在这里讲什么弗洛伊德的“利比多”理论，只想借用美国电影《我为玛莉狂》（*There's Something About Mary*）中男主角的一句经典台词加以佐证：“男人只有射精后头脑才是清醒的。”本着这样的世界观，菲尔·莫洛伊作品中无论男人还是女人都过着放荡的生活。

此时菲尔·莫洛伊的影片主题还没有定型，基本上处于探索时期的单纯视觉刺激。暴力与色情下面没有太多内涵（或者说导演也没希望观众想太多东西，影片形式已经说明了一切）。相比之下，《牛仔》系列动画片的美术风格已经非常成熟，为菲尔·莫洛伊日后的作品奠定了基础——极简主义，少即是多！他使用油墨、羽毛和剪纸等方法制作二维动画。极其符号化的造型与略显粗糙的运动规律使得他可以在很短的时间内独立完成10分钟以上的动画片。从1991年至2006年，15年内他独立制作了40多部动画短片，累计达200多分钟。在菲尔·莫洛伊眼中世界本来就是如此粗糙与丑陋不堪，用黑白色调表现再合适不过。但是他的作品并非只有黑白两色，偶尔也会出现红色等极其刺眼的亮色。让我们来看看导演使用这些色彩又表现了什么吧：将人烧得灰飞烟灭的地狱之火，血流成河，极具政治象征性的旗帜，血盆大口中的牙齿与满怀愤怒、布满血丝的眼睛……

菲尔·莫洛伊之所以坚持使用这种极简主义美术风格，除了缩短制作周期、降低成本外，还有一个原因：适当削弱暴力、色情在视觉上的冲击力。试想，如果导演用十分写实的画风来表现生殖器与鲜血，那样的感官刺激就不是被打上“18禁”这么简单的事情了，估计警察叔叔就该来教育一下这个“亵渎人类灵魂”的“疯子”了。

《世界史》（*The History of the World*）系列动画片

1994年，菲尔·莫洛伊参与133集大型系列动画片《世界史》的制作，共导演了三集（每集三分钟），分别是《世界史第一章：语言的发明》（*The History of the World Episode* 1：*The Discovery of Language*）、《世界史第十六章：写作的发明与毁灭》（*The History of the World Episode* 16：*The Invention of Writing and Its Destruction*）、《世界史第六十五章：季节的诞生》（*The History of the World Episode* 65：*The Age of Reason Begins*）。其中《写作的发明与毁灭》最为有趣，导演这样解释“人类为什么需要写作”：

在写作没有出现之前，男人们通过武力（剑）来证明自己的强大。一个屡战屡败的废物恼怒之下挥剑砍下自己的生殖器，沾着墨水写道——“阴茎比剑强大”（The penis mightier than the sward）。导演将“阴茎”（penis）一词分解为“笔（pen）”和“是（is）”两个字，于是便出现了“笔比剑强大！”这句貌似为写作摇旗呐喊的“至理名言”。接下来这个失败者便奋笔疾书，通过文字大肆描述自己如何伟大，其他男人如何不堪一击。于是，人类历史上第一个“作家”诞生了！他不仅名利双收，还得到无数女人的青睐。那些用剑打天下的男人们急了，冲进"作家"的家，手刃之！这就是一部人类写作的"血泪史"。精辟！幽默！笑中带泪啊！影片获得1994年柏林国际短片电影节评委会大奖。

《十诫》(*The Ten Commandments*)系列动画片

1993～1996年间，菲尔·莫洛伊导演了他最具争议同时也是影响力最大的系列动画片——《十诫》。这十部3～9分钟不等的短片分别是：

《十诫之一：不可信除耶和华之外的神》	*The Ten Commandments Number 1: Thou Shalt Not Adore False Gods*
《十诫之二：不可亵渎神灵》	*The Ten Commandments Number 2: Thou Shalt Not Commit Blasphemy*
《十诫之三：当纪念安息日》	*The Ten Commandments Number 3: Remember to Keep Holy the Sabbath Day*
《十诫之四：当孝敬父母》	*The Ten Commandments Number 4: Honour thy Father and thy Mother*
《十诫之五：不可杀人》	*The Ten Commandments Number 5: Thou Shalt Not Kill*
《十诫之六：不可通奸》	*The Ten Commandments Number 6: Thou Shalt Not Commit Adultery*
《十诫之七：不可偷窃》	*The Ten Commandments Number 7: Thou Shalt Not Steal*
《十诫之八：不可作假证陷害他人》	*The Ten Commandments Number 8: Thou Shalt Not Bear False Witness*
《十诫之九：不可贪恋他人之财》	*The Ten Commandments Number 9: Thou Shalt Not Covet thy Neighbour's Goods*
《十诫之十：不可贪恋他人之妻》	*The Ten Commandments Number 10: Thou Shalt Not Covet thy Neighbour's Wife*

菲尔·莫洛伊彻底颠覆了《圣经》中关于《十诫》的描述，他结合现实生活的残酷与黑暗揭示了上帝的软弱、平凡和难免犯错。这十部短片无处不渗透着导演对上帝的不信任与嘲笑。在一个基督教国家中竟然会出现菲尔·莫洛伊这样的导演与《十诫》这样的作品实在令人震惊。以至于在撰写这篇文章时一贯"口无遮拦"的我都心存疑虑——宗教问题不可儿戏啊！不过，认真研究过他的《十诫》后，你会发现其实导演是在很严肃、很坦诚、很认真地讨论社会问题而非宗教问题。菲尔·莫洛伊是一个无神论者，"十诫"只不过是他表达自己对社会看法的一种载体而已。只不过这个载体太家喻户晓、太神圣不可侵犯、太敏感而已。于是《十诫》一经推出便招来无数争议与非难，菲尔·莫洛伊一时间成了"宗教题材"导演。所有媒体都挖空心思想从这一角度切入来剖析他，这使菲尔·莫洛伊哭笑不得，见人便说："其实我对宗教毫无兴趣。"

其实想读懂这套系列片并不难，以无神论角度看便一目了然。请允许我十分谨慎小心地阐述一下导演的意图，如履薄冰地转述一下导演的观点。再次声明，以下观点仅代表菲尔·莫洛伊个人意见，不代表我的看法（我第一次这么畏首畏尾地写字）。

在《十诫之一：不可信除耶和华之外的神》中讲述了这样一个故事：一个人遭遇入室抢劫，强盗把他绑在椅子上离开，接下来便是受害者日复一日、年复一年的等待与祈祷。20年过去了，上帝并没有前来解救他。终于有一天，他死了，灵魂来到天堂，看见上帝正在休闲娱乐，根本无暇顾及人间冷暖。这就是人们"只信耶和华"的结果吗？在我们最需要帮助的时候上帝去哪儿了？

《十诫之二：不可亵渎神灵》：上帝闲来无事向着人间吹了口气，于是一场风暴降临在一家穷人头上。狂风使得这家人无处藏身，饥寒交迫，于是他们把教堂顶上的十字架拆下来钉住窗户以便遮风避雨（作为补偿他们把一艘轮船摆在了教堂顶上）。这种亵渎神灵的举动当然要受到惩罚——火刑！上帝目睹了人间这一幕惨剧不禁自责起来，于是喝了口小酒，撒了泡小尿——瓢泼大雨从天而降。火是浇灭了，但是由于上帝喝大了（尿也就多了），洪水又爆发了。当世人在洪水中挣扎时，那艘代替十字架摆在教堂顶上的轮船便成了大家的诺亚方舟。

当初貌似亵渎神灵的举动此时竟然成了拯救人类的壮举。拆掉十字架救济穷人就是亵渎神灵吗？难道守着面包饿死才是上帝的初衷？是荒谬？还是无奈？

在《十诫之四：当孝敬父母》中导演提出了这样一个疑问："难道父母叫孩子做自己不喜欢做的事情孩子也要听从吗？'顺者为孝'真的是永恒不变的真理吗？"于是在影片结尾时导演竟然让那个一直被虐待、压制的孩子放火烧死了自己的父母！

《十诫之五：不可杀人》：这是一家倒霉人的故事。妻子被雷劈死了，三个孩子上山采草莓掉下山崖摔死了，就连那只忠实的老狗都因不忍目睹这一幕惨剧心碎而死。丈夫无奈之下只好上吊自杀。真是倒霉到家了……

死后丈夫的灵魂来到天堂（似乎自杀的人是不能上天堂的吧?），他面带微笑地一步步走向上帝，然后一脚把上帝踹下天堂，掉进了地狱！然后恶狠狠地说："我等这一天已经很久了！"令人发指的画面与台词！菲尔·莫洛伊早生几百年肯定被教会烧死八百多次了！

《十诫之七：不可偷窃》：主角是一名建筑工人，面对大家都在肆无忌惮地偷盗施工材料他的态度很坚定——"信仰上帝的人从不偷盗"！结果经济大萧条来了，那些偷盗的人活得有滋有味，而这个诚实善良的人却沦为无家可归的流浪汉。这就是上帝对待他的信徒的态度吗？苍天有眼否？

《十诫之八：不可作假证陷害他人》是最令我感动与回味无穷的一个故事。

一对毫无感情的夫妻一起生活了几十年，谁也不爱谁，但是却从不提"离婚"二字。他们最喜欢做的事情就是躺在床上在梦中与自己的情人相会。随着岁月的流逝，他们在床上的时间越来越长，直到有一天他们再也没醒过来。

随着医院病房里心脏监控器声音的衰弱，两个老人离开了世界，就那么悄无声息地去见上帝了。他们似乎一辈子没有做过伪证，更没有伤害过别人。但是他们把真情实话压在心底却是对他人、对自己最大的伪证与伤害。在“基督教徒原则上不可以离婚”的戒条面前，是选择负责任地离婚还是继续这段没有感情基础的婚姻？影片中的夫妻显然选择了后者，那么他们是违背了“不可作假证陷害他人”的戒条，还是忠诚地信仰着上帝呢？

这种同床异梦几十年的夫妻在现实生活中还少吗？我一个朋友的姥姥、姥爷就是这种情况。两人指腹为婚，毫无感情可言。丈夫对妻子的相貌与身高颇为不满，经常张口就骂，抬手就打。妻子就这么默默地忍受了一辈子。在男人生命最后的几年里，他瘫痪在床，妻子以常人无法理解的毅力无微不至地照顾着自己的丈夫。终于有一天，男人撒手人寰了。出乎所有人意料的是——白发苍苍的女人欢天喜地地买了去海边旅游的机票，叫上所有儿女一起度假以庆祝自己终于解放了！之前所有人都认为这对夫妻非常恩爱，否则也不会几十年不离婚。谁知道女人一直在忍耐，一边照顾着男人，一边在日复一日地做着“伪证”。这难道不是人世间最大的悲哀吗？

在此我不便也不想多说，因为本人也是有宗教信仰的。另外，论述宗教问题，那是无数人无数辈子无数本书都完成不了的任务，也不是本书研究的重点。再者，宗教本来就是一个无法说清楚的事情，每人的生活境遇与人生经历不一样，那么他们对宗教的理解也肯定不同，更何况是如此敏感的话题。

我相信在很多人眼中上面所描述的菲尔·莫洛伊作品的文字已经大逆不道至极点了。我只想提醒怒火中烧的看官们——少安毋躁，放轻松，深呼吸。试想，如果我们不把这些事情放在宗教范畴内研究而只是当做每天发生在我们身边最普通不过的社会现象，你还会如此愤怒吗？如果这部系列动画片不叫《十诫》而只是“讲述老百姓自己的故事”式的东西，你还会认为它离经叛道吗？其实，从更宏观的角度看，这些现象是困扰了人类几千年、极其深刻而又始终无法解决的问题。例如《十诫之五：不可杀人》中有人蓄意杀害他人了吗？除了那个走投无路的丈夫自杀外，似乎所有人（和狗）都没有伤害别人却又莫名其妙地死去。以无神论的观点我们可能一句话了之：“点儿背不能赖社会”。但是如果以有神论的角度又该怎么解释呢？这家人上辈子罪孽深重，这辈子遭到报应？我想，不管怎么解释那家人都没有了，当事者的痛苦、愤懑是所有有感情的人都能体会到的。面对生命的消逝，我们不得不提出一个永远不可能有答案的问题——“不可杀人”是上帝告诫人类的戒条还是人类对上帝的恳求？

波兰导演克尔吉斯托夫·基耶斯洛夫斯基（Krzysztof Kieslowski，1941.6.27～1996.3.13）也拍摄过真人系列短片《十诫》。其中那部《关于杀人的短片》中一个年轻人毫无原由、极其残忍地杀害了一个出租车司机，接下来他便落入法网而遭到法律的制裁——绞刑。导演极力描写两次杀人的过程：年轻人如何用石头将出租车司机活活砸死以及警察对其执行死刑时如何恐怖的细节（在犯人脚下放一个托盘以便在他被吊死后接他由于肛门肌肉放松而遗漏出的大便）。

导演之所以不交代年轻人为什么要杀人以及如此不遗余力地刻画执行死刑的细节，是想讨论杀人纵然有罪，但是以法律的名义强行剥夺罪犯的生命就是天经地义的吗？如果不考虑杀人的目的，这两者在给观众的视觉冲击上没有任何区别——都是如此残暴与不堪入目。特别是看着罪犯被吊死后大便一滴滴落在事前准备好的盘子里，而行刑的警察毫无表情、轻车熟路、极其专业地操作着“杀人”流程时，我毛骨悚然，瞬间忘记谁是正义的，谁又是邪恶的！我们不能不承认这是一部探讨人性问题的优秀作品(获得1988年第41届法国戛纳电影节评委会奖、欧洲电影节最佳影片奖)，但是它却又与“十诫”戒条格格不入。

我们的生活中类似这种没有答案的悖论比比皆是(就像多年来人们一直在讨论是否应该取消死刑一样)，无论是信仰基督教还是佛教的人都会遇到。于是智者与庸人们开始在宗教中寻求精神寄托：有些人选择从前世、来生中寻找答案；有些人选择勇敢而痛苦地面对残酷的现实与复杂的自我。我相信这世界上有很多事情是无法用科学解释的，我也相信人类未知的领域远比人类已知的领域广阔得多。几千年来宗教的存在肯定有其合理性，而菲尔·莫洛伊鄙视与讽刺的是那些自欺欺人地用“宗教”麻痹自己的庸人而非真诚的信徒与真正的智者。

当然，不排除菲尔·莫洛伊对宗教的彻底绝望与否定，如果真是那样的话，我也无话可说。如果你看完我分析导演的创作初衷依旧怒火中烧的话，我就更加无话可说了。因为我的宗教信仰告诉我——口和无诤(1)。

《党同伐异》(*Intolerance*)系列

《党同伐异》(也译作《忍无可忍》)系列动画片是确立菲尔·莫洛伊大师地位的作品。2000～2004年间《党同伐异》三部曲获奖无数，它们分别是：《党同伐异》(*Intolerance*)、《党同伐异2：入侵》(*Intolerance II—The Invasion*)和《党同伐异3：大结局》(*Intolerance III—The Final Solution*，见彩图11)。

第一部《党同伐异》诞生于2000年。影片讲述地球人无意中找到一盘记录“佐格”(ZOG)人生活的胶片，他们被这些头部和生殖器上下颠倒生长的外星人的生活方式所激怒！“佐格”人排泄的时候竟然用下身的头部对着马桶！他们日常亲吻打招呼的方式竟然和人类性交一模一样！男性“佐格”人在喂养孩子时竟然是从屁股连出一根管子直接塞进孩子嘴里……地球人无法容忍与自己传统道德观念、审美好恶不符的外星人存在！于是地球大军浩浩荡荡远征“佐格”星球，准备彻底消灭他们。

在我折服于导演“头、腚倒置”的奇思妙想时，不由得暗自神伤——这就是我们地球人!? 难道人类的本性就是“党同伐异”?!“佐格”人从未伤害过地球人，只是因为他们长的与我们不同，我们就要将其灭门九族并煞有介事地说：“这是为了地球安全与世界和平!”

这不禁使我想起美国电影先驱格里菲斯(D. W. Griffith)1916年的那部同名电影。220分钟长的鸿篇巨制由四段不同时代发生的故事组成：巴比伦的没落、耶稣基督的受难、法国的圣巴托罗米宗教大屠杀以及20世纪初美国的劳资冲突。格里菲斯希望“四个大循环故事好像四条河流，最初是分散而平静地流动着，最后却汇合成一条强大汹涌的急流”，最终阐明“人类从不容异己到宽容的进化”的主题。可惜导演的观念与叙事手法远远超越了当时观众与投资方的欣赏水平，这部耗资 200 万美元，在一天之内同时动用一万五千名临时演员和二百五十辆战车的大片票房惨败。相比之下，菲尔·莫洛伊这部有着类似主题的短片却大获成功。当然菲尔·莫洛伊比格里菲斯绝望得多，他从不认为人类能意识到“党同伐异”的丑陋与狭隘，这部 11 分钟的动画片只不过是在尽情讽刺地球人而已。

其实，抛开导演一贯的成人因素不谈——所谓“成人”无非是该长脑袋的地方长了 JJ 而已[2]——这部动画片与蒂姆·伯顿的《剪刀手爱德华》(*Edward Scissorhands*, 1990)和《科学怪狗》(*Frankenweenie*, 1984)很相似，主角都是因为外形丑陋而不被世人所接受。这些所谓的“异类”对人类并不构成任何威胁，但最终依旧难逃被当成妖怪、遭到追杀的命运。看来人类“以貌取人”、“党同伐异”的习性由来已久，根深蒂固，恶习难改啊。

在 2001 年的《党同伐异 2：入侵》中“佐格”人得知地球人前来围剿，不愿坐以待毙，于是也组成大军入侵地球并获得成功。“佐格”人把自己下身的“脑袋”拧下来装在原本是 JJ 的头上，于是他们看上去便和地球人一模一样了。接下来的几十年内，这些外星人混进地球人中繁殖、发展，甚至当上了总统。纯正的地球人越来越少。一个“有良知”的地球人万分痛苦，因为与他相伴几十年的妻子儿女竟然也是“佐格”人！是保持地球人的“纯洁性”，还是装聋作哑与外星人同床共枕？他选择了前者，亲手杀死了妻子儿女……

在第二集中导演将“党同伐异”的荒谬性推到了极致，为了所谓的“铲除异己”，丈夫可以杀死妻子，父亲可以干掉儿女。这部 15 分钟长的短片获得 2002 年澳大利亚墨尔本国际动画节(Melbourne International Animation Festival)最佳动画片奖。

从某种意义上讲，2004 年的《党同伐异 3：大结局》不但不是结局，反而使观众回到了起点。

由于“佐格”人都去攻打地球了，因此征剿“佐格”星球的地球大军扑了个空。地球大军的首领感觉如此空手而归实在没有面子，于是便想捏造出“佐格”人存在的假象。在这支庞大的宇宙飞船舰队中有一种类似畸形人的“肢体艺术家”，他们长的与“佐格”人非常像。于是地球领袖便将他们中的一些人改造为“佐格”人并找来导演拍摄“纪录片”以证明“佐格”人的存在。正像这位领袖预言的“人民是愚蠢的”，飞船上的地球人轻而易举地被蒙骗了。他们甚至组成了反对“佐格”人的组织，集会抗议。

男主角“亚当”是一名正直的警察，他不想人们被愚弄，于是想方设法偷走了伪造的影片，带着妻子夏娃逃离了飞船。但是在逃跑的路上胶片丢失了，他们被迫降落在“佐格”星球。出乎意料的是这里竟然美得像天堂一样，除了亚当和夏娃外，一个地球人与“佐格”人都没有。于是导演便叫他们上演了一个典型的“伊甸园”式的故事：

亚当发现一棵苹果树，吃了“禁果”，JJ 一下勃起了。夏娃也吃了苹果，指着亚当的 JJ 惊呼：“这是什么？”JJ 回答道：“我是会说话的蛇。”接下来便是地球人都知道的“人类起源”的故事。

多年后，地球人在宇宙中找到了这盘亚当和夏娃当年遗失的伪纪录片胶片，于是故事又回到了第一集的开始。人类被影片里“佐格”人“大逆不道”的生活方式与丑陋的模样所激怒，发誓要消灭“佐格”人。地球大军开始远征……

一个周而复始的故事，导演用巧妙的结构开了地球人一个巨大的玩笑。根本就没有“佐格”星球与丑陋的“佐格”人，他们只不过是人类为了自身利益而凭空捏造出的“异己分子”而已。庸人自扰也好，党同伐异也罢，总之菲尔·莫洛伊在五年内用三集动画片累计50分钟的时间为我们讲述了一个看完后心里没着没落的故事。

是科幻电影还是纪实文学，我分不清楚。但有一点可以肯定：人类千百年来确实在周而复始地犯着同样的错误。于是千百年来，人类始终在原地踏步，停滞不前。

这部近24分钟的短片是《党同伐异》系列中制作最精良的一部。也许是资金充足吧，菲尔·莫洛伊这次有四位动画师帮忙。影片充满了英国式的幽默，例如：

长官见犯人跑了，很不满意，随口说道：“妈的！(Shit)”没想到他的手下立刻敬礼答道：“是，长官！”然后便蹲下开始拉屎……

警察逼供犯人的刑法和斯坦利·库布里克的《发条橙子》一模一样——绑在椅子上强迫他们看“恐怖”的影片。而菲尔·莫洛伊安排的恐怖片竟然是沃尔特·迪斯尼的作品……

亚当和夏娃在飞船里做爱是通过“性爱盒子”(Sex Box)完成的，两人将盒子戴在头上，谁也不碰谁地意淫。而这种高科技产品上竟然还打着索尼公司的标志……

反对“佐格”人组织的首领一直在说只有“‘神圣的普莱斯利’才能拯救我们”，而这位“高人”竟然真是“猫王”——埃尔维斯·普莱斯利(Elvis Presley)！但是他嘴里唱的却是德语歌曲(这可能是因为该片由德国人投资吧)……

说到反对“佐格”人组织，这里有必要提一句，其实他们根本不是“正义斗士”，只不过是靠卖艺为生的“肢体艺术家”们害怕“佐格”人抢走自己的生意而装扮成的……

当然作为菲尔·莫洛伊的“标识”，影片中的暴力与色情成分是必不可少的：厨师把人扔进搅肉机，做成汉堡包，而那些特殊部分——JJ则被做成“鸡米花”卖给顾客。

菲尔·莫洛伊的其他作品

除了制作系列动画片外，菲尔·莫洛伊还创作了大量独立的艺术短片与商业作品，例如：为MTV电视台制作的《笑月电影公司》(*Laughing Moon Films*，30秒/个/3个)、《笑月2》(*Laughing Moon 2*，30秒/个/4个)；为第四频道的电视系列动画片 *Flik Flak* 制作了一集(三分钟)；制作网络短片《电影中的精彩瞬间》(*Great Moments in Film*，15秒/个/6个)等。而他的短片《暴风之眼》(*Eye of the Storm*，1989)是一部强烈反对现有性观念及社会行为模式的真人电影。

《音乐之声》(*The Sound of Music*，1993)，一个听着如此温馨浪漫的名字，却是菲尔·莫洛伊最令人绝望的作品。导演通过一个白天给人家擦玻璃，晚上在餐馆打工的普通人的眼睛表现了人世间一幕幕惨绝人寰的丑剧：

随着擦玻璃吊台一层层楼地升高，我们的主角——玻璃清洁工看见的却是地狱般的景象。每一扇窗户后面不是凶杀、吸毒就是性乱。当他看见一具腐烂不堪的尸体时实在控制不住而开始呕吐，呕吐物从天而降把一只飞过他脚下的鸽子砸落在地，一只恶猫又扑过来一口叼起摔死的鸽子！这个可怕的“食物链”让我过目不忘，刻骨铭心！

餐馆里，厨师像喂猪一样伺候着比猪还丑陋的客人们。食物卖光了，厨师们就把睡在垃圾桶里的流浪汉与弃婴拖出来大卸八块做成食品端上餐桌……导演在表现这一切时竟始终配合着优美、浪漫的音乐……

我一直搞不明白如此血腥、黑暗的影片与“音乐之声”四个字有啥关系？也许这就是传说中的“黑色幽默”吧。很多评论家谈到菲尔·莫洛伊喜欢用“黑色幽默”这个词，也许正是因为有了这些“幽默”元素才使得观众看完他的作品后不至于因过于刺激的成人场面而集体自杀吧。

很多人喜欢拿菲尔·莫洛伊与美国成人动画大师比尔·普林姆顿(Bill Plympton)作比较。其实除了表现的题材——暴力、色情类似外，我个人感觉二人并无太多相同之处。比尔·普林姆顿很少拿宗教说事，他只是为了暴力而暴力，为了色情而色情，基本以娱乐为主。而菲尔·莫洛伊的暴力与色情后面却有深刻的社会内涵甚至政治影射。虽然比尔·普林姆顿比菲尔·莫洛伊年长两岁，但是其作品给观众的感受却像出自孩童之手，年轻、奔放，充满活力与幽默。相比之下，菲尔·莫洛伊的作品更加深沉、灰暗而略显“老气横秋”。在我看来，如果把菲尔·莫洛伊的作品定位于“极端”的话，比尔·普林姆顿的作品最多也只能算是“刺激”。当然，在“制作粗糙程度”上两人倒是如出一辙，菲尔·莫洛伊甚至略胜一筹——他的作品比比尔·普林姆顿的还不流畅，还“偷工减料”。至于娱乐性与幽默感方面，我更喜欢比尔·普林姆顿的作品，看着不累，不用动脑子就可以一目了然。

菲尔·莫洛伊1998年导演的《椅子的性生活》(*The Sexlife of a Chair*)是最接近比尔·普林姆顿风格的作品。导演通过椅子的变化组合，在短短七分钟内几乎演绎了人类所有能想得到、做得到的性行为：禁欲、性幻想、露阴癖、性虐待、受虐狂、恋童癖、口交、群交……影片开始之前导演还煞有介事地用旁白和字幕说明：“以下绘画基于1997年10月至1998年1月间的行为观察。我不想从我的研究中得出普遍推想，但某种趋势是很显著的。”看到这里，如果你认为俨然一副科学研究者姿态的菲尔·莫洛伊是在通过动画进行一次有关性行为模式的研究，那就大错特错了。因为接下来，他马上就暴露出了“原始本性”。

影片以段落式结构图解了25种性行为或与性行为有关的话题。比尔·普林姆顿也拍过《戒烟的25种方法》(*25 Ways to Quit Smoking*，1989)，也是使用段落式结构，也是25种，难道这是致敬作品?！与其说《椅子的性生活》是动画片不如说是连环画，因为动画成分非常少，基本是小标题加静止画面的组合。说老实话，这部作品并不精彩。我相信这个题材如果让比尔·普林姆顿做一定会大不相同，因为菲尔·莫洛伊打骨子里太过严肃与思辨，不适合制作这种毫无主题与“哲学内涵”的纯娱乐短片。影片缺乏幽默感与想象力，除了个别几个小节还能博君一笑外，大部分内容在你意料之中或根本驴唇不对马嘴。例如："肛交"一节导演竟然画了两把椅子呈"互"字状运动，这哪里是肛交？这不明明是"69式"吗?!

菲尔·莫洛伊的儿女

菲尔·莫洛伊不但没有因为"亵渎神灵"而遭天谴、断子绝孙，反而培养出一对极其争气的儿女。

他的儿子——丹尼尔·莫洛伊(Daniel Mulloy，1977年3月24日年生)是一位电影导演、编剧。毕业于伦敦大学斯莱德艺术学院绘画专业(Slade School of Fine Art, University of London)，后又在纽约亨特学院(Hunter College)学习，师从极简主义大师罗伯特·莫里斯(Robert Morris)。丹尼尔·莫洛伊的第一部短片制作于2001年，至今他的电影已经获得了40多项国际大奖。2006年，丹尼尔·莫洛伊的真人短片《安东尼奥的早餐》(*Antonio's Breakfast*)在圣丹斯电影节(Sundance Film Festival)首映。紧接着这部影片又赢得了第59届英国影视艺术学院奖的最佳短片奖，这是他第三次荣获该奖项。他的新片《爸爸》(*Dad*)于2007年1月在圣丹斯电影节首映，而后又获得欧洲电影学院奖(European Film Academy Award)提名，并赢得了大奖。

菲尔·莫洛伊就读于纽约大学(New York University)的女儿——露茜·莫洛伊(Lucy Mulloy)则凭借2005年的纪录片《这个清晨》(*This Morning*)获得该年奥斯卡奖学生竞赛单元最佳纪录片提名。

结尾

著名动画理论家克里斯·罗宾逊(Chris Robinson)在《未被歌颂的动画英雄》(*Unsung Heroes of Animation*，2006，约翰·利比出版社)一书中这样描述菲尔·莫洛伊："如果说迪斯尼是动画艺术的心脏的话，那么菲尔·莫洛伊就是动画艺术的大肠。"我觉得这段描写非常贴切——大肠乃五谷轮回之所，貌似肮脏龌龊却是人去除体内废物的必经阶段。菲尔·莫洛伊用极端的手段与形式震撼了观众，从而使其排除思想上的毒素，达到净化心灵的目的。菲尔·莫洛伊永远不可能像迪斯尼那样成为"纯洁"的代名词，因为这世界本来就非天堂。如果说迪斯尼是大众的上帝的话，菲尔·莫洛伊则是小众的"黑暗天使"。这一切似乎早在冥冥之中就定下了，于是菲尔·莫洛伊为自己的公司取名"鬼性电影公司"(Spectre Films)。

菲尔·莫洛伊的代表作品：

1978年	《森林中》(*In the Forest*) 动画片
1981年	《马克·格特勒:传记的碎片》(*Mark Gertler: Fragments of a Biography*) 51分钟 真人电影 获得1982年英国电影学会颁发的“萨瑟兰郡奖——特别提名”(Sutherland Trophy—Special Mention)
1986年	《跨越未知地》(*Through an Unknown Land*)
1989年	《暴风之眼》(*Eye of the Storm*) 18分钟 16毫米 真人电影
1990年	《锡鱼》(*Tinfish*) 1分钟 黑白 16毫米 真人电影
1991年	《牛仔:正午》(*Cowboys: High Noon*) 3分钟 35毫米 黑白+彩色 《牛仔:谋杀!》(*Cowboys: Murder!*) 3分钟 35毫米 黑白+彩色 《牛仔:暴虐》(*Cowboys: Outrage!*) 3分钟 35毫米 黑白+彩色 《牛仔:苗条的皮金斯》(*Cowboys: Slim Pickins*) 3分钟 35毫米 黑白+彩色 《牛仔:不算啥》(*Cowboys: That's Nothing*) 3分钟 35毫米 黑白+彩色 《牛仔:同流者》(*Cowboys: The Conformist*) 3分钟 35毫米 黑白+彩色 《领地》(*Possession*) 18分钟 彩色 16毫米
1992年	《叮咚》(*Ding Dong*) 1分钟 35毫米
1993年	《十诫之五:不可杀人》(*The Ten Commandments Number 5: Thou Shalt Not Kill*) 3分钟 35毫米 黑白 《世界史第六十五章:季节的诞生》(*The History of the World Episode 65: The Age of Reason Begins*) 3分钟 35毫米 《笑月电影公司》(*Laughing Moon Films*) 30秒*3 35毫米 MTV电视台出品 《音乐之声》(*The Sound of Music*) 11分钟 35毫米 第四频道出品 获得1994年爱丁堡国际电影节(Edinburgh International Film Festival)最佳新英国动画奖、萨格勒布国际动画电影节最佳音乐奖、柏林国际短片电影节评委会奖
1994年	《世界史第十章:语言的发明》(*The History of the World Episode 10: The Discovery of Language*) 3分钟 35毫米 彩色 《世界史第十六章:写作的发明与毁灭》(*The History of the World Episode 16: The Invention of Writing and Its Destruction*) 3分钟 35毫米 彩色 获得1994年柏林国际短片电影节评委会大奖 《笑月2》(*Laughing Moon 2*) 30秒*4 35毫米 MTV电视台出品 《十诫之六:不可通奸》(*The Ten Commandments Number 6: Thou Shalt Not Commit Adultery*) 5分钟 35毫米 黑白 《十诫之七:不可偷窃》(*The Ten Commandments Number 7: Thou Shalt Not Steal*) 4分钟 35毫米 黑白

续表

1995 年	《十诫之一：不可信除耶和华之外的神》(*The Ten Commandments Number 1: Thou Shalt Not Adore False Gods*) 5 分钟 35 毫米 黑白 《十诫之二：不可亵渎神灵》(*The Ten Commandments Number 2: Thou Shalt Not Commit Blasphemy*) 5 分钟 35 毫米 黑白 《十诫之三：当纪念安息日》(*The Ten Commandments Number 3: Remember to Keep Holy the Sabbath Day*) 6 分钟 35 毫米 黑白 《十诫之四：当孝敬父母》(*The Ten Commandments Number 4: Honour thy Father and thy Mother*) 4 分钟 35 毫米 黑白 《十诫之八：不可作假证陷害他人》(*The Ten Commandments Number 8: Thou Shalt Not Bear False Witness*) 5 分钟 35 毫米 黑白 《电影中的精彩瞬间》(*Great Moments in Film*) 15 秒 * 6 网络短片
1996 年	《十诫之九：不可贪恋他人之财》(*The Ten Commandments Number 9: Thou Shalt Not Covet thy Neighbour's Goods*) 5 分钟 35 毫米 黑白 《十诫之十：不可贪恋他人之妻》(*The Ten Commandments Number 10: Thou Shalt Not Covet thy Neighbour's Wife*) 9 分 30 秒 35 毫米 黑白 获得 1996 年广岛国际动画节特别奖 《变化之风》(*The Wind of Changes*) 15 分钟 35 毫米 黑白 BBC 出品 获得1998 年萨格勒布国际动画电影节克罗地亚电影评论家协会奖、旧金山国际电影节(San Francisco International Film Festival)动画片组优胜奖、斯图加特国际动画节特别奖
1998 年	《链条》(*The Chain*) 10 分钟 35 毫米 彩色 第四频道出品 获得 2000 年萨格勒布国际动画电影节评论家奖 《椅子的性生活》(*The Sexlife of a Chair*) 7 分钟 35 毫米 黑白
1999 年	《季节贺卡》(*Season's Greetings*) 3 分钟 35 毫米 ACE 出品
2000 年	《党同伐异》(*Intolerance*) 11 分钟 35 毫米 黑白 获得 2000 年安纳西国际动画电影节评委会大奖
2001 年	《党同伐异 2：入侵》(*Intolerance II—The Invasion*) 15 分钟 35 毫米 彩色 获得2002 年澳大利亚墨尔本国际动画节、2002 年芬兰坦佩雷国际短片电影节(Tampere International Short Film Festival)大奖、2002 年波兰克拉科夫电影节(Cracow Film Festival)银龙奖 《亨利一家》(*The Henries*) 3 分钟 S4C 出品 *Flik Flak* 3 分钟 第四频道出品
2004 年	《党同伐异 3：大结局》(*Intolerance III—The Final Solution*) 23 分 40 秒 彩色 获得 2004 年萨格勒布国际动画电影节评委会提名奖
2006 年	《克利斯蒂一家》(*The Christies*) 彩色 获得 2006 年渥太华国际动画电影节最佳动画长片水银奖

注释:

(1)源于佛教"六和敬"思想。所谓"口和无诤"不是不要争论,而是说不要做无益的辩论。20世纪中期,现代藏族史上的佛门奇僧、学术大师和启蒙思想家更敦群培说过这样一句话:"如果你赞同某一个观点,你会寻找到成千上万个论据支持它;如果你反对一个观点,你也同样可以找出成千上万个论据来佐证它。"除了不做无意义的争论之外,"口和无诤"还有另一层含义,就是不能因为一己之私利而去争论。林则徐将"慎独"挂在书房作为自我警策的座右铭。从中,我们可以看出"修正口业"、修行语言行为的重要性。佛教戒律中规定:不妄语、不两舌、不恶口、不绮语。要说爱语、柔软语、正语、真实语、实义语。

(2)其实早在《十诫之三:当纪念安息日》中就出现了"佐格"族人形象,菲尔·莫洛伊竟然设计"佐格"族人也有自己的上帝,当然它们的神也长得和"佐格"族人一样。望着绑在十字架上的"佐格"族上帝,我相信一定又有无数信徒怒火中烧了。

菲尔·莫洛伊的联系方式:

Spectre Films
87 Kingsmead Road
London
SW2 3HZ
UK
电话:+44 (0)20 8674 5838
E-mail:philmulloy@hotmail. com
官方网站:http://www. philmulloy. com

定格动画的莎士比亚——巴瑞·普维斯(Barry J. C. Purves)

小引子:把"地球人都震了"的试讲

2003年我留学回国来到中国传媒大学动画学院找工作,那时候它还叫北京广播学院动画学院。按照惯例我必须进行一次试讲,可想而知这个面试对一个年轻老师来说多么重要。有朋友建议我:"你在英国留学,所以一定要讲一个他们都不知道的英国动画,把他们都震了!震了!!"于是少不更事的我就信了,开始挖空心思策划如何把人家给"震"了。

经过"生死抉择"般的深思熟虑,我决定给领导们分析英国木偶动画导演巴瑞·普维斯(见彩图12)的短片——《剧本》。之所以选择它的原因是我第一次看到这部作品时激动得全身直起鸡皮疙瘩!后来我老婆告诉我她看到好的电影、听到好的音乐时也会有这种生理反应——全身为之一震,瞬间起了一身鸡皮疙瘩。似乎由内到外、全身上下每一个细胞、每一个毛孔都张开了。如果用比较文学的词汇描述这种感受的话也许应该叫做"振聋发聩"吧。于是我便把人生中最关键的时刻托付给了这部令我"灵魂出窍"的木偶动画片。

那时候我还是"备课"的(这话说的,那时候我敢不备课吗?),不像现在上课这么"严重跑题"。我甚至力图做到每一句话都烂熟于胸,每一个"包袱"抖完之后听众的反应都历历在目,于是我开始

背……

像准备演讲稿那样"慷慨激昂、滴水不漏"地背……

渐渐地我发现激情一点点被所谓的"精心准备"消磨殆尽,"把他们都震了"的急功

近利心态使我倍感紧张。这不是讲课，这是毫无意义的演讲比赛！本来一提讲课就激动得心跳过速的我抚摸着自己的胳膊却一个鸡皮疙瘩也找不到。

你“震”谁啊？你谁也“震”不了！人家老教授们哪个不比你见多识广？你怎么知道你放的片子人家就一定没看过呢？抱着“把地球人都震了”的心态怎么可能心平气和地探讨问题，到头来只能落得个身心憔悴、空手而归。再者，这么生硬而毫无感情地谈论自己的偶像是否对他不够尊重呢？人家那么优秀的作品给我的启发竟然是——死记硬背?!

惭愧……

罪过……

于是，在去试讲的路上我临时决定改变讲课内容——从巴瑞·普维斯切入谈谈动画导演应该具备什么素质。自由发挥，说到哪算哪。前提只有一个——真诚，不要试图“把地球人都震了”。

没想到试讲效果还不错，我一点也不紧张，还时不时地起起鸡皮疙瘩玩！也许正是从那时起我便养成了“跑题”的授课习惯吧。总之，我要感谢巴瑞·普维斯，他使我意识到判断一部动画片优秀与否的标准——是否起鸡皮疙瘩。

那个“自谋出路”的“个体户”

四年前我曾经在网上找到一份巴瑞·普维斯自己撰写的求职信，面对这份极其详细的简历我很诧异——这么牛的人还愁找不到工作吗？他甚至还在简历最后极其正规地写上了自己希望得到的工作范围(导演、编剧、定格动画师、故事板画师)、工作所在地(英、美最好)以及联系方法。现在这份简历在其官方网站已经找不到了，因此当年留下的联系方式也就显得极其珍贵(本文最后附加了)。

巴瑞·普维斯是一位真正的“独立”艺术家，一个彻头彻尾的“个体户”。虽然他曾经有自己的工作室——“光板公司”[1]，但是很快就与合伙人分道扬镳，为了生存依旧需要四处寻找活计。国内外很多艺术家都处于一种“漂着”的状态，在外人眼中这种自由自在的生活与创作状态很“酷”。可是每次看到巴瑞·普维斯那粗壮的身体与稍显“凶悍”的面容我都不会把他与“酷”联系在一起。每每想起那份求职信我心里都会酸酸的，感觉他“很不容易”。

迄今为止，巴瑞·普维斯只制作了六部动画短片，而这六部影片却获得60多个国际重要奖项。他几乎包揽了编剧、导演与木偶动作调试的全部工作。巴瑞·普维斯的名字出现在阿德曼动画公司、BBC、梦工厂、PDI、皮克斯、华纳、环球这样世界顶级公司出品的电影创作人员名单中。他在蒂姆·伯顿执导的《火星人玩转地球》(*Mars Attacks*！,1995)中担任动画导演并设计了火星人的形象；他参与了彼得·杰克逊(Peter Jackson)导演的《指环王：王者归来》(*The Lord of the Rings*：*The Return of the King*,2003)的动画设计工作；在《金刚》(*King Kong*,2005)中他又担任前期动画导演。

很多大公司想留住这个人才，但是巴瑞·普维斯却从不会在一家公司常驻，他像侠客一样游走于世界各大影视公司。从1986年开始独立执导动画片以来，他制作了70余部动画广告片、动画片头和宣传片。除了动画创作外，他还制作纪录片，为杂志、书籍甚至网络撰写文章并长期担任众多动画节的评委与顾问。2004年巴瑞·普维斯在曼彻斯特大学开设动画编剧课程。从1995年起，澳大利亚、美国、德国、意大利、土耳其、法国、新加坡、新西兰、西班牙、埃及、墨西哥等国的动画节、电影节上都举办过巴瑞·普维斯的专题展映。

2007年，Focal Press出版社将巴瑞·普维斯的专著《定格动画：激情、工艺与表演》（*Stop Motion：Passion，Process and Performance*，见彩图15）推广上市，这本厚达370多页的书可谓当今世界定格动画界最权威的教材，可与理查德·威廉姆斯撰写的《动画师生存手册》相提并论。同年，收录了他六部动画短片及其动画广告作品在内的DVD《巴瑞·普维斯：私人生活》（*Barry Purves：His Intimate Lives*）问世。

巴瑞·普维斯给我的印象绝对不是一个风流倜傥的白领艺术家，他是一个极其勤奋而低调的"蓝领"，圈内人对他的评价是——脾气怪。之所以说他怪，可能是他经常会做出特立独行而又自相矛盾的事情。他喜欢默默地在自己的官方网站发帖子写日志，但又经常极其高调地出现在各种电视访谈节目中。2006年夏天，巴瑞·普维斯竟然作为《超级女声》吉祥物——"超女娃娃"评选活动的评委来到中国。

戏剧与动画

喝戏剧奶长大的动画人

到目前为止，巴瑞·普维斯导演的六部作品中有五部都与戏剧有关：既有"莎士比亚"主演的《下一位》（*Next*，1989），又有日本传统歌舞伎形式的《剧本》（*Screen Play*，1992）；既有改编自同名歌剧的《弄臣》（*Rigoletto*，1993，见彩图13～14）与讲述19世纪英国著名歌剧作家吉尔伯特与苏利文故事的《吉尔伯特与苏利文：超级模特》（*Gilbert & Sullivan：The Very Models*，1998，见彩图12A），又有描述古希腊特洛伊战争的《阿基里斯》（*Achilles*，1995）。有能力如此系统而深入地表现戏剧题材的动画导演全世界也没几个，毕竟隔行如隔山，戏剧艺术实在太过博大精深。巴瑞·普维斯之所以能够驾轻就熟地完成这五部作品完全得益于早年在剧院工作的经历。

他曾在曼彻斯特大学学习戏剧和希腊文明，毕业后在英国很多剧院做过舞台监督、舞美设计和话剧演员。这段经历无疑使巴瑞·普维斯与戏剧结下了不解之缘，他说："舞台剧对我的影响很深，从小我就生长在容易接触到歌剧的环境中。我很喜欢舞台演员表演的方式，他们总是很能了解自己的身体，找到最佳的姿势、最好的体态，然后在适当的时候呈现给观众，并且引导观众的目光该注视到哪个部分，这一点在偶动画的表演上也是相同的。另外，舞台灯光也是我喜欢用的一部分，这样很容易引导观众的注意力，该集中在哪个部分。"就算在动画界功成名就的今天，巴瑞·普维斯依旧不忘戏剧创作，近来他还执导了话剧《沟通之门》（*Communicating Doors*）和《豪华饭店》（*The Ritz*）并担任两部戏的舞美设计，获得巨大成功。

英国经典戏剧:《下一位》

1989年,巴瑞·普维斯执导了处女作《下一位》。这部五分多钟的动画片是由阿德曼动画公司与第四频道联合出品的。那时还是阿德曼动画公司一员的他担任了该片的导演、编剧以及动画设计工作。

导演通过一个到剧院应聘的演员的舞台表演讲述了英国千百年来的历史。从罗马人统治大不列颠到盎格鲁一撒克逊人入主英格兰;从诺曼征服到英法百年战争;从玫瑰战争到殖民扩张。英国历史就在这个装扮成莎士比亚的演员极其夸张的表演下徐徐道来。导演利用简单的舞台布景与道具,营造了极其神秘而变化多端的时空关系。面对这些魔术般的时空转换我真正理解了"停格再拍"意味着什么——不在于角色没停时干了些什么,重点在于机器停下后创作者干了些什么!镜头后面的创作才是动画艺术神奇的地方。

这出令人眼花缭乱的独角戏使我见识到了有着优良传统与悠久历史的英国戏剧,莎士比亚的子孙果真厉害。极其程式化的肢体语言丝毫不使观众感到枯燥乏味;巧妙而紧凑的转场与故事衔接看得我喘不过气来;恢宏的音乐与精致的木偶造型使我恍惚间分不清舞台上的莎士比亚是演员扮演的,还是莎士比亚灵魂附体。

如此扣人心弦的演出不仅令观众为之震撼,就连影片中那个面试演员的导演看罢都愣了晌许,然后自嘲地说了全片唯一一句台词:"这是什么破玩意啊?!下一个!"该片获得1990年广岛国际动画节最佳处女作奖、1990年英国动画大奖最佳技术贡献奖。

日本传统歌舞伎:《剧本》

1992年巴瑞·普维斯导演了其代表作——《剧本》,就是那部使我浑身直起鸡皮疙瘩的动画片,这也是我第一次看到巴瑞·普维斯的作品。

巴瑞·普维斯说:"《剧本》的创作灵感源于我的一个来自东方的瓷盘。上面绘制着美丽的图形与装饰,看着看着,故事便浮现在我的脑海里。"(这个盘子在影片结尾时出现在了道具屏风上)影片使用日本传统戏剧形式——歌舞伎(Kabuki),讲述了一个农夫爱上贵族小姐、最终双双殉情的凄美爱情故事。影片造型与时空转换方面延续了《下一位》的精巧绝伦与匪夷所思,而舞台背景与道具则有了飞跃性的进步——全片使用了旋转舞台与手语叙述者旁白,而变化多端的灯光与貌似笨拙但却令人回味无穷的道具(例如那把化作彩虹的扇子)更是营造了影片画中画、戏中戏的奇妙感觉。我只能用"目不暇接"四个字来形容其复杂与精致的程度。有人批评他的作品过于写实,他自己也承认太过注重细节问题,但是他依旧坚信:"不是所有的动画都要追求'真实性',但它却应该是可信的。建立你所创造的'不合逻辑的逻辑'的世界,并赋予它可信度。"他的作品有时故意呈现出一种"过时"的风格(无论是美术风格还是故事题材),之所以这么做,巴瑞·普维斯说:"我很反感MTV电视台那种视觉轰炸般的东西,它使观众沉浸在特技之中不能自拔。我要做的是有创造性的互动,这种互动既包括我与木偶之间又包括我与观众之间的交流与反馈。不是所有的动画都要追求'真实性',但却应该是可信的。"

《剧本》有一个有趣的现象：前面九分钟导演严格按照歌舞伎的舞台形式讲述故事，摄影机几乎不动地以大全景样式拍摄着舞台上发生的一切，仿佛只是在记录一出话剧演出。但是到了最后几分钟，摄影机器不再是一个冷静的旁观者，它开始大量运动并引导观众进入影片高潮部分的杀戮场景。背景也不再是舞台痕迹明显的景片，而变为极其生活化的真实场景。瞬间，观众似乎由童话世界进入到了残酷的现实生活中。在影片前半部分中，导演用礼花般炸开的红色布条表示流出的鲜血，但当故事接近尾声时，随着主角一个一个死去，导演将布条换成了逼真的鲜红液体并使之四处喷射。前后虚实巨大的反差使这个浪漫的爱情故事突然变得暴力与血腥起来。

这部 11 分钟的短片由第四频道出品，可谓巴瑞·普维斯的巅峰之作。丝毫感觉不出一个英国导演使用日本造型讲述东方故事时由于文化差异而通常会出现的力不从心与强词夺理。多年的教学经验使我发现几乎所有看过该片的学生没有一个不下课来询问哪里可以买到这个片子的。这些平日里口味各异、心高气傲的动画专业学生在对巴瑞·普维斯的喜爱上表现出惊人的一致。该片共获得包括第二届上海国际动画电影节大奖、渥太华国际动画节最佳偶动画奖、奥斯卡最佳动画短片提名、安纳西国际动画电影节艺术特色奖、斯图加特国际动画节大奖、广岛国际动画节 5～15 分钟短片组最佳动画片奖在内的 22 个国际大奖。

歌剧：《弄臣》、《吉尔伯特与苏利文：超级模特》

1993 年，巴瑞·普维斯导演了《弄臣》。这部 30 分钟的影片是英国 S4C 与 BBC 电视台联合制作的六集电视系列动画片《动画歌剧》中的一集，每集半小时，由六位导演使用不同媒介形式制作成动画片。

在历时八个月的拍摄中，巴瑞·普维斯承担了所有角色动作的调试工作。几乎每一个镜头摄影机都在运动，再配合上镜头内部演员的走位，影片场面调度显得极其复杂。推、拉、摇、移、变焦、升降，导演几乎使用了所有运动拍摄方法。这一切只为了配合歌剧的节奏，使观众感觉影片随着音乐在流动。

令人眩晕的镜头运动、反差极大的灯光设计、精美的造型与威尔士国家歌剧院管弦乐队精彩的配乐使影片给人一种极其奢华的感觉！英国《泰晤士报》(*The Times*)这样评价该片："持续不断的视觉创新表现在剧情丰富但阴沉的《弄臣》一剧，无片刻冷场也无多余片段。"影片获得了 1994 年渥太华国际动画节特别奖。

其实巴瑞·普维斯对歌剧的热爱由来已久，他的大学毕业论文写的就是 19 世纪英国著名歌剧作家吉尔伯特与苏利文的创作史，22 年后(1998 年)他终于如愿以偿地以这二人为主角创作了动画片《吉尔伯特与苏利文：超级模特》。影片打破了巴瑞·普维斯以往设计精巧的拍摄风格，有意尝试了一下纪录片样式。导演故意将主角置于非构图中心位置，焦点不实，摄影机晃动，从而使观众感觉在偷窥主角的生活。这部音乐动画片全长 16 分钟，获得 1999 年奥斯卡最佳动画短片提名、2000 年渥太华国际动画节最佳偶动画奖。

古希腊戏剧：《阿基里斯》

1995 年的《阿基里斯》是巴瑞·普维斯向希腊传说与希腊戏剧致敬的作品。

阿基里斯是古希腊最有名的勇士，传说他母亲为了使儿子健壮永生便把刚出生的他放在火中历练，又捏着他的脚脖子把他倒浸在冥河圣水里浸泡。因此阿基里斯拥有超人的体魄和刀枪不入的肉身，只有脚踵部位因为被母亲捏住而没有沾到冥河圣水，从而成为他全身唯一的弱点。在特洛伊战争中阿基里斯所向披靡，杀死了特洛伊主将、著名英雄赫克托(Hector)，而特洛伊的任何武器都无法伤害他。后来，太阳神阿波罗把阿基里斯的弱点告诉了特洛伊王子帕里斯，阿基里斯最终被帕里斯用暗箭射中脚踵而死。“阿基里斯之踵”(The Heel of Achilles)便成为整个欧洲广泛流行的成语，其意为无论再强大、再完美的人或事都会存在致命的缺陷。

巴瑞·普维斯此次并不想重述阿基里斯如何骁勇善战，而是揭示了他极其“人性”的一面——阿基里斯与他的好友普特洛克勒斯(Patroclus)之间的同性爱情故事。导演极其细腻与大胆地表现了男人之间的爱情与感情。导演赋予了“阿基里斯之踵”全新的故事——阿基里斯为普特洛克勒斯报仇而不幸中箭身亡。大量情色与血腥镜头充斥于影片之中，再加之明暗对比强烈的光线处理，使全片显得极其凝重与压抑。

在人物造型上，导演力求泥偶呈现出大理石般的质感，而在这些希腊雕塑般的角色身上故意显露出泥土的裂痕。说实话，这是我见到的模仿大理石质感最逼真的偶动画。此时我终于体会到巴瑞·普维斯所说的“角色重量感”是什么意思了。看着银幕上那泛着大理石光泽的人物，我仿佛听到了石头撞击地面的声音。不再是英国戏剧的精致与奢华，而是远古希腊的自然与纯朴。与那些不脱衣服看不出公母的日本 BL 漫画形象相比，《阿基里斯》所呈现的男性人体美与力量感令人难忘。

我有生以来第一次从一部定格动画中感受到泥偶的生与死：当普特洛克勒斯发现阿基里斯另有新欢时，我从他的眼神中读解到了伤心、无奈、嫉妒与气愤；而当他被杀死时我真的看见他的眼睛逐渐失去光芒，瞳孔慢慢放大。活人、死人；活偶、死偶。生与死之间也许就差那么一口气，就差那么一个眼神，而这些我在《阿基里斯》中全部看到了。恍惚间，那些只有在博物馆才能一见的大理石希腊雕塑突然活了起来，演绎着我无法理解的同性爱情故事。一切都那么真实而又虚幻，只有角色身上那几条龟裂的痕迹才使我意识到这一切也许不是真的。

这部由第四频道出品的短片获得 1996 年广岛国际动画节评委会大奖、英国影视艺术学院奖最佳动画短片提名。

动画表演问题

从巴瑞·普维斯的作品与经历中不难看出其对表演的重视程度。他一直强调动画师必须懂得表演，否则寸步难行。巴瑞·普维斯在很多大学与动画制作机构开设了动画表演课程，1999 年皮克斯公司曾邀请他到美国为该公司的动画师进行为期一周的表演训练。每一部作品巴瑞·普维斯都会挑战自己，例如在《剧本》中学习手语，在《弄臣》中尽可能将歌剧演员的呼吸问题——“气口”与木偶表演相结合，在《吉尔伯特与苏利文：超级模特》中尝试音画对位等等。所有这些努力都是为了使木偶表演更加真实与符合表演规律。

让我们来解读一下巴瑞·普维斯关于表演的精辟论点吧。

“许多人初学偶动画总是表演过度，不知道何时该停下来，所以往往做出来的动作像发疯一样。你可以仔细观察戏剧与舞蹈的表演方式，他们会找到一个最佳的姿势，做个短暂的停顿，让观众看清楚之后，再继续下面的表演。尽量不要在每一个画面中移动所有物件——停顿是有意义的，而沉默也有其戏剧性的效果。”

什么是“最佳姿势”？“短暂停顿”又要有多短？如何判断“观众看清楚”了？这些貌似“废话”的经验牵扯到表演分寸与尺度、表演节奏等极其复杂的问题。谈到如何具体解决这些问题，巴瑞·普维斯说：“制作偶动画时，眼神与手势一直是我强调的表演方式。所以为了《剧本》，我还去手语学校上了半年的课，片中主角的手势，其实完全符合手语标准，都能读解出来。而眼神是表演神韵的关键，千万不能轻视。你可以把表演当做一篇文章，有逗号与句号。不要小看偶眨眼的动作，可以当做表演中的呼吸，或者说是逗号。观察歌剧或舞蹈的表演方式，注意表演者摆姿势的样子，动作要有韵律，像软的一样。找到可以表达意义的姿态时，停顿下来，作为句号。在与偶的接触中，绝对不要小看任何肉眼看不见的东西，那都会影响接下来动作的顺畅。在动画的表演中，所有的重量感都是想象出来的，所以要训练自己在控制偶的时候对不同的重量有不同的表演方式。”

呼吸、眼神、逗号与句号、重量感，这些听起来极其神秘莫测与悬而未决的概念我曾经听无数表演大师谈到过。木偶是有眼神的！木偶是有呼吸的！呼吸是有“气口”与节奏的！角色性格决定木偶表演的不同重量感！在巴瑞·普维斯心中木偶是有生命的，他与木偶融为一体，你中有我，我中有你，共同演出着人间的喜怒哀乐。“刚开始时我计划是那样的，但是往往影片中的木偶们会带领我走到另外一个方向。”这就是他做了大量细致的前期工作后依旧坚信即兴发挥、现场跟着感觉走是艺术创作精髓的原因。在巴瑞·普维斯眼中他不是与一堆没有思想的木头工作，而是与一群活生生的演员挥汗如雨地碰撞、表演。

关于表演的虚实问题巴瑞·普维斯说：“‘动作’是影响动画”的核心元素，而且作为表达的工具，应该特别注重它在身体语言及物理姿态上的呈现。“要确定你透过人物所呈现的‘动作’是简单及明确的——一个简单的姿势胜于五个繁琐的动作。尽量不要在每一个画面移动所有的物件——停顿是有效益的，而沉默也有其戏剧性的效果。动画是另一种形式的舞蹈编排，所以不要只注重在脸部，也不要害怕在一个画面中呈现你整个形体。静止、运动、改变节奏——24格画面不一定要平均分配。动画不是数学，所以没有定律。”

这些深刻的体会即使是专业演员也需要多年积累与实践才能彻底领悟。一个动画师能如此透彻地理解并坚持不懈地贯彻这些原则使我极为震惊与钦佩。不禁感叹：我们的动画师什么时候才能意识到这些问题呢？中国动画啥时候才能走出“拍画”的狭隘认识而真正意识到动画是电影，表演很重要呢？境界、素质、悟性——这些词汇在中国动画的表演问题上显得如此奢侈与遥不可及。

抛开羡慕与憧憬，保留激情与认真，我还是踏踏实实教我的表演去吧。

电视系列动画片

巴瑞·普维斯除了制作自己钟爱的戏剧题材动画短片外，还参与了大量电视系列动画片的制作。

1978～1986年间，他就职于寇斯格罗夫·霍尔公司(Cosgrove Hall Productions)，在这里他从动画师一直晋升为导演，为泰晤士电视台(Thames TV)制作了包括《柳林风声》在内的大量系列动画片。1983年12月上映的《柳林风声》第一季获得了1984年英国影视艺术学院奖最佳儿童电影节目奖。而由系列动画片浓缩、剪辑而成的79分钟同名影院片也获得了英国影视艺术学院奖最佳动画电影提名。

1986年，巴瑞·普维斯离开寇斯格罗夫·霍尔公司成为一名独立动画导演。很快他加入阿德曼动画公司，参与制作了电视系列动画片《同期录音》。他主要负责影片剧本与台词的撰写工作，但是由于其戏剧专业背景使得出自他手的剧集对话很少，大部分以肢体语言表现。

1997～2004年，巴瑞·普维斯又为寇斯格罗夫·霍尔公司制作了十集电视系列动画片。他之所以对这家公司情有独钟，主要是因为寇斯格罗夫·霍尔公司是英国历史最悠久的手绘动画与偶动画制作公司，他们主要为电视台制作儿童系列动画片。巴瑞·普维斯就是看了该公司的作品后才决定投身于动画创作的。当年，他写了一封热情洋溢的求职信，希望能得到一个面试机会，而对方看中了他多年的戏剧工作经验(特别是表演方面)，于是一拍即合。他从木偶动画师助理干起，很快就升职为动画师、单集导演。日后，已经功成名就的他经常回到该公司给年轻的动画师们上课。

2001年巴瑞·普维斯为BBC1电视台导演了圣诞特别电视动画片《汉密尔顿·马垂斯》(*Hamilton Mattress*)。不同于巴瑞·普维斯以往的作品，这部动画片的主角不再是人类而是一只名叫汉密尔顿的土豚。影片人物造型设计极其卡通、可爱，故事背景也从古代转移到了现代都市。这部30分钟的短片获得2002年英国动画大奖最佳电视动画特别节目奖、安纳西国际动画电影节大奖。

结尾：我的浅薄戏剧观

在此，我想斗胆谈一下自己的戏剧观作为本篇结尾，因为自从学习动画以来我冥冥之中总感觉戏剧与动画有着千丝万缕的联系。有时甚至感觉与电影相比戏剧离动画更近。

我看的第一个话剧是北京人艺的《天下第一楼》，高三时，爸爸单位发的票。虽然当时小屁孩看不出什么名堂，但超级喜欢——太热闹了！这么多好吃的！烤鸭子！假洋钱！“汇总理各国事物衙门”！出了剧院我一个劲儿问爸爸下次啥时候再发票。

也许是这次话剧体验，当年我高考报考的第一志愿是中央戏剧学院——当然，没考上(考试迟到+不知道尤金·奥尼尔是谁)。

对戏剧的热爱贯穿了我的大学时代,我对戏剧的狂热程度丝毫不亚于电影。那时我经常奔走于各大艺术院校与剧院看“蹭”戏。每次看戏我都会买一张节目单留作纪念,现在那厚厚一摞节目单还完好无损地躺在我的抽屉里。20 世纪 90 年代初期到中期,北京的戏剧质量远远高于今天,人们做戏剧的态度还是很真诚的,《有多少爱可以胡来》、《满城全是金字塔》式的恶搞话剧根本看不到。那时的喜剧靠的是智慧而不是恶俗。很幸运,无数好戏陪我度过了四年难忘的大学生活,这无疑为培养我的戏剧兴趣与审美打下了良好的基础。我始终认为戏剧艺术远比电影艺术纯洁与高雅得多,这就如同音乐与舞蹈永远是最崇高的艺术门类一样。

戏剧在很多地方与动画极其接近,例如,二者都因其特性而被观众赋予极大的宽容度与特权。

戏剧起源于远古祭祀仪式上的表演,因此从它诞生之日起就带有浓厚的宗教色彩。几千年前,在极其肃穆与神圣的气氛中人们载歌载舞,朗诵歌颂神灵的话语,庆祝丰收,祈祷平安;几千年后,当剧院的灯光缓缓熄灭,大幕慢慢拉起之时,千百年来积淀的仪式感不知不觉地注入每一位观众的血液之中。因此,绝对不会有人在看话剧的时候吃韭菜鸡蛋馅饼,因为传统与习惯告诉观众,戏剧舞台神圣不可侵犯。相比之下,有很多人看电影时会肆无忌惮地吃韭菜鸡蛋馅饼(我就亲眼见过,还是在中国电影资料馆)。由此看来,观众对戏剧艺术有一种与生俱来的崇敬感。

正是这种宗教仪式感赋予戏剧艺术很多特权。观众心甘情愿地聆听着演员大段非生活化的内心独白甚至说教色彩浓烈的对话。面对舞台上有限的时空转换手段,观众也从不会去追究这是否合理。例如:两个戏剧演员在舞台上背靠背站着打电话,一个说,我在北京,你那儿冷吗?一个说,我在上海,这儿很热。绝对不会有观众对此提出质疑:“胡说八道!你们俩背靠背怎么可能一个在上海一个在北京?!”而如果想在真人电影里使观众觉得这一切自然而然,就需要进行大量铺垫,否则会使观众感到莫名其妙。电影机械复制现实生活的特性使观众习惯地认为自己所看到的一切都是真实的,而戏剧舞台貌似局限性很大的表现手法却蕴藏着无限的可能性——最大的限制反而成了没有限制。让我们回忆一下《暗恋桃花源》中老陶第一次来到桃花源观赏风光时那块随演员运动而上下左右滚动的布景,《红色天空》中那个巨大的倒计时电子表以及《思凡》里演员们头顶枕头、站在那里睡觉的表演方式。正是舞台的局限性产生了这些貌似笨拙,实则充满智慧与创造精神的想法。

戏剧创作行走于虚幻与真实之间的艺术特色与表达方式与动画创作极其相似。有趣的是动画艺术根本就没有任何限制,观众对“动画”两个字的定义就是天马行空,非真实的。因此动画与戏剧都被观众赋予了极其自由的创作空间。

动画从戏剧艺术中学习什么?巴瑞·普维斯为我们做出了典范。他将戏剧艺术带入动画创作领域,打破了动画人以往过分重视自己专业技巧而忽略电影、舞蹈、戏剧、音乐等兄弟艺术精华的局限性。而中国动画今天又从戏剧中学习到了什么呢?我很高兴看到中国戏曲学院动画专业的学生以其独有的院校专业背景创作出别人无法替代的戏曲动画片。与此同时，我也很无奈与遗憾地看见无数国产动画片为了所谓的“民族特色”而将一知半解、浮皮潦草、生搬硬套的京剧元素加入影片之中用来讨好评委。

巴瑞·普维斯的代表作品：

1989年	《下一位》(*Next*) 5分14秒 彩色 第四频道出品 获得1990年广岛国际动画节最佳处女作奖、1990年英国动画大奖最佳技术贡献奖
1992年	《剧本》(*Screen Play*) 11分钟 彩色 第四频道出品 获得1992年渥太华国际动画节最佳偶动画奖、上海国际动画电影节大奖；1993年奥斯卡最佳动画短片提名、旧金山电影节最佳动画片奖、安纳西国际动画电影节艺术特色奖、英国短片电影节最佳动画奖(British Short Film Festival, Best Animation)；1994年斯图加特国际动画节大奖、布拉德福动画节最佳动画奖、广岛国际动画节5～15分钟短片组最佳动画片奖
1993年	《弄臣》(*Rigoletto*) 29分钟 彩色 S4C、BBC出品 获得1994年渥太华国际动画节特别奖、芝加哥国际电影节银奖(Chicago International Film Festival)
1995年	《阿基里斯》(*Achilles*) 11分钟 彩色 第四频道出品 获得1996年广岛国际动画节评委会大奖、英国影视艺术学院奖最佳动画短片提名
1998年	《吉尔伯特与苏利文：超级模特》(*Gilbert & Sullivan: The Very Models*) 16分钟 彩色 第四频道出品 获得1999年奥斯卡最佳动画短片提名、2000年渥太华国际动画节最佳偶动画奖
2001年	《汉密尔顿·马垂斯》(*Hamilton Mattress*) 30分钟 彩色 BBC 1出品 获得2002年英国动画大奖最佳电视动画特别节目奖、安纳西国际动画节大奖

备注：

(1)“光板公司”(Bare Boards Productions)得名于一句名言“光板与激情是一出好戏必不可少的因素”(His company is called Bare Boards after a famous theatrical saying that bare boards and a passion are all that is truly required to make good drama)。我估计我的翻译有问题——“光板”也许是戏剧创作中的一个专业名词，当然不能这么简单地直译。因此向戏剧专家们求证这句话与这个名词的正确翻译。

巴瑞·普维斯的联系方式：

5 Woodleigh Bradgate Road
Altrincham Cheshire
WA14 4QU
UK

电话：+44 161 928 8955
传真：+44 161 929 1435
E-mail：Achilles@purvesb. freeserve. co. uk
官方网站：http://www. barrypurves. com

下一站：伦敦？温哥华？

——艾利森·斯诺登(Alison Snowden)与大卫·菲恩(David Fine)

校园情侣的《二等邮件》

1958年，艾利森·斯诺登出生于诺丁汉郊区的一个屠户家庭，但是世世代代的杀猪生活并没有埋没她的艺术天赋。从小她就喜欢把自己关在屋子里写故事，做木偶。尽管艾利森·斯诺登在绘画与讲故事方面表现出一定天赋，但是过于内向与害羞的性格使很多人不相信她能从事艺术工作。艾利森·斯诺登坚持着自己的理想——亲近艺术，远离杀猪。她先在曼斯菲尔德艺术学院(Mansfield Art College)申请了一个基础培训课程，然后考入兰切斯特理工学院学习平面设计。在校期间她逐渐意识到自己对平面设计没什么兴趣，动画与电影才是她的最爱。于是1980年她考入英国最好的影视艺术学校——国家影视学校学习影视制作。在这里她遇到了日后长期合作的伙伴，一个极其不内向与不害羞的加拿大人——大卫·菲恩。

大卫·菲恩1960年出生于加拿大多伦多，少年时就师从捷克斯洛伐克流亡导演米罗·库比克(Milo Kubik)学习电影制作，拍摄了大量超8毫米与16毫米短片，在多伦多影视圈小有名气。17岁时他与纪录片导演罗·曼恩(Ron Mann)一起制作了动画短片《城里唯一的游戏》(*The Only Game in Town*)，这部橡皮泥动画片通过一对父子打扑克的故事描述了父子亲情，影片获得加拿大学院奖(Canadian Academy Award)最佳短片提名。高中刚毕业他便被加拿大国家电影局的学生培训项目选中，资助他在三个月内完成三部短片创作。在位于蒙特利尔的加拿大国家电影局总部他见到了传说中的动画大师们——卡洛琳·莉芙、尼特·帕尔曼(Janet Perlman)、德里克·拉姆(Derek Lamb)、考·浩德曼，这些前辈给予他巨大的鼓舞与创作灵感。

19岁的大卫·菲恩拍摄了一部半小时的纪录片，讲述多伦多最伟大的中提琴制造师与他的妻子——著名中提琴演奏家的故事。大卫·菲恩担任该片的导演、制片人，影片在加拿大广播公司(Canadian Broadcasting Corporation，简称CBC)播出。1980年，这位年仅20岁却经验丰富的电影神童来到英国国家影视学校学习影视制作。在校期间他除了导演了两部半小时的真人剧情片外，最大的收获便是找到了自己未来的伴侣——艾利森·斯诺登。

大卫·菲恩向艾利森·斯诺登推荐了大量加拿大国家电影局的动画短片，这彻底改变了艾利森·斯诺登对动画的认识，她慢慢把自己的兴趣从真人电影转向动画制作。于是二人利用三个月时间创作了一部手绘动画片作为共同的毕业作业。

今天看来，作为本科学生毕业作业的《二等邮件》(*Second Class Mail*)制作阵容可谓豪华：艾利森·斯诺登与大卫·菲恩编剧，艾利森·斯诺登导演，尼克·帕克、马克·贝克、巴里·贝克(Barry Baker)这些日后大红大紫的动画导演当时只不过是担任中间画、上色、描线的"工人"而已。

影片讲述了一个孤独的单身老妇人渴望交流与关心，于是邮购了一个男性充气娃娃陪她看报、聊天，结果一不小心充气人跑气了，于是老妇人刚刚有所转机的生活又恢复了沉寂。这个故事使我想起另外一位英国动画大师鲍伯·苟德弗瑞的《梦中宝贝》，看来英国人对充气娃娃颇有好感，不论男女。

《二等邮件》获得1985年奥斯卡最佳动画短片提名、安纳西国际动画节最佳处女作奖，艾利森·斯诺登与大卫·菲恩这对校园情侣凭借一部四分钟的学生作业一夜成名。从这部影片开始二人关注现实生活，导演手法细腻，注重生活细节的风格便初现端倪。

一赴加拿大：与加拿大国家电影局的合作

1984年二人毕业后一起来到蒙特利尔，在加拿大国家电影局的资助下制作了《乔治和罗斯玛利》(*George and Rosemary*，见彩图17)。影片依旧以老年人为主角，单身的乔治暗恋住在马路对面的罗斯玛利，准备了各种器材偷窥对方，但是始终没有勇气当面表达感情。终于有一天他鼓起勇气敲开了罗斯玛利的门，却惊讶地发现对方家里也堆满了望远镜！原来罗斯玛利也一直在暗恋他，偷窥他。

我第一次看这片子是N年前在中国电影资料馆举办的加拿大电影回顾展上，胶片的！当时的我对动画一无所知，只是感觉很奇怪——怎么一上来先放个动画片?！估计加拿大电影院和我们一样，正片上映前先放个"加片"吧。真"落后"，我们都已经取消"加片"时间改放广告了。那时的我哪里知道动画片与纪录片是加拿大国家电影局的拳头产品，相比之下其真人剧情长片反而没那么有名。只记得全片没有一句对话，但事情交代得相当清楚、有趣。今天回想起来，似乎那个回顾展我只记住了这部动画片，极其深刻的印象，其余的真人电影一个也想不起来了。而N年后当我坐下来认真研究这部作品时才知道，原来它的导演是英国人。一个英国女人嫁给了一个加拿大男人，一只英国"鸟"借加拿大的"窝"下了一个蛋。从这部影片开始艾利森·斯诺登与大卫·菲恩便共同担任他们所有作品的编剧、导演、动画工作。

这部九分钟的短片历时三年完成，最终获得1988年奥斯卡最佳动画短片提名、萨格勒布国际动画电影节最佳短片奖。

1984～1989年，艾利森·斯诺登与大卫·菲恩在加拿大工作了五年，除了制作《乔治和罗斯玛利》外，还与加拿大国家电影局合作，完成了真人剧情短片《人类与科学：时间测试》(*People and Science: A Test of Time*)。夫妻俩发挥编剧优势为加拿大国家电影局著名动画导演杰伊·弗柯纳(Jay Falconer)撰写了《死亡沉积物》(*Deadly Deposits*，1993)的剧本。

《鲍博的生日》与《鲍博和玛格利特》

1989年,夫妻二人回到英国,在伦敦创建了自己的公司——斯诺登—菲恩动画公司(Snowden Fine Animation),利用英国与加拿大两国的资金制作自己喜欢的短片。除了动画短片外,他们还制作了大量电视系列动画片、动画广告片。1989年二人完成了动画短片《出入》(*In and Out*),这部讲述子宫里故事的喜剧获得了1990年柏林电影节最佳短片奖。

1993年的《鲍博的生日》(*Bob's Birthday*,见彩图16)使他们的事业出现转机。这部由第四频道与加拿大国家电影局联合出品的短片探讨了中年危机问题:人到中年的鲍博是一个牙医,生活、婚姻、家庭对他来说已经平淡如水,弃之可惜,留之无味。今天是鲍博的生日,但他却一如既往地重复着自己的工作,年轻女助手也许是他生活中唯一一点亮色。鲍博的妻子玛格利特在家中为丈夫准备了豪华的生日晚会,并叫亲朋好友都藏起来,准备给下班进门的鲍博一个惊喜。不知情的鲍博进门后便脱掉裤子开始抱怨自己的工作如何不尽如人意,咒骂那些此时正藏在家中的朋友如何不值得一交。玛格利特怎么拦也拦不住如黄河决口般大发牢骚的丈夫,于是最尴尬的一幕出现了……影片中"过生日肆无忌惮地大放厥词,得罪藏匿于家中朋友"的剧情堪称经典,多年来一直被各种影视作品竞相模仿。

美国著名动画理论家雷纳德·马丁(Leonard Maltin)这样评价《鲍博的生日》:"这是一部新颖、幽默、极具洞察力的关于中年危机的电影,它比我之前看过的那些异常严肃与自命不凡的类似影片强得多。"《新闻日报》(*Newsday*)说:"从没有一个年龄段像40岁这样在令人绝望的同时又充满滑稽与幽默。《鲍博的生日》给人的感觉比《辛普森一家》加《巨蟒和圣杯》(*Monty Python*)还刺激得多。"

影片除后期在加拿大国家电影局制作外,其余工作全部在他们位于伦敦的公司完成。这部历经两年半才完成的短片获得1993年奥斯卡最佳动画短片奖、安纳西国际动画节最佳短片奖、渥太华国际动画节最佳幽默奖、英国影视艺术学院奖最佳动画短片提名。

《鲍博的生日》获得巨大成功,反响强烈,艾利森·斯诺登与大卫·菲恩决定将其开发为电视系列动画片。于是以《鲍博的生日》的两位主角——鲍博和玛格利特为原型的52集(每集30分钟)电视系列动画片《鲍博和玛格利特》(*Bob and Margaret*)于1998年首次播出。

在电视系列片中夫妻俩被设定为40岁左右,没有孩子,养着两条狗。鲍博依旧是牙医,玛格利特则是足疗医生。两个步入中年的普通人每天都因一些家庭琐事与时事话题而争论——从购物的利与弊到哪个朋友还欠他们一顿饭没有请。貌似鸡毛蒜皮的小事却无时无刻不反映着英国市井的酸甜冷暖。艾利森·斯诺登亲自为玛格利特配音,大卫·菲恩则在一集中为比萨外卖送货员配音。

影片在美国、英国、德国、法国、加拿大电视台黄金时间播出并创下极高的收视率——在美国的收视率仅次于《南方公园》而排名第二；而在加拿大播出则创下动画片排名第一的收视率(在所有类型节目中排名为第12名)。该系列片被评选为1999～2000年度最受观众欢迎的加拿大电视节目，获得2001年洛杉矶动画庆典评选的黄金时间段播出动画片二等奖、2002年洛杉矶动画庆典评选的黄金时间段播出动画片一等奖。

《鲍博和玛格利特》前两季(26集)基本在伦敦完成，内容全部是英国市民的生活。随着收视率的一路攀升，加拿大投资方表示出了浓厚兴趣。由于加拿大政府规定制作反映加拿大文化与生活影视作品的公司在纳税方面享有优惠待遇，因此艾利森·斯诺登与大卫·菲恩干脆来到加拿大，将影片后两季(26集)交给多伦多本地一家动画公司制作。为了取得当地的优惠政策他们把鲍博和玛格利特的家也从伦敦南部搬到了多伦多。后两季以加拿大本地故事为主，两个国家的文化差异构成了故事情节发展的动力。导演为后两季增加了一些新角色，但是之前的主角人物关系与性格基本不变。

作为将艺术短片开发为商业电视系列片的成功案例，《鲍博和玛格利特》的获胜法宝在于其紧扣时代脉搏，视角独特而又不乏真实与幽默地反映现实生活。这一切要归功于艾利森·斯诺登与大卫·菲恩对生活细致入微的观察与深刻体会，当然他们在编剧方面的才华与优势更是有目共睹。艾利森·斯诺登曾担任马克·贝克执导的电视系列动画片《粉红猪小妹》(*Peppa Pig*)的部分编剧工作；她与丈夫还为阿德曼动画公司的电视系列动画片《小羊肖恩》(*Shaun the Sheep*)担任编剧工作。

二赴加拿大：定居温哥华

《鲍博和玛格利特》在加拿大的热播以及稳定、优越的投资环境使艾利森·斯诺登夫妇于2004年再次回到加拿大并定居温哥华。准确地说这是他们第三次来到加拿大，早在制作《鲍博和玛格利特》时他们就已经频繁穿梭于伦敦与多伦多之间了。在这里他们又制作了成人电视系列动画片《链条秀小子里奇》(*Ricky Sprocket Showbiz Boy*)。

影片讲述一个普通男孩的非凡生活——作为人人皆知的超级电影童星，里奇如何处理家庭、朋友与学业之间的关系。里奇表面上是一个家喻户晓的童星，他不知疲惫，超级早熟、富有，拥有全部最新款玩具，热爱拍电影。但是骨子里却只是个普通的孩子，一样会被父母责备，一样会被姐姐欺负，一样要面对堆积如山的作业与爱放屁的宠物狗。他的老板只关心里奇的演艺事业是否飞黄腾达，而从不关心作为一个孩子他可能遇到的各种成长中的稀奇古怪的事情。里奇的父母是那种极其老实、脚踏实地生活、十分厌恶好莱坞名利场的人。妈妈是家庭主妇，爸爸是香肠厂的经理。爸爸与他的谈话句句不离香肠，这是他从父亲那里唯一能获得的知识。

里奇经常幻想自己是超级英雄，在日常生活中他无时无刻不在扮演着与之年龄极其不符的角色，于是一系列荒唐可笑的事情发生了。当然影片少不了女主角，另外一位女童星会经常给里奇制造点麻烦。她是一个典型的好莱坞纨绔子弟，总是想尽办法戏要里奇。

影片不仅展现了身为童星的苦恼,也描述了作为普通孩子的情感。这两种截然不同的生活方式纠集在一起,必定故事无数。既满足了普通观众想"一夜成名"、向往明星生活的欲望,又总能恰到好处地转回现实生活,给予观众启示。

这一创作灵感早在制作《鲍博和玛格利特》前就已经有了,酝酿了十年之久。影片由位于温哥华的加拿大顶级动画公司——B工作室(Studio B Productions)制作完成。虽然是Flash动画,但是丝毫看不出粗制滥造的痕迹,不仔细看与手绘动画没什么区别。

《链条秀小子里奇》每集30分钟,一共两季(17集)。2007年首播,全球127个国家的观众都可以看到这部动画片。

艾利森·斯诺登与大卫·菲恩的代表作品:

1984年	《二等邮件》(*Second Class Mail*) 4分钟 英国国家影视学校出品 获得1985年奥斯卡最佳动画短片提名、安纳西国际动画节最佳处女作奖
1987年	《乔治和罗斯玛利》(*George and Rosemary*) 8分48秒 加拿大国家电影局出品 获得1988年奥斯卡最佳动画短片提名、萨格勒布国际动画电影节最佳短片时提名、芝加哥国际电影节金奖 《人类与科学:时间测试》(*People and Science: A Test of Time*) 10分33秒 真人剧情短片 加拿大国家电影局出品
1989年	《出入》(*In and Out*) 9分钟 获得1990年柏林电影节最佳短片奖
1993年	《鲍博的生日》(*Bob's Birthday*) 12分18秒 第四频道、加拿大国家电影局联合出品 获得1994年奥斯卡最佳动画短片奖、安纳西国际动画节最佳短片奖、渥太华国际动画节最佳幽默奖、英国影视艺术学院奖最佳动画短片提名、芝加哥国际电影节银雨果奖;1995年加拿大多伦多短片电影节最佳动画片奖
1998年	《鲍博和玛格利特》(*Bob and Margaret*) 30分钟/集/52集 电视系列动画片
2007年	《链条秀小子里奇》(*Ricky Sprocket Showbiz Boy*) 17集 电视系列动画片

世界是平的——马克·贝克(Mark Baker)

小引子——世界是平的

有本畅销书叫《世界是平的》,马克·贝克(1959年生)不是那本书的作者,他的作品也与那本书没什么关系。至于为什么这个小标题叫《世界是平的》,我……也不知道。只是一种感觉吧……

马克·贝克被世人所熟知，除了从1988年到1999年11年间三次被提名奥斯卡最佳动画短片（但一次都未中）外，大家最津津乐道的是他如何成功地从艺术短片创作向商业系列动画片转型。1986～1999年，马克·贝克用13年时间导演了三部动画短片（共计44分钟）；而1999～2005年，他用六年时间制作了两套电视系列动画片，共计117集（650分钟）。从作品数量上看孰重孰轻显而易见，但从作品质量上讲……无论是短片还是电视系列动画片，我都不喜欢。也许这就是为什么一想到他，我脑子里立刻浮现出“世界是平的”五个字的原因吧。

平庸？平铺直叙？平淡无奇？还是其影片极其平面的造型风格？总之，马克·贝克作品给我的印象就是——平，忒平。

国家影视学校与《山丘农庄》

马克·贝克1959年生于伦敦，1979年考入西萨里艺术与设计学院[West Surrey College of Art and Design，即今天的创意艺术大学（University College for the Creative Arts）]动画专业。1982年马克·贝克完成了他的本科毕业作业《三骑士》（*The Three Knights*）。当年的动画系主任鲍伯·荀德弗瑞参与了影片编剧工作。1989年，英国著名动画导演丹尼·杰克逊（Dianne Jackson）选用《三骑士》中的两分钟片段收入自己的30分钟动画片《爷爷》（*Grandpa*）之中，并在第四频道播出。这部11分钟的彩色手绘动画片是我看过的他最好的作品，换句话说，从此以后他一直在走下坡路。

从西萨里艺术与设计学院毕业后，马克·贝克在理查德·泼达姆动画公司（Richard Purdum Productions）工作了一年，制作了大量动画广告片。1985年，他又来到英国最好的影视艺术院校——国家影视学校动画专业继续深造，毕业作品《山丘农庄》（*The Hill Farm*）使他一夜成名。

这部18分钟的手绘短片耗时三年、花费1.8万英镑才于1988年得以完成。

影片讲述了农夫、旅游者、猎人三组人在山丘农庄里发生的故事，传达了不同人群对待乡村的不同态度。在农夫眼中，山村只是他们日复一日、年复一年生存的环境而已，没有什么特别之处。在游客眼中，山村充满了神秘与新奇的事物——农妇宰只鸡都能让他们闪光灯乱闪地拍摄半天。在猎人眼中，山村里的一切都是他们射击的目标（甚至蜜蜂）。大家彼此无法沟通，也不愿主动交流，直到暴风雨与大黑熊来临，他们才不得不为了生命安全而躲进同一间谷仓。在这个狭小的谷仓里，农夫、旅游者、猎人与各种牲畜、家禽“和谐共处”。雨过天晴，熊去山空，三组人又恢复了往日的生活状态，只不过导演安排游客边拍照边依依不舍地离开，猎人的枪因为进水而无法使用。山丘农庄又恢复了平静，农夫们沉沉地睡去。

我不知道导演为什么会选择这个题材，是想表达乡村被城市文明吞没，还是表现人与人的无法沟通？这个莫名其妙的题材也就得了个莫名其妙的奖——1989年安纳西国际动画电影节青年体育奖（Youth and Sport Prize）、最佳农业动画短片奖

(Agriculture Prize, Best Short Film)。我查了一下,这两个奖项似乎只有那一年设立了,绝对是前无古人后无来者。难道表现农村题材就可以得最佳农业动画短片奖吗?至于为什么会得"青年体育奖"更是令人费解。影片除了农妇漫不经心地扭断鸡脖子把游客吓晕以及那群饿鬼投胎似的小鸡外,没有一个细节给我留下深刻印象。

另外一个我不喜欢该片的原因在于其18分钟的长度对于动画片来说已经算中篇标准了,再加上全片没有一句对白,全部依靠形体语言、音乐和音效传情达意,节奏又异常缓慢,使我感觉它足有半小时长。马克·贝克自己也说:"当影片全部完成后,我筋疲力尽,不想再做任何事情。它耗费的时间太长了,以至于影片入选安纳西国际动画节也没能使我激动起来。与观众一起观看自己的处女作令我胆战心惊,因为安纳西的观众向来对自己不喜欢的影片毫不留情。如果影片使他们感到无聊、乏味他们会吹口哨、起哄,当然这一切待遇也适用于影片结束后导演的上台演讲。因为动画节期间观众每天要观看大量影片,所以很多人(包括我)都喜欢短小精悍的作品,而不是我那种18分钟的长片。说来也怪,一般垃圾动画片时间都很长,经验告诉我这种长片在动画节上肯定不受欢迎。我甚至听见有观众在影片放映前小声议论'天啊! 18分钟啊!?'当我坐到巨型放映厅第一排时开始后悔——我怎么就被忽悠来了呢?!"当然故事的结尾都是皆大欢喜的——"好在观众反应极好,我这才从备受煎熬的状态进入到狂喜之中。"

遗憾的是我始终在备受煎熬的地狱中无法找到天堂的入口。但是《山丘农庄》却得到了俄罗斯动画大师尤里·诺尔斯金(Yuri Norstein)的高度赞扬。影片还获得1988年奥斯卡奖最佳动画短片提名;1989年美国芝加哥国际电影节金奖,捷克斯洛伐克学生动画电影节最佳影片奖(Czechoslovakian Student Film Festival);1990年广岛国际动画节最佳短片奖,渥太华国际动画节二等奖,英国影视艺术学院奖最佳动画短片奖,英国动画大奖最佳声音应用奖等。

不喜欢归不喜欢,马克·贝克的一些创作经验与感受还是值得大家学习的,具体如下:

编剧方法问题

"(起初)我画了很多场景与细节,但是始终无法把它们有机地连接在一起而成为一个故事。后来我意识到其实可以从一个简单的结构入手,比如说在某一规定情景中完成一个特定任务。给角色三天时间,看他们自己会发展出一个什么样的故事。

我把平时随手画的东西与一些文字以不同方式排列组合在一起,贴得满墙都是,然后再把那些不合时宜的东西删除。最初我设计了一些考古学家和古生物学家,尽管我很喜欢他们所带来的影像细节,但是从全局看这些东西无关紧要甚至会造成负面影响,于是我去掉了他们。这种反复粘贴、排列、组合、拍照、绘制的工作持续了几个星期。我希望在画故事板之前能拿出一个比较满意的文字剧本,以免做无用功。我不知道修改了多少稿剧本,直到有一天我发现目前最好的办法是停止文字描述而开始画故事板。很快我完成了故事板,当部分样片拍摄完成后我又重新调整了结构与镜头,不满意的地方再重新画过。"

马克·贝克这种把点子写(画)在小卡片上,再像做手工一样拿着剪刀、胶水随意剪裁、粘贴的剧本结构方式使我想起自己大一时上的外教编剧课。当时,学校聘请了一位匈牙利老导演给大家上课(据说此人的父亲拍摄了匈牙利历史上第一部电影),他写剧本的方法就和马克·贝克一模一样——先想到哪写到哪,天马行空,无拘无束,找最有感觉的段落写。把这些貌似没有联系的点子与片段写在一片一片的小纸条上(一些关键的空镜头他会事前拍摄好照片),然后拿着剪刀和胶水排列、组合、剪裁、粘贴。有时这些小条与照片会铺满一整张桌子,因为经常会出现平行发展的情节,于是桌子上就出现了好几张平行摆放的纸条。看哪段不合适,就立刻拿剪刀剪下来,再用胶水贴到合适的纸条后面。当遇到错综复杂、情节交叉的故事时,桌子上就会出现更多的纸带(此时已经不是单独的纸条了),纵横交错,宛如一张伦敦地铁图纸。老人家还特意现场给我们演示了如何编排这些纸条,那一瞬间看着手拿剪刀与胶水的他我真正理解了"剪辑"二字的含义——真是剪完再贴上啊!这种编剧方式我一直沿用至今,以至于我现在写文章都习惯于想到哪写到哪,然后再把乱七八糟的素材"剪辑"、"粘贴"在一起。

制作技术问题

"起初我不知道该使用什么技术来制作这部影片,我原来的作业都是在白纸上使用极少颜色绘制的二维动画片。很多同学建议我改变风格,进行全新实验。于是我开始尝试赛璐珞片与蜡笔绘画技巧,并使用35毫米胶片拍摄了影片开始时农夫喂鸡的一场戏用以测试。这时候学校来了一位校友菲尔·奥斯汀(Phil Austin),他给了我很多意见与帮助。他看了我的实验片段后建议我抛弃过去先在纸上画再誊写到赛璐珞片上的方法,而是直接使用蜡笔在赛璐珞片上绘制原动画。因为我曾经在理查德·泼达姆公司做过一个动画广告片就是使用这种方法,所以我相信这是可行的。虽然这样很麻烦,每次我要在赛璐珞片一面画上背景,另外一面再画动画,这意味着每画一格都要翻转赛璐珞片去对齐背景与角色运动。对我来说,这不是问题,因为我一个人干,再奇怪的方式只要我喜欢就一切OK。于是接下来的影片部分都是使用这种方法进行的。"

为了节省预算,马克·贝克的前老板理查德·泼达姆允许他在自己公司下班后使用公司绘图部门的所有设备与空间。但是巨大的工作量使马克·贝克根本无法一人完成所有上色工作。于是理查德·泼达姆又请他的员工利用业余时间帮他加工。马克·贝克把不同场景的草图和一大桶已经整体涂成棕色的赛璐珞片交给他们,这种无偿援助持续了一年时间。

剪辑问题

"国家影视学校的同学负责影片剪辑,她不仅按照我的要求组接了画面,还提出应补拍一些镜头。这时候我才为自己的'英明决策'感到欣慰,我在之前绘制的所有原动画几乎每一个镜头都会留出一定'富裕'。比如说我画一个人走出画面,我一定会画全过程而不是可丁可卯地画故事板里要求的长度。因此,当剪辑师提出要求后我只是和她讨论并建议使用这些现成的'富裕'镜头弥补缺陷而没有再补拍任何东西。"

从这段话中我们可以得出以下两个实用信息：

第一，再精确的故事板也不可能做到十全十美、可丁可卯。这就是为什么每部影院动画长片DVD里都会收录"删除段落"花絮的原因。有时整场戏都会因为影片整体节奏问题而被删除，更何况每一个镜头的长短了。最经典的案例莫过于《白雪公主》中七个小矮人吃饭的戏。这一段落都已经完成了极其精美的原动画，就差上色了，但是导演从全局考虑最后忍痛割爱拿掉了这场近五分钟的戏。难道是导演当初没想清楚吗？不是，故事板只是一个参考，不可能准确到分秒不差。一切都要上了剪辑台根据前后镜头凭导演和剪辑师的感觉完成，这是影视艺术的规律，而不是某个导演认真负责就可以达到的。这就要求动画师们调整心态，不要抱怨导演没准谱、不懂行，永远提出反复修改的"无理要求"，因为任何人也不可能做到分毫不差，迪斯尼尚且如此，更何况我等俗人。

第二，剪辑的魅力在于"变废为宝"，使那些貌似没用的"下脚料"变成画龙点睛之笔。动画片由于其工作性质导致影片一旦完成便不再适合补拍与大规模修改。即使修改也只能做减法，尽可能不要做加法。这时候就应该充分发挥声音、剪辑、特技的作用，而"一鱼多吃"的素材使用原则更是屡试不爽的灵丹妙药。因此，强烈建议动画师向马克·贝克学习，每一个镜头都多画出点"富裕"以备剪辑时使用。

音乐、音效问题

"因为我自己不会作曲，所以起初我想使用现成的音乐，但是遭到了所有同学的反对。因为我们学校有专门的电影音乐制作专业，于是我朋友建议我找该专业最优秀的学生——朱利安·诺特(Julian Nott)帮忙。当我第一次把剪辑完成的样片给他看时，他的第一反应是——这片子不需要音乐。他说他会做一些小样给我听，那时我意识到他肯定不会写出那种'滑稽'的音乐。两天后他交给我小样，我非常满意，从那以后我们便长期合作，非常默契。在这次合作中我们似乎只有过一次严肃的争论，最终他按照我的意思修改了影片结尾部分音乐，但是事后他告诉我不喜欢这个更改，还是喜欢最初给我的方案。"

从这段经历我总结出的经验就是——动画专业的女生一定要找录音专业的男生做男朋友！太实用了！按照国际惯例，使用没有版权的音乐与音效的动画片是没有资格参加比赛的(现在国内动画节也纷纷效仿这一规定)，因此必须原创音乐与自己录制音效。大势所趋啊！女同学们别光宅在宿舍闷头傻画了，出去找个录音、作曲专业的男朋友吧，一本万利啊！它们可以帮助你解决很多问题，真正做到事半功倍(我说的"它们"是指音乐、音效而不是男朋友)。

《山村》(*The Village*)

从国家影视学校毕业后马克·贝克作为自由职业者就职于多家公司，例如电视卡通公司(TVC)、极速电影公司(Speedy Films)、大卫·安德森电影公司(David Anderson

Films)等。1993 年,在 Pizazz 电影公司[Pizazz Pictures Production,阿卡工作室(Studio aka)的前身]他完成了《山村》。这部由第四频道投资的短片可谓是《山丘农庄》的续集,14 分钟的影片只用了三个月就全部完成。

影片讲述了在一个极其封闭的村庄里每个人都时刻防备着别人,把自己深深地隐藏起来。村民们的一半时间都用来打听别人的隐私与秘密,当然另外一半时间则用来防备他人的窥探。终于有一个村民厌倦了这种生活方式,于是他便成了大家眼中的异类而被随时随地监视。影片结尾,这个"异类"逃出了监狱一般的村庄,山村又恢复往日死一般的宁静,人们再次从难得的"团结"中隔离开来,继续着老死不相往来的生活。

全片依旧没有一句对话,当然这种环境中的人物也不可能进行对话交流。就影片主题而言,马克·贝克说:"我想呈现出农村生活阴暗、与世隔绝的一面,我希望矛盾冲突来源于农村这一特定环境而非角色的性格。起初交给第四频道的方案我并不满意,因为那里面充斥着对角色的描述。我挖空心思寻找可以构成戏剧冲突的山村元素。那个监狱一样的院子创作灵感来自我看过的一幅版画。我喜欢村子里外分明的设计观念,角色从他们各自的房子穿过巨大的庭院来到村子外面,仿佛来到了另外一个世界。"

影片创作严格按照大工业生产流程进行,每周都会由制片人与导演共同检查剧组进度。"剧本修改与美术设计工作持续了一年,而最终的故事板却只用了两天就画完了。原动画工作也仅仅用了三个月,这一切得益于我有了自己的团队而非孤军奋战。因为不再是我一个人创作,所以我在开始原动画工作之前,就制定了极其详细的活动故事板并制作了主要角色的立体模型以便动画师深入了解其细节。从加动画中解放出来的我需要控制整个流程与周期,因为公司是要为这一切发薪水的。

我们做了一个柱形图表监督生产流程的各个环节:原画、清线稿、动画、背景、描线与上色等。哪一环节任务完成了,我们就会把它那个小格涂成蓝色。全部影片完成大概需要 20 个环节。影片最难的部分在于全片 80 多个不同场景以及我赋予它们奇怪的拍摄角度与透视关系。"

影片的剪辑、作曲、录音等工作全部由《山丘农庄》的原班人马完成。日后与马克·贝克共同创建自己公司的纳维尔·阿斯特里(Neville Astley)也作为动画师参与了该片的制作。《山村》获得 1993 年安纳西国际动画节评委会特别奖、奥斯卡最佳动画短片提名、斯图加特国际动画电影节二等奖;1994 年广岛国际动画电影节大奖、渥太华国际动画节最佳电视动画片奖、英国动画大奖最佳动画短片提名。

我承认关于《山村》的文字介绍非常平铺直叙、平淡无奇,因为影片所传达的主题与情绪使我昏昏欲睡、无可奈何。也许这正是导演要表达的创作初衷吧——人与人之间的冷漠、隔绝。可是按照这一逻辑,我又无法理解他上一部作品《山丘农庄》的主题了——马克·贝克究竟是喜欢山村还是厌恶山村啊?不懂,实在是不懂。

阿斯特里·贝克·戴维斯公司与电视系列动画片

1994年,马克·贝克与导演纳维尔·阿斯特里和制片人菲尔·戴维斯(Phil Davies)共同创建了以三个人名字命名的公司——阿斯特里·贝克·戴维斯公司(Astley Baker Davies Ltd.)。

马克·贝克与纳维尔·阿斯特里的合作开始于《山村》,二人日后合作完成了《朱利·罗杰》(*Jolly Roger*)、《大骑士》(*The Big Knights*)、《粉红猪小妹》等影片,可谓一对金牌搭档。纳维尔·阿斯特里早年一直在广告界摸爬滚打,参与了耐克、百威啤酒等知名品牌的广告创作。他与杰夫·尼威特(Jeff Newitt)联合导演的定格动画短片《火车侦探》(*Trainspotter*)获得英国影视艺术学院奖最佳短片奖和爱丁堡艺术节麦克莱伦奖。

阿斯特里·贝克·戴维斯公司位于伦敦,1999年公司制作了马克·贝克的动画短片《朱利·罗杰》。这部12分钟的短片由马克·贝克与纳维尔·阿斯特里共同编剧,马克·贝克导演。影片原本是个30分钟的故事,但是投资方——第四频道出于成本与播出时间等方面的考虑要求将影片删节到11分钟左右。从这部讲述海盗故事的作品中不难看出马克·贝克由艺术短片向商业短片过渡的用意。影片娱乐性极强,特别是那只录音机一般的鹦鹉与那群先知先觉、随时随地搬家的耗子们使人爆笑不止。每次听见女主角带有浓厚法国口音的"卡皮疼"(Captain,船长的意思)时,我都忍不住挠墙!

在开始原动画工作前,导演先拍摄了真人演员表演以供动画师参考。值得一提的是口型对位问题,尽管全片对话很少——几乎只有船长的呼喊与下命令声。但只是一句"全速前进",导演就要求配音演员喊了一下午,直到嗓子喊哑。马克·贝克要求这一句台词在不同情景中应传达出不同含义——自信、绝望、恐惧。关于美术风格问题,他说:"我力求动画的流畅与节奏的准确,但在美术风格上则要尽可能显得拙一点,特别是颜色的使用。影片中一片陆地都不出现,要的就是所有人的梦想、欲望在这小小的甲板上尽显无遗。而作为影片最主要的'活动背景'出现的船则无时无刻不在随海浪运动。"与以往作品不同的是,这次导演使用了电脑上色技术而非传统手工上色。包括纳维尔·阿斯特里在内的13位动画师参与了影片创作。《朱利·罗杰》获得1999年安纳西国际动画节评委会特别奖、奥斯卡最佳动画短片提名。

永远的骑士情结——《大骑士》(*The Big Knights*)

作为一种民族性格与传统,"骑士情结"是每一个英国人血液中不可缺少的基因。对于马克·贝克来说,"骑士效忠国王、打败恶龙、拯救公主"更是其挥之不去的梦想。早在他上大学以前,就拍摄了骑士题材动画短片《国王的小丑》(*The King's Jester*,1979)。而他在西萨里艺术与设计学院的毕业作业《三骑士》更是为日后的电视系列动画片《大骑士》打下了良好的基础。

这套13集(每集十分钟)动画系列片由BBC电视台投资,马克·贝克与纳维尔·阿斯特里联合编剧、导演。影片讲述骑士兄弟俩——鲍里斯(Sir Boris)与莫里斯(Sir Morris)以及他们的宠物——小狗贺瑞斯(Sir Horace)、大耗子桃瑞丝(Sir Doris)的历险故事。兄弟俩有普通人两个那么高,四个那么重,16个那么大的力气。他们贵族气十足,随时随地身穿盔甲,誓死为国王效忠。虽然影片里的人物全部是古代造型,但他们却过着现代人的生活——电灯电话,应有尽有。其穿着盔甲看电视,戴着皇冠打手机的画面令人记忆深刻。

最初BBC对他们从没拍摄过有对白的影片感到担心,因此要求他们与有经验的编剧合作完成剧本。已经习惯于"单打独斗"的艺术短片创作模式,马克·贝克与纳维尔·阿斯特里是否能适应"外人"参与创作呢?"与专业作家的合作是颇见成效的。我们俩意识到有人参与编剧工作非常棒!讨论总能激发你想到其他东西,而过去那种一个人工作的状态常常会陷入钻牛角尖的困境——沮丧、原地踏步、毫无进展。现在我只需要把自己的想法告诉别人,即使他们听错了,都会对我有帮助。过去即使花好几个月的时间坐在白纸面前,你也可能想不出任何东西。但是现在我们变得很放松,因为我们允许别人参与进来。而最终的结果比我们过去做的更有创意。"

马克·贝克负责美术设计工作,他用剪纸制作出人物造型,再使用Amiga软件制作、处理这些带有活动关节的黑白纸人,在电脑里将身体各个部位重新修改、组合、上色,最终通过CelAction 2D软件动画化。起初BBC要求他们制作一个两分钟的样片以考察其实力,虽然他们的电脑配置很低,制作效果也达不到电视台播出标准,但是闲着也是闲着,于是大家开始做着玩。公司的制片人提议,既然做就正规一点,先制定一个详细的周期表。于是"我们制定的周期为半年,但是其实三周就做完了。电脑动画最大的问题在于缺乏人性,而我们将人性又找了回来。这种感觉非常棒,仿佛又回到了学生时代。你不知道影片最终会是什么样,只是跟着感觉走"。

影片1999年圣诞节在BBC播出,获得巨大成功。荣获2000年英国动画大奖最佳英国成人动画系列片奖、最佳新技术应用奖,2001年安纳西国际动画节最佳电视系列动画片奖,韩国首尔国际动漫节(SICAF International Festival)最佳电视系列动画片大奖等。

尽管影片非常成功,但是由于BBC并不确定这部作品的观众定位是儿童还是成人(估计导演自己也没想清楚这个问题),因此没有给它安排有规律的播出时间,因此无法形成固定的收视群,并且没有安排重播。这无疑对影片扩大影响产生了负面影响,于是马克·贝克在接下来的电视系列动画片创作中吸取教训,明确定位观众年龄群——2～4岁的学龄前儿童。

儿童动画系列片《粉红猪小妹》

《粉红猪小妹》是阿斯特里·贝克·戴维斯公司制作的第一部针对学龄前儿童的电视系列动画片,共52集,每集五分钟。马克·贝克与纳维尔·阿斯特里共同编剧、导演。影片创作灵感来自马克·贝克的大学同学艾利森·斯诺登的一个意见,她发现自己的小女儿经常对一些儿童节目里的角色没有父母陪伴而感到忧伤,“他们的爸爸妈妈去哪儿了?”很多小孩子都会这么问。她指出“很少有学龄前儿童节目会描绘一个完整的家庭,我们正好抓住了这一点”。马克·贝克与纳维尔·阿斯特里决定每一集讲述一个家庭琐事,之所以每集必须是独立的故事是因为学龄前儿童不理解什么是“下一周”。“学龄前”是马克·贝克与纳维尔·阿斯特里不熟悉的领域,但是他们并没有简单地观摩、研究现成的儿童动画片,而是向周围有孩子的同事、朋友征集故事。

影片美术风格延续了两位导演一贯简洁明快的视觉特色。他们有意将角色的头处理为平面效果,两只眼睛像比目鱼一样长在脸的一面,而角色四肢宛如小棍一样。他们除了一般的语言表达方式外还有各种可爱的猪打呼噜声。给猪小妹配音的是著名动画导演艾利森·斯诺登与大卫·菲恩的女儿莉莉·斯诺登·菲恩(Lily Snowden Fine),这两位大腕还担任了该系列片的部分编剧工作。

影片讲述了猪小妹一家四口的故事——爸爸、妈妈、喜欢玩泥巴的粉红色小猪与她爱哭的弟弟乔治。即使是学龄前儿童观看的动画片,马克·贝克与纳维尔·阿斯特里也要保证影片严谨的逻辑性:“笑话不应该是无端地发生,而应该对叙事有帮助。没有什么比与故事无关的笑料更糟糕的了。”在满足学龄前儿童观众的需求时,他们还希望吸引家长一起观看:“我们要制作四岁孩子喜欢的东西,但是我们也希望一些细节能吸引父母来看。我们特别注意影片中的幽默不是在嘲笑孩子,因为孩子不喜欢被嘲笑。我们宁愿叫猪爸爸成为开玩笑的对象。猪爸爸有点像丑角,是个无所不知但有时反而因此而出错的人,当然是以温和的方式犯错误。毕竟他是个可靠的爸爸,孩子们还需要他的照顾。”

马克·贝克与纳维尔·阿斯特里每两周拿出六集剧本,每天做出一集脚本。两人各自写完一集剧本后交换,再互相修改。每两周要制作完成一集动画片,同时还要完成另外一集的活动故事板。中期制作以九天为一个周期(其中有一天用来修改),六位动画师平均每人每天要完成十秒钟左右的动画。每完成13集与电视台结算一次劳务费。

2004年,《粉红猪小妹》在英国第五频道和小尼克电视台(Nick Jr.)首播后引起轰动,观众反响极好。包括我国台湾迪斯尼频道,美国卡通网(Cartoon Network)在内的120多个国家和地区的电视台都播出了该片。其DVD也创下惊人的销售量,并荣获2005年法国安纳西国际动画节最佳电视系列动画片奖。2006年马克·贝克与纳维尔·阿斯特里又推出了《粉红猪小妹》第二季(52集),并于第五频道播出。

《粉红猪小妹》的成功标志着马克·贝克由艺术短片创作向商业电视系列动画片转型基本完成。谈到这一转型,马克·贝克说:“《朱利·罗杰》从开始构思到最终完成,我花了三年时间,而这只是一部十几分钟的短片而已。不值得花这么长的时间去做一个这么小的东西。而《大骑士》与《粉红猪小妹》(第一季)一共才花了三年时间。这共计65集的电视系列动画片与我之前的三部个人艺术短片相比,投入回报比不言而喻。没有孩子不喜欢看动画片,而成年人就不一样,有人喜欢看动画片,有人不喜欢看。因此针对成年人的动画短片在观众群方面受到了极大限制。”纳维尔·阿斯特里也说：“完整的支持系统（例如电视发行与国际销售网络）让我们不必花上大量时间填表、打包影片、邮寄给各个影展。况且很多影展连日程表都不会寄给你，也不会给你任何回音。”而《粉红猪小妹》使他们收到上百封观众来信，儿童与家长都表示这部作品反映了他们的真实生活。

从商业角度讲，这一转型无疑是成功的，但是从作品艺术性是否提高来看，结果就不那么乐观了。钱是赚到了，但是品位与艺术气息不见了；作品数量是与日俱增了，但质量却每况愈下。特别是一口气看完100多集《粉红猪小妹》，那简直是灾难！看得我都想吐了。

结尾

2001年我在英国留学，无意中从学校图书馆里翻出一盘破破烂烂的录像带，里面有马克·贝克在西萨里艺术与设计学院的毕业作品《三骑士》。当时的我激动得说不出话来，甚至只记住了“三个骑士打大龙”，连片名是什么都没来得及看（确切地说那盘录像带因年久失修，片名部分早已损坏而模糊不清）。

多少年后，当我再看到马克·贝克的《大骑士》时，隐隐约约感觉这个造型与故事似曾相识，但是始终不敢把它与《三骑士》联系在一起，因为《三骑士》给我留下的印象实在太完美与深刻了，使我怎么也无法相信眼前这个“平平”的电视系列动画片是出自同一个导演之手。

动画师从默默无闻到举世瞩目一般都是按照这样一条路线发展：苦行僧一样地创作艺术短片，突然有一天一鸣惊人、家喻户晓；接下来便是无数商业机构趋之若鹜地邀请、追逐，然后投身于商业动画片领域赚钱；当钱赚得差不多时再回到个人艺术短片创作之中洗脑、充电，迎接下一次辉煌。我从不反对艺术家参与商业项目创作，艺术家也是人，也要吃饭、买手纸、上厕所，但是13年制作44分钟与6年制作650分钟的作品其精致程度不言而喻。

看来马克·贝克近期是不打算回到个人艺术短片创作领域了，我只能这样安慰自己：“我检讨，我有罪，不是人家动画片不好看，是我不该一口气看完100多集学龄前儿童动画片。马克·贝克的电视系列动画片怎么也比《蓝猫》强吧？2003年1月他不是应川本喜八郎之邀为其集锦式动画片《冬之日》（*Winter Days*）制作了一部一分多钟的短片吗？这说明他还是艺术家而不是满身铜臭的匠人。对，暂且这么认为吧。一分钟的艺术家也是艺术家啊！”

马克·贝克的代表作品：

1988 年	《山丘农庄》(*The Hill Farm*) 18 分钟 获得1988 年奥斯卡奖最佳动画短片提名、英国影视艺术学院奖最佳动画短片奖，1989 年安纳西国际动画节青年体育奖；最佳农业动画短片奖，美国芝加哥国际电影节金奖，捷克斯洛伐克学生动画电影节最佳影片奖；1990 年广岛国际动画节最佳短片奖，渥太华国际动画节二等奖，英国动画大奖最佳声音应用奖
1993 年	《山村》(*The Village*) 14 分钟 第四频道出品 获得1993 年安纳西国际动画节评委会特别奖、芝加哥国际电影节银雨果奖、斯图加特国际动画电影节二等奖、奥斯卡最佳动画短片提名；1994 年广岛国际动画节大奖、渥太华国际动画节最佳电视动画片奖、英国动画大奖最佳动画短片提名
1999 年	《朱利·罗杰》(*Jolly Roger*) 12 分钟 第四频道出品 获得 1999 年安纳西国际动画节评委会特别奖、奥斯卡最佳动画短片提名 《大骑士》(*The Big Knights*) 10 分钟/集/13 集 BBC 出品 与纳维尔·阿斯特里联合导演 获得2000 年英国动画大奖最佳英国成人动画系列片奖、最佳新技术应用奖；2001 年安纳西国际动画节最佳电视系列动画片奖，韩国首尔国际动漫节最佳电视系列动画片大奖
2004 年	《粉红猪小妹》(*Peppa Pig*) 5 分钟/集/52 集 与纳维尔·阿斯特里联合导演 获得2005 年安纳西国际动画节最佳电视系列动画片奖、2004 年英国影视艺术学院奖最佳学龄前儿童动画片奖

马克·贝克的联系方式：

E-mail：mail@astleybakerdavies. com

公司网站：http://www. astleybakerdavies. com

动画“业余爱好者”——保罗·布什(Paul Bush)

小引子：自学成才的动画大师

如果一个动画导演获得了萨格勒布国际动画电影节、广岛国际动画节、俄罗斯 Krok 国际动画电影节(Krok International Festival of Animated Film)等世界顶级大赛的奖项，你是否会对其刮目相看、无比崇拜呢？起码你不会怀疑他（或她）的专业能力吧？因为在正常人的逻辑中一个非专业人士不可能取得如此辉煌的成绩。那么保罗·布什也许是个特例，他既不是动画科班出身，也没接受过专业电影训练，他是一个彻头彻尾的、自学成才的动画“业余爱好者”。

他导演的动画片屡获国际大奖，例如：《寂静人生》(*Still Life with Small Cup*)获得1996年萨格勒布国际动画电影节特别荣誉奖；《信天翁》(*The Albatross*)获得1998年萨格勒布国际动画电影节15分钟以下短片组最佳影片奖、1998年广岛国际动画节评委会大奖；《神秘的爱》(*Secret Love*)获得2003年俄罗斯Krok国际动画电影节荣誉奖；《当达尔文熟睡时》(*While Darwin Sleeps*)获得2005年莫斯科国际电影节(Moscow International Film Festival)新媒体竞赛单元二等奖。1999年他被英国权威机构评选为十大最具创造力动画导演第二名。

世界著名大学与学术机构纷纷邀请他进行演讲与授课，例如：德国科隆媒体学院(Media Academy of Cologne)、荷兰动画电影学院(The Netherlands Institute of Animation Films)、美国加州艺术学院(CalArts)、比利时圣卢卡斯大学(St Lukas)、英国皇家艺术学院、加拿大国家电影局、英国国家影视学校等。

保罗·布什1956年出生于伦敦，母亲是一名医生，父亲是一位出色的古典音乐作曲家，并在伦敦大学兼职讲授音乐史课程。优越的家庭条件与良好的艺术熏陶——父母经常带他光顾音乐厅与剧院——造就了保罗·布什贵族般的艺术家气质。他说："当别的小孩还在游戏玩耍的时候，我却在这样一个典型的中产阶级家庭中过早地接触到了艺术，因此在日后的创作中我很少涉及所谓深刻与重大的主题，而经常去表现那些生活中最细枝末节的东西。"

正如所有人预料的，保罗·布什的"艺术之路"发展顺利，十几岁的他因在绘画与写作方面表现出色而进入艺术高中学习。但是他却想成为一名牧师："在我十岁那年，我爸爸听说我要做牧师便坚决反对，理由是'那赚不到钱'。这无疑成为日后我'嘲笑'他的口实，因为他是一名基督徒并宣称自己是社会主义者。我的父母从不强求我成为一名艺术家，他们只是告诉我艺术也许是我谋生的一种手段而已。当我上大学后，才知道班上的很多同学家长都拼命鼓励他们的孩子成为艺术家。这时候我才知道父母对我'不管不问'的态度有多重要。"

1978年他毕业于伦敦金史密斯学院(Goldsmith College)纯艺术专业(Fine Art)，并加入伦敦电影制作者合作社(London Film-makers Co-op)，一边自学电影知识，一边进行实验电影创作。1981～1993年，他在伦敦南部建立了工作室，以训练营的形式进行电影教育工作，带领学生拍摄16毫米电影。1995～2001年他回到母校教授视觉艺术课程。

我们很难界定保罗·布什的作品类型，甚至有时候我都很难判断他的作品是否属于动画范畴。他的创作涉及实验电影、先锋动画、纪录片、真人故事片和广告领域。如果按照"逐格拍摄静止画面就是动画"的原则来划分的话，他的作品无疑是标准的动画片。但正是这种无法定义的动画片呈现出一种极其怪异的视觉风格与独特的思维方式。与其说保罗·布什在做动画片，不如说他在从事电影创作，或更宽泛地说——视听艺术。遗憾的是很少有人会把保罗·布什极其"业余"的专业背景与其"大动画"的创作观念联系在一起。大多数"动画专业人员"都会对其在胶片上直接刮擦、利用实物拍摄定格动画的"低级水准"不屑一顾。但恰恰是这么一位自学成才的门外汉得到了世界动画领域的普遍肯定，而我们那些科班出身的动画导演们还在苦苦思索——“四足动物咋跑才算流畅呢？我怎么老跑不好呢？不对，不是我，是那驴怎么老跑不顺呢？其实还是我的责任了，驴就是我，我就是驴！一定要严格要求自己！搞明白运动规律！我还就不信了……”

保罗·布什与中央美院

首先声明，保罗·布什不是中央美院毕业的，也和这个学校没什么关系，只是我感觉这二者的状态有某些地方颇为相似。

保罗·布什的影片几乎全部是自编、自导、自摄、自己剪辑甚至自己担任制片人。从创作状态来看，他更像一个画家而非导演。这不仅是因为他的很多影片改编自大师的绘画作品，而且是其特立独行、善于思考、永远创新、不局限于某一种艺术形式的生存状态与我们内地的某些动画导演截然不同。面对他的作品与创作经历，你很容易将其与“艺术家”三个字等同起来，而不是手比脑子快、只讲技巧没有思想、只求生存毫无理想的“工匠”。

也许有人说，他是英国人，国情不同，因此不具可比性。在此，我想探讨的不是究竟中国与英国相差多少，而是艺术修养与艺术创作最终目标的问题。这就不得不先谈一下我对中央美术学院的印象（仅代表我个人观点，不同意者请跳过本段）。

这个中国一流的美术类大学之所以牛，不光是因为它培养出了一大批优秀的画家，而且是通过美术这种艺术形式培养、熏陶了未来的艺术家们，为他们打下了良好的艺术修养基础，使其具备了日后可持续发展的可能性。于是一大批中央美院毕业生日后成为电影导演、摄影师、演员、作家、评论家、动画师、装置艺术家，从而使母校名声大振。这些当年学习绘画、雕塑的学生之所以转型改行得如此成功，与中央美院自由、良好的艺术氛围与启蒙教育密不可分。美术教育只是一种手段与途径，老师可以教给你绘画的技巧，但画家不是在学校里学出来的，就像北大有中文系，但是从没开设过“作家专业”一样。艺术修养极高的老师通过绘画这种形式潜移默化地告诉学生艺术是什么，怎么才能通过创作使你和受众都很愉悦。久而久之，学生的自我修养提高了，自身素质增强了，再加之艺术都是相通的，于是在他们毕业后自然会选择适合自己的艺术表达方式来展现自己，而不仅仅局限于美术领域。

相比之下，一些影视类学校就过于“专”而忽略了对学生艺术修养的熏陶。那里的老师仅仅告诉学生摄影机怎么使，剪辑软件菜单怎么认，运动规律怎么才算流畅等外在的技巧而不重视内功的修炼。用人单位对那些学校毕业生的反馈意见是：上手很快，后劲不足。于是电视台里卖力气的活（摄影、剪辑等）都是中国传媒大学的学生干，动脑子的活（领导、策划等高级职员）全是人大、北大的毕业生干。悲哀的是，我们的毕业生除了在发工资时感觉自己与人家相差悬殊外，还一直沾沾自喜于“我是专业人员，他们会使摄影机吗？他懂运动规律吗？切……”

我只想陈述一个事实，提醒一下我们的学生：“真正大师级的导演都不是导演专业毕业的。”某一领域杰出的人物往往都不是学这个专业的，这一规律在动画界尤为适用。“动画导演”专业正式走进大学课堂才多少年的历史？而动画作为艺术形式已经存在了100多年。难道早年的前辈们没上过大学、没学过动画就做不出好东西了吗？答案显然是否定的。

我一直主张“不要为了做动画而做动画。动画只是电影，或者从更宏观的角度说，它只是视听艺术的一种表现形式而已。该用动画表现的时候就用动画，不适合动画表现的东西千万别费尽心血跟自己较劲”。我非常希望自己的学生在各行各业中取得成绩，而不是只做出所谓的“专业动画片”。

保罗·布什则是我这种观点最好的例证。尽管他是“纯艺术”专业毕业，但是保罗·布什从不认为自己是一名“纯艺术”领域的专家——“对我而言，电影是完全不同的艺术形式。纯艺术需要大量资金而最终只有少数几个人能看见，而电影则可以拥有大量观众，这正是我所需要的。”保罗·布什从不认为自己在做动画片，动画在他眼中只不过是一种表达自我、神奇而有效的手段而已。在国内动画人眼中保罗·布什这样的导演完全是外行，他没有资格对动画发表意见。因为：第一，他不会画画；第二，他不懂电脑技术；第三，他不是电影科班出身。于是，人家成大师了，我们的动画“专业人员”依旧在作坊里给日本人加工色情动画。可悲啊……

保罗·布什的实验动画

保罗·布什深受列恩·雷、诺曼·麦克莱伦和美国抽象动画导演哈里·史密斯(Harry Smith)的影响，他甚至在第一节课就叫学生在16毫米胶片上随便刮、擦、划、画出各种图案。他曾说“概念论(conceptualism)与极简主义(minimalism)对我创作影响极大”，从他的实验动画作品中不难看到这二者的影子。

如果按照制作技术划分，他的实验动画大致分为两类：其一，在胶片上直接刮、擦、划出图形；其二，使用传统定格动画技术拍摄实物或真人。

刮擦胶片与大师插画

1994年的《他的喜剧》(*His Comedy*)灵感来源于19世纪法国著名插画家古斯塔夫·多雷(Gustave Dore，1832～1883)为《神曲》制作的一幅木版画。古斯塔夫·多雷为《圣经》以及但丁、弥尔顿、塞万提斯等人的文学作品所绘制的插图成为插图界无法逾越的巅峰。他领导的创作室在19世纪后半叶几乎引领了欧洲整个插图版画工业的发展。在他短暂的51年生涯中一共制作了4000多种版本、十万多幅金属版和木版插图画。古斯塔夫·多雷不仅对今天的版画制作影响颇深，就连20世纪初的电影艺术也从他的作品中受益匪浅。电影大师格里菲斯、塞西尔·德米尔均从他的作品中借鉴过壮观的场景。

这部八分钟的动画片取材于《神曲·地狱篇》，描述了但丁在一座黑暗的森林里迷了路。黎明时分，他来到一座洒满阳光的小山脚下，正要登山之时，却被三只张牙舞爪的野兽(豹、狮、狼，分别象征淫欲、强暴、贪婪)拦住了去路。这时，古罗马时代的伟大诗人维吉尔出现了，他受但丁青年时期所爱恋的对象——俾德丽采的嘱托前来搭救，然后又作为向导带他游历了地狱和炼狱。影片入选1996年英国电影学会优秀英国动画展映活动。

1995年的《寂静人生》是受意大利著名画家乔治·莫兰迪(Giorgio Morandi，1890～1964)的铜版画启发，为卡尔顿电视台(Carlton Television)制作的。导演首先使用16毫米黑白胶片拍摄一幅幅的版画，再将成品转成35毫米彩色胶片，最终保罗·布什会在每一格35毫米负片最上端进行刮、划，从而形成独特的视觉效果。很多时候一格画面会被重复使用三次以上从而降低影片节奏，同时配合刮划痕迹的视觉节奏。

1998年的《信天翁》是保罗·布什最有名的作品。影片改编自英国著名诗人塞缪尔·泰勒·柯勒惠支(Samuel Taylor Coleridge，1772～1834)的代表作《古舟子咏》(*The Rime of the Ancient Mariner*)，创作灵感来自于一幅19世纪为该诗歌制作的木版画。《古舟子咏》讲述一位老水手坚持将自己的一段经历说给一位应邀参加婚礼的青年听：他的船曾驶入冰的世界，一只信天翁飞来，如盘旋于空中的十字架，给他们带来轻风和好运。但在一种莫名的冲动下，他举弓将其射杀。信天翁是吉祥之鸟，现在无辜被杀，于是大自然的一系列惩罚降临了。风停了，他的船陷入死寂之中不能动弹。水手们极度干渴，他们认为这一切都是老人杀死信天翁所带来的。痛恨之下，水手们惩罚了他——

“我看到了老老少少的面孔，
哎呀，脸色多么凶！
他们挂上我脖颈的，不是十字架，
而是那死的信天翁。”

死鸟挂在老水手的脖子上，仿佛罪犯的标记。在极度干渴之中，老水手看见一条船的残骸驶来，上面有两个女人，一个是“死亡”，另一个是“死中生”。两人在掷骰子赌输赢，结果“死中生”赢了，她要下了老水手。于是其余的水手都死了，只有老水手在无限内疚与痛苦中活了下来。

《信天翁》的制作资金来自包括BBC2电视台在内的四家机构，这对于只投资制作系列动画片和圣诞特别动画节目的BBC来说可谓破天荒。为了营造版画效果，导演使用剪纸、真人表演甚至手持摄影机拍摄动画片。保罗·布什通过刮擦胶片上不同厚度的感光乳剂以及正片与负片的混合使用形成色彩变化。这部近15分钟的作品在人物动作、海浪运动方面做得极其逼真与写实，导演显然使用了转描仪技术或严格参考了真实物体的运动规律。而信天翁的造型与运动则介乎真实与梦幻之间。

2000年的《城市》(*The City*)描绘了伦敦建筑从13世纪至今的变化。这部五分钟的短片是伦敦产品基金会(London Production Fund)资助制作的一部巨幕电影。这次保罗·布什玩得更“野蛮”了，他以往只是在16毫米(最多是35毫米)胶片上划、擦，这次他竟然直接在70毫米的巨幕电影胶片上作画。他与合作者凯茜·肖(Cathy Shaw)

计划将这一想法继续发展到其他城市的IMAX影院。

2002年，保罗·布什为威尔士的S4C电视台制作了《神秘的爱》，导演首先使用DV拍摄，然后再将黑白素材转成35毫米的彩色电影。而动画部分则直接在胶片上刮、擦。

定格动画与尚·史云梅耶

每次看到保罗·布什的定格动画片我都会想起捷克斯洛伐克动画大师尚·史云梅耶关于“什么是超现实主义”的一段话，大致意思是：“超现实主义不是一种艺术流派而是艺术家的生存状态与世界观。在超现实主义艺术家眼中每一个物体都是有生命的，它们确实经历过一些事情，它们曾经吸收了一些东西。我们制作动画片只不过是找一个适当的机会把它们曾经经历的事情释放出来而已。”从这段话中不难感受到尚·史云梅耶彻头彻尾地相信世间万物皆有灵性的世界观，这对我启发很大。我们以往在解释Animation时总喜欢说：“它的词根——Animate——是赋予生命的意思，因此我们动画师所从事的工作和上帝一样崇高！因为我们每天都在赋予那些没有生命的物体以生命。”这个解释字里行间流露出一种“造物主”的优越感。抛开动画师们因热爱本职工作而表现出的爱屋及乌和口出狂言，我们是否可以这样理解尚·史云梅耶的话——世间万物本已有生命，根本不需要我们去赋予，我们需要做的只是发现而已。这似乎与“世界通用”的关于动画英文含义的解释截然不同。

我很赞同尚·史云梅耶的观点，因为我坚信世间万物皆有灵性。中国古代传说中不是经常出现类似故事吗：

你是佛前一根灯芯，我是另外一根；
500年前我们本缠绕在一起听佛讲经；
500年后的今天，我们转世投胎做夫妻。

几千年来，中国人把这种貌似神秘但又极具亲和力的“超现实主义世界观”极其朴素地融入日常生活与文学作品之中，因此中国人理解起尚·史云梅耶的观点应该不费吹灰之力。我非常欣赏他提出的“吸收”与“释放”这两个词，用得极其巧妙与准确。

冥冥之中，世间万物潜移默化地“吸收”了一些人类可以理解或一辈子也不能理解的东西。在一个极其巧合的时机，这个物体——也许是一块石头——与某位艺术家相遇了。又是冥冥之中，这位艺术家使用这块石头创作了一件艺术品从而把千百年来蕴藏在其间的某种“场”“释放”了出来(请允许我这么说，因为很多事情是无法用语言描述的，凡是不能准确定义的东西我习惯于称之为“场”)。如果艺术家、那块石头与观赏艺术品的人们都被这“场”感染了，那么这就是一个优秀的艺术家与一件伟大的艺术品。如果观众无法被这件作品打动，那么除了证明艺术家的无能外，还表明“场”的潜力没有被全部发掘出来。这块石头将继续保留着这份“场”直到下一个与其有缘分的艺术家出现。石头千百年来经历过的风霜雨雪在某种特定环境中由艺术家发现，并在石头与艺术家之间形成一个微妙的“场”的转换。真正伟大的艺术家勇于、乐于、善于发现这些造物中的“场”,有意或无意地将自己与“场”化为一体。这时候我们很难说清究竟谁赋予了谁生命,只能说二者在缘分中彼此长进,获得了永生。这一点在以使用实物为拍摄对象的定格动画创作中应被深刻认识与理解。如果我们只是见山是山的话,任何艺术创作都将成为拙劣的复制与克隆。

当我们真正理解这个观念后会惊讶地发现:身边的世界真的与以往不同了!那一张张桌椅板凳、一块块冰冷石头瞬间变得活力十足,神秘莫测。如果说尚·史云梅耶用他的定格动画作品充当“反面教材”证明了这一观点的话(至于为什么是“反面教材”请参考我的《非主流动画电影》一书),保罗·布什则又一次使我从正面感悟到世间万物的神奇(否则也不会一反常态地说出上面那些极其严肃的话)。1999年,他导演的《家具诗歌》(*Furniture Poetry*)就是利用桌椅板凳、茶杯水壶、水果拖鞋等一切房子里现有的东西拍摄而成的定格动画片。这部五分多钟的短片由英国艺术委员会(Arts Council of England)资助,在第四频道的《动画!》(*Animate!*)节目播出。2000年,影片入选戛纳国际电影节展映单元。

2004年保罗·布什导演了《当达尔文熟睡时》,这部五分钟的定格动画片由国家科学、技术与艺术基金会(The Nation Endowment for Science, Technology and the Arts,简称NESTA)资助拍摄。随着3000多只昆虫标本形体、翅膀与颜色的逐格演变,导演展示了物种的起源与发展。保罗·布什试图挑战达尔文的进化论以及基督教关于人类起源的理论。影片创作灵感来源于导演在自然博物馆看到的一次昆虫展览,整部作品给人的感觉仿佛是达尔文吃过迷幻药后的梦境。2006年,《当达尔文熟睡时》入选英国动画大奖展映单元,并在荷兰、日本等国巡回展映。

保罗·布什的实验电影

保罗·布什拍摄实验电影惯用的手法是:每拍摄一格画面便更换一个真人演员,尽管导演要求演员尽可能保持上一格画面的姿势与动态,但影片效果依旧跳跃闪烁,宛如精神错乱一般。如果按照“动画片是逐格拍摄的”这一定理来说,保罗·布什的实验电影理应属于动画范畴,但是面对如此诡异的影像我们真的很难说服自己——这是动画片。例如:1990年的《化身博士》(*Dr Jekyll and Mr Hyde*)和2001年的《双人舞》(*Pas de deux*)。

《化身博士》太过刺激的画面使观众感觉不是导演喝高了,就是摄影机坏了。这是保罗·布什向维克多·弗莱明(Victor Fleming)导演的经典恐怖片《化身博士》(*Dr Jekyll and Mr Hyde*,1941)的致敬之作。影片入选2002年英国动画大奖展映单元并获得2002年荷兰动画节大奖(Holland Animation Festival)。这使我更加迷惑,它究竟是动画片还是真人电影呢?

《双人舞》改编自经典芭蕾舞剧《天鹅湖》,导演逐格拍摄两个真人舞蹈演员的动作,但是每一格都会换一个演员来表演延续下来的动作。每次换演员时,导演都会要求演员观看监视器上的回放,以便她们找到自己在画面中的位置并做出接下来的动作。原本优美流畅的芭蕾舞瞬间变得极其机械、笨拙。1968年，诺曼·麦克莱伦也曾经拍摄过同样题材的实验电影，只不过他用的是延时摄影与多次曝光方法。与保罗·布什的实验电影相比，诺曼·麦克莱伦已经“大众化”很多了。

2006年的《保罗·布什有话说》(*Paul Bush Talks*)虽然没有采取导演惯用的“逐格拍摄”手法，但是视觉效果却如出一辙。导演在不同空间里面对镜头谈论自己对电影、艺术的认识，声音一直是连贯的，但拍摄场景不断变化。随着影片接近尾声，背景环境变化越来越快，画面不断闪烁，导演的话却丝毫不乱(只是因为空间不同，同期录音的人声有些跳跃)。这不禁使我想起60年代法国新浪潮导演们面对摄影机大谈自己观点的场景。就像保罗·布什在影片中所说的“电影之所以迷人就在于你可以在这一格画面里记录这个地点的光线、声音与情绪，而下一格则换到了别处”。影片剪辑节奏很好，可以看出导演扎实的视听语言基本功。

保罗·布什其他的实验电影在表现形式上并没什么特别之处，只不过在影片主题、内容方面比较前卫，例如1990年的《E开关》(*E Detector*)。尽管导演已经尽可能淡化表现男性生殖器，但是该短片依旧因为过于色情而在很多电影节上遭到禁播。

近年来，保罗·布什对“延时摄影”技术(Time-lapse Photography)产生了兴趣。2002年他使用这种技术制作的《巴斯比·伯克利向麦·伟斯特致敬》(*Busby Berkeley's Tribute to Mae West*)，借助美国歌舞片导演巴斯比·伯克利(1)之口向性感女明星麦·伟斯特表达了自己的敬意。麦·伟斯特(1893～1980)是20世纪30年代美国著名的女演员、歌手和剧作家。她是好莱坞第一个性感女明星，以提倡性解放而著称，曾因为猥亵罪被判入狱十天。她曾经撰写了美国第一个有关变性人的剧本。而同性恋角色第一次登上美国戏剧舞台也是出自她的作品。毫不夸张地说，麦·伟斯特就是30年代的麦当娜。由于这部作品中出现了大量阳物图片，它被2003年的安纳西国际动画电影节取消了首映资格。好在该作品在意大利一个动画节上获得大奖，也算了了保罗·布什的一桩心愿。

2004年的《新宿武士》(*Shinjuku Samurai*)由国家科学、技术与艺术基金会资助拍摄，讲述的是2004年8月27日，26个东京武士来到新宿，他们被要求在众目睽睽之下，尽可能静止不动地保持一个姿势五分钟。这一创意来自导演对街头“人体雕塑”艺人的观察，“他们往往站在那里一动不动很长时间，凭借我们的肉眼甚至无法发现他们的运动。但是摄影机是不会上当的，在连续拍摄的照片中他们细小的形体运动与变化都会被清晰地记录下来。我希望通过一系列这样的照片展现我们平时无法察觉的一面。”使用这种形式制作的实验电影还有《时间旅者》(*Time Travellers*，2004)。

保罗·布什的纪录片与故事片

除了实验动画与电影外，保罗·布什还执导了大量纪录片与真人故事短片。例如1987年的《如此华丽》(*So Many, So Magnificent*)是一部关于中世纪歌特式教堂的纪录片。

1990 年的《遗忘》(*Forgetting*)是一部真人故事短片，讲述一对情侣被残酷地分开，一个时光倒流回到了过去，一个时光迅速前进来到了未来。《遗忘》获得 1991 年芝加哥电影节剧情短片金奖。

1991 年的《梦之湖》(*Lake of Dreams*)所讲述的故事发生在人类第一次登月之时。导演通过一个男人爱上月亮的故事大胆地设想如果有一天月亮离地球的距离变得越来越近，那么世界将会是什么样。

1996 年的《真实的谎言》(*The Rumour of True Things*)则是一部介于实验电影与纪录片之间的作品。影片的创作初衷是：大量为科学研究、工业生产、商业广告或特殊媒体制作的活动影像只能被一小批特定的观众观看，很快它们就会被人们遗忘。保罗·布什在这部作品中使用了大量这样的素材，例如电子游戏、武器实验、生产线监控录像甚至婚礼纪念录像等似乎和我们的生活没有直接关系却又真实地记录了我们所作所为的画面。导演之所以钟情于这些影像，是因为它们现在也许没有什么用，但是我们的后代将从这些资料中了解他们的祖先是如何生存的。这些影像存在的价值不仅仅是为了美观与艺术，而是肩负着记录历史的责任。

我第一次看到这个创意时不禁为之一震，面对如此独特的视角与思维方式我自惭形秽。为什么我就意识不到这些普通素材背后所蕴藏的深刻含义呢？每天，我们周围萦绕着无数司空见惯的影像，我们却从没有留意过。而这些貌似无用的特殊影像所承载的记忆却是震撼人心的。看看 1984 年第一届中央电视台春节联欢晚会的影像资料吧：无论是演员的发型还是主持人的着装，无论是舞美设计还是节目编排，在今天观众的眼中他们简直土得掉渣儿。仅仅 20 多年的时间，我们的生活与审美就发生了如此巨大的变化。但是，又有几个人记得第一届春节晚会的主持人是谁呢？如果没有这些现在看来如此陌生甚至滑稽可笑的影像资料，我们的记忆将出现空白。这世界上又有几个人的生活像伟人那样被随时记录并流传千古呢？大多数人过着极其平凡的生活，平凡到略显庸俗的地步。但他们也有权利与义务记录、回忆自己的生活。家庭滑稽录像也好，“立拍得”照片也好，甚至电梯里摄像头 24 小时录制的无声片，都是我们记录生活的载体。这就是历史，这就是我们经历过的最真实的历史，不管它是辉煌灿烂抑或丑陋不堪。

保罗·布什的其他作品

保罗·布什以一个独立艺术家的身份出现在各大动画节与电影节上——2005 年渥太华国际动画节与 2007 年英国布拉德福动画节都举办了他的个人作品回顾展；而 2005 年台湾金马影展参赛作品中也有他的身影。但是他并没有把自己局限于实验影像创作之中，保罗·布什从不拒绝制作主流短片与商业广告。

2000 年的 *Flik Flak* 是一部二维与三维相结合的动画片，讲述了 5000 年后人类已经灭亡，取代他们的是储存了无数垃圾信息的电子怪物。这些人类的后裔身上多多少少保留了一些人类的特征，但它们看上去是如此愚蠢。所有看到这部短片的观众都会庆幸自己没有活到那一天。这部短片是 13 集系列动画片中的一集，其中五集在第四频道 20:00 黄金时间播出。

2003 年的《摩登艺妓》(*Geisha Grooming*)是一部手绘动画，保罗·布什与女画家利萨·米拉瑞(Lisa Milroy)合作导演。这部三分半钟的短片耗费了两人一年时间，讲述一个极其现代的艺妓准备外出过夜生活的故事。利萨·米拉瑞负责造型设计，这部短片是以她设计的造型为基础的系列动画片的第一集。该系列动画片主要讲述现代艺妓追求快乐生活的故事。

1996 年保罗·布什成立了自己的公司——远古水手公司(Ancient Mariner Productions)，并加入激情动画公司(Passion Pictures)为松下、飞利浦等知名企业制作了大量实验色彩浓厚的广告。他使用《信天翁》美术风格为松下电器制作的动画广告片获得 2001 年日本 ACC 最佳动画片奖。

我最喜欢他为某家具厂商制作的一则广告——《2 号房间》(*Room 2*)，影片大有欧洲 20 世纪 30 年代实验电影的味道。导演使用定格动画技术拍摄各种家具及家居用品，节奏感十足，仿佛一首视觉诗歌。这部动画广告片获得葡萄牙 Cinanima 电影节(Cinanima Film Festival)最佳广告奖，并于 2002 年入选英国动画大奖展映单元，在英国巡回展览。

看着这样一部艺术品位极高的广告我不由得暗暗羡慕——人家英国家具老板的素质咋就这么高呢？投以巨资支持艺术家把自己的产品拍得如此"模棱两可"、"含混不清"。这不禁使我想起一个国内朋友的经历：

这位朋友曾经给一家名牌冰箱拍摄广告，厂家老板竟然对他放在冰箱门上的鸡蛋颜色大加指责——质问他为什么鸡蛋是红皮的而不是白皮的？搞得这位导演百般无奈，心说——咱们拍的是冰箱广告又不是鸡蛋广告，那鸡蛋只不过是道具而已，总不能拍摄空荡荡的冰箱吧？红皮鸡蛋在色彩上比较漂亮，难道这也要事先申请汇报吗？悲哀啊……与保罗·布什的先锋家具广告相比，中国的导演们连选择鸡蛋颜色的权力都没有。

结尾：在英国当一个纯粹的艺术家也不容易

前文我陈述了无数保罗·布什如何阳春白雪、如何独领风骚的例子，似乎在英国艺术家们都活得无比滋润、如鱼得水。其实世界上哪儿都一样，凡是牵扯到"伸手要钱"的问题都不会一帆风顺。保罗·布什也遇到了所有独立艺术家都会面对的问题——资金。整个 80 年代他几乎无事可做，靠制作实验电影根本无法养活自己。当 30 岁已经来临并有了一个孩子后，保罗·布什更加绝望甚至怀疑自己是否选对了职业。

90 年代初期是保罗·布什事业的一个转折点，在第四频道与英国艺术委员会的资助下，一大批先锋导演得到了拍片机会，保罗·布什与菲尔·莫洛伊就是较为成功的代表。有趣的是那个时代所有人都认为他们在进行电影创作，而从没把他们列入动画师的行列。此时的保罗·布什已在世界动画领域小有名气，这在给他带来荣誉的同时也带来了一些麻烦。当他再次申请资助制作实验电影时困难比原来大了许多，因为投资方都希望他继续创作自己熟悉并"容易得到"观众认可的动画片。1996年的《真实的谎言》就是在这种前提下诞生的：导演在没有任何资金支持的前提下自谋出路，影片中所有影像资料来自非专业影像资料馆的民间收藏。保罗·布什花了两年时间收集第一手影像资料并取得了这些资料的使用权，这无疑为该片日后被第四频道收购铺平了道路。

但是，随着近年来英国最大的独立动画资助机构——第四频道的转型（转向以制作电视系列动画片为主），各种民间与官方组织对独立动画创作的支持力度与资金也不断削减，保罗·布什的日子越发艰难起来。虽然他得到"国家科学、技术与艺术基金会"为期三年的资助，但是高昂的制作经费使他不得不把自己的16毫米摄影机卖掉改用DV拍摄。

来自英国老牌动画公司——寇斯格罗夫·霍尔电影公司的资深动画师吉恩·弗林(Jean Flynn)说："我们刚入这行时所有项目都是有全额资助的，寇斯格罗夫·霍尔电影公司的方案一旦被泰晤士电视台肯定，我们就不会为资金问题发愁。而今天这样的资助越来越少，即使你运气好，拉到了赞助，往往也只能拿到你预期的25%而已，其余的钱还要继续四处寻找，自谋出路。面对这越来越难拉的25%资助，动画师们只好开始寻求国际合作与海外投资。很遗憾，英国政府更乐意资助真人影视作品而非动画片，这显然不利于本土动画发展。近来动画界正在积极游说相关部门制定扶持、拯救英国动画的对策。"

今天，保罗·布什的主要收入来源是大学教师的工作：每周一天课或每年在瑞士大学的九周课程使他不至于为温饱问题发愁。

近来保罗·布什正在筹备一部影院长片。我真心希望这位使我感动的实验动画艺术家能一路走好，健康长寿地继续他真诚而又独特的创作。

保罗·布什的主要作品：

1984年	《母牛戏剧》(*The Cow's Drama*)　38分钟　16毫米　黑白　实验电影
1987年	《如此华丽》(*So Many, So Magnificent*) 44分钟　16毫米　彩色　纪录片　第四频道出品
1990年	《丢失的图片》(*Lost Images*) 1分钟 * 2　实验电影　BBC2出品 《遗忘》(*Forgetting*) 34分钟　16毫米　彩色　真人故事片 获得1991年芝加哥电影节剧情短片金奖
1991年	《梦之湖》(*Lake of Dreams*)　13分钟　彩色　16毫米　真人故事片
1994年	《他的喜剧》(*His Comedy*) 8分钟　35毫米　彩色　动画片　第四频道出品 获得1994年墨尔本电影节最佳动画片奖、1994年葡萄牙Cinanima电影节最佳实验动画片奖、1996年印度孟买国际电影节(Bombay International Film Festival)银贝壳奖

续表

1995 年	《寂静人生》(*Still Life with Small Cup*)　3 分 30 秒　35 毫米　彩色　动画片 获得 1996 年萨格勒布国际动画电影节特别荣誉奖
1996 年	《真实的谎言》(*The Rumour of True Things*) 26 分钟　16 毫米　彩色　纪录片　第四频道出品 获得 1996 年德国波恩 Videonale 电影节大奖
1998 年	《信天翁》(*The Albatross*)　14 分 30 秒　35 毫米　动画片　BBC2 出品 获得1998 年萨格勒布国际动画电影节 15 分钟以下短片组最佳影片奖、1998 年广岛国际动画节评委会大奖、1998 年葡萄牙 Cinanima 电影节最佳电影奖、2000 年印度孟买国际电影节金贝壳奖
1999 年	《家具诗歌》(*Furniture Poetry*)　5 分 15 秒　35 毫米　彩色　动画片　第四频道出品
2000 年	《城市》(*The City*)　5 分　动画片 *Flik Flak*　3 分钟　数字录像带　彩色　动画片　第四频道出品
2001 年	《双人舞》(*Pas de deux*)　5 分 30 秒　35 毫米　彩色　实验电影 《E 开关》(*E Detector*)　1 分 20 秒　实验电影 《化身博士》(*Dr Jekyll and Mr Hyde*)　5 分 15 秒　35 毫米　彩色　实验电影 获得2002 年荷兰动画节大奖、2002 年意大利锡耶纳国际短片电影节(JSiena International Short Film Festival)评审团荣誉奖
2002 年	《神秘的爱》(*Secret Love*)　3 分 30 秒　35 毫米　彩色　动画片　S4C 出品 获得 2003 年俄罗斯 Krok 国际动画电影节荣誉奖 《巴斯比·伯克利向麦·伟斯特致敬》(*Busby Berkeley's Tribute to Mae West*)　1 分 20 秒　动画片
2003 年	《摩登艺妓》(*Geisha Grooming*)　3 分 30 秒　数字录像带　彩色　动画片
2004 年	《新宿武士》(*Shinjuku Samurai*)　6 分钟　数字录像带　彩色　实验电影 《当达尔文熟睡时》(*While Darwin Sleeps*)　5 分钟　35 毫米　彩色　动画片 获得2005 年西班牙巴塞罗那 L'Alterantiva 电影节最佳动画片奖、2005 年莫斯科国际电影节新媒体竞赛单元二等奖、2005 年法国 Wissemburg 动画电影节(Animated Film Festival of Wissemburg)评委会特别奖
2006 年	《中央瑞士人》(*Central Swiss*)　8 分钟　实验电影 《保罗·布什有话说》(*Paul Bush Talks*)　2 分钟　彩色　数字录像带　实验电影

备注:

(1)巴斯比·伯克利(1895.11.25～1976.3.14)在 20 世纪 20 年代末期曾被认为是百老汇第一流的编舞家之一。他导演过 21 部歌舞剧,包括《亚瑟王宫殿里的一个康涅格美国佬》、《虹》等。1930 年,他来到好莱坞执导歌舞片。

保罗·布什的联系方式：
Ancient Mariner Productions Ltd.
93 Lausanne Road
London
SE15 2HY
电话：+44 20 7635
传真：+44 20 7533
或
3 Inglis St
London
SE5 9QT
UK
E-mail：films@paulbushfilms.com
官方网站：http://www.paulbushfilms.com

动画“国际主义者”

——麦克尔·杜克·德威特(Michael Dudok de Wit)

一个蛮煽情的小引子

麦克尔·杜克·德威特，从这名字就可以看出他不是英国人。他1953年出生于荷兰乌得勒支(Utrecht)，是地地道道的荷兰人。那他为什么会出现在《英国动画》一书中呢？因为他在英国学习动画并定居于此(他的工作室也在伦敦)，久而久之在人们印象中他便成了英国动画师。这种现象在英国动画界极其普遍，以至于有人这样评价英国动画历史——“英国动画史是由外国人创造的”。

之所以说他是“动画国际主义者”，则因为他生于荷兰，游学于瑞士与英国，在英国、美国、荷兰、西班牙工作，最终在法国疯影动画工作室(Folimage Valence Productions)创造辉煌、享誉世界。到目前为止，虽然他只导演了四部动画短片，但其国际知名度却丝毫不亚于任何一位英国动画大师。

记得第一次看他的作品是2003年，那时候北京广播学院动画学院还在学校南门旁的简易平房里。无意中看见一群刚入学的学生围着电脑大呼小叫地看片，本以为又是日本动画，结果一看，瞬间被那独特的美术风格所吸引！虽然不知道是啥，但仅仅几个镜头划过就使我充分理解了学生们为什么会兴奋得欢呼雀跃，确实牛！

2007年，当时在教室里看片的那群孩子毕业了。其中一个孩子的毕业作业——《邮差的故事》怎么看怎么像当年教室里放映的片子。我不知道这个毕业生是否受了麦克尔·杜克·德威特的影响，但看见她作业的那一瞬间我立刻回忆起2003年的那个欢呼雀跃、泪流满面的午后。时间过得真快啊，从新生到毕业生似乎只一个下午的时间。

2003年的那个午后，我和学生们一起观摩的动画片叫做《父与女》(*Father and Daughter*)。

学生时代与商业动画广告片

麦克尔·杜克·德威特起先在瑞士学习版画，谈到为什么会选择动画专业时他说："1975年我第一次参加安纳西国际动画节。我从早到晚看遍了所有的影片并被各式各样的动画片所吸引。同时我也见到了这些动画的作者，他们是一群专业、富有创造精神、开朗、真诚的人。我被他们吸引住了，并突然意识到——这种艺术形式无所不能！我这辈子注定搞这个了！"

1975年麦克尔·杜克·德威特来到英国西萨里艺术与设计学院即今天的创意艺术大学学习动画。谈到当年来英国求学的经历，他说："我的动画生涯是从英格兰南部的西萨里艺术与设计学院开始的，那是一个开设动画专业的学校，当时全世界只有为数不多的几个学校开设动画专业。我曾给加拿大、波兰、英国、比利时还有美国的五所学校写过信，最终我想还是英国的学校最好。"1978年麦克尔·杜克·德威特完成了毕业作业——动画短片《采访》(*The Interview*)，他借小动物之口讲述了人们为什么不喜欢被录音采访的故事。

在校期间麦克尔·杜克·德威特观摩了大量东欧艺术动画短片并深受启发。同时他也非常喜欢主流商业漫画，例如比利时漫画家埃尔热(Hergé)[1]的《丁丁历险记》、卡尔·巴克斯(Carl Barks)的《唐老鸭》(*Donald Duck*)以及荷兰漫画家马丁·通德尔(Marten Toonder)的作品。"这些作者并没有什么创新之处，但他们的作品是如此成熟、动人与充满智慧。《丁丁在西藏》是我看过最棒的漫画书。在绘画方面，伦勃朗[2]的光线运用与维梅尔[3]精致而祥和的气氛是我所推崇的。"在动画与电影方面，宫崎骏与俄罗斯动画大师尤里·诺尔斯金则是麦克尔·杜克·德威特的偶像；黑泽明的《七武士》他不知道看了多少遍。

1978年毕业后，麦克尔·杜克·德威特在西班牙的巴塞罗那待了一年。他在当地许多动画工作室工作过，但这些工作室经常无事可做，报酬也很少。直到有一天他收到一封从伦敦理查德·泼达姆动画公司寄来的邀请信，信中说："我们看了你的毕业作品，你是否愿意加入我们公司做广告制作人？"理查德·泼达姆动画公司非常器重麦克尔·杜克·德威特，他本人也很喜欢这份工作。"我在那里工作了许多年。理查德·泼达姆是一位不可多得的天才，一流的动画师。我把他当做榜样，从他如何解决创作以及与客户交流时出现的问题中，我学到了很多东西。"

20世纪80年代，麦克尔·杜克·德威特定居伦敦，先后在理查德·威廉姆斯等英国著名动画公司工作，制作了大量动画广告片，这其中不乏世界一流公司，例如喜力啤酒、大众汽车、美国电话电报公司。谈到这一阶段的商业影片创作，他说："毕业后我决定投身于商业动画制作，因为感觉自己还有许多实践性的东西要学，同时也需要一份工作维生。20世纪七八十年代英国涌现出一大批精彩绝伦的广告片，这使我坚定了进入这行的决心。"

谈到学校与公司哪个更能学到本事时，他说："这二者不矛盾，并不是说学校里学不到东西才去公司实践。恰恰相反，正是因为你学到了扎实的基本功才有信心跃入泳池。而要学会游泳，则需要在职业生涯中不断磨炼。”

与疯影动画工作室的合作

与其说麦克尔·杜克·德威特与英国动画联系紧密，不如说他更接近法国动画。这也正是我在撰写本文时遇到的一个尴尬——究竟该不该把他放在这本书里呢？虽然他在英国学习、工作、定居，但他四部作品中有三部都是法国疯影动画工作室投资拍摄的。是否放在《法国动画》一书中更为妥当呢？也许吧，那本书不知道猴年马月诞生呢，姑且走一步算一步吧。

《清洁工汤姆：垃圾桶》(*Tom Sweep—The Bin*)

多年的商业动画片创作使麦克尔·杜克·德威特非常关注普通观众对作品的反应。当被记者问及如果可以随意拍片是否会考虑观众时，他说：“你不会天真到拍电影不考虑观众吧?！你拍电影不就是给观众看的吗？因此在创作时我会不断问自己——这里清楚吗？这个情节观众能看懂吗？我有时甚至(还会为一些特殊观众)着想——电影节的观众会如何看待这部影片？可以说我的创作始终以喜爱动画的广大观众为中心，处处为他们考虑。”但是这种生活长了他也开始感到厌倦，一直希望能拍一部真正属于自己的短片。

在商业片上获得了诸多成功与经验的麦克尔·杜克·德威特始终没有放弃个人创作的理想。“对我来说，成为一名专业的商业导演和独立的电影人有着天壤之别。制作商业片时，你的创造力更多地要在和客户、代理商、同事的讨论基础上进行。制作自己的电影时，你可以挖掘自己无限的创造力，至少你可以试着去做而不必拿出一个万无一失的方案。多年来我以绘制故事板为生，但一直未能找到伯乐来赞助我的个人短片创作。

在英国广告界工作了14年后，我有了一个与环保有关的新构想，片名叫做《清洁工汤姆》。我希望能拍成13集系列动画片。想法很好，但就是没有人投资。突然有一天，我收到了法国疯影动画工作室的一份宣传材料。他们的老板邀请理查德·泼达姆动画公司同他们一起用半年时间制作一部动画片。所有制作费用由他们出，并支付这边动画师少量工资，条件是必须拍出有你个人风格的影片。他们每年从全世界动画师提交的方案中挑选两个投拍，每半年拍一部。”

于是，动画短片《清洁工汤姆：垃圾桶》由理查德·泼达姆动画公司和法国疯影动画工作室联合出品，麦克尔·杜克·德威特担任编剧、导演、美术设计、动画等工作。1992年，这部2分30秒的短片制作完成。影片讲述一个清洁工试图保证街道清洁，然而路人却始终乱扔垃圾的故事。全片只有一个镜头，基本属于记录舞台表演性质的轻松搞笑小品。没有深刻的主题，如果你硬说它是环保题材我也不反对，只不过这种呼吁保护环境的方式实在一般了点。也许导演最初那13集的计划不是这样，总之单独看这一集无法感受到导演绝妙的想法。不管影片主题如何，从《清洁工汤姆：垃圾桶》开始，麦克尔·杜克·德威特清新、简洁、独特的美术风格以及声画严格对位的影片节奏基本确立。

《和尚与鱼》(*Monk and Fish*)

从主题深刻程度与影片样式而言,《清洁工汤姆》更像一部学生作业——稚嫩、单纯而略显拘谨。虽然《清洁工汤姆》并未得什么大奖,但疯影动画工作室却看中了麦克尔·杜克·德威特的潜力,继续为他投资拍片。1994年麦克尔·杜克·德威特完成了动画短片《和尚与鱼》(见彩图18~20)。这部六分钟的影片使用水彩、印度墨水等特殊技法制作而成,麦克尔·杜克·德威特依旧担任编剧、导演、美术设计、动画等工作。

一个和尚在寺院旁边的水库中发现了一条鱼,想尽办法要抓住它,却总是失败。全片没有一句对话,和尚与鱼在音乐的陪衬下追逐、嬉戏,宛如一幕芭蕾舞剧。关于《和尚与鱼》的创作灵感,麦克尔·杜克·德威特说:"最初的构想只是几个僧人的舞蹈加上修道院的背景,并没有完整、清晰的叙事结构。后来我加进了一个简单的故事,想法便源源不断地丰富起来。我为这部片子投注了相当多的热情,特别是影片结尾处和尚与鱼终于温馨地合而为一的部分。片子的许多构想来自于我的童年回忆,毕竟儿时的印象与感受是最令人难忘与纯真的。我想,童年记忆似乎是很多导演的重要创作灵感来源。"

《和尚与鱼》最大的特点就是画面与音乐的完美组合。角色的每一个动作、摄影机的每一次运动都准确无误地与音乐节奏相结合,宛如舞蹈一般优美。关于如何做到声画对位如此准确与饶有情趣,麦克尔·杜克·德威特说:"当一个新构想还在酝酿时我就已经对相关音乐旋律与乐器音色有所设想了。我习惯将影像与声音结合在一起考虑,这可能是因为我闲暇之余喜欢玩音乐的原因吧。与作曲家合作是一件乐事,在影片的制作过程中,这是我最期待的时刻。以《和尚与鱼》为例,我请作曲家瑟戈·贝斯特(Serge Besset)以《佛利亚舞曲》(*La Folia*)这首古老的葡萄牙乐曲为基调为影片配乐。《佛利亚舞曲》至今已由维瓦尔第、柯瑞里(Corelli)、巴哈与拉赫曼尼诺夫等著名音乐家改编为各种版本。在影片制作初期我把我喜欢的版本录成卡带交给瑟戈·贝斯特,请他以此作为创作的参照。同时我还会给他一本故事板,里面详细记载了我想要表达的情感。当他做出第一个小样时,我们开始试着拉近彼此的世界。我会尝试依照他的音乐调整我的故事与节奏,他也尽可能就我的影像来调整编曲。几个月下来,我们对合作结果相当满意。这时我开始更细致地分析音乐,使它最后能与影像完美地结合起来。这样的合作方式耗掉我们两人相当多的体力与心力,然而这是绝对必要的。在这部片子中音乐取代了不少音效,与动画相呼应,占有相当重要的地位。"

《和尚与鱼》获得1994年渥太华国际动画节评审团特别奖,1995年奥斯卡最佳动画短片提名、英国影视艺术学院奖最佳动画短片提名、安纳西国际动画节艺术品质特别贡献奖,1996年广岛国际动画节大奖等众多国际奖项。一夜之间,麦克尔·杜克·德威特成为全世界动画师与观众崇敬的偶像。

谈到荣誉来临后的感受,他说:"人们突然开始对你的作品感兴趣,这真让我难以置信。之前有人提出'你就不能拍点严肃题材的影片吗?'而当他们听说我的影片获得了奥斯卡最佳动画短片提名时才恍然大悟——'噢,这样的动画片也能获奥斯卡奖啊?! 他会走遍世界去参加各种艺术节,无比风光! 这个职业真不错……'然后他们便争先恐后地找来这个短片看。虽然《和尚与鱼》产生了良好的公众效应,但是成功的大门并没有真正打开。很多大学倒是主动邀请我去开设动画课程,但从没有人带着支票来找我说,'说吧,(你下一部作品)需要多少钱?'"

由于要面对生存问题,麦克尔·杜克·德威特不得不再次回到商业广告创作领域。本想只拍一个广告,赚到生活费后便停手继续进行个人短片创作,但是人一旦进入一种状态的惯性之中就很难跳出来,特别是在这个物欲横流的娱乐圈。"我和我的同事都察觉到了这一点。他们想拍自己的独立电影并且做了极其详细的计划,但是(每当要付诸实施的时候)广告项目就会自己找上门来。当他们刚刚拍完这个广告或正在进行的时候,又有一个待遇极具诱惑力的商业广告项目来了。年复一年,他们拍了一部又一部的商业广告(而自己的作品却遥遥无期)。慢慢地大家也就对现在的生活状态与收入习以为常了。而我如果要想拍自己的短片就必须打破这个既定模式与怪圈。"对麦克尔·杜克·德威特所说的"赚钱怪圈"我深有体会,尽管我没赚到什么钱。有时候有钱比没钱更令人沮丧与寸步难行,即老百姓经常说的"没有吃不了的苦,只有享不了的福"。人一旦进入疲于赚钱的惯性之中便很难停下来,我曾经不止一次地听在国外留学的中国学生说:"打工赚钱上瘾! 有时候都不想继续学习了,只想不停地打工赚钱!"对于艺术创作来说,最可怕的事情莫过于生活陷入某一既定模式而永远不愿也无法改变,特别是面对那些"温柔的陷阱与诱惑"时,艺术家的良心与毅力要面临巨大的考验。正像麦克尔·杜克·德威特所说:"如果我最熟的朋友拿着签好的合同来找我帮忙,难道我对他们说'现在忙着呢,别烦我'?"

车一旦入了辙就很难再出来了。

《父与女》(*Father and Daughter*)

2000年的《父与女》(见彩图21～22)由英国与荷兰联合出品,全片8分30秒,影片制作历时四年。

关于《父与女》的创作初衷,麦克尔·杜克·德威特在接受采访时谈道:"灵感不是随时都有的,(没有灵感时)我就看书、看电影或做一些别的事情,最后你的纸上自然就会出现一些东西。《父与女》就是我突发灵感的典型例子。那天,我刚看完波兰导演皮奥特·杜马拉(Piotr Dumala)的诗意电影,受益匪浅。诗意电影真的很美,导演在影片中展现了他的灵魂,没有丝毫商业影片的意味。几小时后,在高速公路上开车的我问自己——我的电影到底要表达什么? 最后得到的答案是期盼(longing),一种既美丽又令人感到痛楚的深沉情感。不是那种希望看到想看的电视节目或是吃一块巧克力般的渴望,而是一种平静而深切的期盼,是可以影响你一生的愿望。"

"几分钟后,我构思出了《父与女》。很快我就有了思路:这应该是一个孩子和父亲(或母亲)的故事。首先是分离,然后是相聚,这是我所知最感人的剧本结构。虽然这种讲故事的方法已经屡见不鲜,但是我并不感到厌倦。有一天,当我又在开车的时候,刹那间影片相关细节一一涌现：父亲与女儿的关系、使用广阔平地作为背景、如何运用自然景象与季节变换来烘托剧情等等。”

“顺便提一下，这部作品的灵感并非来自我个人的亲身经历。”

麦克尔·杜克·德威特运用铅笔、木炭和ANIMO软件营造了简约、唯美的视觉风格，影片的光线处理使人想起荷兰绘画大师伦勃朗、凡·高、维梅尔等人的作品。夕阳西下的湖边，高耸入云的树木在堤岸上投射出一道道长长的影子，温暖的光线中一个小女孩骑着自行车远去。“我小时候常在荷兰中部广阔的平原上骑单车游荡，放眼望去尽是平地，视线最后不可避免地落在远处的地平线上。我很喜欢这种感觉，所以决定在我的影片中带入故乡这种宽广的空间感。”麦克尔·杜克·德威特如是说。

“放眼望去尽是平地，视线最后不可避免地落在远处的地平线上”——我非常理解与向往这种生存环境与生活状态。一马平川，没有高楼大厦，没有城市喧嚣；一眼看到底，没有钢筋水泥丛林的阻挡，尽可以闭上眼睛、双手撒把、放心骑车，绝不会撞上谁。即使摔倒了也有厚厚的、软软的、芬芳四溢的郁金香花团接着。抬头望去，巨大的风车不知什么时候已经矗立在你身边，发出呼呼的声音，似乎在嘲笑你的不小心。在这样宁静、空旷的环境中人的心情自然舒畅，心胸自然宽广，也自然喜欢思考一些终极问题。

地平线那边是什么？是否有人在等我？几十年如一日的默默等待是什么滋味？我为什么要付诸一生的感情等待一个永远不可能回来的人？

影片的结尾总使我泪流满面：

随着时间的流逝，湖水干了。当年的小女孩已经变成了步履蹒跚的老太太。陪伴她多年的自行车也因年久失修而再也站不住了。老太太走进齐腰深的荒草之中，风抚过一望无际的草地，草丛中的老太太显得那么微弱与渺小。不知走了多远，父亲当年遇难的小船出现在她眼前——龙骨残骸周围光秃秃的一片，在草的海洋中形成了一块盆地。老太太蜷缩在破烂的船里，脸紧紧贴着地面的沙粒，仿佛回到了父亲的怀抱中。

看着她一点点变回小女孩，我瞬间感受到什么叫“沧海桑田、海枯石烂”。

全片没有一句台词，谈到为什么这么处理麦克尔·杜克·德威特说：“我并不是有意要避开对白或是旁白配音。我只是比较喜欢作品中没有现实世界声音的打扰。声音会传达很丰富的信息，所以除非画面和这种声音非常和谐，否则是不该轻易采用某一种声音或对白的，因为这会造成一种很不舒服的冲突。在《父与女》中我尝试使用手风琴和钢琴配乐，委婉地表达了小女孩对父亲的思念与呼唤。”

与以往作品相比，《父与女》的原动画的精致程度有了明显进步。之前的作品大都是夸张处理后的跳跃、压缩，而《父与女》的动作则平滑、流畅、写实得多。《父与女》获得2000年渥太华国际动画节最受观众欢迎奖、最佳独立电影奖；2001年奥斯卡最佳动画短片奖，英国影视艺术学院奖最佳动画短片奖，安纳西国际动画节最佳动画短片奖、最受观众欢迎奖，英国动画大奖最佳剧本、最佳短片、最佳美术奖；2002年萨格勒布国际动画电影节大奖等多项大奖。面对如此骄人的战绩，麦克尔·杜克·德威特都有些不敢相信：“刚开始做《父与女》时我对妻子说‘这个电影很美，我很喜欢，但是它可能没有《和尚与鱼》受观众欢迎，因为它没有那么多幽默成分’。所以《父与女》的成功使我异常惊喜。”

水墨意境与《茶香》(*The Aroma of Tea*)

麦克尔·杜克·德威特对东方水墨画的表现力与意境倾心已久。一本关于日本绘画的书对他影响颇深，书中大量日本僧侣与文士的水墨绘画作品令他大开眼界：“简约的画作中蕴含了无限的力量与生命力。我从中领悟到一点：与其成为一个巧手的匠人，不如成为一个浑然一体的创作人。”

此外他还对中国书法赞叹不已——“它们深邃而成熟，仿佛自然天成。”麦克尔·杜克·德威特一直钟情于东方艺术与哲学，并对其进行了深入的研究。他认为：“东方人讲究通过静坐、冥想等修行方式达到陶冶情操、拓展性灵的目的。在传统艺术创作方面则很重视‘空’与‘静’、‘有’与‘无’之间的调和转换。当我欣赏一幅东方书法作品时可以感受到笔墨、线条与周围留白空间组合后散发出的力量感与生命力。这曾使我相当震撼。尽管我对东方书法景仰不已，但我清楚地知道自己永远无法掌握其精髓。因为我没有这方面的才能与文化背景，仅仅模仿是毫无意义的。但这门艺术还是给我带来了很多灵感，在《和尚与鱼》这部作品里就使用了大量水墨线条画法，这种线条既生动又有个性。遗憾的是我使用的是一种很普通的欧洲水彩笔(而不是东方的毛笔)，(在表达意境方面)它并不太好用，但我还是沉浸在绘制‘水墨动画’的乐趣之中。”

正如麦克尔·杜克·德威特所说，水墨与东方哲学带给他无数创作灵感。继《和尚与鱼》之后，2006年他的新作《茶香》更是一部向水墨艺术致敬的作品。与前三部作品截然不同，这部三分钟实验动画没有动人的故事、精致的画面，完全依靠抽象的线条与留白的背景营造了一个水墨化的世界。黑白线条的动势与笔触很像中国书法。

这一次麦克尔·杜克·德威特回到了自己的故乡进行创作，影片由荷兰电影基金(Netherlands Film Fund)赞助完成。不过观众似乎对他这部实验意味十足的作品不太适应，反响平平。也许是《父与女》给观众留下了太深刻的印象，因此期待六年后导演却推出了一部似乎只有他自己看得懂的作品，难免令人失望。我不知道麦克尔·杜克·德威特今后是继续沿着实验动画的路子走下去，还是再回到地球人都喜欢并能看懂的温馨、精致艺术短片创作领域，估计这要由他的钱包饱满程度与心情决定了。

其他工作

麦克尔·杜克·德威特除了导演自己喜爱的短片外，还作为助手参与了很多其他导演的动画作品。作为动画师他参与制作了美国影院动画片《重金属》(*Heavy*

Metal,1981)与《幻想曲 2000》(*Fantasia*2000,1999),法国疯影动画工作室金牌导演雅克一雷米·吉黑贺(Jacques-Remy Girerd)的短片《查理的圣诞节》(*Charlie's Christmas*,1998),荷兰导演皮埃特·克罗姆(Piet Kroon)1997 年的短片 *T.R.A.N.S.I.T.*。作为故事板画师,他参与了迪斯尼公司的影院版动画片《美女与野兽》(1991)的制作。

谈到与迪斯尼公司的合作,麦克尔·杜克·德威特说:“他们想制作一部全新的长片,于是迪斯尼公司的人来找理查德·泼达姆。‘拍一部《美女与野兽》的动画片吧。我们会给你我们最好的制作人员,然后你们一起在伦敦用几个月的时间创作。不一定完成整个片子,只是一个考察,叫我们了解你们的实力’。理查德·泼达姆接受了这个工作,于是格伦·肯尼(Glen Keane)、安德里亚斯·德加(Andreas Deja)、汤姆·西托(Tom Sito)等大师和其他一些迪斯尼的动画师来到了伦敦。

我比较擅长画故事板,所以理查德·泼达姆要我也参加。这是一次有趣和令人兴奋的体验。我与迪斯尼的动画师们在一间工作室干活,工作气氛非常融洽、愉快。他们都很专业,比如,我们每天要画故事板草图,然后整天待在图板前讨论故事情节如何发展。我一直在画马,但是很难画,于是我找了一大堆怎样画马的书阅读。从卡通画法的马到真马的照片,我都用来做参考。格伦·肯尼也在画马,不过他的方法与我完全不同。他找了一些有关马的解剖图深入研究马的骨骼、肌肉,然后根据解剖原理去画,几天后他就可以从各个角度画马了。格伦·肯尼绝对比我聪明,这是一门专业技能,要从基础做起,不是随便看看就能模仿得了的工作。我看他这么做很受启发,便也想照方抓药。一有机会我就去书店找画册观察马从后面看是什么样的。但是由于还要画故事板所以没时间如此细致地去做。

《美女与野兽》最终反响平平,出于别的考虑迪斯尼公司的人说‘好吧,《美女与野兽》的原班人马回洛杉矶去’。于是我为迪斯尼公司打工的日子就这么结束了。”

除了动画工作外麦克尔·杜克·德威特还从事绘本创作,例如:《父与女》(*Vater und Tochter*,Freies Geistesleben GmbH 出版社 2003 年版)、《夜晚的四只小水獭》(*Vier Bevertjes in de Nacht*,Freies Geistesleben GmbH 出版社 2004 年版)、《奥斯卡与小呼》(*Oscar and Hoo*,哈珀柯林斯出版社 2003 年版)、《奥斯卡与小呼续集》(*Oscar and Hoo Forever*,哈珀柯林斯出版社 2004 年版)等。

谈及绘本与动画的差异,他说:“绘本与动画的画面语言并不完全相同,我喜欢电影丰富的语言元素与叙事手法,相比之下绘本的视觉语言更安静与直接。当我制作动画时考虑的是动作与影片节奏;如果是绘本创作,由于读者有更多的时间欣赏每一幅图画,因此我会花较多的心思在画面细节上。虽然在绘本中听不到音乐有点可惜,我还是喜欢图书这种载体。与送我的动画片 DVD 给别人相比,我还是更愿意送自己的绘本。”

今天,麦克尔·杜克·德威特在英、法、瑞士等国家的大学开设动画课程,例如:英国皇家艺术学院和国家影视学校,美国的哈佛大学以及德国的卡塞尔大学。

麦克尔·杜克·德威特的代表作品：

1992 年	《清洁工汤姆：垃圾桶》(*Tom Sweep—The Bin*) 2 分 30 秒
1994 年	《和尚与鱼》(*The Monk and the Fish*) 6 分钟 法国疯影动画工作室出品 获得1994 年渥太华国际动画节评审团特别奖；1995 年奥斯卡最佳动画短片提名、英国影视艺术学院奖最佳动画短片提名、欧洲卡通论坛(Europe Cartoon Forum)金动画奖、安纳西国际动画电影节艺术品质特别贡献奖；1996 年法国巴黎塞萨尔奖最佳动画短片奖、广岛国际动画节大奖
2000 年	《父与女》(*Father and Daughter*) 8 分 30 秒 英国 Cloud Runner 有限公司与荷兰 CinéTé Filmproductie BV 公司联合出品 获得2000 年渥太华国际动画节最受观众欢迎奖、最佳独立电影奖，葡萄牙国际动画节(Cinanima)一等奖；2001 年奥斯卡最佳动画短片奖，巴西国际动画电影节(Anima Mundi Animation Festival)评审团最佳影片奖，英国影视艺术学院奖最佳动画短片奖，欧洲卡通论坛金动画奖，安纳西国际动画节最佳动画短片奖、最受观众欢迎奖，英国动画大奖最佳剧本、最佳短片、最佳美术奖，法国克莱蒙费朗国际短篇电影节(Clermont-Ferrand International Short Film Festival)最佳动画奖，波兰克拉科夫电影节(Cracow Film Festival)堂·吉诃德奖提名，德国德累斯顿电影节(Dresden Film Festival)青年评审团动画电影一等奖、最佳动画电影二等奖，德国莱比锡国际电影节(Leipzig DOK Festival)最受观众欢迎奖，荷兰电影节(Netherlands Film Festival)NPS 奖，丹麦欧登塞国际电影节(Odense International Film Festival)最佳想象力奖；2002 年萨格勒布国际动画电影节大奖
2006 年	《茶香》(*The Aroma of Tea*) 3 分钟

备注：

(1)埃尔热是《丁丁历险记》的作者，原名乔治·雷米(George Remi)。1924 年，乔治·雷米开始使用埃尔热(Herge)这个笔名。

(2)伦勃朗·马尔曼松·里因(Rembrandt Harmenszoon van Rijn，1606.7.15～1669.10.4)是 17 世纪荷兰最伟大的画家。

(3)尚·维梅尔(Jan Vermeer，1632.10.31～1675.12.15)与伦勃朗、凡·高并称荷兰三大画家。

麦克尔·杜克·德威特的联系方式：

Dudok de Wit Animation
3 Birchwood Avenue
London
N10 3BE
England
电话：+44(0)20 88838811
E-mail：m@dudokdewit.co.uk
官方网站：http://www.dudokdewit.co.uk

其他代表人物

乔夫·邓巴(Geoff Dunbar)

乔夫·邓巴(1944年生),动画导演、儿童文学作家、插画家。

乔夫·邓巴初中毕业后便步入社会,从事着各种貌似与艺术无关的工作,赚来的钱几乎全部用于拍摄自己的八毫米电影短片,可以说他是一个彻头彻尾的自学成才的典范。18岁时他加入伦敦著名的业余电影制作组织“电影人协会”(Film Producers Guild),那时他就算是专业人士了。

21岁时乔夫·邓巴进入英国老牌动画制作机构——拉金斯动画公司(Larkins Studio)学习上色、描线。三年后他又来到约翰·哈拉斯的公司开始独立执导动画片,代表作品有《爱的信物》(*His Love Thing*,1970)、《男人的地位》(*The Condition of Man*,1971),此外他还制作了大量动画广告片。

1977年,乔夫·邓巴在伦敦久负盛名的考文特花园(Covent Garden)建立了自己的工作室Grand Slamm Animation(后改名为Grand Slamm Partnership)。为了谋生,他带领一群像他一样在外人眼中被视为疯子的艺术家制作了大量商业动画作品。

1979年,他根据法国现代戏剧怪才阿尔弗莱德·雅里(Alfred Jarry,1873～1907)1896年上演的话剧《乌布王》[1]导演了动画短片《乌布》(*Ubu*)。这部20分钟的影片充满了暴力、色情与极其怪诞的音乐。影片获得1980年柏林国际电影节最佳短片金熊奖和渥太华国际动画节大奖。

《乌布》的成功引起了“甲壳虫”乐队的灵魂人物、著名歌手保罗·麦卡特尼(Paul McCartney)对乔夫·邓巴的注意。这不仅因为他们二人都是阿尔弗莱德·雅里的超级粉丝,保罗·麦卡特尼对动画多年来的热爱也是促成他们合作的基础。

作为英国乐坛无可置疑的一号人物,保罗·麦卡特尼一直想涉足动画界,他与妻子曾经编了一个关于旅行大巴上老鼠家庭的故事,想做成动画片但未果。早在70年代他就希望将《每日快报》(*Daily Express*)上连载的“小熊鲁珀特”连环画制作成动画长片,但是由于各种原因这个计划没有实现。1984年,他的夙愿终于在乔夫·邓巴的帮助下得以实现。二人合作了13分钟的动画片《鲁珀特与青蛙歌曲》(*Rupert and the Frog Song*),保罗·麦卡特尼为影片创作了歌曲——《我们在一起》(*We All Stand Together*),而整部影片则成了他的动画MV。这部动画短片不仅使《我们在一起》进入英国流行歌曲排行榜前三名,而且获得1984年英国影视艺术学院奖最佳动画短片奖并成为当年销量最高的MV。从此保罗·麦卡特尼与乔夫·邓巴展开了长达23年之久的合作,保罗·麦卡特尼担任动画片的作词、作曲、配音与投资人,乔夫·邓巴则负责导演工作。

1992年,乔夫·邓巴导演了《道米尔的法律》(*Daumier's Law*),这部15分钟的动画片创作灵感来自法国讽刺漫画，保罗·麦卡特尼为影片提供了同名音乐。影片获得1992年戛纳国际电影节最佳动画短片提名、英国影视学院奖最佳动画短片奖。

1992年，乔夫·邓巴参与了英国著名电视系列动画片《彼得兔与他的朋友》(*The World of Peter Rabbit and Friends*)的制作，导演了其中三集：《兔子本杰明》(*Rabbit and Benjamin Bunny*，1992)、《杰里米·费舍尔的故事》(*The Tale of Jeremy Fisher*，1993)、《托德先生的故事》(*The Tale of Mister Todd*，1995)。该电视系列动画片获得1994年美国艾美奖最佳电视动画节目提名。

1997年的《热带海岛小调》(*Tropic Island Hum*)与2000年的《周二》(*Tuesday*)是继《鲁珀特与青蛙歌曲》之后乔夫·邓巴与保罗·麦卡特尼的又一次合作。值得一提的是，在《周二》这部根据同名绘本改编的动画片中，乔夫·邓巴第一次使用了手绘与电脑动画相结合的表现形式。影片讲述在星期二的神秘夜晚，一群青蛙乘坐荷叶在夜空飞翔的故事，达斯汀·霍夫曼担任解说，影片获得2002年英国影视艺术学院奖最佳动画短片提名。当然，这两部短片都使用了保罗·麦卡特尼创作的音乐。

参与《鲁珀特与青蛙歌曲》、《热带海岛小调》、《周二》制作的团队多达120人。保罗·麦卡特尼这样评价这个"音乐动画三部曲"："这个点子使我像孩子一样兴奋，直到今天一想起它还激动不已。我不知道我们为了这个浪漫、幽默的冒险项目付出了多少激情，但是我可以肯定地说，这是一部极其天真烂漫的艺术动画作品，当然也有那么一点音乐元素。这是赋予那些神奇故事以生命力的最完美的表达方式。"2004年《保罗·麦卡特尼音乐动画精选》(*Paul McCartney—The Music and Animation Collection*)DVD上市，这张40多分钟的光盘收录了这三部动画片及幕后制作花絮。

综观保罗·麦卡特尼与乔夫·邓巴合作的动画片，我发现一个有趣的现象：随着他们年龄的增长，其作品适合的观众年龄层越来越低幼，越来越纯洁，越来越适合全家观看。真不敢相信这两个人是阿尔弗莱德·雅里的信徒，更不敢相信是《乌布王》使他们走到一起。也许是历尽沧桑后的返璞归真吧，童年的梦想在几十年后终于得以实现。再叛逆、再伟大的艺术家都有童年，哪个小朋友不想抱着大布熊与青蛙一起飞翔呢？权当看超级摇滚巨星的另类回忆吧，我相信知道这段历史的"甲壳虫"迷并不多。看完动画片后如果去MIDI音乐节大喊："保罗·麦卡特尼很幼稚！他竟然投资做那么傻的动画片！还自己配音!!"估计当场就会被群殴回只有童年记忆的状态吧。

保罗·麦卡特尼与乔夫·邓巴不仅共同创作了多部动画片，在儿童文学领域也有合作。今天，已是外祖父的保罗·麦卡特尼现在又多了一个儿童文学作家的头衔。2005年他出版了《在云中》(*High in the Clouds*)，乔夫·邓巴则是这部新书的插画作者。据保罗·麦卡特尼称该书的创作灵感来自《热带海岛小调》，他有意将此书改编为影院版动画长片。2008年乔夫·邓巴也出版了六本儿童故事绘本，画风非常怀旧。

1997年，乔夫·邓巴成立了自己的新公司"飞鹰动画公司"(High Eagle Productions)，开始为BBC2电视台制作复活节特别节目《狡猾的小狐狸》(*The Cunning Little Vixen*)。这部58分钟的影片改编自捷克著名作曲家莱奥什·杨纳克的同名歌剧，历时五年制作完成，于2003年4月20日播出。播出后观众反响热烈，影片的DVD

销量大增并被翻译成多种语言在全世界发行。

乔夫·邓巴的代表作品：

1979 年	《乌布》(*Ubu*) 20 分钟 获得 1980 年柏林国际电影节最佳短片奖、渥太华国际动画节大奖
1984 年	《鲁珀特与青蛙歌曲》(*Rupert and the Frog Song*) 13 分钟 获得 1984 年英国影视艺术学院奖最佳动画短片奖
1992 年	《道米尔的法律》(*Daumier's Law*) 15 分钟 获得1992 年戛纳国际电影节最佳短片提名、英国影视艺术学院奖最佳动画短片奖
1992～1995 年	《彼得兔与他的朋友》(*The World of Peter Rabbit and Friends*) 24 分钟/集/9 集电视系列动画片 获得 1994 年美国艾美奖最佳电视动画节目提名 《兔子本杰明》(*Rabbit and Benjamin Bunny*, 1992)、《杰里米·费舍尔的故事》(*The Tale of Jeremy Fisher*, 1993)、《托德先生的故事》(*The Tale of Mister Todd*, 1995)
1997 年	《热带海岛小调》(*Tropic Island Hum*)
2000 年	《周二》(*Tuesday*) 13 分钟 获得 2002 年英国影视艺术学院奖最佳动画短片提名
2003 年	《狡猾的小狐狸》(*The Cunning Little Vixen*) 电视动画片

乔夫·邓巴的联系方式：mail@geoffdunbar. net

大卫·安德森(David Anderson)

大卫·安德森(1952 年生)，又名大卫·亚历山大·安德森(David Alexander Anderson)，实验动画导演、摄影师。他的创作涉及电影、电视、动画、戏剧、舞蹈等领域。其动画作品大都采用多媒体拼贴手法，几乎每一部作品中都使用了多种表现形式——定格、手绘、真人演出甚至各种前人从未使用过的创新形式。例如他在《死亡》(*Deadsy*, 1989)中先使用摄影机拍摄真人表演，然后把胶片上的画格一格格冲印成照片，再将这些照片复印成黑白图片，在这些图片上绘制一些简单动画，最后使用摄影机，按照最初真人表演的动作顺序将这些处理过的黑白复印画拍摄回去。这种复杂流程所产生的画面效果果真异常诡异。

1970～1973 年，大卫·安德森就读于巴斯艺术学院(Bath Academy of Art)，潜心研究苏格兰木偶剧。1977 年他考入国家影视学校学习摄影与导演，为了完成一部满意的毕业作业，大卫·安德森在这里待了五年(一般是三年毕业)。

作为国家影视学校 1982 届的毕业生，他的毕业作业《梦境特快》获得 1982 年英国影视艺术学院奖最佳动画短片奖、1984 年渥太华国际动画节最受观众欢迎奖。

影片灵感来自 1927 年米拉(H. R. Millar)的同名儿童绘本,在原作中三个男孩乘坐一列神奇的火车旅行,分享各自梦境中的冒险事。大卫·安德森将原作结尾的“他们总能在最危险的时候及时醒来并安然无恙”改编为“他们再也没有醒来,孩子们仰望浩瀚而凄凉的星空,永远活在了梦中”。

1986 年的《无梦之眠》(*Dreamless Sleep*)是第四频道的电视系列动画片《甜蜜的灾难》(*Sweet Disaster*)中的一集,全片没有一句对话,仅通过面部表情变化传达了对核爆的恐惧。影片获得 1986 年广岛国际动画节和平奖。同年大卫·安德森参与了阿德曼动画公司动画 MV《大锤》(*Sledge Hammer*)的制作,该 MV 获得九项 MTV 大奖。

为了谋生,大卫·安德森加入红翼电影公司(Redwing Film Company),制作了大量动画广告,例如:苏格兰皇家银行(Royal Bank of Scotland)、万事达卡(Mastercard)、欧洲之星特快(Eurostar)。当然该公司也支持他的艺术短片创作,为其投资制作了《死亡》和《门》(*Door*,1990)。这两部短片的编剧都是美国著名科幻小说作家拉塞尔·霍本(Russell Hoban),最终两部作品被冠以《大人们听的死亡故事》(*Deadtime Stories for Big Folk*)的名字打包播出并制成录像带出售。《死亡》获得英国影视艺术学院奖最佳动画片提名、世界动画庆典(World Animation Celebration)评委会特别奖。《门》获得 1991 年安纳西国际动画节大奖、爱丁堡国际电影节最佳新英国动画奖,1992 年渥太华国际动画节最佳电视动画片奖。

作为定格动画师与超现实主义艺术家,大卫·安德森被哈佛大学邀请讲学两年,教授动画。2000 年,英国电影学会发行了他的个人作品集《大卫·安德森作品集》(*David Anderson: Works on Film*)。

大卫·安德森的作品阴暗、隐晦,我个人感觉无论是美术风格还是主题思想都与尚·史云梅耶极其相似。近十几年来大卫·安德森除了导演了《天使时代》(*In the Time of Angels*,1994)外基本没有动画作品问世,他似乎将兴趣转移到了真人短片领域:2001 年的《运动控制》(*Motion Control*)与 2003 年的《感受引力》(*A Sense of Gravity*)都是舞蹈与真人相结合的实验电影。

大卫·安德森的代表作品:

1982 年	《梦境特快》(*Dreamland Express*) 14 分钟 获得1982 年英国影视艺术学院奖最佳动画短片奖、1984 年渥太华国际动画节最受观众欢迎奖
1986 年	《无梦之眠》(*Dreamless Sleep*) 10 分钟 获得 1986 年广岛国际动画节和平奖
1989 年	《死亡》(*Deadsy*) 4 分 36 秒 获得英国影视艺术学院奖最佳动画片提名、世界动画庆典评委会特别奖

续表

1990 年	《门》(*Door*) 5 分 32 秒 获得1991 年安纳西国际动画节大奖、爱丁堡国际电影节最佳新英国动画奖，1992 年渥太华国际动画节最佳电视动画片奖
1994 年	《天使时代》(*In the Time of Angels*) 15 分钟 获得 1994 年萨格勒布国际动画节二等奖(5～30 分钟组)
2001 年	《运动捕捉》(*Motion Control*) 13 分钟 真人短片
2003 年	《感受引力》(*A Sense of Gravity*) 真人短片

西蒙·帕梅尔(Simon Pummell)

西蒙·帕梅尔(1959 年生)，编剧、导演，创作涉及纪录片、实验电影、动画片、剧情片、交互新媒体艺术领域。1986 年，凭借真人短片《表面张力》(*Surface Tension*)毕业于英国皇家艺术学院电影专业。曾经担任美国哈佛大学视觉与环境设计系访问学者与荷兰韦伯斯特大学传媒系主任(Head of Media Communications Department at Webster University)职务。2005 年他因在编剧、导演以及新媒体艺术应用方面的贡献而获得英国国家科技、艺术基金会“梦想时代”奖金(Dream Time Fellowship)。

西蒙·帕梅尔深受大卫·林奇、彼得·格林纳威、奎伊兄弟与史云梅耶的作品影响。他的影片经常使用真人与动画相结合的方式，充满恐怖、暴力、古怪的超现实主义想象力。用他自己的话讲就是：“我的作品所表现的是我以及其他人都会遇到或期望遇到的焦虑、欲望与本能反应。我追求一种影像的诗歌，一种记录、探索人内心的抒情诗。我喜欢奇怪与伤感混合在一起的感觉。”例如 1993 年描写孩子变成怪物的真人短片《圣徒的诱惑》(*The Temptation of Sainthood*)，讲述了一个令人无法接受的事实。孩子在玩耍时本能地想探索他们不知道的世界，于是他们经常玩一些在成人眼中非常危险甚至充满暴力的游戏，这其实是他们在探索未知领域、积累知识。这种本能的游戏有时会把孩子从虚拟的暴力引向真实的暴力。影片中的孩子充满杀气，观众搞不懂是孩子打骨子里就具备这种潜质，还是周围的现实世界诱发了他们的暴力倾向。西蒙·帕梅尔说：“我相信任何一个现实生活中的孩子都会比我影片的孩子更像怪物。”

1996 年的《屠夫的钓钩》(*Butcher's Hook*)是一部六分钟的恐怖动画，导演运用数码技术创造出半透明的人体影像，对医药和科学实验进行了意象化的发掘和描述。

2003 年西蒙·帕梅尔导演了影院长片《身体之歌》(*Bodysong*)。这部近 80 分钟的纪录片没有一句解说词，使用了大量新闻简报片中我们耳熟能详的经典镜头，讲述了人类从诞生到毁灭的全过程。影片一开始是精子与卵子相遇，婴儿诞生，接下来便是人类社会的各种行为——恋爱、性、家庭、宗教、娱乐、政治、艺术、科学直到战争。当一切毁灭后，银幕上再一次出现影片最初的细胞孕育镜头，又一个循环开始了。

这部极其意识流的影片的音乐由英国著名摇滚乐队 Radiohead 的吉他手——强尼·

格林伍德(Jonny Greenwood)创作。该片不仅是传统意义上的电影,还通过网络传播,并进行了相应的装置艺术展览。《身体之歌》获得2003年英国独立电影大奖(British Independent Film Awards)最佳英国纪录片奖、2004年英国影视艺术学院奖最佳交互艺术奖(Interactive Award)。

《身体之歌》一如既往地延续着西蒙・帕梅尔"艺术家般的阳春白雪"的创作风格,该片在YouTube有完整的观看链接,幸亏是分为八段播出,否则我真的没有勇气一口气全部看完。

西蒙・帕梅尔对多种媒体与技术的混合使用非常感兴趣,他戏称自己的梦想就是使用所有现有的动画技术制作一部微型动画百科全书。他非常重视影片的后期特效处理与合成,《屠夫的钓钩》、《圣徒的诱惑》便是与英国著名的影视后期特效公司The Mill合作完成的。在他眼中,新技术必将改变视觉艺术的发展走向,"就像画中画这种在电视节目里早已习以为常的手段在电影里却被当做很少使用的实验一样,今天画中画已经成为电子游戏最常用的表现形式之一。在改编自威廉・吉布森(William Gibson)同名科幻小说的真人电影《空战游戏》(*Dogfight*,2000)中,我便大量使用画中画的方法,它已经不再是一种简单的特技手段,而成为一种新颖的叙事方式。"

和所有艺术家一样,西蒙・帕梅尔也要为生计问题奔波,自从第四频道这样的媒体把注意力从独立艺术短片转为主流商业作品后,作为一个独立影像工作者,他得到的资助越来越少,只能越来越多地进入主流剧情片与新媒体创作领域。他不仅为MTV电视台制作宣传片,导演了31集(每集一分钟)电视系列动画片《停一分钟》(*Stop for a Minute*,2001)其中一集;还为英国老牌摇滚乐队——皇后乐队(Queen)制作了名为《皇后:天堂制造》(*Queen: Made in Heaven*)的宣传片。

近来他正在撰写一部有关德国著名精神病患者,曾因精神分裂而放弃大法官职位,康复后撰写书籍,大胆反映精神病患者内心世界的丹尼尔・保罗・史瑞伯(Daniel Paul Schreber,1842~1911)的纪录片剧本。

西蒙・帕梅尔的代表作品:

1986年	《表面张力》(*Surface Tension*) 真人短片
1992年	《堕落天使的快乐秘密》(*Secret Joy of Falling Angels*) 动画片 《污点》(*Stain*) 真人短片 《丘比特》(*Cupid*) 真人短片
1993年	《圣徒的诱惑》(*The Temptation of Sainthood*) 14分钟 真人短片
1994年	《红玫瑰》(*Rose Red*) 18分钟 真人短片
1995年	《数字宝贝》(*Digital Baby*) 真人与动画相结合
1996年	《屠夫的钓钩》(*Butcher's Hook*) 6分30秒 动画 《进化》(*Evolution*) 5分钟 真人短片 《伤心》(*Heart-ache*) 6分钟 真人短片

续表

1997 年	《皇后:天堂制造》(*Queen: Made in Heaven*) 43 分钟 纪录片
1998 年	《雷射枪游戏》(*Ray Gun Fun*) 12 分钟 真人与动画相结合
2003 年	《身体之歌》(*Bodysong*) 78 分钟 纪录片 获得2003 年英国独立电影大奖最佳英国纪录片奖、2004 年英国影视艺术学院奖最佳交互艺术奖

丹尼尔·格雷弗斯(Daniel Greaves)

丹尼尔·格雷弗斯毕业于萨里艺术与设计学院,即今天的创意艺术大学动画系。1981 年他完成了毕业短片《警钟》(*Alarm Call*)。1988 年他导演的《家庭树》(*Family Tree*)是一部名不见经传的纯手绘动画作品,其摄影机运动丝毫不逊色于电脑动画片。

丹尼尔·格雷弗斯被世人所熟知的作品无疑是那部获得奥斯卡最佳动画短片奖的《操纵者》(*Manipulation*,1991),这也是我看的他的第一部作品。说实话,我进动画圈七年了,到今天为止我依旧搞不清楚这片子是怎么做的。技术太强大了,强大到令人绝望!手绘、真人、剪纸等手段都使上了,并且配合得天衣无缝。难怪它获得了 1992 年渥太华国际动画节最佳混合媒体动画奖(Best Mixed Media Animation)。

其实《操纵者》的故事情节非常普通甚至无聊:一双手戏耍一个小纸人,最终纸人被扔进废纸篓。这个被搬演了千百次的闹剧在丹尼尔·格雷弗斯手中获得了新生。忽而真人双手与纸上的手绘动画一番厮杀;忽而定格小人奔跑于一张张被手翻动的纸张之间。即使我睁大了眼睛想找出各种材质转换时的破绽,但遗憾的是仍然徒劳无获。

1997 年的《平面世界》(*Flatworld*,见彩图 23)是一部 30 分钟的中篇动画。正如片名所讲,影片描述了一个平面世界里的故事。所有场景、道具都是在摄影棚里搭建的立体造型,唯独角色以及行驶其中的车辆是以纸片的形式出现。导演在立体的纸片上绘制二维画面,再把纸片剪裁成与手绘图形一致的形状——例如人物绘制在人形的纸片上,汽车绘制在汽车形状的纸片上——每拍一格便要在重新剪裁了形状的纸片上绘制全新的动画。换句话说,当车子横驶过画面时其实是放了一张只画了侧面车身的单薄纸片而已,因此当车子转弯时观众便可以清晰地看见“根本没有厚度”的车身。导演追求的就是这种故意穿帮、笨笨的感觉。

这种形式我的学生也使用过:她把主角画在小纸片上,再按照主角的轮廓把纸剪成大概的人形。这个小纸人穿梭于真实的环境中,使观众分不清究竟是二维手绘动画还是三维立体动画。其实这种二维、三维混合使用的技巧早在 1987 年就由加拿大国家电影局的荷兰导演考·浩德曼在《查理和弗朗索瓦》(*Charles and François*)中使用过了。

正是这种简单的形式营造出了奇特的视觉效果，甚至影片的故事情节都是围绕着这一大胆的技术实验展开的。影片精彩之处在于利用材料本身的立体属性制造出各种情理之中、意料之外的细节。例如：警察与盗贼拿的枪是订书机，射出来的不是子弹而是钉书钉；做得极其逼真、立体的道具微波炉里烤的鱼却是如此标准的纸片鱼；小偷进入银行金库的方法竟然和郭德纲的相声《买面茶》里那位瘦姥姥的方法一样——皮影一般地从门缝进去；文具店里再普通不过的胶布在影片里成了绑架工具，纸片银行职员被胶布瓷实地贴在了墙上动弹不得；护士接生出来的三胞胎婴儿竟然像窗花剪纸一般连在了一起。

这不禁使我想起迪斯尼的那句名言——“不可能的可能性”。这些貌似不合理、不可能的细节其实按照这个“平面世界”的原则来说都是可能的。例如：为什么所有角色来到电视世界就会从平面变成立体？因为纸遇水会湿透、膨胀从而被泡得立体，所以导演安排角色们必须通过水坑才能进入电视世界。这个点子乍一看很不合理，但是仔细一想：纸片被水泡过确实会变成立体的啊。这就是“不可能的可能性”，也是动画艺术最吸引人的地方。至于那个生出三个“剪纸孩子”的孕妇使我想起老舍先生在某本小说中对瘦小枯干女人的描述，大概意思是“我很怀疑这个纸板身材的女人能否生出立体的孩子来”。看来老舍先生 1933 年的质疑在 64 年后被丹尼尔·格雷弗斯解答了。

这部动画版的《神奇遥控器》是绝对的娱乐大片，刺激、好看，充满想象力。但是如果你愿意多思考一下的话就会发现它其实有着深刻的主题。《平面世界》是一部为电视台制作的特别节目，但是拿着电视台工资的导演却在影片中表达了对电视媒体的担忧与反感。我们每天的生活被电视包围着、干扰着，直到有一天电视节目里的小偷借助某种契机来到了现实生活中，使世界大乱。导演赋予影片《勇敢者的游戏》一般的结尾，电视世界里所有东西都被放了出来，各种怪兽与危险威胁着平面世界。令人欣慰的是，男主角最终打败了电视坏人，把他们都赶回了电视世界。一切恢复平静，男主角把家里的电视机揉成一团从窗户扔了出去，一个清洁工将那团电视垃圾扫进了垃圾桶。

像《平面世界》这种要想法有想法，要实验有实验，要商业有商业的动画片实属少见，因此它获得了 1998 年英国影视艺术学院奖最佳动画短片提名，1998 年萨格勒布国际动画电影节一等奖、最受观众欢迎奖(15～30 分钟组)。

丹尼尔·格雷弗斯在 2003 年的《小事》(*Little Things*)中将自己钟爱的多媒体混合使用的动画创作方法发展到极致。手绘、定格、三维电脑、数字特技合成，几乎所有主流动画手段全部用上了。硬纸板做的墙与三维电脑动画制作的电灯开关合成在一起，给人一种既怀旧又现代的矛盾感与趣味性。导演按照一周七天的顺序结构了七个相对独立的小故事，每一个故事讲述了一件再普通不过的日常小事——四处吹口哨的男人，羞于在自动售货机买避孕套的男孩，和坏电灯展开殊死搏斗、一定要把它关了的老人，貌似文雅而内心狂野、见谁吼谁的职员……影片结尾时，这七个毫无关系的人物相遇了，前面交代的一切似乎瞬间连接在了一起。《低级小说》一般的剧作结构使观众若有所思，某种深刻的内在联系似乎从前面那些闹剧中浮现了出来。这部11分钟的影片获得2005年英国影视艺术学院奖最佳动画短片提名，欧洲卡通论坛大奖提名。

丹尼尔·格雷弗斯的代表作品：

1988年	《家庭树》（*Family Tree*）5分45秒
1991年	《操纵者》(*Manipulation*,见彩图24) 7分钟 获得1992年奥斯卡最佳动画短片奖、欧洲卡通论坛大奖、渥太华国际动画节最佳混合媒体动画奖
1997年	《平面世界》(*Flatworld*) 30分钟 获得1997年爱丁堡国际电影节(Edinburgh International Film Festival)最佳新英国动画奖(Best New British Animation)；1998年英国影视艺术学院奖最佳动画短片提名，墨尔本国际电影节最佳动画短片奖，萨格勒布国际动画电影节一等奖、最受观众欢迎奖(15～30分钟组)；1999年波兰国际电影节最受观众欢迎短片奖
2001年	《摇滚乐》(*Rockin' & Rollin'*) 5分钟
2003年	《小事》(*Little Things*) 11分钟 获得2005年英国影视艺术学院奖最佳动画短片提名、欧洲卡通论坛大奖提名

备注：

(1)阿尔弗莱德·雅里的《乌布王》(*Ubu Roi*)(又译《愚比王》)于1896年12月10日在巴黎作品剧院上演。由于该剧在内容与形式上均彻底摧毁了传统戏剧的观念与模式，该剧成了一部戏剧史上最令人摸不着头脑的作品。其荒诞不经与惊世骇俗引发了现代演出史上罕有的轩然大波。无论是演出当天还是演出之后，观众、评论界均分成壁垒分明、不共戴天的两派。评论家们无法将其归类，兴之所至又各取所需地将其说成是一出"象征主义闹剧"、"木偶喜剧"、"过火的讽刺画"、"变了味的童话"、"有史以来最具独创性、最有感染力的滑稽剧"。一百多年来，对其抑扬褒贬的争论从未停止过，但有一点可以肯定的是，在《乌布王》之后，剧场再也不是绅士淑女假惺惺的社交场所，戏剧再也不可能是原来的那个样子。现代戏剧潮流在此拐了个弯，一场大规模的颠覆、反叛的现代主义戏剧大潮从此揭开了序幕。

达达主义，超现实主义，残酷戏剧，荒诞剧都大大受益于雅里。其自创的"啪嗒学"(Pataphysique)是对形而上学(Metaphysique)的戏弄和超越，用于讥讽技术神话。1948年由此建立了"啪嗒学院"，至今已成为一种独特的文学、艺术和哲学现象。啪嗒学家们流行的定义是：啪嗒学与形而上学的关系就像形而上学与物理学(Physique)的关系。暗示了啪嗒学是形而上学的"上学"。

啪嗒学不是一般意义上的"荒诞玄学"。它也不是思辨性的哲学，而是一种生存状态或批判意识的凸显。啪嗒学家们在各自领域里以不同的方式书写历史，彻底的主观性创造，而非仅仅颠覆秩序或改写历史。从此意义上讲，"啪嗒学"引导了"后现代"的解构浪潮，但比后来者们更彻底，更纯粹。其代表作《乌布》系列(《乌布王》、《乌布龟》、《乌布囚》)掀起的狂潮如榴霰弹般射入下一个世纪。

温故篇

这部分是对我前几本书中相关内容的修正与补充。

只要这些大师活着，他们的创作就不会停止。于是我们这些搞理论的"寄生虫"便要一生跟随他们收集、整理其劳动成果，直到大师逝去或我们自己死去。好在如果不出意外的话我们都会死在大师后面，那么我就可以为其著书立传，将其一生完整记录，给自己一个圆满的交代。因此无论是大师还是我，创作与写书都是一辈子的事情。这样算来，以后我的每本书都要保留这种温故而知新的修订方法了。

理查德·威廉姆斯与《动画师生存手册教学片》

2008年11月，理查德·威廉姆斯为他那本所有动画师心目中的圣经《动画师生存手册》(*The Animator's Survival Kit*)制作了教学片《动画师生存手册教学片》(*The Animator's Survival Kit Animated*)。大师亲自披挂上阵，为大家现场讲解他书中的重点与难点，手把手教授原动画知识。看着白发苍苍的理查德·威廉姆斯慷慨激昂地卖力表演、绘画与演示，我不禁感慨道：在这个不再出大师的年代，这位老先生也许是最后一位我们可以顶礼膜拜的、活着的大师了。他倾其一生所积累的经验为我们留下了一本宝贵的教科书，毫不夸张地说，有了这本《动画师生存手册》，其他所有讲解原动画的书都可以不看了。今天，老得已经有些脱相的他又推出了这套16张DVD的教学片。看着由于体力不支而不时擦汗的老人家，我能真切地感到他在使出生命中最后一丝力气，将他所知道的一切传授给那些和他一样真正热爱动画，并愿将一生奉献给动画艺术的年轻人。

我相信所有动画从业人员看到这套教学片的动画片头(各种卡通角色行走并最终排成《动画师生存手册》封面样式)时都会激动不已，正是这一貌似再简单、单调不过的运动规律伴随着包括理查德·威廉姆斯在内的动画人一步步接近动画艺术圣殿，成为每个动画人心目中不可替代的圣物。尽管这套八个多小时的教学片售价高达1200美元，但是我相信无论从专业技巧还是从纪念大师的角度讲，它都物超所值。

“街头霸王”与《西游记》

哪里有了戴蒙·阿尔本和杰米·休利特，哪里就别想消停，因为凡人的想象力永远跟不上他们极具跳跃性的思维模式。

这两位特立独行的艺术家一手打造的“街头霸王”乐队(见彩图25、彩图30～34)从创建之日起便从未“安分”过。网络曾一度盛传他们要解散刚刚发行了两张专辑却如日中天的“街头霸王”乐队。尽管这一消息并未被证实，但是我坚信这两位想起一出是一出的“大侠”哪天心血来潮真会做出这种决定。不管这个动画虚拟乐队今后是否存在，这次他们的举动确实“雷”到我了——2007年，他们联名以“猴”的名义与华裔导演陈士铮合力打造了新概念歌剧，并在英国、法国公演，好评如潮。

杰米·休利特一如既往地负责舞台背景大屏幕的动画制作以及布景与服装设计工作，而戴蒙·阿尔本则负责音乐创作。尽管他们努力使自己不重复过去，但是二人似乎始终没有脱离“猴”这一概念——Gorillaz在英文里是大猩猩的意思，而《西游记》

更是猴王的天下。该剧导演陈士铮也意识到这一有趣现象，并解释道："按照中国的属相，他们两人都是属猴的。"

三位艺术家来到峨眉山、乐山与湖南凤凰等地采风，在他们的通力合作下这部名为《美猴王：西游记》(*Monkey: Journey to the West*)的歌剧不仅在曼彻斯特艺术节首演，还登上了英国皇家歌剧院的舞台。包括歌剧演员、杂技演员和武打演员在内的500名工作人员参与演出，导演要求扮演美猴王的中国演员前一刻咏叹调高歌而后一刻则大秀爬绳杂技，再下一刻又要模仿猴子抓耳挠腮并发出吱吱叫声。即使是群众演员的演唱(普通话)形式也是五彩缤纷，演员们经常一边倒挂着或表演转盘杂技一边唱歌。陈士铮说："我希望与中国的杂技演员合作。他们从五岁起开始训练，18岁时达到事业的巅峰，而在20岁时引退。在当今的科技化世界中人们几乎不怎么使用自己的身体，而杂技是一件近乎不可思议的事，它传递着一种超人的力量。"

日前该剧已经受到中国的邀请，有望在国内上演。

关于陈士铮

陈士铮1963年生于湖南省长沙市，从小学习花鼓戏并成为专业演员。1987年他在纽约大学攻读表演硕士学位，现为著名华裔戏剧、电影导演，编舞，演员。他不仅导演了多部西方歌剧，还将《赵氏孤儿》、《六月雪》、《桃花扇》等中国古典戏剧搬上了外国舞台。1999年更以一部长达19个小时的《牡丹亭》轰动一时。这部耗资巨大、改编自昆曲的全本《牡丹亭》在美国、意大利、法国、德国、丹麦、奥地利、新加坡上演，并发行了录像带。但是剧中那惊世骇俗的出殡场面——身穿丧服的演员和乐队成员从舞台穿过休息厅一直运动到广场，又哭又闹，焚烧纸人纸钱——被当时的中国文化部门斥为"不是中华文化的精粹，而是夹杂着许多令人厌恶的糟粕。剧中明显渲染封建迷信气氛，搞得满台妖魔鬼怪，狰狞恐怖"而在国内被禁演。

2005年他出演了侯孝贤导演的《最好的时光》，2008年他执导的电影处女作《暗物质》(*Dark Matter*，也译为《流星》，由刘烨与梅丽尔·斯特林普主演)获得圣丹斯电影节大奖。

至于为什么会和"街头霸王"乐队的两位灵魂人物合作《西游记》，他在该剧导演阐述中说："'文革'时我还是个小孩，很多古典名著因为涉及封建迷信等因素而成为禁书。我父亲的一个朋友原来是长沙的一名图书馆工作人员，她经常来看望我们。有一次我在她家床下发现一箱书，里面就有《西游记》。那时候我八岁，尽管我只能大概看懂书里一半内容，但是它却深深吸引了我。对我来说那本书讲述了一只小猴子变化无穷，征服一切的神话故事。《西游记》伴随我度过了那个动荡的岁月。1987年，当我来到美国看了《星球大战》并听人讲了《指环王》的故事后，特别想让西方人知道中国有一部比他们更富有想象力的神话作品。三年后我把这个想法告诉一个搞戏剧的法国朋友，他立刻表示大力支持并邀请我将这个点子改编为话剧。经朋友介绍我认识了戴蒙·阿尔本与杰米·休利特，我邀请他们到中国感受最传统、美丽的乡村生活，并参观像北京这样已经发生巨大变化的城市。我们宛如朝圣者一样去名山大川寻访佛教高僧曾留下的遗迹。最终我们三人决定合作搞一部《西游记》歌舞剧。我花费了两年多时间在中国寻找演员与投资商，我希望年青一代的中国演员可以放开观念，利用他们的传统技艺创造出一部全新的《西游记》，一部给21世纪观众欣赏的艺术品。其实《西游记》原著本身就是一部现实与幻想相结合的作品。”

孩提时代，陈士铮对《西游记》的钟爱就已经不同于其他小孩对神仙鬼怪的向往，在他幼小的心灵里《西游记》是追逐自由、张扬个性的象征。“文革”时他的父母遭到迫害，母亲死于非命。在那个精神食粮匮乏的年代，“这本书可以说是开启我想象力、让我感知可能性的起点。它给了我现实之外的一个空间。我对孙悟空这个角色有很强的认同感，我当时就是这样一个想变得更强大、想懂七十二变、还想能降妖除魔的小男孩。这个角色能激发你的情感，他反抗所有虚伪的东西，为自己争取到了应得的权利。孙悟空是从石头缝里蹦出来的，没有父母，也没有传统的束缚。他找到了师父，但同时他基本上是自己学会了如何解决问题。而当我现在回到中国，孩子们知道的只是《哈利·波特》、《指环王》。这些作品成为现在小孩心中的神话。我所想的是，若能让他们接触到《西游记》，让这部作品对他们产生与我当初同样的效果，那该是件多么好的事情”。

谈到如何与摇滚明星、成人漫画大师合作，是否担心这部歌舞剧会成为“街头霸王”式戏剧时，他说：“不错，‘街头霸王’名气很大，人们很容易只想到他们。不过戴蒙·阿尔本与杰米·休利特都希望人们将他们看成是独立的艺术家。他们希望做些新鲜的东西出来(而不是重复自己)。我带他们三次到中国，他们探访了偏远的农村，也在北京看到了现代中国的变化。那种大规模建设与一些边远少数民族聚居的农村反差之大令人难以置信。他们了解到中国正处在一个十字路口。我希望这个剧目能够反映出这一点。合作是为了找到一个现代的诠释或者说是过滤。通过杰米·休利特的动画、设计和戴蒙·阿尔本的音乐，也通过我的歌词，我对杰米·休利特说：‘那必须是你自己的绘画，而不是你对中国绘画的翻版。除非你理解这一点，再有些幽默感，否则很难成功。从某种意义上讲孙悟空是个坏孩子，这很重要。他不应该很干净，很漂亮。你需要在这个故事中加入些现代元素，这样人们才不会觉得这孙悟空是1500年前的形象，他是今天的孙悟空。’戴蒙·阿尔本对中国各种闹哄哄的声音很是着迷，特别是那些喇叭声和汹汹的人流。他将这些元素谱入了乐曲，甚至还发明了一种乐器用来模仿汽车喇叭的声音。我想这个故事从某种程度上说找到了一种诠释。如果这个故事能够和这些东西融合，那么它就能够被西方观众接受。”

关于《西游记》专辑

趁着北京奥运会的商机，狂热迷恋中国文化的戴蒙·阿尔本将歌剧《西游记》的音乐精剪，于2008年发行了一张同名专辑。这张专辑全部用中文演唱，分别在伦敦与北京录制。在专辑曲目表中可以看到《金箍棒》、《大闹天宫》、《白骨精》等22首颇具《西游记》原汁原味的歌名。与歌剧一样，戴蒙·阿尔本并没有把自己的名字印在专辑封面上，而是与负责封面设计的杰米·休利特联合署名为“猴”。看来他们俩真的打算弃“街头霸王”而以“猴”面对世人了。真不知道下次“温故”时该怎么称呼他们——“街头霸王猴”？

2008年10月底杰米·休利特在网上公布了专辑中《孙悟空大战铁扇公主》(*Monkey Bee*)一歌的真人版MV，短短几天这个MV传遍全世界。

MV片头特地打上了由毛笔书写的中文“猴”字，MV的近景是一个中国的传统城楼，而背景却有点像《指环王》中的末日火山——看来杰米·休利特一定认为《西游记》中的火焰山就是这个样子。MV一开始，一个身着古装的中国女子扛着一把大扇子飘到城楼上，然后吐出了一只蜜蜂，后者飞出城楼后变成了一个头戴带边盔帽、披着毡布、拿着一根亮晃晃棍子的男子。这位长着獠牙的男子的形象很容易吓到小朋友，但毫无疑问，他就是杰米·休利特心目中的孙悟空。你如果观察仔细还是能隐约看到只属于孙悟空的紧箍。而前面亮相的女子扛的扇子上写着大大的“铁”字，清楚地表明，她就是铁扇公主。就在孙悟空和铁扇公主说着中国人基本都听不懂的中文时，画面中突然显出一片白光，一位白衣女子飘于空中低吟浅唱。从其紫色螺发装扮可以看出，这应是观音。观音亮相之后，动作戏就开始了。铁扇公主派出三个婢女准备降伏孙悟空，但被打得落花流水。这时突然城楼下的废墟中爬出一群死亡战士将孙悟空团团围住，而MV也就此打住，颇有些评书“欲知后事如何，且听下回分解”的感觉。

如果说铁扇公主和观音菩萨的造型还能让国人接受的话，那么龇牙咧嘴甚至看起来有点猥琐的孙悟空就让国人大呼“太雷人了！”但来自美国和英国的年轻人却赞叹MV拍得“酷毙”了。不管是表扬者还是批评者，他们都难得地在MV上找到一个共同点——听不懂。《孙悟空大战铁扇公主》并非英文歌曲，而是用中文演唱，在英国网友抱怨他们听不懂里面的歌词与对白时，中国网友也在互相打听他们在唱什么。

关于BBC《西游记》版奥运宣传片

《西游记》的火爆一直在蔓延，以至于英国BBC电视台体育频道从中看到了商机。他们聘请戴蒙·阿尔本与杰米·休利特将歌剧版《西游记》继续发扬光大，为配合北京奥运会制作了BBC版本的奥运动画宣传片《东游记》。这部宣传片于2008年8月正式推出，杰米·休利特说：“这次我们将继续借用‘西游’的概念，让师徒四人重新‘东游’，历经九九八十一难，回到北京，来到鸟巢。孙悟空将是一个核心角色，他将被赋予如同奥林匹克运动员一样的力量，并将这种精神与特殊技能运用到铲除妖魔鬼怪的过程中。比如说孙悟空会体操，猪八戒会摔跤，沙僧会跆拳道，师徒四人成功抵达北京奥运赛场。”

这部两分钟的手绘动画片由十名动画师在三个月内完成，影片使用了“一拍二”的比率，加上各种特效镜头，两分钟的短片一共绘制了8000张左右的画稿。该片使用了包括二胡、琵琶、古筝在内的大量中国乐器，有38名中国歌手参与演唱。不过歌词实在不敢恭维，观音菩萨式的女声念经般地唱道："悟空恭喜，取经来了，为了希望荣耀，燃起梦想，生死与共，穿越世界毫无阻碍，艰难困苦勇往直前，冲破恐惧，为了追求，为了希望与荣耀，璀璨绚丽的梦想，把灵魂融为一体……"

无语中……

没人知道《西游记》过后，这两位天才又会做出什么令人大跌眼镜的事情。最近，尽管关于"污点"乐队重组的传闻不断，但杰米·休利特透露戴蒙·阿尔本在《西游记》之后的工作重点肯定不是"污点"乐队，"他将打造一部结合电影与舞台演出的作品，名为《旋转木马》，规模会比《西游记》更大。他已经为此写好了 70 多首歌"。

第4章 英国动画高等教育及理论研究

皇家艺术学院(The Royal College of Art)

作为英国乃至全世界最优秀的艺术院校,皇家艺术学院(简称 RCA)是世界上唯一一所只培养研究生的艺术与设计类大学。学院拥有工艺美术、建筑、平面设计、时装设计、动画、视觉传达、艺术史、工业设计等专业的文学硕士学位(MA)、哲学硕士学位(MPhil)和博士学位(PhD)授予权。目前在校博士生与硕士生共 850 多名,专职教授 100 多名。其中博士与哲学硕士 100 多名,占全校学生总数的 12%。

皇家艺术学院主校区位于伦敦市中心的肯辛顿(Kensington Gore),正对海德公园,和维多利亚与阿尔伯特博物馆(Victoria and Albert Museum)、自然历史博物馆、科学博物馆相邻。在伦敦南部的巴特西(Battersea)学院还拥有一个分校区,主要是为那些需要较大空间与场地、设备的专业(例如雕塑专业)而准备的。

在英国,20 个从业人员中就至少有一个从事创意产业,并且这一比例正以每年 8%的速度增长。仅伦敦地区就有 50 万创意产业从业人员,为这座城市创造着每年 210 亿英镑的价值。英国赫特福德大学(University of Hertfordshire)文化创意产业学院院长克里斯·麦金特瑞(Chris Mclntyre)谈到这一新兴产业时说:"英国的创意产业占到整个英国经济份额的 7.3%,而金融服务业也只占到了 7.3%左右,旅游业则只是它的一半。创意产业提供的直接就业人口为 100 万,间接相关领域的就业岗位有 80 万,占整个劳动人口的 5%。我们不妨把新加坡和日本的例子与英国的情况比较一下,同样的数据在新加坡和日本的情况只占不到英国的一半。广告这一块也非常重要,它创造的附加额是 71 亿英镑,提供了 10.87 万的就业岗位。动画产业在英国至少创造了 5000 人的就业,电脑游戏也有 9000 人左右的就业,还有其他一些数据,包括 37%~57%的动画从业人员,他们是作为自由职业者的形式,在一些非常小的公司里面工作。英国动漫公司中 60%是一些微型公司,24%是中型公司,14%是大型公司。"

皇家艺术学院无疑是这一创意产业大军的摇篮与领军者。皇家艺术学院每年的毕业展览都成为全英国乃至全世界艺术与设计领域的一大盛事，各大知名公司接踵而来。这一活动的意义早已超越了学生展览的层次，而成为指导未来几年内世界艺术与设计界发展趋势的风向标。

学院概况

学校历史

传说皇家艺术学院最初是由伊丽莎白一世及其丈夫阿尔伯特公爵一手创建的，至今已有150多年的历史。这对传奇夫妇对艺术与科学的浓厚兴趣使得学校从一开始便披上了皇家高贵而耀眼的外衣。

1837年	皇家艺术学院的前身——国家设计学校(Government School of Design)正式成立。
1853年	更名为中央艺术培训学校(Central Training School for Art)。
1863年	更名为国家艺术培训学校(National Art Training School)。
1896年	正式命名为皇家艺术学院(Royal College of Art)。
1922年	皇家艺术学院成为英国现代雕塑的权威学校，拥有芭芭拉·贺普沃斯(Barbara Hepworth,1903～1975)和亨利·摩尔(Henry Moore ,1898～1986)这样大师级的教师。
1948年	皇家艺术学院在英国率先开设平面设计、时装设计以及工业设计等专业。
1967年	学院被皇家授予独立招生、授予学位权力，成为完全独立的学院。
1998年	在英国高等教育基金会下属的教学质量评委会评选中，皇家艺术学院获得23分的高分(满分是24分)。
1999年	BBC播出6集专题片《皇家艺术学院》，约有200万观众收看了该节目。这之后英国掀起了有关皇家艺术学院的热潮，一个月内竟然有4.7万名参观者到学校参观，这是平时参观人数的一倍多。
2000年	由该校校长撰写的《艺术与设计：皇家艺术学院百年》(*Art and Design*：100 *Years at the Royal College of Art*)一书正式出版。
2001年	学院接受海伦·哈姆林基金会(Helen Hamlyn Foundation)300万英镑捐助，成立海伦·哈姆林研究中心(Helen Hamlyn Research Centre)。
2002年	在全英国教学评估中皇家艺术学院获得5分，成为排名第一的英国艺术与设计类大学。
2006年	为了解决教学空间不足的问题，学校在巴特西兴建了新校区。

院系与专业设置

工艺美术学院（School of Applied Art）	制陶与玻璃制造（Ceramics and Glass）、冶金制造（Goldsmithing）
建筑与设计学院（School of Architecture & Design）	建筑与室内装潢（Architecture and Interiors）、产品设计（Design Products）、工业设计（Industrial Design Engineering）、交互艺术设计（Interaction Design）、汽车设计（Vehicle Design）
视觉传达学院（School of Communications）	动画（Animation）、视觉传达与设计（Communication Art & Design）
时装与纺织设计学院（School of Fashion and Textiles）	男装设计（Fashion Menswear）、女装设计（Fashion Womenswear）、布料设计与印染（Constructed and Printed Textiles）
美术学院（School of Fine Art）	绘画（Painting）、摄影（Photography）、印刷（Printmaking）、雕塑（Sculpture）
人文学院（School of Humanities）	文化保护学（Conservation）、当代艺术保护学（Curating Contemporary Art）、设计史（History of Design）、批评与史论研究（Critical and Historical Studies）

学位信息

硕士学位	学制：2 年 学费：20700 镑/年（海外留学生 2006～2007 学年）；英国及欧盟学生 4250 镑/年 生活费：约 11500 英镑/年[1]
博士学位	学制：哲学硕士学位（MPhil）[2]：全日制 2 年，Part Time 4 年 博士学位（PhD）：全日制 4 年，Part Time 6 年 学费：20700 镑/年（海外留学生 2006～2007 学年）；英国及欧盟学生 4250 镑/年 生活费：约 11500 英镑/年

一般来说，英国的硕士学位需要一年完成，博士学位需要三年完成，而皇家艺术学院的硕士学位是两年完成，博士学位则需要四年完成。从教学时间上看皇家艺术学院明显是“慢工出细活”的“精英”教学模式，每年每个专业硕士生录取十名左右，而博士生则录取一至二人。其学费也与“皇家”二字紧密结合，极其高昂（基本是英国其他艺术类院校学费的一倍）：一个硕士学位读下来，大概需要六万多英镑（生活费、学费，约合人民币 60 多万）；一个博士学位读下来则需要 12 万多英镑（生活费、学费，约合人民币 120 多万）。另外，博士生与欧洲（包括英国）以外的留学生无权申请奖学金。即使各个二级学院和相关企业设立了一些专项奖金与基金资助学生，但数额都不是很高，扶持力度也不大（平均一学年 1000～5000 镑而已，最高不超过 7000 镑）。这些“小”钱

对于高昂的学费和生活费来说，不过是杯水车薪。而针对动画专业硕士生与博士生的资助就更少，这无疑使这一世界顶级艺术学院又蒙上了一层可望而不可即的神秘面纱。据我所知，到目前为止，该学校动画专业还没有中国内地的研究生和博士生毕业（有香港学生毕业），高昂的费用使很多中国人望而却步（中国人一般都学“赚钱”的专业——例如 MBA，像“艺术”这种“花钱”的专业很少见到国人身影）。

1995 年至今，已经有 184 名哲学硕士和博士从皇家艺术学院毕业。该院的博士培养一直与各大高校、科研部门、国家机构密切合作，例如与帝国理工学院（Imperial College of Science Technology and Medicine）、维多利亚与阿尔伯特博物馆、国家画廊（National Portrait Gallery）、科学博物馆等机构合作科研项目（这也是中国学生申请奖学金的一个捷径：一旦申请到有科研经费的项目资助，高昂的学费也就不成问题了。英国艺术类大学很难申请到全额奖学金，全额奖学金＝一笔一笔小钱的总和）。

皇家艺术学院的联系方式：

Royal College of Art
Kensington Gore
London
SW7 2EU

电话：＋44 (0)20 7590 4444
传真：＋44 (0)20 7590 4500
E-mail：admissions@rca. ac. uk
官方网站：http://www. rca. ac. uk

动画系

世界一流的实验动画专业

皇家艺术学院的动画硕士主要培养实验动画人才，该专业从 1983 年开始设置硕士学位，1983～1986 年间，该硕士学位的名称为“影视艺术硕士之动画方向”（MA Film & Television, Specialised in Animation），从 1987 年开始正式开设动画硕士学位（MA Animation）课程。

该专业每年招生平均十人左右（最多 14 人，最少 1 人）。1983～1986 年四年间，一共毕业了七名研究生，头两年都只有一名毕业生。皇家艺术学院动画系“鼓励跨专业、跨学科的艺术家充分发挥自己的创造精神与想象力；鼓励各种不同类型的动画片创作——纪录片、科幻片、叙事与实验动画片等。影片结构、节奏、影像、声画之间的关系是教学重点。角色性格塑造、动画基本技巧、指导演员表演、动画时间掌握与节奏也是授课的重点内容”。

动画系与印度国家设计学院（National Institute of Design, India）有合作项目，互派师生进行创作交流。该系还与位于伦敦的威斯敏斯特大学（Westminster University）合作培养“声学艺术硕士”（MA Audio Arts）。同时，皇家音乐学院（Royal College of Music）作曲专业的学生也经常与动画系学生合作完成作业。

研究生第一年学习一般会被要求制作一个一分钟左右的短片，第二年则要进行毕业作业创作，时间与手法不限。另外，动画系也非常重视研究生的理论学习。皇家艺术学院的所有学生(人文学院除外)都需要在其第一年的学习中参加由批评与史论研究系(Department of Critical & Historical Studies)开设的专题讲座以提高学生的理论水平。

动画系学生作品几乎囊括了世界所有重要动画节的大奖。例如其2005级研究生托尼·卡莫里(Tony Comley)导演的《阿比盖尔》(*Abigail*)获得了2006年安纳西国际动画节学生组一等奖;而学院也连续三次获得渥太华国际学生动画节(International Student Animation Festival of Ottawa,简称SAFO)动画教育贡献奖(1997年)与最佳动画高等院校奖(1999年、2001年)。

据2002年数据统计,1997～2002年间,皇家艺术学院动画专业硕士毕业生的就业率为93%。由于学校位于伦敦,因此就业机会极多。激情动画公司(Passion Pictures)、阿卡工作室和索尼电影公司(Sony Entertainment)等大公司都争先恐后地聘用该校毕业生。其中知名度较大的学生如下:

盖尔·丹尼斯(Gaelle Denis)——毕业作品《永不睡觉的鱼》(*Fish Never Sleep*)获得英国影视艺术学院奖大奖

伊恩·高德斯通(Ian Gouldstone)——毕业作品《盖伊101》(*Guy* 101)获得皇家电视协会奖(Royal Television Society Award)和英国影视艺术学院奖大奖

菲利普·亨特(Philip Hunt)——阿卡工作室创意总监

鲁斯·灵福特(Ruth Lingford)——哈佛大学教授,代表作品《死神与母亲》(*Death and the Mother*,1997,见彩图87)获得安纳西国际动画节最佳美术设计奖、布拉德福动画节最佳实验动画片奖、欧洲卡通论坛评委会大奖、斯图加特国际动画节一等奖、英国动画大奖最佳动画片奖

苏茜·坦普利顿(Suzie Templeton)——2008年奥斯卡最佳动画短片《彼得与狼》(*Peter & the Wolf*,见彩图36)的导演

布莱恩·伍德(Brian Wood)——电视系列动画片《古怪双胞胎》(*The Cramp Twins*)策划

乔纳森·霍奇森、乔纳森·拜尔斯窦(Jonathan Bairstow)——果冻动画公司(Sherbet)创始人

师资力量

动画系现有专职教师三名,工作与技术人员四人。2007年在读硕士生14人,在读博士生、哲学硕士生各一名。

系主任琼·阿胥沃斯(Joan Ashworth)是定格动画专家,曾在英国格温特艺术与设计学院(Gwent College of Art and Design)学习图形设计。1987年她凭借短片《网》(*The Web*)获得国家影视学校硕士学位。这部18分钟长,充满黑暗、阴森、恐怖元素的定格动画片在全世界各大影展展出并赢得芝加哥国际电影节银奖。同年,该片在英国第四频道播出。

作为国家影视学校第一届动画专业硕士毕业生,琼·阿胥沃斯与朋友创建了三桃动画公司(Three Peach Animation),导演、制作了大量动画商业广告、电视动画片,其中以她为蒂姆·伯顿执导的《蝙蝠侠》制作的片头最为出名。今天三桃动画公司依旧是

伦敦最有名的定格动画公司之一。

1997 年琼·阿胥沃斯制作的《纯洁的仪式》(*Ceremony of Innocence*)于圣诞节期间在 BBC1 播出。1999 年她导演制作了《鸡蛋、鱼和血》(*Eggs, Fish and Blood*),这部 1 分 30 秒的短片对流体、布料等传统动画制作中比较难控制的元素进行了研究,并初次尝试电脑动画技术。2002 年 11 月,琼·阿胥沃斯完成了动画短片《美人鱼如何繁殖》(*How Mermaids Breed*),这部取材于史前青铜时代基克拉迪文化的影片长十分钟,全三维动画技术完成。

琼·阿胥沃斯的代表作品:

1987 年	《网》(*The Web*) 18 分钟　定格动画片
1997 年	《纯洁的仪式》(*Ceremony of Innocence*)　BBC1 出品
1999 年	《鸡蛋、鱼和血》(*Eggs, Fish and Blood*) 1 分 30 秒
2002 年	《美人鱼如何繁殖》(*How Mermaids Breed*) 10 分钟　电脑动画

琼·阿胥沃斯的联系方式:

电话:+44(0)020 7590 4511　个人网站:http://www.joanashworth.com
E-mail:joan.ashworth@rca.ac.uk

蒂姆·韦伯(Tim Webb)于 1960 年出生,1982 年考入萨里艺术学院主攻动画专业。1986 年毕业后步入动画界。1991 年蒂姆·韦伯受第四频道邀请制作了一部反映自闭症患者的动画纪录短片《心灵自闭》(*A Is For Autism*)。该片所有画面、文字均取自自闭症儿童患者之手,反响不错,获得包括 1993 年英国影视艺术学院奖最佳动画短片提名在内的八个国际奖项。在各个大学进行巡回展览并成为当时各大院校动画专业学生的必看之作。1996 年至今,蒂姆·韦伯在英国皇家艺术学院任教。

2000 年的《一分为六》(*Six of One*)是一个《罗生门》式的故事。同一个故事从六个不同角度叙述。编剧、导演、动画、造型设计全部由蒂姆·韦伯一人承担。创作灵感来自他主讲的编剧课。

蒂姆·韦伯的代表作品:

1991 年	《心灵自闭》(*A Is For Autism*)　11 分钟 获得 1993 年英国影视艺术学院奖最佳动画短片提名
1995 年	《2 月 15 日》(*15th February*)　6 分 30 秒
1996 年	《寂静》(*Silence*)　11 分钟　动画纪录片 获得 1997 年芝加哥电影节最佳动画片奖
2000 年	《一分为六》(*Six of One*)　12 分钟 获得2001 年英国影视艺术学院奖最佳动画短片提名、欧洲卡通论坛大奖提名、布鲁塞尔国际动画节最佳编剧奖、墨尔本国际动画节最佳编剧奖
2004 年	《估价先生》(*Mr Price*)　第四频道出品

蒂姆·韦伯的联系方式：

电话：+44(0)020 7590 4509　　E-mail：tim. webb@rca. ac. uk

硬件设备

硬件：16 毫米与 35 毫米摄影机各两台；定格动画摄影机一台（传统胶片式与数字式各一台）；三套动检设备；DAT 录音设备；Protools 环绕立体声录音设备及录音棚

软件：Painter，Adobe Premier，PhotoShop，Flash 、After Effects、Final Cut Pro HD、Combustion、Shake、Maya、3D Studio Max、Cool Edit、Sound Forge、Protools

动画博士学位

为了拓展动画的创作空间，适应新媒体艺术迅速发展的趋势，彻底取消动画艺术与商业的界线，动画系面向全世界提供 MPhil 和 PhD 研究机会。这个研究性学位以自学为主，学校提供电影、动画方面的理论与技术支持。动画理论与动画实践并重。博士毕业考试分为两种形式：上交作品或上交论文。前者需独立或合作完成一项艺术创作及一篇工作报告（2.5～4 万字）；后者毕业论文应为 6～8 万字。

入学第一年，学生每周有一天时间参加全校博士生的理论研究方法课程学习，第二年学生可以选择人文学院开设的理论课程学习（该课程以师生讨论为主）。动画系常年设有讨论教室，博士生可以定期与硕士生展开讨论与座谈，或者进行自己研究项目的演讲与展示。教师将从其各自擅长的专业领域给予博士生辅导，例如：3D 流体及布料问题、传统胶片与数码影像关系、绘画与编剧以及心理学等。博士可以申请艺术与人文研究基金会（Arts and Humanities Research Council，简称 AHRC）的资助来完成学业。

动画系目前比较感兴趣的博士科研选题是“3D 环境呈现”，系主任正带着学生在艺术与人文研究基金会的资助下尝试研究“水、布料在 3D 环境中的表现形式”。而作家出身的 2007 级博士生黛博拉·莉薇（Deborah Levy）的科研选题是“作家与艺术家如何利用物体表达、读解人类的情感”。

实用信息

RCA 动画系学生毕业作品集销售网址

http://www.rca.ac.uk/pages/showcase/animation_337.html

RCA 动画专业学生作品在线观看地址

http://www.bbc.co.uk/dna/filmnetwork/C55761

RCA 动画专业历届毕业生名单

http://www.rca.ac.uk/pages/study/all_graduates_3639.html

备注：

(1)：房租——90～110 镑/周；上网费、手机费——18 镑/周；吃——40～45 镑/周；交通与娱乐费——35～40 镑/周，平均一周综合费用 250 镑。学校宿舍——80～275 镑/周（另加收煤气、水电费，5～10 镑/周/每人）。

(2)MPhil：Master of Philosophy 的简称，哲学硕士。MPhil 经常被视为缺乏足够学术成绩但又想进入博士班的学生之敲门砖，即预备博士。一般对申请资格不够的学生来说，哲学硕士是申请博士学位的必经阶段。英国皇家艺术学院的博士学位很难一次申请成功，一般都要经过哲学硕士学习，考试合格后再升入博士学位。英国皇家艺术学院的全日制哲学硕士学位需要两年时间完成，对于成绩优秀者可以读完一年后就申请升级为博士学位（这一年将计算在博士学位学制之中，即博士再读三年即可毕业）。哲学硕士对英语的入学要求为 TOEFL 成绩 237 分（加试写作，成绩不低于 TWE 4.5）；或 IELTS 成绩 6.5（写作成绩也要达到 6.5）。哲学硕士毕业考试需上交一篇 3～4 万字的论文（4 万字以上更好）。

博士（Doctor of Philosophy，简称 PhD）入学英语要求为 TOEFL 成绩 250 分（加试写作，成绩不低于 TWE 5.0），或 IELTS 成绩 7.0（写作成绩不低于 7.0）。

国家影视学校（National Film and Television School）

国家影视学校概况

国家影视学校（简称 NFTS）是英国最好的影视制作学校之一，无数电影大师从这里毕业。从 1974 年第一批学生毕业到今天，国家影视学校的毕业生已经在 1200 多部影视作品中担任主要工作。很多学生已经成为业界的大腕，让我们来看看这些毕业生是如何评价学校的吧：

国家影视学校是电影工业培训的心脏。

——《哈利·波特与凤凰令》、《哈利·波特与混血王子》的导演大卫·杰特斯(David Yates)

在影视产业中有才华的年轻人很少有机会稍作休息，做自己喜欢的片子，而在国家影视学校你可以证明你自己的价值。

——《超级无敌掌门狗：人兔的诅咒》、《小鸡快跑》的导演尼克·帕克

如果你是一名伟大的演员，一个成功的百老汇音乐剧制作人或雷电华电影公司(RKO)的一名播音员，我强烈推荐你去国家影视学校深造。

——《安娜·卡列妮娜》的导演伯纳德·罗斯(Bernard Rose)

在学校受的教育对我来说是次要的，与一群天才一起拍电影才是我来国家影视学校的初衷，它给我的事业开了一个好头。

——《亚瑟王》、《天使夜惊情》(*Dirty Pretty Things*)、《永远的曼陀林琴》(*Captain Corelli's Mandolin*)的录音师艾德里安·胡兹(Adrian Rhodes)

我在国家影视学校学到的东西是我事业的基石。我为学校对我的教育表示敬意。

——《诺丁山》、《最后的莫希干人》(*The Last of the Mohicans*)的作曲特雷弗·琼斯(Trevor Jones)

曾经在这里授课的美国著名导演奥森·威尔斯（Orson Welles，代表作品《公民凯恩》）这样评价国家影视学校："在这里任何一个人都会教给你电影制作的一切知识，你将在一个下午聆听他们智慧而极具说服力的话语。"

学校基本信息

学校设有学士学位、硕士学位（MA）、认证培训班（Diploma Courses）、纪录片暑假培训班（Documentary Summer School）和短期课程培训（Shortcourses@NFTS）五种授

课模式。

(1)硕士学位学制两年,包括以下专业方向:动画导演、摄影、影视作曲、纪录片导演、剪辑、故事片导演、制片管理、电视导演与制作、美术设计、编剧、录音。

学费:5000 镑(英国及欧盟学生);16000 镑(非英国及欧盟学生)

(2)全日制认证培训班:为期 12～15 个月,包括数字后期制作、故事片导演、影视特效、影视录音等专业方向。

非脱产认证培训班:开设编剧专业,为期 18 个月。

学费:5000 镑(英国及欧盟学生);16000 镑(非英国及欧盟学生)

(3)纪录片暑假培训班:为期十周。

学费:2600 镑

国家影视学校历史

1971 年国家影视学校成立,最初名为国家电影学校(The National Film School),是英国顶级的专业电影学校,学制三年,本科学历。

鉴于当时英国电影工业与艺术创作已经落后于美国和欧洲其他国家,专业电影学校的创建势在必行,于是 1967 年英国教育与科学部决定建立一所国家级的电影专业学校。1969 年,博恩·丹尼斯·劳埃德(Born Dennis Lloyd)男爵开始大兴土木,实施这一计划。

1970 年,苏格兰人科林·杨(Colin Young)——美国加利福尼亚大学戏剧艺术系(University of California's Department of Theater Arts)系主任被任命为国家电影学校首任校长。学校贷款购买了位于白金汉郡(Buckinghamshire)的"灯塔地摄影棚"(Beaconsfield Film Studios)。这座摄影棚历史悠久,曾经是无数著名影视制作机构的大本营,例如:英国雄狮电影集团(British Lion Film Corporation)、王冠电影联盟(The Crown Film Unit)等。学校最初设立了四个专业:制片、摄影、剪辑和录音。1971 年,首批 25 名学生走进了这座日后扬名世界的电影学校,这其中包括:

导演迈克·莱德福(Mike Radford),代表作品《威尼斯商人》(*The Merchant of Venice*);

导演比尔·弗塞斯(Bill Forsyth),代表作品《本地英雄》(*Local Hero*);

纪录片导演尼克·布鲁姆菲尔德(Nick Broomfield),代表作品《艾林:连环杀手肖像》(*Aileen: Portrait of a Serial Killer*);

视觉特效专家丹尼斯·洛(Dennis Lowe),代表作品《冷山》(*Cold Mountain*)、《英国病人》(*The English Patient*)。

今天这些当年的"黄埔一期"学员已经成为英国影坛的中坚力量。

从学校创建之初,国家电影学校就把自己定位为"通才教育",即要求学生了解、掌握电影制作各个部门的基本创作规律与技术。1975 年科林·杨接受《视听》杂志采访时谈道:"(成为某一方面的专家)很必要,但是我们学校不能接受(某个学生)只是剪辑师或导演。我们的教育目标是使所有学生都掌握电影制作的全部知识。我们提供的是因材施教、有的放矢的互动教学环境而非填鸭式的课程。"

早期的课程设置比较松散，大量学生个人短片创作与零星的专题讨论是教学的主要组成部分。20世纪80年代早期科林·杨渐渐发觉这种教学模式太过“放任自流”而开始精心设计具体课程，重新梳理办学理念：与电影工业紧密结合的教学方针，强调学生在考虑作品商业价值、团队合作的前提下，张扬个性，发挥创造精神。这一教学理念一直延续至今。

1982年学校正式更名为国家影视学校，这主要是因为很多学生毕业后并没有从事电影工作，而是步入了电视界。同一年，学校推出再教育项目，对那些有丰富工作经验而又想继续深造的影视从业人员提供短期学习机会。这个名为“国家短片培训课程”(National Short Course Training Programme)的项目就是今天“短期培训课程”的前身。

随着1992年科林·杨的退休，国家影视学校调整了教学理念，由过去的“通才教育”转化为“专才教育”。三年制本科教学的第一年依旧是打基础，要求学生了解影视制作各个部门的创作规律与技术，后两年则引导学生向其感兴趣的专业发展，深入学习与研究。

前丹麦电影学校校长(Danish Film School)、丹麦电影教父级人物汉宁·卡莫尔(Henning Camre)出任国家影视学校第二任校长。他强调学生在创作时应注意拍摄周期与预算问题，他把影视商业运作所需的制片规范引入学生的毕业创作之中。他不仅推翻了过去的教学思路，还强调按照影视制作分工建立对应的系与学科，并寻找该领域的优秀者出任系主任职位。所有这一切的目的只有一个：培养某一专业的精英。同时，短期培训课程与电视制作专业得到了前所未有的重视。汉宁·卡莫尔利用“乐透彩票”的赞助为学校购买最先进的设备，为学生营造良好的创作环境，使学生在毕业时能顺利完成与业界的衔接。

1998年汉宁·卡莫尔离任，国家影视学校的毕业生、著名制片人——史蒂芬·贝利(Stephen Bayly)成为第三任校长。他进行的教学改革中第一件事就是把原来的三年学制改为两年制。把原来第一年需要学习的影视基础知识压缩为几周时间的实践课程，然后迅速进入各个专业领域学习。这时候的国家影视学校更看中学生的实际操作能力而非传统意义上的学术研究，史蒂芬·贝利希望毕业生拿到的不仅是文凭，更是业界的认可。史蒂芬·贝利要把国家影视学校打造成英国乃至全世界影视专业的名牌产品。2000年，国家影视学校获得硕士学位授予权。

2003年9月，英国著名制片人尼克·鲍威尔(Nik Powell)[1]接任校长职务，他开设了数字后期制作、影视特效等全新专业。尼克·鲍威尔强调客座教师的重要性，他在伦敦各大电影院线开设大师课程，巡回展览学生作品，扩大学校和毕业生的知名度。2005年国家影视学校加入国家科学、技术与艺术基金组织，并成立国家影视学校有限公司(NFTS Inc.)，设立“创意先锋资助项目”(Creative Pioneer Programme)帮助全英国影视专业毕业生创业。

今天，就读于国家影视学校的全日制学生大概有160人，短期培训课程学生每年大概有1000人，而非脱产认证培训班(编剧专业)每年只招收24人。学校现有专职教师44名。

软硬件设施

国家影视学校是英国唯一拥有自己的摄影棚与演播室的大学。学校有两个电影摄影棚、一个电视演播室和一个后期制作基地，这些设备与场地常年与世界各大影视公司保持紧密联系，不断更新，使在校生永远可以使用到世界最先进的设备。学校配备专业人士管理、维护这些设备，并为学生提供服务。一切设施都是按照业界专业水准购买、安装与使用。

学校有自己的电影院，不仅可以放映各种制式的影视作品，还可以用来给学生上课和展映作业。国家影视学校的电影院是全欧洲唯一拥有好莱坞认证的 Christie DCP-I DLP 放映系统的电影院。在这个电影院中常年开设的观摩课是所有学生的必修课。每周学生都要观摩大量影视作品，并定期请专家学者讲评。

学校不仅拥有超 16 毫米摄影机（Arri SRIII、Aaton XTR Prod）、数码摄像机（Digital Betacam、DVCAM、HDV、DV），动画专业还有 35 毫米摄影机和定格拍摄设备，而各种主流软件也一应俱全：Maya、Photoshop、After Effects、ToonBoom Studio、Illustrator、Painter、Flash。作曲专业学生每人拥有自己专用的电子键盘、电脑采样系统（Logic Audio Platinum、Sibelius Scorewriting、EXS-24 Sampler Software）。学校拥有六间录音棚和六套音乐制作与录制设备。而用于剪辑与后期特效教学的软件有：Steenbecks、Avid Xpress Pro HD、Final Cut Pro、AVID DS Nitris HD、Discreet Flame/Smoke、Quantel iQ、NuCoda、Clipster、Baselight。学校为录音专业的学生提供 Fairlight 系统、DREAM Satellite 数字音频工作站、Pro Tools HD 系统和 Nuendo 系统。

合作伙伴

国家影视学校从创建之初就和业界保持紧密联系，因此得到很多影视制作机构的慷慨解囊。常年为学校设立奖学金、基金、奖金资助的公司、机构有近 30 家，其中知名公司与机构有：Autodesk、Avid、米高梅、The Mill、Quantel、索尼、英国电影学会、华纳公司、Adobe、英国影视艺术学院奖、壳牌（Shell）、米拉麦克斯电影公司（Miramax）、哥伦比亚电影公司（Columbia TriStar）、柯达、英国皇家邮政局（Royal Mail Special Stamps）等。而直接为学校提供资金赞助的机构和公司有：英国广播公司（BBC）、第四频道、探索频道欧洲分部（Discovery Networks Europe）、电影发行人协会（Film Distributors' Association）、ITV 电视公司、S4C 电视台、蓝天公司（Sky）等。

国家影视学校与皇家艺术学院之比较

皇家艺术学院就像它的名字一样具有贵族气质，培养的是纯艺术家。悠久的历史、皇家的背景、寸土寸金的地理位置、博士学位的授予权使皇家艺术学院蒙上一层神秘而高贵的面纱。因此它的学费极其昂贵，绝非等闲之辈读得起的。除了经济基础之外，打骨子里是否具备"贵族气质"也是学生能否进入皇家艺术学院的一个门槛。因为学校培养的是阳春白雪般的、不食人间烟火的实验动画导演而非站在流水线旁加工零件的"商业片"导演。在皇家艺术学院眼中电影是艺术而不是买卖。能读得起这个学校的学生不会、也不愿为自己的就业问题分心。用自己所学专业赚钱，生存似乎不是皇家艺术学院学生应该考虑的问题。

相比之下，国家影视学校就显得平民一点、务实一些。不但学费比皇家艺术学院便宜不少，并且时刻为就业与市场考虑，视学生为上帝。国家影视学校强调学生讲故事的能力，强调团队合作的重要性，时刻提醒学生即使做作业也要考虑到制作周期、拍摄预算等实际问题。因此国家影视学校培养的是影视工业急需的角色动画导演。国家影视学校开设短期培训班这样务实但不够“有面子”的事情在皇家艺术学院就绝对不可能发生。尽管国家影视学校的学费比一般影视学校要高，但是学校提供的各种奖学金、奖金、基金使75%的学生都能拿到一定数额的奖励与资助，并且这一比例还在继续增加。学生一旦被录取便会随录取通知书附上奖学金申请表，所有信息一应俱全，本国硕士生甚至还可以申请到每年4250英镑的生活费资助。这种极其人性与周到的服务在皇家艺术学院难以见到，并不是说皇家艺术学院自大无理，而是他们的教学理念决定了其精英、贵族式的培养模式。你见过哪个贵族去申请贫苦救济金了？而国家影视学校就有贫困生贷款计划并大张旗鼓地鼓励学生申请。

在金融危机日益加剧的今天，艺术这碗饭也不像过去那么好吃了。于是皇家艺术学院也做出了相应的教学理念调整。著名历史学家、作家、艺术顾问斯托佛·弗瑞利不仅是皇家艺术学院的现任院长，还是包括英国设计协会、英国艺术协会、维多利亚与阿尔伯特博物馆在内的众多英国重要艺术机构的负责人。2000年他获得爵士爵位而成为过去30年英国艺术界的灵魂人物之一。谈到今天英国的创意产业与艺术高等教育，他说：“我要让学校尽可能向产业靠拢，要比以前更紧密。这不仅因为业界有很多先进技术可以利用，另外创意产业对经济的重要性比以前提高了，艺术学校逐渐成为社会的中心，成为人们关注的焦点。我们做了一项调查，在过去的十年里我们92.5%的学生在毕业后两年内找到了专业对口的工作，并且起点都很高。而在20世纪70年代，我刚开始从事教育工作的时候，学生们都很愤青。他们与整个世界对立，批判一切。但是现在他们渴望参与、交流并积极改变现状，（这与过去相比）发生了很大变化。”

国家影视学校的联系方式：

National Film and Television School
Beaconsfield Studios
Station Road
Beaconsfield
Bucks
HP9 1LG
电话：+44 (0)1494 671 234
传真：+44(0)1494 674 042
E-mail：admin@nftsfilm-tv. ac. uk

国家影视学校动画专业

动画系动画导演专业（Animation Direction）

学制：两年制硕士学位

招生人数：每年2～6人

学费(以下为2007年1月入学学费,学费随时调整):

英国和欧盟学生5000镑/年;欧盟以外的留学生16000镑/年

国家影视学校的动画专业主要培养角色动画创作人员,与皇家艺术学院相比国家影视学校更看重动画片的商业性及学生叙述故事、造型设计的能力。培养学生团队意识,鼓励动画专业学生之间、动画专业学生与本校其他影视专业学生之间合作是授课的重点内容之一。为动画产业培养人才是国家影视学校的教学目标,但这并不意味着张扬个性,注重创作者个人感受的实验动画、艺术动画在国家影视学校无立足之地。学校鼓励各种形式、内容、主题的创作,只要作品具有创造精神。

入学标准

申请者应对讲故事有强烈欲望,镜头感觉好,热爱影视艺术、文化与历史。申请者必须具备相关学科背景,如动画、平面设计、绘画;或者是已制作过成熟动画片的人,或者是影视界想继续深造的从业人员。

硕士生入学考试非常严格,除了上交各种申请资料以备检查外,还要进行为期几周的训练营式考试。在这几周内,学生和老师密切接触,完成老师布置的工作,创作一部短片。这么做一是检查学生的潜力与实际能力,二是使学生了解、适应国家影视学校的教学环境与授课方法。

课程设置

故事板——Storyboarding

角色塑造——Creating character

真人电影导演基础——Basic live action direction

运动规律与动画表演——Animation acting and directing actors

传统动画制作——Pixillation workshop

网络动画——Web series

影视声音——Project to a soundtrack

毕业论文——Dissertation

调查研究与剧本发展(针对毕业创作)——Research and script development for the graduation film

毕业创作(必须与其他专业学生合作)——Graduation film

动画系师资

国家影视学校动画系的师资可谓豪华,不仅有英国实验动画大师保罗·布什和加拿大国家电影局著名沙动画女导演卡洛琳·莉芙这样的世界知名动画导演,就连普通的技术人员都大有来头——现任技术总管约翰·奥斯本(John Osborne)作为技术指导参与的第一个学生作业就是尼克·帕克的《超级无敌掌门狗》系列的第一集《奇异的假期》。

1967年动画系主任吉莉安·蕾斯(Gillian Lacey)作为动画助理参与了《黄色潜水艇》的拍摄,接下来十年她一直从事电视系列动画片和动画广告片的制作。1977年吉莉安·蕾斯创建了日后大名鼎鼎的英国女性动画圣地——利兹动画工作室(Leeds Animation Workshop)。

吉莉安·蕾斯对纪录片、舞蹈、巴西有着超乎寻常的兴趣,制作了大量与之相关的艺术作品。1999年的动画纪录片《心灵之舞》(*Dancing Inside*)使用了大量电脑动画与特技,配合82岁高龄的女舞蹈家表演,成为一部观赏性极强的多媒体艺术作品。2000年她又与女舞蹈家黛安娜·佩恩·麦尔斯(Diana Payne Meyers)合作,联合导演了动画短片《防尘罩下的舞蹈》(*Dancing Under the Dustcover*);2001年她又为黛安娜·佩恩·麦尔斯的专题片《下/线》(*Under/Line*)制作了三分钟的动画片花。

近年来她的创作更是从影视、动画拓展到装置、多媒体艺术等全新领域。从1996年9月至今,吉莉安·蕾斯一直担任国家影视学校动画系主任。同时她还在萨里艺术与设计学院、亨伯赛德大学(Humberside University)兼职任教。

吉莉安·蕾斯的代表作品:

1981年	《假如你能幸存》(*Pretend You'll Survive*) 动画片 英国电影学会出品
1983年	《给我们个微笑》(*Give Us a Smile*) 动画片 第四频道与英国电影学会联合出品
1987年	《最肮脏的凶手》(*Murders Most Foul*) 动画片 第四频道出品
1991年	《卡泼卫勒快步舞》(*Capoeira Quickstep*) 纪录片 26分钟 第四频道与英国电影学会联合出品
1992年	《巴西印象》(*Brazilian Snapshots*) 纪录片 35分钟 第四频道出品
1994年	《巴西人》(*Citizen Brazil*) 纪录片 52分钟 第四频道出品
1995年	《必须出去》(*Gotta Get Out*) 动画片 11分钟 第四频道出品
1996年	《照相簿》(*Album*) 纪录片 26分钟 BBC2出品
1999年	《心灵之舞》(*Dancing Inside*) 纪录片 38分钟 BBC2出品
2000年	《防尘罩下的舞蹈》(*Dancing Under the Dustcover*) 动画片 11分钟 与黛安娜·佩恩·麦尔斯联合导演 第四频道出品
2001年	《地平线》(*Horizon*) 舞蹈纪录片 10分钟 BBC2出品 《下/线》(*Under/Line*) 动画片花 3分钟 第四频道出品

吉莉安·蕾斯的联系方式:

E-mail: glacey@nospamnfts. co. uk

欧利·亚定(Orly Yadin)的身份很特殊:电影理论家,纪录片、动画片制片人、导演,影视资料收藏家。她先后创建过两家动画制作公司——1985～1992年的"流云公司"(Smoothcloud)和1995～2002年的"光环公司"(Halo Productions)。2001年她开始担任"电影素材农场"(Footage Farm Ltd.)的主管,该公司主要提供各种影片素材供影视制作机构使用。欧利·亚定在国家影视学校主要负责影视理论与毕业论文写作的教授。

欧利·亚定担任制片人的动画片：

1986～1987年	《有失公允》(*Blind Justice*) 电视系列动画片
1990年	《污点》(*The Stain*)
1995年	《抚摸树木》(*Touch Wood*) 《必须离开》(*Gotta Get Out*) 动画短片
1997年	《寂静》(*Silence*) 联合导演
1998年	《战时的安德烈》(*Andres in Time of War*)
2000年	《黑夜之旅》(*Journey Through the Night*)
2001年	《再见》(*Bye Bye*) 《宝藏》(*Treasure*) 26集 动画系列片
2002年	《客房服务》(*Room Service*)

欧利·亚定担任编剧、导演、制片人工作的真人电影与纪录片：

1979年	《动作电影中的摄影》(*Camera in Action*) 关于早期电影的系列专题片 影像资料顾问
1980～1983年	《帝国末日》(*End of Empire*) 系列专题片 13小时 影像资料顾问
1984～1985年	《时间进行曲》(*The March of Time*) 20集专题片 编剧、导演 第四频道出品
1986～1988年	《想象的力量》(*Power to the Imagination*) 纪录片 120分钟 导演、制片人 第四频道出品
1993年	*Momi Sfx* 导演、制片人 为活动影像博物馆(Museum of the Moving Image)制作的关于电影特效的科教片
1994～1995年	《银幕上的故事》(*Stories on the Screen*) 导演、制片人 为活动影像博物馆制作的专门给小朋友看的电影知识科教片
1996年	《电影资料保护与收藏》(*The Work of a Film Archive*) 纪录片 导演、制片人 英国电影学会、联合国教科文组织出品

优秀毕业生与获奖情况

很多英国动画大师都毕业于国家影视学校：大卫·安德森、艾利森·斯诺登、尼克·帕克、马克·贝克以及英国老牌动画公司——克林伍德一欧海尔娱乐公司的两位创始人托尼·克林伍德、克里斯多夫·欧海尔。就连皇家艺术学院动画系主任琼·阿胥沃斯都是这里的毕业生。当你读完这本书时会发现一个有趣的现象，80%英国有名有姓的动画大腕都毕业于本章所介绍的这三家院校。因此每次学生向我咨询英国哪所学校动画专业最好时我都会不假思索地推荐这三所。而仅从学生就业率与毕业后工资待遇角度分析,国家影视学校无疑是首选。有时候我常想如果一个学生本科在国家影视学校上,硕士在创意艺术大学读,最后再拿一个皇家艺术学院动画专业的博士学位,这个人是不是就可以成为传说中那个收齐了七颗龙珠,从此天下无敌的悟空了呢?

国家影视学校不仅培养了今天英国动画的中流砥柱,一大批新生力量也从这里走向世界。2007 年学校的官方统计数据显示,从 1981 年动画系学生获得第一个大奖后,26 年来在校生共赢得 204 项英国和国际动画大奖。这些奖项来自 20 多个国家,其中包括:五个奥斯卡最佳动画短片提名;两个英国影视艺术学院奖大奖和两个提名;两个戛纳国际电影节入围作品奖;六个皇家电视协会奖。可以说,该校学生几乎拿遍了世界主要动画节最有分量的大奖,例如:

安格·佩尔索普(Ange Palethorpe)导演的《改变自我》(*Altered Ego*)获得渥太华国际动画节最佳动画短片奖;

乔安娜·伍德沃(Joanna Woodward)导演的《胸针与罪恶的扣子》(*Broochpin & the Sinful Clasp*)获得萨格勒布国际动画电影节大奖;

苏珊·劳琳(Susan Loughlin)导演的《伟大的国家》(*Grand National*)获得 1989 年安纳西国际动画节评论家奖,她导演的另一部作品《机会》(*The Occasion*)获得安纳西国际动画节最佳音乐音效奖;

勒安娜·道格尼尼(Liana Dognini)导演的《一只眼》(*One Eye*)获得 1998 年萨格勒布国际动画电影节最佳学生作品奖;

2007 届毕业生蒂巴·班纳奇(Tibor Banaczki)导演的《奶牙》(*Milk Teeth*)获得安纳西国际动画节评委会特别奖。

国家影视学校官方统计的获奖最多的前十部学生作品:

第一名	《山丘农庄》(*The Hill Farm*) 22 项奖
第二名 (并列)	《獾》(*Badgered*) *SAP* 11 项奖
第三名	《深深的烙印》(*Brand Spanking*) 10 项奖
第四名 (并列)	*Temarario* 《气球》(*Balloon*) 《新奇》(*Novelty*) 《回家》(*Coming Home*) 9 项奖
第五名	《奇异的假期》(*A Grand Day Out*) 8 项奖
第六名 (并列)	《罗奇代尔最后的伦巴舞》(*Last Rumba in Rochdale*) 《盲景》(*Blindscape*) 6 项奖

接下来我将重点介绍一下这"TOP 10"影片的获奖情况，其中《山丘农庄》与《奇异的假期》在本书其他章节已有详细介绍，在此不再赘述。如果你细心的话会发现几乎每一届毕业生中都会有一个或几个作品横扫世界，频频获奖。这无疑证明了该学校的教学质量与成果。

《气球》(*Balloon*)	6分钟 1991年导演：肯·莱斯特(Ken Lidster) 1991届毕业生 获得包括1992年英国影视艺术学院奖最佳动画、广岛国际动画节学生竞赛单元二等奖、芝加哥国际电影节银奖在内的九项奖
《盲景》(*Blindscape*)	8分钟 1993年 导演：史蒂芬·帕默(Stephen Palmer) 1993届毕业生 获得包括1992年奥斯卡最佳动画短片提名、芝加哥国际电影节银奖、1994年萨格勒布国际动画电影节最佳处女作奖与(5～30分钟组)二等奖在内的六项奖
《新奇》(*Novelty*)	2001年 导演：里·宏金森(Leigh Hodgkinson) 2001届毕业生 获得包括英国动画大奖最佳新技术应用奖、韩国富川国际学生动画节大奖在内的九项奖 *SAP* 8分钟 2002年 导演：金贤珠(Kim Hyun-Joo，韩国) 2002届毕业生 获得包括2003年英国影视艺术学院奖最佳动画提名、芝加哥国际电影节最佳学生动画银奖、布拉德福动画节最佳影片奖(非专业组)、墨尔本国际动画节最受观众欢迎奖在内的11项奖
《罗奇代尔最后的伦巴舞》(*Last Rumba in Rochdale*)	2003年 导演：约翰·卡顿(John Chorlton) 2002届毕业生 获得包括2003年芝加哥国际电影节最佳学生动画作品金奖、皇家电视协会奖最佳学生动画奖在内的六项奖
《回家》(*Coming Home*)	7分钟 2003年 导演：翟玛·卡琳顿(Gemma Carrington) 2003届毕业生 获得包括2003年皇家电视协会奖最佳学生动画奖、芝加哥国际电影节银奖、Animex国际动画与电脑游戏节实验动画一等奖和最佳音效奖在内的九项奖
《深深的烙印》(*Brand Spanking*)	10分钟 2004年 导演：约翰-保罗·哈尼(John-Paul Harney) 2004届毕业生 获得包括2004年皇家电视协会奖最佳学生动画奖、布拉德福动画节最佳影片奖(非专业组)、爱丁堡国际电影节最佳动画奖、Animex国际动画与电脑游戏节最佳电脑动画奖在内的十项奖
《獾》(*Badgered*)	6分钟 2005年 导演：莎伦·科尔曼(Sharon Colman) 2005届毕业生 获得包括2006年奥斯卡最佳动画短片提名在内的11项奖
Temarario	10分钟 2006年 导演：卡尔·泽塔曼(Carl Zitelmann，德国) 2006届毕业生 获得包括2007年皇家电视协会奖最佳动画奖在内的九项奖

备注:

(1)尼克·鲍威尔担任制片人的电影有《蒙娜·丽莎》(*Mona Lisa*)、《哭泣游戏》(*The Crying Game*)、《日历女孩》(*Calendar Girls*)。

创意艺术大学(University College for the Creative Arts)

学校概况

成立于2005年8月的创意艺术大学由两所一流的艺术设计院校——肯特艺术与设计学院和萨里艺术与设计学院合并而成。该校在平面设计、工业设计、服装设计、建筑、影视制作、传媒、广告、绘画以及工艺技术(如纺织品、陶瓷、玻璃制造)领域享有国际声誉。

创意艺术大学不仅是欧洲规模最大的艺术院校之一,也是地理位置最接近欧洲大陆的英国艺术学校,这无疑为学生提供了良好的艺术氛围与广阔的就业机会。该大学培养出大批成功的设计师和艺术家,其中与动画有关的有:曾经发掘了阿德曼动画公司两位创始人的著名电视制作人托尼·哈特(Tony Hart);奥斯卡最佳动画短片奖《操纵者》的导演丹尼尔·格雷弗斯、《父与女》的导演麦克尔·杜克·德威特;2008年奥斯卡最佳动画短片《彼得与狼》的导演苏茜·坦普利顿,三次奥斯卡最佳动画短片提名获得者马克·贝克。

在合并之前,这两所学院都已有100多年的历史,具有极其丰富的教学经验与优良的教学质量。2001年,英国研究学术评鉴机构评定肯特艺术与设计学院有22个研究单位达到3A佳绩,而萨里艺术与设计学院也在同样的评鉴中拿到3A。2003年5月,英国高等教育品质保证协会经过严格审核后给予萨里艺术与设计学院最高评价,充分肯定该校教学及管理水平。2005年3月,肯特艺术与设计学院被英国权威机构评选为英格兰地区继续教育质量最高的艺术与设计学院。创意艺术大学除了设有动画本科、硕士及博士学位外,还开设了许多与动画相关的专业,例如:电影、绘画、雕塑、平面设计、电子游戏设计、模型设计等,这无疑为动画教学提供了良好的学习气氛。

创意艺术大学共有五处校址,分别位于坎特伯雷(Canterbury)、梅德斯通(Maidstone)、罗切斯特(Rochester)、爱普森姆(Epsom)和法勒姆(Farnham)。这五处校区共有80多个专业、6500名学生,拥有从预科到博士的各种学位授予权。

这两所势均力敌的名校能走到一起本身就是一个奇迹,强强联手后的创意艺术大学不仅在英国,而且在世界艺术设计高等教育领域都是首屈一指的。

画廊是创意艺术大学一个很重要的组成部分。每个校区都有自己的画廊频繁举办各种展览,梅德斯通校区有乔治·罗德尔画廊,坎特伯雷校区有赫伯特·利德画廊,罗切斯特校区有让佐·罗德斯画廊,法勒姆校区有詹姆士·霍奇画廊(James Hockey Gallery)和弗依画廊(Foyer Gallery)。学生不仅可以在这里欣赏到艺术作品,了解到最新的艺术与设计动态,还可以展示他们自己的作品。过去五年中,仅坎特伯雷、梅德斯通、罗切斯特三个校区(即原来的肯特艺术与设计学院)就举办了100多场展览,包括陶器、建筑、美术、装置艺术、印刷、电影等。创意艺术大学的海外留学生占全校学生人数的20%,这无疑创造了多文化、多背景的艺术学习氛围。

除了丰富的校园学习资源与良好的学习氛围外,学生还可以选择在伦敦或欧洲游学作为学习的一部分。基于大学多年来积累的广泛的国内、国际社会关系,能够为在校生提供在相关企业实习的机会,并且可以安排学生到世界各地的合作艺术院校进行交流与学习。到目前为止,创意艺术大学在全世界拥有超过50个海外合作院校,这一数目还在不断发展中。

实用信息

创意艺术大学的五处校址都位于英格兰东南部,从各校区到伦敦都非常方便,所需的时间从30~90分钟不等。年平均生活费在7000英镑左右。

英语要求

预科课程和本科学位课程——IELTS 6.0分、TOEFL 550分

研究生课程——IELTS 6.5分、TOEFL 600分

梅德斯通校区

梅德斯通校区原来是肯特艺术与设计学院下属的一个学院,创建于1867年,主要开设动画、平面设计、插画、摄影、印刷和影视制作等专业。校区位于英格兰东南部的肯特郡首府,乘坐火车到达伦敦市中心只需50分钟。

该校区的插画与动画系(Illustration & Animation)开设了动画艺术(BA Hons Animation Arts)本科专业。

动画艺术(BA Hons Animation Arts)

学历:本科学士学位

学制:3~4年(全日制)

所在校区:梅德斯通　学费:8690英镑/年(2006/2007学年度学费)

该专业提供一年的预科学习,即如果你是零起点的学生需要先上一年学前班,打基础,通过考试后方可升入正式本科专业学习,因此才会出现四年的本科教育。如果学生已经具备一定基础,只要通过相关专业考试就可直接进入本科学习,学制三年。

正式课程的第一年开设五门实践课程与一门理论课,范围涉及实验动画、角色动画以及与真人影像合成的动画等。期末考试为一部作品,可以是非动画的真人短片、平面设计、网页设计甚至摄影作品。第二年主要是各种电脑动画软件与定格动画技巧的学习。第三年是毕业创作。

第四频道、BBC、MTV等电视台都有该专业毕业生工作,而耐克(Nike)公司的一些

动画广告以及 Radiohead、DJ Shadow 的动画 MV 也是由该专业毕业生完成的。

主力教师

葡萄牙籍教师佩德罗·塞拉泽娜(Pedro Serrazina)在葡萄牙学习的是建筑专业,后改行制作动画。他的处女作《猫与月亮的传说》(*Tale of the Cat and the Moon*)入选 1996 年戛纳国际电影节竞赛单元,并获得共计 15 个国际比赛奖励。1998 年他作为交流学者来到英国皇家艺术学院动画系学习一年。现作为专职教师任教于梅德斯通校区动画艺术专业。

实用信息

2007 年动画艺术专业毕业作品在线观看:http://www.flick2007.com/

历年动画艺术专业本科生优秀作业在线观看:http://www.ucreative.ac.uk/webApps/gallery/categories.cfm? col=18

梅德斯通校区的联系方式:

University College for the Creative Arts
at Maidstone Oakwood Park
Maidstone
Kent
ME16 8AG
UK
电话:+44 (0)1622620000
传真:+44 (0)1622621100
官方网站:http://www.ucreative.ac.uk/index.cfm? articleid=8806

法勒姆校区

法勒姆校区是原来的萨里艺术设计学院下属的一个学院,已有 120 多年历史。主要开设绘画、雕塑、平面设计、电影、传媒、广告等专业。校区距离伦敦 50 分钟火车路程。该校区的动画专业是由英国动画大师鲍伯·苟德弗瑞一手创办的,可谓历史悠久,人才辈出。从预科到博士学位应有尽有。前面提到的丹尼尔·格雷弗斯、麦克尔·杜克·德威特、马克·贝克与苏茜·坦普利顿都是这里的毕业生。

法勒姆校区最大的教学特色是拥有庞大的图书馆与资料中心,强调学生自学能力。不但提供各种资料的索引,还举办讲座教学生如何使用学校的资源,以增加其自学的能力。之所以如此重视资料的管理与使用,主要是因为它拥有浩如烟海的资源。例如,仅图书馆的杂志就有 2500 种(包括传统纸制品和电子杂志)。与动画紧密相关的杂志主要有:《世界银幕》(*Screen International*)、《三维世界》(*3D World*)、《美国电影摄影师》(*American Cinematographer*)、《动画杂志》(*Animation Magazine*)、《网络》(*Net*)、《视听》(*Sight & Sound*)、《残留影像》(*Afterimage*)、《电影评论》(*Film Comment*)、《动画日记》(*Animation Journal*)、《电影批评》(*Film Criticism*)、《新德国批判》(*New German Critique*)以及 DVD 电子杂志 *Stash*。另外,学校还提供各种网络共享信息:从展览到招聘,从学术论文到声效下载无所不有,学生可以做到真正足不出户而晓天下。

该校区的动画硕士(MA Animation)主要研究叙事(非叙事)动画片、动画纪录片、新媒体与动画的关系等理论与实践。开设的课程与研究方向包括:

实践类——剧作、故事板与视觉风格,2D动画技术,实验动画与角色动画,活动影像,动画广告,民间故事与神话的动画化,动画类型电影等。

理论类——动画与影视美学,动画史论研究,跨学科动画研究,女权主义在动画中的表现,现代与后现代,数码与新媒体研究,电影叙事学等。

动画研究中心(Animation Research Centre)

随着动画影像资料与理论文章的大量出现,动画史料的收集、整理就显得相对落后了。作为英国最好的动画专业学校之一,创意艺术大学法勒姆校区承担了保护动画作品、收集动画理论著作、存储学生动画作业、收藏动画艺术家手稿的工作。2000年,作为创意艺术大学一个重要的科研机构——动画研究中心正式成立。该中心致力于英国动画及艺术动画片的研究,试图阐述动画与新媒体、电影、建筑、美术等艺术形式之间的关系。

动画原本就是法勒姆校区的优势学科,具有悠久的历史。由于首任系主任鲍伯·苟德弗瑞多年的国际声望与优异的教学成果,很多世界知名动画师与影评家都慷慨解囊,大力支持该中心。当然,其毕业生在业界的影响与对中心的帮助也是不容忽视的。可以说,该动画中心已经成为收藏、研究英国动画最权威的机构。

动画中心不仅为本校的本科、研究生及短训班动画课程提供支持,还对外开放。中心定期举办学术研讨会、专题展映、巡回展览与训练营;定期邀请访问学者前来开展科研项目;为博士、博士后提供研究机会与奖学金;资助英国及海外动画节;将现有资料数字化、网络化共享。

动画中心的科研成果主要有:

杂志——《动画:跨学科刊物》(*Animation: An Interdisciplinary Journal*)。

著作——《动画世界》(*Animated Worlds*),收录了2003年在该校举办的"世界动画研讨会"——Animated Worlds Conference上的发言稿及学术论文;《戏法者:空间魔术》(*Trickraum: Spacetricks*),苏泽尼·布彻恩(Suzanne Buchan)、安德烈·詹瑟(Andres Janser)编著,2005年,Musuem für Gestaltung Zürich与Christoph Merian Verlag联合出版。

论文——《形而上学的娱乐室:奎伊兄弟的木偶动画》(*The Metaphysical Playroom: The Puppet Animation Films of Stephen & Timothy Quay*)、《鲍伯·苟德弗瑞动画公司发展史》(*History and Studio Practices of Bob Godfrey Studios*)、《英国动画与流行文化:有关教育、科研的资料收集整理》(*British Animation and Popular Culture: Archiving for Teaching and Research*)、《日本动画中的空间视觉化》(*Spatial Visualization in Japanese Animation*)、《视觉叙述连字符》(*Notes on the Hyphen in Visual-Narrative*)、《断裂的资源:艺术家所需与其学习资源的关系》(*Disconnected Resources: What Learning Resources do Artists Have and are They Appropriate to Their*

Needs?)等。

动画中心现馆藏的动画资料主要来源于约翰·哈拉斯夫妇、鲍伯·苟德弗瑞、第四频道的捐赠。共有200多万件藏品可供借阅,这包括:6000部动画片(16毫米、35毫米、VHS录像带、DVD、BETA等各种制式),20万幅画稿,6万格原始胶片以及大量动画师的摄影、雕塑、剧本原件。其中最为宝贵的是各种采访、通信、文章、著作以及动画音乐乐谱;各种奖杯、机器设备原件以及约翰·哈拉斯夫妇、鲍伯·苟德弗瑞从未完成的动画片段。近年来,动画中心的收藏范围不断扩大,开始收藏英国以外的优秀动画作品,例如它收藏了加拿大国家电影局的133部短片。

值得一提的是,中心关于约翰·哈拉斯公司的藏品非常丰富,不仅收藏了两位大师的3000幅绘画、手稿、书信、著作及2000格原始胶片,还有2667件影像作品,基本涵盖了该公司自成立之日起至今的全部作品。

有关鲍伯·苟德弗瑞的藏品更是数不胜数,到目前为止还没清点完毕。这位性情中人捐献给动画中心1500盒胶片及310箱手稿,囊括了他近35年来创作的方方面面。

2001年12月,动画中心发起了"导航员数字化工程",准备将所有馆藏资料数字化、网络化。但是由于资金、人员有限,目前只有20%的藏品被制作为数字资料以供参考。动画中心正式工作人员只有三名,更多的工作是由学生协助完成的。中心建议前来查询资料的人最好提前预约并将查询资料范围告诉工作人员以便缩短查找时间。另外,由于工作人员有限,动画中心不鼓励实地查询,推荐使用电子信息。目前,约翰·哈拉斯夫妇与鲍伯·苟德弗瑞的资料清单已经整理完毕并上传至网络。

如此丰富的资源对用于教育与非商业用途全部是免费的。资料查询、扫描、复印、打印,影片借阅只适当收取工本费。同时,中心还提供300DPI以上分辨率的电子版文件,需要TIFF格式的人需要提前说明,否则一概提供JPEG格式。

动画中心在资料版权归属清晰的前提之下,为商业用途提供优质服务。具体费用如下:

资料查询(在工作人员辅助下):10～15镑/小时

扫描:10镑一张

黑白复印:A4纸50便士,A3纸60便士(用于教育与非商业用途的一概20便士一张)

黑白打印:A4纸2镑,A3纸2镑50便士(用于教育与非商业用途的A4纸1镑,A3纸1镑20便士)

彩色打印:A4纸4镑,A3纸8镑(用于教育与非商业用途的A4纸2镑,A3纸4镑)

影片出租:10镑(录像带与DVD)、20镑(胶片)。最长租赁时间为两周(用于教育与非商业用途是免费的,但是不出租胶片给这些免费用户)

目前该中心还处于发展的初级阶段,很多地方还不够完备,因此它积极寻求出版社共同推出学术著作;希望与英国乃至海外大学或学术组织进行交流与合作。该中心已经与包括英国皇家艺术学院动画系在内的国内外著名学术机构、商业组织、动画节建立了合作伙伴关系。

实用信息

动画(BA Hons Animation)	学历:本科学士学位 学制:3年(全日制) 所在校区:法勒姆校区 学费:8690英镑/年(2006/2007学年度学费)
动画硕士(MA Animation)	学历:硕士研究生学位 学制:1年(全日制)或2年(Part-Time) 所在校区:法勒姆校区 学费:8900英镑/年(2006/2007学年度学费) 哲学硕士、博士学位学费:8900英镑/年(2006/2007学年度学费) 动画专业本科生优秀作业在线观看:http://www.ucreative.ac.uk/webapps/gallery/categories.cfm? col=29

动画研究中心的联系方式:

动画研究中心主任:苏泽尼·布彻恩
电话:+44 (0) 1252 892806
传真:+44 (0) 1252 982787
E-mail:sbuchan@ucreative.ac.uk

苏泽尼·布彻恩的博士论文是《形而上学的娱乐室:奎伊兄弟的木偶动画》。她是瑞士Fantoche国际动画电影节(Fantoche International Animation Film Festival)的创始人,并担任评委会主席至2005年。她的研究范围是动画理论、实验电影与数码文化。负责举办展览、研讨会、论坛等中心日常工作及活动,主编《动画:跨学科刊物》、《动画世界》。

法勒姆校区的联系方式:

University College for the Creative Arts at Farnham
Falkner Road,Farnham,Surrey
GU9 7DS
电话:+44 (0)1252 722441
官方网站:http://www.ucreative.ac.uk/index.cfm? articleid=8807

动画理论研究

保罗·韦尔斯(Paul Wells)

保罗·韦尔斯教授是英国拉夫堡大学艺术与设计学院(School of Art and Design, Loughborough University)动画研究所所长,专攻动画、广播与喜剧。他出版了多本影视理论著作,涉及恐怖电影、英国电影、流行音乐、喜剧电影以及表演等领域。当然,动画理论研究是他的强项。作为客座教授他被世界各国多所大学邀请开设动画课程并在各种动画节上发表演讲。

保罗·韦尔斯还是作家、播音员与戏剧导演。他制作的关于恐怖电影史的6集系列广播节目获得大奖；他为广播剧、电视肥皂剧、喜剧节目与戏剧撰写剧本。他曾为第四频道电视台制作了名为《卡通超级棒》(*Cartoons Kick Ass*)的纪录片；为英国电影学会制作了有关动画特技的教学片。

保罗·韦尔斯的主要动画著作：

《艺术与动画》	*Art & Animation*，1997，John Wiley & Sons Ltd.
《读解动画》	*Understanding Animation*，1998，Routledge
《动画与美国》	*Animation and America*，2002，Rutgers University Press，见彩图48
《动画：类型与作者》	*Animation：Genre and Authorship*，2002，Wallflower Press
《动画基础》	*Fundamentals of Animation*，2006，AVA Publishing
《哈拉斯与巴彻拉的卡通：动画史》	*Halas & Batchelor Cartoons：An Animated History*，2007，Southbank Publishing，与薇薇安·哈拉斯(Vivien Halas)联合撰写
《动画基础：剧本创作》	*Basics Animation：Scriptwriting*，2007，AVA Publishing
《重构动画：现代活动影像文化》	*Re-Imagining Animation：Contemporary Moving Image Cultures*，2008，AVA Publishing，与乔尼·哈德斯达夫(Johnny Hardstaff)、达瑞尔·克利夫顿(Darryl Clifton)联合撰写

拉夫堡大学动画研究所(The Animation Academy)

拉夫堡大学动画研究所主要从事动画理论研究，动画资料收集整理，动画展览、论坛、研讨会策划，动画片创作训练营等学术活动。该研究所旨在推广动画艺术，强调动画并不是只能哄小孩的东西，而是一门极其复杂的综合艺术。大力提倡动画的严肃性与艺术性，努力促进社会、业界对动画艺术的了解，加强各个领域的交流与合作。

研究所目前一共有16名工作人员。主要通过导师带领研究生开设相关课程，研究所为访问学者提供研究机会，就现有的商业与公益动画项目提供辅导与咨询，对训练营性质的教学项目提供资金支持等方式推广工作。研究所定期在拉夫堡大学的画廊、展厅展示、宣传动画的艺术、商业、娱乐以及其工业特性。该研究所参与了BBC电视专题片《动画王国》(*Animation Nation*)的策划、制作环节；并与提塞德大学合作，组织一年一度的Animex国际动画节。

拉夫堡大学动画研究所举办的主要活动：

2006年与苹果公司合作，举办动画创作训练营。

2007年5月举办阿德曼动画公司创始人彼得·洛德讲座。同月还举办了约翰·格蕾斯(John Grace)关于《英国电脑图形图像艺术》(*The Art of British CGI*)的讲座。

2008年5月著名漫画家、插画家、平面设计师、动画师、《哈利·波特》电影的概念画师、曾执导真人电影《魔镜面具》(*Mirror Mask*)的戴夫·麦克基恩来到这里举办了名为《戴夫·麦克基恩的艺术》(*The Art of Dave McKean*)的讲座。

2008年5月举办了《英国儿童动画：CelAction十周年》(*British Children's Animation：10 Years of CelAction*)讲座，邀请CelAction2D软件开发者讲述十年来如何参与《大骑士》、《粉红猪小妹》、《查理和罗拉》、《二维电视台》(*2D TV*)、《动物老友记》(*Yoko! Jakamoko! Toto!*)等二维动画片的创作。包括马克·贝克在内的动画片主创人员也出席了该讲座，介绍这款软件对其创作的帮助。

2008年6月与英国国家太空中心(National Space Centre)联合举办名为《想象空间：动画宇宙》(*Visualising Space：Animating the Universe*)的专题研讨会，利用动画技术进行宇宙科普知识教育。

2008年6月保罗·韦尔斯应邀担任捷克国际青少年动画大赛(International Competition of Animated Films for Children and Youth)评审团主席，并率领拉夫堡大学动画研究所师生举办了英国动画史的专题讲座与展映。

拉夫堡大学动画研究所出版的学术著作：

研究所的工作人员联合电影、动画业界人士与英国视听艺术委员会(AudioVisual Arts，简称AVA)合作出版了动画系列丛书。这套主要针对动画专业本科生、研究生以及动画爱好者的系列产品包括：《动画基础》(*Fundamentals of Animation*)、《动画基础：剧本创作》(*Basics Animation：Scriptwriting*)、《数字动画》(*Digital Animation*)、《动画档案》(*Animation and Archives*)、《重构动画：现代活动影像文化》(*Re-Imagining Animation：Contemporary Moving Image Cultures*)、《动画绘画》(*Drawing for Animation*)。

拉夫堡大学动画研究所的联系方式：

The Animation Academy Research Group
School of Art and Design
Loughborough University
Loughborough
UK
LE11 3TU
电话：+44 (0)1509 228979
E-mail：P. Wells@lboro. ac. uk

珍·琵琳(Jayne Pilling)

珍·琵琳女士毕业于英国苏塞克斯大学(Sussex University)英国文学专业，著名动画学者、影评人、策划人，英国电影学会资深研究员，英国皇家艺术学院动画系与台南艺术大学音像动画研究所客座教授。曾在日本、丹麦、捷克等国的多所大学进行讲学。

珍·琵琳在英国电影学会工作长达11年之久，从事电影筹资与政策制定工作。她从普通的策划人员一直晋升为行销总监，拥有极其丰富的工作经验与很强的管理能力。1993年，珍·琵琳离开英国电影学会后以自由职业者的身份投入动画领域。她曾多次策划动画电影展，于1996年创办英国动画大奖并担任该动画节主席。她被BBC、第四频道聘为动画顾问，并促成了这两大电视台长期开设动画专栏节目。

珍·琵琳除了撰写动画理论书籍外，还为第四频道制作了一套介绍欧洲动画的六集电视系列片，同时还在全球各大动画节上担任嘉宾与评委。

珍·琵琳的动画著作：

《进入快乐王国》	*Into the Pleasure Dome*，1985，BFI Publishing
《卡通常识初级读本》	*A Primer in Cartoonal Knowledge*，1989，BFI Publishing
《女性与动画》	*Women & Animation*，1992，BFI Publishing
《动画研究》	*A Reader in Animation Studies*，1997，约翰·利比出版社与印第安纳州立大学出版社联合出版，见彩图37
《卡通与电影》	*Cartoons & the Movies*，1997，法国 Dreamland Editeur
《超越二维动画》	*2D Animation & Beyond*，2001，RotoVision，见彩图95

克莱尔·凯特森(Clare Kitson)

克莱尔·凯特森曾经是第四频道动画部的主任，她在任期间极力鼓动英国电影学会与英国艺术委员会资助动画片创作。她利用第四频道的播出平台为全世界的动画师们提供了大量就业机会并使英国动画成为世界动画舞台上不可或缺的主力军与发电站。在任期间她策划、投资制作了大量优秀的动画短片并举办了多个动画节与展览。

国家影视学校动画系主任吉莉安·蕾斯得知克莱尔·凯特森辞去第四频道动画部主任一职后，这样说："我代表国家影视学校的全体工作人员、在校生与毕业生感谢克莱尔·凯特森的真诚与创造精神。她在第四频道任职期间为动画师提供了大量机会，(今天她离开了)全世界的动画人都会想念她。我坚信我们一定会再次与她合作并得到她的帮助与指导。再次感谢克莱尔·凯特森，祝她好运。"

1999年她因对英国动画的杰出贡献而被萨里艺术与设计学院授予"名誉校友"称号。

2005年克莱尔·凯特森出版了《尤里·诺尔斯金与故事中的故事：一位动画师的旅程》(*Yuri Norstein and Tale of Tales：An Animator's Journey*，约翰·利比出版社)。著名动画史学家吉亚纳贝托·班达兹这样评价此书："这位英国女士多年来一直致力于动画文化的研究工作，起初是在英国电影学会工作了硕果累累的十年，然后又在第四频道担任动画部主任。自从1980年她在萨格勒布国际动画电影节上看到尤里·诺尔斯金的《故事中的故事》，便意识到尽管自己精通英语、法语、德语，但是依旧无法参透这部神秘的作品。于是她开始自学俄语，努力学习俄罗斯历史、文化与视觉艺术知识。我建议大家读一读这本书，它是艺术评论文章的典范——无论是电影、诗歌、绘画还是其他形式的艺术创作。这本书必将提升克莱尔·凯特森本已很高的声望。我相信从今天开始她将成为一个大忙人，因为无数读者将追逐着她提问、咨询。”

世界动画理论书籍大本营——约翰·利比出版社(John Libbey Publishing)

约翰·利比出版社是英国最主要的动画学术书籍出版机构。目前世界动画学术界唯一公认的最权威的一部世界动画史著作、意大利人吉亚纳贝托·班达兹撰写的《卡通——动画百年》(*Cartoons—One Hundred Years of Cinema Animation*，1994)就是由这家出版社出版的；而中国传媒大学动画学院博士生导师，美国人约翰·A. 兰特(John A. Lent)编著的《亚太动画》(*Animation in Asia and the Pacific*，2001)也是出自该出版社(目前这本书已经引进版权，并由中国传媒大学动画学院张慧临老师翻译为中文在中国内地发行)。

约翰·利比出版社的前身是卢顿大学出版社(University of Luton Press)，以发行传媒类书籍为主。目前，约翰·利比出版社的经营范围不仅限于动画，电影、传媒、音乐也是其出版的重点内容。出版社在澳洲、亚洲、北美都有分部与合作伙伴，随时随地寻找全球合作的可能性[1]。出版社将读者群定位于学术专业人士，除了出版书籍外还发行两本杂志——《电影史》(*Film History: An International Journal*)与《卡通：世界动画杂志》(*Cartoons: An International Journal of Animation*)。

《卡通：世界动画杂志》[2]是世界动画协会的官方杂志，不同于世界动画协会以前那本官方杂志——《世界动画协会杂志》(*ASIFA Magazine*)，《卡通：世界动画杂志》在商业上是完全独立运作的。以往的杂志只针对世界动画协会会员免费发放，而《卡通：世界动画杂志》则针对所有消费者出售。与前者偏重于新闻时效性相比，后者的学术性更强一些。2006年《卡通：世界动画杂志》只出版了两期。

约翰·利比出版社的主要动画书籍：

1994年	吉亚纳贝托·班达兹著：《卡通——动画百年》(*Cartoons—One Hundred Years of Cinema Animation*)
1997年	珍·琨琳著：《动画研究》(*A Reader in Animation Studies*，与印第安纳州立大学出版社联合出版)
1998年	莫林·弗尼斯(Maureen Furniss)著：《运动的艺术：动画美学》(*Art in Motion: Animation Aesthetics*，与Company Pty Ltd. 联合出版，见彩图38)

续表

2001 年	约翰·A. 兰特(John A. Lent)编著:《亚太动画》(*Animation in Asia and the Pacific*,见彩图 39)
2005 年	克莱尔·凯特森著:《尤里·诺尔斯金与故事中的故事:一位动画师的旅程》(*Yuri Norstein and Tale of Tales:An Animator's Journey*,见彩图 40),同时还出版了这位大师的作品集 DVD——《尤里·诺尔斯金与故事中的故事》(*Yuri Norstein and Tale of Tales*)
2006 年	克里斯·罗宾逊(Chris Robinson)著:《未被歌颂的动画英雄》(*Unsung Heroes of Animation*,见彩图 41) 苏泽尼·布彻恩主编:《动画世界》(*Animated 'Worlds'*,见彩图 42) 克里斯·罗宾逊著:《爱沙尼亚动画:天才与文盲》(*Estonian Animation: Between Genius & Utter Illiteracy*,见彩图 43) 艾米·M. 戴维斯(Amy M. Davis)著:《圣女与女巫:迪斯尼动画长片中的女性》(*Good Girls & Wicked Witches:Women in Disney's Feature Animation*,见彩图 44) 弗罗瑞纳·普利斯—瓦根纳斯(Floriane Place-Verghnes)著:《泰克斯·艾弗瑞:宝贵的遗产(1942—1955)》[*Tex Avery:A Unique Legacy* (1942—1955),见彩图 45]
2007 年	特伦斯·多博森(Terence Dobson)著:《诺曼·麦克莱伦的电影作品》(*The Film-Work of Norman McLaren*,见彩图 46)
2008 年	莫林·弗尼斯主编:《动画艺术与产业研究》(*Animation Art and Industry:A Reader*) 罗伯特·拉塞特著:《动画宣传员:数码影像与虚拟世界》(*Hyperanimation: Digital Images and Virtual Worlds*)
2009 年	克里斯·罗宾逊著:《加拿大动画:梦想国度》(*Canadian Animation: Looking for A Place to Happen*,见彩图 47)

另外,约翰·利比出版社与美国印第安纳州立大学出版社长期合作,双方不仅合作主办了《电影史》杂志,还联合出版了罗宾·艾伦(Robin Allan)著的《沃尔特·迪斯尼与欧洲:欧洲文化对沃尔特·迪斯尼动画长片的影响》(*Walt Disney and Europe: European Influences on the Animated Feature Films of Walt Disney*,1999)和威廉·莫里兹(William Moritz)著的《光影诗歌:奥斯卡·费钦格的生平与创作》(*Optical Poetry: The Life and Work of Oscar Fischinger*,2004)等书。

2006 年,约翰·利比出版社在广岛国际动画节与渥太华国际动画节上举办专题展览推广自己的动画书籍,这无疑为其确立世界动画学术出版界头把交椅的地位迈出了重要的一步。

备注:

(1)约翰·利比出版社的联系方式:

John Libbey Publishing

Box 276
EASTLEIGH SO50 5YS
United Kingdom
E-mail:libbeyj@asianet. co. th
网址:http://www. johnlibbey. com
(2)《卡通:世界动画杂志》的投稿方式:
Chris J. Robinson
140 King George Street
Ottawa
Ontario K1K 1V3
Canada
E-mail: robinson@magma. ca

第5章 英国主要动画制作机构

第四频道(Channel 4)

那个传说中的第四频道

从没有哪个国家的电视台像英国电视台这样与动画密不可分,更没有哪个电视台像第四频道这样为英国动画复兴乃至世界艺术动画发展作出过如此杰出的贡献。

20世纪80年代英国动画开始复苏并赢得了巨大的国际声望。无论是动画技术还是影片主题与美术风格,英国动画质量全方位快速提升。据记载90年代的某一届萨格勒布国际动画电影节上,450部入选作品中有133部来自英国。截止到1998年,第四频道投资的动画片获得包括两个奥斯卡最佳动画短片奖以及无数个奥斯卡提名、两个有欧洲奥斯卡奖之称的欧洲卡通论坛奖、三个英国影视艺术学院奖、两个安纳西国际动画大奖、14个英国动画大奖、14个国际主要动画节大奖在内的150多个世界动画比赛奖项。今天,这一名单还在不断更新与补充之中。第四频道也因其对欧洲动画作出的杰出贡献而获得欧洲卡通论坛特别奖。

在政府与民间组织的资助下,实验动画、政治动画与极具个人风格的叙事性动画在英国遍地开花。第四频道首当其冲地走在了为英国动画推波助澜的前列。曾几何时,第四频道动画部宛如加拿大国家电影局一样成为世界各国动画师们向往的天堂。英国动画导演鲁斯·灵福特曾经这样评价第四频道动画部主编克莱尔·凯特森:"我的工作之所以能圆满完成很多时候归功于她的激情、实干与鼎力相助。她沉稳、严谨的工作态度使我与第四频道的合作进展顺利。她的想象力与信念不仅造就了新一代英国动画师,也使动画专业在校学生意识到电视媒体为他们日后发展提供的可能性。在世界各大动画节上英国动画师成为焦点并备受尊敬,有些国家的动画师嫉妒地说

‘在英国你们当然可以做这些……’谢谢你，克莱尔，是你使这一切成为可能。”

让我们来看一看第四频道与哪些大腕合作过吧：

捷克斯洛伐克超现实主义动画大师尚·史云梅耶夫妇、比利时动画之父劳尔·瑟瓦斯(Raoul Servais)、荷兰动画大师保罗·德里森(Paul Driessen)、奥斯卡最佳动画短片获奖影片《鲍博的生日》作者大卫·菲恩与艾利森·斯诺登、英国国宝级动画导演尼克·帕克、英国定格动画大师巴瑞·普维斯、英国动画先驱鲍伯·苟德弗瑞、英国著名动画导演马克·贝克、英国动画女导演乔安娜·奎恩、英国极端动画导演菲尔·莫洛伊……

毫不夸张地说，尚且在世的各国动画大师几乎都与第四频道有过各种形式的合作，而今天英国动画的中坚力量也几乎无一例外地接受过第四频道的资助与扶持，很多英国动画大师当年的处女作就出自于此。

在大力扶持独立动画艺术家的同时，第四频道还与各种民间组织、动画制作单位及教学机构频繁接触，共同发展，例如：英国艺术委员会视觉艺术部高级官员(Arts Council of England)大卫·柯蒂斯、英国波恩茅斯艺术学院动画系主任(The Arts Institute at Bournemouth)彼得·帕尔(Peter Parr)、英国国家影视学校动画系主任吉莉安·蕾斯、世界动画协会英国分会会长帕特·韦博(Pat Webb)与玛戈特·格瑞伍德(Margot Grimwood)、英国电视卡通公司创始人约翰·柯蒂斯等人都是第四频道的座上宾。

早在20世纪80年代初期，第四频道就开设了很多动画专题节目，例如以介绍欧洲最新动画短片为主的《四动画》(*Four-Mations*)与《摄影表》(*Dope Sheet*)，以艺术短片和相关纪录片为主的《四频道动画》(*Animation On* 4)。这些专题节目一经推出便成为英国其他电视台效仿的对象，可以说第四频道重新定义了“电视动画专题片”的概念。

我在英国留学时经常去导师家“搜刮”各种影片资料，印象最深的就是老师家那堆积如山的第四频道动画专题节目录像带。他每期节目都看并且录下来保存，因为这些资料市面上没有卖的。于是我便极其贪婪地全部复制下来，当我背着近50个小时的录像带回国时，机场人员很严肃地告诉我：“对不起先生，您的行李严重超重，请付罚款……”

今天，录像机已经逐渐离开了我们的生活，我这50个小时的动画节目录像带也无用武之地了。但是这些节目真的很好，我清晰地记得每集都有一个主题，例如“成人动画”。一开始便是成人动画的发展历史介绍，专家学者采访，拍摄现场探秘，导演自述，经典作品片段等。在这些介绍结束后还会再把刚才专题片中出现过的主要影片完整地播放一遍。节目时间从半小时到一个小时不等，如此系统而规模浩大的专题片看得我如痴如醉，无法自拔。有心将这些录像带转成光盘以作教学之用，但是囊中羞涩，迟迟未曾动手(录像带转DVD的价格——每小时80元)。看着那落满灰尘的录像带，我只能自欺欺人地安慰自己：“这些资料市面上没得卖！有钱你都买不着！英国都没卖的！很珍贵！学生要把这些专题片都研究透了就牛大了。反正我都看过了，还是看了无数遍……”

回国六年来，这些录像带一直躺在我书柜的角落里，等着为中国动画教育添砖加瓦，但那只是个梦而已，录像带的梦。现在大学里早就不使用录像机教学了，而录像带的平均寿命只有3～15年。这么看来，我的录像带已经有“去世”的了。瞬间我又恍惚起来，不知道是录像带使我过于伤感，还是传说中的第四频道过于强大而使我对中国电视台的现状感到失望。

总之，阅读第四频道的过程就是感受传说的过程，梦幻而真实。

第四频道的创建背景

政治斗争的产物

对于英国来说，20世纪70年代是动荡不安、风云变幻的十年。政治变革与社会运动此起彼伏，风起云涌。“左派”与右派之争，女权主义，反对种族歧视运动，朋克、极端民族主义者甚至新纳粹不断出现。经济动荡、通货膨胀、采掘业与出版业的罢工与抗议使保守党政府与工党势力日渐衰退。

1979年保守党内以撒切尔夫人为首的新右翼上台执政，开始实施新自由主义的改革和政策调整。撒切尔主义的推行引起了英国社会政治经济生活的深刻变化。英国治理经济的政策方针较过去有了重大改变，自由竞争的原则和精神已广泛而深入地贯穿于社会经济生活的各个方面。英国经济在20世纪80年代中期开始出现某种程度的“中兴”。不过，撒切尔主义的自由化改革尽管在激活市场、提高经济活力和竞争力方面取得了一定成效，但也带来了不可忽视的负面效应：贫富差距拉大，造成严重的失业现象，加剧了工薪阶层的无保障感，危及社会的安全与稳定。

20世纪70年代初，英国政府就已经开始策划成立第四频道，执政的保守党政府希望将其建设为简单的商业电视台。随着1974年保守党在竞选中失利于工党，政治形势的变化影响到英国的影视制作业。工党出于政治因素考虑，希望第四频道在运行机制上不同于之前的三个国家级电视台，从而标榜自己的改革与宽容。工党成立专门委员会就此事进行调研，委员会委员安东尼·史密斯(Anthony Smith)在报纸上发表文章阐明该电视台未来的走向问题，其中“百花齐放，百家争鸣”的观点对日后第四频道的发展至关重要。20世纪70年代，随着对好莱坞电影工业的抨击与抵制，一大批左翼激进分子加入到英国电影界。这无疑也是促成第四频道日后倾向于非主流动画短片的原因之一。

英国独立电影的复苏

英国独立电影的历史可以追溯到20世纪30年代约翰·格里尔逊的纪录片运动。随着保守党统治的到来，20世纪50年代约翰·格里尔逊王朝宣告结束。60～70年代，大量民间电影社团与左翼电影宣传组织的出现与“独立电影工作者协会”(Independent Film-makers' Association)的诞生标志着英国独立电影再次复苏。

从约翰·格里尔逊开始，英国独立电影就保持了一个良好的传统——积极与政府、商业组织或公共机构紧密合作从而获得经费支持。与前苏联等社会主义国家不同的是，英国政府对其投资制作的宣传片要求相对宽松，有时甚至比美国政治宣传片都要人性化。即使政府不资助它们，政治主题也是导演们喜欢表达与探讨的话题。因此观众在接受有官方背景的英国电影时并不感到奇怪与反感。英国动画的血液中无疑流淌着英国真人电影的基因，因此动画师与电视台具有良好的合作基础。而真人电影的实验与创新自然也会在动画片创作中体现出来。

第四频道的运营体制

20世纪80年代英国动画复兴是由一连串的因素造成的，包括各式各样公共机构如电视台、艺术影片基金组织的发展，具有影响力及远见的各机构掌权者，以及抓住机会的影片创作者所造成的综合结果。而第四频道的创立无疑是其中的催化剂。

正如这个电视频道的名字一样，第四频道是英国成立的第四个国家级电视台(英国一共有五个国家级电视台)。第四频道创建于1981年，1982年11月2日正式开播。在它之前的三个国家电视台分别是BBC1(综合公共频道)、BBC2和ITV。它之后成立的是第五频道。BBC1和BBC2的资金来自国家税收与观众交纳的有线电视费，因此是不靠播放广告赢利的非商业性电视台。而ITV与第五频道则属于商业电视台，全部资金来自广告收入。

第四频道起初十年的资金来源比较特殊，它是由ITV的总收入里按照一定比例抽取国家税收作为其制作经费。国家规定每年ITV为第四频道提供的资金不应低于一定数额，而ITV则全权拥有第四频道广告时段的出售权，全部广告赢利归ITV。也就是说，ITV全权代理第四频道的所有商业行为，而第四频道无需为收视率与制作经费操心。第四频道从创建之初就具有浓厚的官方色彩，无论是它的资金来源还是节目设置，政府介入都起到了至关重要的作用。政府决定第四频道创建之初只能播放独立影视公司制作的节目，鼓励创新与实验；鼓励其他频道播出不愿播出的科教类及反映少数民族生活的节目。

第四频道的管理层由政府任命，该电视台针对有较高品位的观众播出其他英国电视台不能提供的节目。最初，政府出于政治考虑才开办了第四频道，因为当时的执政者——撒切尔夫人坚信工会权力过大是使英国工业衰退的主要原因。因此削减工会权力成为政府当时的工作重点。在摧毁了采矿和汽车业的工会组织之后，撒切尔政府开始整顿影视界工会。而此时的影视界工会因其行业特征而成为影响力极大、收入颇高的众矢之的。政府认为这些“有钱有势”的、拥有“印刷钞票许可证”的影视制作机构对员工太过纵容。例如：影视工会明确规定每一种工作的工作时间、加班费甚至中午休息几个小时。如果用人单位不严格执行这些规定工会就有权使该公司歇业。甚至有一次工会竟然与经营者谈判，要求全英国的电视台停播24小时。这无疑成为政府下决心削减影视工会力量的导火索。

因此将第四频道收入《英国主要动画制作机构》一章有些不妥，因为它从成立之日起便没有任何节目制作人员，只设置统筹、策划、管理节目的人员。但是没有它的资金支持与播出平台，那些制作公司显然无法存活。起初为第四频道制作节目的是一些新成立的小公司,这些小公司不受工会的影响,这样一来就可以避开工会,间接实现政府打击工会的目的。

第四频道创建之初

第四频道第一任经理杰里米·艾萨克(Jeremy Isaacs)原先是泰晤士电视台节目总管,他的管理原则是全部雇用没有电视台工作经历的员工,这些人不会陷入“观众究竟爱看什么样节目”的无聊怪圈,也不会有那么多陈规定律或被其他电视台控制。杰里米·艾萨克为人开明、平易近人,具有艺术家的气质而没有官僚作风。他引用出版业的管理模式在第四频道实行节目总编制。编辑们的主要工作就是审核独立制作公司提交的节目方案并提供资金,全程监督资金的使用与节目的制作。第四频道第一任总编是保罗·麦登(Paul Madden),此人曾就职于英国电影学会的电视资料收集部门,很快杰里米·艾萨克便委任他创建动画部。

杰里米·艾萨克在动画方面的方针是制作成人观众喜欢的短片,片源主要来自加拿大国家电影局和前苏联。起初这些艺术短片只是填补节目空缺时间段而已,比如说马上到 9 点了,还有几分钟但是整段的节目已经播完了,这时候动画短片就用来打补丁。因此英国观众是在无意中,或是在某个电视节目之间看见这些六七十年代的经典艺术动画短片的。

第四频道的第一个受益者:剑桥动画节与阿德曼动画公司

1979 年以剑桥地方艺术协会(Regional Arts Association for Cambridge)电影部官员约翰·加农(John Cannon)为首的一小群动画狂热分子凑在一起想重整旗鼓,再次举办在 60 年代曾风靡一时的剑桥动画节(Cambridge Animation Festival)。他们宣称动画目前完全可以作为独立的艺术形式存在。这个团体包括剑桥动画节总监迪克·阿默(Dick Arnall)、为 BBC 制作过许多动画节目的理查德·埃文斯(Richard Evans)、英国动画先驱鲍伯·荀德弗瑞、英国一流动画院校萨里艺术与设计学院教师罗杰·诺克(Roger Noake)、英国电影学会制作部的玛利-简·沃尔什(Mary-Jane Walsh)、英国电影学会下属国家电影院主管克莱尔·凯特森以及 1981 年加入的英国艺术委员会官员大卫·柯蒂斯。

为独立动画设置奖项,甚至举办专门的动画节无疑对动画艺术发展具有重大意义。剑桥动画节曾经风靡一时,成为英国动画界的盛事。后来该动画节移至布里斯托尔(Bristol)、加的夫(Cardiff)举办。1981 年初,动画节组织者联系到杰里米·艾萨克,他给予动画节极大的重视,并拨出一部分资金支持他们。当年 9 月他亲自出席了该动画节,从此拉开了长期而愉快的合作。他此次出席动画节的目的很简单——物色年青一代动画师。杰里米·艾萨克与第四频道的第一任总编保罗·麦登结识了阿德曼动画公司的创始人——大卫·史波克斯顿与彼得·洛德,并观看了他们为 BBC 制作的电视系列动画片。

杰里米·艾萨克与保罗·麦登非常喜欢阿德曼动画公司的作品,于是邀请他们为第四频道1982年11月正式开播制作五部短片。在不到一年的时间里制作五部累计25分钟长的动画片确实难度不小，阿德曼动画公司倾巢出动也没能按时完成任务。一年后（1983年）这套名为《对话片段》（*Conversation Pieces*，1981～1983）的系列片在第四频道开播一周年纪念时播出。为期一周的播出正好与BBC的《九点新闻》（*Nine O'Clock News*）节目时间冲突，令保罗·麦登欣慰的是《对话片段》的收视率远远超过了《九点新闻》。从此以后，阿德曼动画公司一炮而红，订单不断。接下来阿德曼动画公司又为第四频道制作了《巴比伦》（*Babylon*，1984）和《同期录音》（*Lip Synch*，1989）系列。获得奥斯卡最佳动画短片奖的《动物悟语》（*Creature Comforts*）就出自该系列动画片，这套五集的动画片还包括大卫·史波克斯顿导演的《整装待发》（*Going Equipped*）。

后来第四频道成为该动画节的主要赞助商，而杰里米·艾萨克一直以个人身份与动画节保持紧密联系，1985年他还以动画节主席身份主持会议。

第四频道投资的两部动画长片

创建之初频道组成形式比较自由，发展很快。杰里米·艾萨克与保罗·麦登雄心勃勃地想大干一场。他们与电视卡通公司的创始人约翰·柯蒂斯频繁接触。随着1979年电视卡通公司的创始人之一、明星导演乔治·杜宁去世，约翰·柯蒂斯开始寻找公司下一步的发展方向。

1981年，约翰·柯蒂斯越来越厌倦商业动画广告片的制作，当他在第四频道看到政府鼓励独立电影与创造精神的白皮书后，激动地说："这就是为我准备的啊！"他想把英国漫画大师雷蒙德·布力格斯（Raymond Briggs）的畅销绘本《雪人》（*The Snowman*）改编为动画片。这一想法得到杰里米·艾萨克与保罗·麦登的大力支持。第四频道为这部29分钟的动画片投资十万英镑，尽管这只是正常预算的四分之一不到，但是对于一个刚刚成立的电视台来说已属不易了。尽管这笔钱也就是一部低成本儿童系列片的预算，但在当时已经是英国电视台对动画片支持力度最大的项目了。为了筹集剩下的资金，约翰·柯蒂斯不仅向该绘本出版商求助，甚至抵押了自己的房子申请银行贷款。

由丹尼·杰克逊（Dianne Jackson）导演的《雪人》在第四频道第一个圣诞节特别节目中播出，反响热烈，一炮而红。这不仅使约翰·柯蒂斯还清了债务，还使该片成为英国圣诞节期间常播不衰的保留节目，一直到今天该片还在为第四频道与约翰·柯蒂斯赢利。

《雪人》的成功使约翰·柯蒂斯坚定了继续改编经典畅销图书为半小时以内、适合全家观看、高品质动画片的决心，例如改编自雷蒙德·布力格斯同名绘本，希拉里·阿达斯（Hilary Audus）导演的《熊》（*The Bear*，1999）。1988年，电视卡通公司的爱尔兰籍日本人村上吉米（Jimmy Murakami）导演了《当风吹起的时候》（*When the Wind Blows*，1988）。这部改编自雷蒙德·布力格斯同名绘本，讲述核战争后一对夫妇故事的影片是第四频道投资制作的唯一两部动画长片中的一部。该片在英国、德国、日本大受欢迎，但在美国反响平平。

另外一部第四频道投资制作的动画长片是捷克导演尚·史云梅耶的《爱丽丝》(*Alice*,1989)。这部超现实主义作品分为影院版和电视台15分钟版。该片制片人基思·格里菲斯谈到,影片之所以能顺利完成,完全来自第四频道上层管理者的支持。杰里米·艾萨克对当时尚属新人的尚·史云梅耶赞赏有加,坚信此人日后前途不可限量。从此尚·史云梅耶展开了与第四频道的长期合作。

第四频道投资的动画短片

20世纪80年代中期,第四频道开始投资制作全新的动画短片。很多日后的大师就是抓住了这一机会而崭露头角的。这批作品无论是制作工艺还是主题思想都各具特色,与之前其他国家的艺术动画片倾向国际性符号化的特点相比,第四频道出品的动画片主题经常被认为是无法做成动画的主题,极其个人化与动画纪录片也许是第四频道动画的特点。虽然这些动画片的播出时间比较晚而并非黄金时间,但是它特有的艺术气质与创造精神(特别是大量国外的艺术短片与介绍动画大师、流派、历史与制作工艺的纪录片)对培养观众审美、开拓英国动画师的眼界与思路大有裨益。很多现在30多岁的英国动画师经常把第四频道的动画节目录下来反复观看,他们表示自己最初就是看了第四频道的节目后才对动画产生兴趣的。

起初,第四频道主要投资制作一些与社会现实紧密联系的"动画纪录片",类似阿德曼动画公司当年为其制作的《对话片段》系列。代表作品有蒂姆·韦伯导演的《心灵自闭》和玛珠特·瑞米恩(Marjut Rimmenin)制作的《保护》(*Some Protection*)。有趣的是这两部短片都被心理学家所推崇,而尼克·帕克的奥斯卡最佳动画短片奖作品——《动物悟语》则是第四频道投资制作最成功的案例。

第四频道创建之初,其各个部门都对动画表现出极大的兴趣。苏格兰人莱斯莉·H.肯(Lesley H. Keen)为教育节目部制作了电脑动画片《运动之线》(*Taking a Line For a Walk*,1983);维拉·纽布尔(Vera Neubauer)为实验与独立电影部导演了女权主义多媒体作品《半空中》(*Midair*,1986);国家影视学校毕业生德里克·海因斯(Derek Hayes)和菲尔·奥斯汀(Phil Austin)为戏剧部创作了科幻题材短片《空中的鲸鱼》(*Skywhales*,1983);康地·加德(Candy Guard)导演了系列纪录片《女性视野》(*Woman in View*)中的两集:《肥胖问题》(*Fatty Issues*)和《二选一的边缘》(*Alternative Fringe*)。

1987年,保罗·曼德(Paul Madden)在一篇名为《动画与第四频道》(*Animation and Channel* 4)的文章中说道:"第四频道播出的绝大部分动画片都是针对成人观众的,他们在寻找创作者时就把这个理念明确地传达给了对方。这是第四频道为了使自己的节目区别于其他电视台的策略,因为英国动画基本都是为儿童制作的。"实际上第四频道在80年代确实制作了一大批优秀的成人动画片,从阿德曼动画公司的黏土动画到奎伊兄弟的木偶动画,从村上吉米的《当风吹起的时候》到女导演艾利森·德·维尔(Alison de Vere)的《黑狗》(*The Black Dog*)。

上文提到的基思·格里菲斯除了是尚·史云梅耶的御用制片人外,还是奎伊兄弟(Brothers Quay)的制作人。80年代他为这兄弟二人争取了第四频道的大量项目资助,例如《巴黎岁月》(*Igor-Chez Pleyel—The Paris Years*,1982)和《隐秘的旅行》(*Intimate*

Excursions,1983)。这两部真人短片的创作灵感分别来自美籍俄罗斯作曲家斯特拉文斯基(1882～1971)和捷克斯洛伐克作曲家莱奥什·杨纳克。奎伊兄弟的代表作品《鳄鱼街》(*The Street of Crocodiles*,1986 年)与《梳子——来自睡梦博物馆》(*The Comb—From the Museums of Sleep*,1991)无疑对电视观众的观看习惯与审美提出了挑战。基思·格里菲斯认为这种实验动画将为观众提供更多的口味选择,从而与以《雪人》为代表的主流动画片形成鲜明对比。这种主流与非主流并存的情况成为第四频道日后选片的原则。

第四频道鼓励实验动画片的创作,强调影片质量。导演有全面的自由来选择影片主题、样式、风格、时长。他们不必为制作周期与经费担心,因为第四频道提供的资金充足,也不硬性规定交片时间。对有创意但缺乏经验的动画导演第四频道还会委派经验丰富的制片人协助其完成任务。而对于有想法的制片人第四频道也可以帮助他们联系导演。第四频道重视创作者的专业素质以及合作团队的水平,会委派专职制片人来统筹一切合同、版权、财务问题,而让导演专心创作。第四频道并非轻易把大笔资金交给影片制作者,而是建立了一套完整的委任制度。一般会分阶段验收事前约定好的成果,付款也是伴随着验收工作而分阶段进行的。当然第四频道投资制作的动画片并非全部是精品,这一点他们也意识到并承认自己的失误,但是如果没有这些大胆的尝试与冒险也就不会有英国动画的今天。

1987 年,杰里米·艾萨克离开了第四频道,原 BBC 电视台主席、董事长迈克尔·格拉德(Michael Grade)接任其职位。1989 年,保罗·麦登也离开了第四频道。迈克尔·格拉德的计划是尽快脱离 ITV 的财政资助,收回第四频道广告时间使用权,当然这一切的前提是第四频道健康发展,不断强大。1989 年是第四频道动画丰收年:

不仅完成了阿德曼动画公司制作的《同期录音》系列动画片,而且投资拍摄了一大批艺术水准颇高的短片,例如大卫·安德森的《死亡》,埃里卡·拉塞尔(Erica Russell)的《足之歌》(*Feet of Song*,见彩图 49)。而这两位新人都是在第四频道赞助举办的布里斯托尔动画节(Bristol Animation Festival)上脱颖而出的(即原来的剑桥动画节)。

1988 年,保罗·麦登为了巩固第四频道在动画节目方面的优势地位,任命克莱尔·凯特森为第四频道动画部主编。

英国动画新浪潮旗手——克莱尔·凯特森

1999 年 10 月 1 日,《动画世界杂志》(*Animation World Magazine*)官方网站上出现了一篇题为《创建全新的大英帝国:向克莱尔·凯特森致敬》(*Building a New British Empire—A Tribute to Clare Kitson*)的文章,编辑在文章开始前写了这样一段话:“克莱尔·凯特森辞去第四频道动画部主编一职的消息在全世界范围内像野火一样迅速蔓延开来,大家都很惋惜与伤感。《动画世界杂志》借此机会推出以下这篇文章以表达那些曾经接受过克莱尔·凯特森帮助与鼓励的动画师们的感激之情,并向克莱尔·凯特森对动画产业作出的杰出贡献致敬。”

先让我们来看看大腕们都说了些什么吧：

尼克·帕克："克莱尔·凯特森多年来一直以极大的热情影响着我们，她是英国动画复苏的基石。"

劳尔·瑟瓦斯："过去40年里我参加了很多动画节，因此理所当然地被列为'老兵'。在这些国际活动中我很幸运地遇到了一些杰出的人，英国动画人就是其中最具代表性的——约翰·哈拉斯、乔伊·巴彻拉、鲍伯·苟德弗瑞、斯坦·黑沃德(Stan Hayward)、帕特·韦博(Pat Webb)和克莱尔·凯特森。最后这位女孩通过其独有的人格魅力、严谨的办事作风将电视台与艺术家们联系在一起。我不知道她何时被动画'病毒感染'的，但是有一点我可以确定，她'病'得不轻。最终，她对动画的热爱通过第四频道'传染'给了更多的人——其动画节目收视率达到1%。如果现在给全世界的动画师们一个许愿的机会，我相信大家都希望克隆一百个克莱尔·凯特森并把她们分布在全世界各地的电视台。那样的话动画艺术将会真正被世人所重视。亲爱的克莱尔，感谢你为我们的电影所做的一切，感谢你为我的动画片所做的一切。我不知道以你对动画艺术的这份热爱与激情涉足其他领域是否会取得成功，不管结果如何，我永远祝福你。"

鲍伯·苟德弗瑞："第四频道动画部主编的活不是谁都可以干的。没完没了的预算核查，疯狂愚蠢的宣传活动，价格昂贵的电视网运作，当然也有风光与盛赞的时候。而克莱尔·凯特森凭借其超人的能力在十几年的艰难岁月内把这个角色演绎得尽善尽美。她将最好的动画师聚集在第四频道周围，为第四频道赢得了巨大的国际声望。她的辞职给世界动画界带来一丝忧伤与惊讶。我想，很难再有人能继承她的职位了。"

乔安娜·奎恩："当我听说克莱尔·凯特森辞去第四频道电视台动画部主编的消息时几乎崩溃了。我认识她已经12年了，她把她的一切都奉献给了这份工作。她为人谦逊、诚恳、无私、平易近人。她之所以能取得这样的成就完全得益于对动画的热情与渊博的知识。她不仅得到那些曾经接受过第四频道资助的英国动画师的尊重，而且得到其他国家动画人的敬仰。我真心希望第四频道认识到她作为首任动画部主编所作出的杰出贡献与取得的骄人成绩，将她奠定的良好基础发扬光大，继续创作具有创造精神的动画片。"

宛如烈士墓志铭一般的极高评价，克莱尔·凯特森究竟是谁？她与第四频道有什么关系？她又为什么辞职不干了？谈到第四频道对英国动画的贡献就不能不谈克莱尔·凯特森，更多时候人们将这二者等同为一。

1988年至1999年，作为第四频道动画部主编克莱尔·凯特森为英国动画业的复苏作出了不可估量的贡献。她不仅大力支持艺术短片的创作，而且将过去儿童节目的专利——动画系列片注入成人因素，从而扩展了动画艺术的内涵；她不但扶持英国本土那些默默无闻的年轻动画师，还投资给其他国家的动画大师制作影片；她不仅创办了动画专题节目《摄影表》，还鼎力协助女性动画导演与男性导演平等竞争。

1994年，克莱尔·凯特森打破了男性导演与制片人垄断英国叙事性动画片创作的局面，她大幅度提高预算并调整相应政策（例如鼓励创作动画系列片），引导女性导演进行叙事性动画创作。她顶着巨大的社会舆论压力大胆起用康地·加德和莎拉·安·肯尼迪(Sarah Ann Kennedy)。1996年,莎拉·安·肯尼迪导演的木偶动画系列片《卡普斯敦小屋》(*Crapston Villas*)获得英国畅销杂志——《广播》(*Broadcast*)评选的年度最佳新节目奖。这是有史以来动画片第一次击败真人影视作品而获得该奖项,这一成功当然缺少不了克莱尔·凯特森的大力支持。

克莱尔·凯特森来到第四频道后创建了一档半小时的动画节目——《四动画》,该节目不仅有动画短片的播放,还有相关纪录片的放映。每期节目都会有一个主题(例如"向尤里·诺尔斯金致敬"),所有影片都会围绕这一主题展开。当然该节目除了展示英国动画外,还会播出世界各国优秀的动画短片。起初克莱尔·凯特森全部购买现成的动画片与纪录片,当收视率有所保证后她便开始投资制作属于第四频道的动画片。有了财政权,克莱尔·凯特森就可以控制与要求这些"命题作文"的时长以便安排播出表(一般每部短片被限定在11分钟左右)。

排片表问题

由于艺术动画短片不成系列,构成不了累积效应,因此无法吸引广告商的资金资助。克莱尔·凯特森遇到的最大困难就是如何为这些不成体系的动画短片制订成系列与规模的节目播出计划。她凭借自己多年的排片经验[1]制定出了相应对策。她当年在国家影院工作时就把来自世界各国的、极其另类的动画短片巧妙地集结成系列,进行展映,甚至有时还会把这些影片提供给采购动画片的片商,使其进入主流媒体。她还经常为学生提供免费观摩影片的机会,从而使这些短片获得良好的口碑并迅速传播开来。

对于如何策划、制作、播出这些"一次性"的独立动画短片所存在的困难,克莱尔·凯特森说:"在节目播出时间安排上确实成问题,(由于其不成系列,因此)只能在深夜播出。另外这些短片成本高昂,差不多一分钟一万英镑,对我们来说这无疑是巨大的开销。"经过多年的尝试,她最终让这些动画短片以专题栏目——《超越摄影表》(*Beyond Dope Sheet*)的形式开播了(这个半小时的节目后来改名为《摄影表》)。这个动画节目不仅有最新的原创动画片,还有像比尔·普林姆顿这样非主流动画大师的作品播出。

为了解决播出时间表问题,克莱尔·凯特森可谓不遗余力,见缝插针般寻找各种播出时间。例如她争取到了每晚19:55新闻刚刚结束后的《插播》(*The Slot*)节目。她在这个大家都想上的黄金时间中将一些动画片打散后连续播出。例如,她将巴瑞·普维斯导演的《吉尔伯特与苏利文:超级模特》分为五集(每集三分钟)在该节目中播出。这一传统节目一直保留至今,现在改名为《三分钟奇观》(*3 Minute Wonder*),主要播放年轻导演的作品:实验电影、纪录片、舞蹈片、动画片等。

尽管如此,维持这些"一次性"艺术短片的播出依旧困难重重,于是克莱尔·凯特森说:"我们已经开始向成人动画系列片方向发展,目前我们已经制作了三套系列动画片,比如艾利森·斯诺登与大卫·菲恩导演的《鲍博和玛格利特》系列作品。但遗憾的是这些系列片在美国的反响明显好于英国。"

克莱尔·凯特森首创的动画片为成人服务的策略很快被 BBC 等其他电视台效仿，这些电视台也开始制作专门为成人观看的动画系列片。

克莱尔·凯特森策划的这些动画系列片一般是 13 集，每集 11 分钟。例如：康地·加德导演的《庞德的生活》(*Pond Life*)。这些系列片基本全部由获奖短片改编、拓展而来，即一部短片在全世界范围内引起轰动，获得好评，克莱尔·凯特森就会投资该片导演继续以该片造型或故事为基础，发展成系列产品。但是这种试图解决播出时间问题的策略并未达到预期效果，观众似乎对这些“套拍”的系列产品不感兴趣。克莱尔·凯特森也表示这种系列产品所需的巨额资金与漫长制作周期使自己有些吃不消。最终，《鲍博和玛格利特》系列片被迫停播，尽管该片在美国很受欢迎。

克莱尔·凯特森的排片表原则给予我们极大启发，这一策略适合于任何电视台的动画部门。如果创作者从一开始就能领会电视台的播出意图，并适当向这一排片原则靠拢的话，会使双方获益。针对这种“打散、组合”的要求，动画师应尽可能拍摄十分钟左右的短片，并且应加强这些作品的“段落性”，即可以将影片自由拆分为 3～5 分钟的、有悬念感的小段落(如同评书的“扣子”)。如果不同作者的影片还能有一个共同的主题(例如“反战”、“环保”等)，那将对电视台的系列播出更加有利。了解了电视台的苦衷与对策，动画师在进行创作时就可以有的放矢而不至于到头来因为影片结构与时长问题被拒之门外。

MOMI 学生动画竞赛项目与“Animate!”项目

除了电视节目外，克莱尔·凯特森还与其他机构合作推出了两个鼓励年轻动画师创作的项目。她说服英国电影学会下属的活动影像博物馆(Museum of the Moving Image，简称 MOMI)与英国艺术委员会共同创建了 MOMI 学生动画竞赛项目与“Animate!”项目。

活动影像博物馆会定期举办动画处女作比赛(一般是学生尚未成型的想法)。“通常我们会从 100 个参与者中选出四个最好的创意，然后将这四位作者交给活动影像博物馆。在那里他们会聘请专业人士帮助完善这四个创意。这一训练一般持续三个月。如果他们的创意基本成型了(一般都会顺利成型)，我们将对其进行资助并开始制作。最终这些 3～5 分钟的动画短片将在第四频道播出，从而保证片源的储备量[2]。在苏格兰我们也有合作伙伴开展类似项目。”这些短片在时长、主题、手法上没有任何限制，甚至非英国导演也可以参与。

英国艺术委员会的“Animate!”项目每年会投资第四频道制作 4～6 部动画短片。一大批日后成名的导演都曾经参与过这样的项目，例如：菲尔·莫洛伊的《牛仔》系列动画片，蒂姆·韦伯的《2 月 15 日》和克伦·凯利(Karen Kelly)的《强调》(*Stressed*)。

英国艺术委员会视觉艺术部高级官员大卫·柯蒂斯说：“1989 年，克莱尔·凯特森和我共同创建了‘Animate!’项目，该项目由英国艺术委员会与第四频道合作，为实验动画创作提供资金与电视播出平台。十年来这一项目日渐成熟与壮大。迄今为止‘Animate!’项目已经制作了 44 部动画片，马里奥·卡瓦里(Mario Cavalli)、菲尔·莫洛伊、克伦·凯利、保罗·布什、斯图亚特·希尔顿(Stuart Hilton)和鲁斯·灵福特都参与了这一项目。其中很多作品在世界重要动画节上获奖并成功地出售给其他国家的电视台。近来由莎拉·考克斯(Sarah Cox)导演的《三条出路》(*3 Ways to Go*)和乔纳森·霍奇森导演的《感受我》(*Feeling My Way*)又获得了英国动画大奖。克莱尔一向勇于挑战新生事物,她以极其大度的心态策划、管理项目。与她一起工作非常愉快。"

第四频道除了投资以外,还会定期资助与参与各种动画节、电影节,宣传推广这些艺术短片。其实各个动画节与电影节有大量优秀的获奖作品苦于没有播出平台,由于制作成本高昂,缺乏对目标收视观众的定位,这些散兵游勇的短片成为"弱势群体"。但是克莱尔·凯特森从一开始便看好这块试验田,她坚信轻视艺术动画短片的日子很快就会过去,于是她以高于纪录片、低于剧情片的价格收购这些优秀作品。今天看来,她的这一预测是正确的。

人格魅力

克莱尔·凯特森获得成功的另一个原因是她的人格魅力,她博学多才、平易近人,特别是对各种形式与主题动画片的包容和极高的艺术审美品位使她发掘了一大批动画艺术家。

第四频道节目总管克伦·布朗(Karen Brown)说:"克莱尔·凯特森与动画界的关系非同一般,她不仅凭借其敏锐的判断力与无限的创造精神策划、投资了众多动画片,而且以真诚的心结交了大量影视圈的朋友。克莱尔使动画节目成为第四频道的主打品牌并获得国际声望。她策划的动画片在世界各大动画节上获奖无数。克莱尔给予动画师们的支持与帮助远远超过了动画师的预期值。"

英国动画导演罗德·洛德(Rod Lord)说:"我第一次见克莱尔·凯特森是1981年,她请我帮忙修改真人电影《银河系漫游指南》(*The Hitch Hiker's Guide to the Galaxy*)中的'巴别鱼'("Babel Fish")动画片段。由于她的努力与策划,这部电影入选了当年的伦敦电影节。接下来我们进行了第二次合作,这次我们一拍即合,决定使用电脑制作动画。但是刚刚开始两周,我就把七万五千英镑的预算花光了。克莱尔·凯特森并没因超支而责怪我,她鼓励我继续创作这些当时看来还属于非主流的电脑动画片。这一次她又将这部动画片推荐给伦敦电影节。这么多年来她对动画艺术的激情从未消减过,而我却逐渐淡出了娱乐界。我和她多年没联系了,但是我始终对她当年给我的鼓励心存感激。毫无疑问,在过去十几年里她为英国动画产业的复兴作出了杰出贡献。她使英国动画得到世人尊重,使伦敦成为世界创意产业的中心。无论是私人交情还是对动画产业作出的贡献,我都要感谢克莱尔。"

英国动画导演罗德·洛德说:"克莱尔·凯特森最了不起的地方就是她欣赏动画片品位很高、很广泛。她对英国动画作出的最大贡献就是放手叫动画师去干。她从不考虑项目是否能够轰动一时,甚至在动画师自己都没有十分把握的时候,她依旧鼓励大家去做。正因如此,第四频道才能创作出风格迥异的动画片并以动画类节目闻名于世。她另外一个宝贵之处就是她的真诚。遇到不懂的动画技术问题她会虚心请教,而面对我影片中的问题她也会直言不讳地指出。很遗憾她不能再帮助我为第四频道制作影片了。我要感谢她曾经为我的两部作品所付出的心血。"

光明电影公司总裁伊恩·哈维(Iain Harvey)说:“克莱尔·凯特森刚刚出任第四频道动画部主任时,我很幸运地参与了她策划的第一个重点项目——《灰王子》(*Prince Cinders*)的工作。这部半小时的动画片由德里克·希斯导演。这部影片获得成功的一个重要因素是改编自同名连环画,而这本连环画是克莱尔·凯特森的女儿推荐的。从那以后我便养成一个习惯——严格按照她女儿的阅读清单买书。克莱尔·凯特森对俄罗斯情有独钟。为了节约开支,《灰王子》的很多动画工作是在圣彼得堡完成的,这使我有机会平生第一次来到了这个神奇的城市。她对俄罗斯风土人情及民族性格的了解使我们的工作进展顺利。她教给我们一些简单的常用俄语,可惜我太笨总记不住。但她从不放弃,一直在不厌其烦地教我们。不过有一次我的俄语使她震惊了。我们在圣彼得堡一家有名的俄罗斯餐厅吃饭,我和她说我可以和老板商量叫他不要按照外国游客的价格宰我们,而是以本地人的价格卖给我们吃的。克莱尔坚信我无法完成这个任务,但是我凭借超烂的俄语与装蒜的本事实现了愿望。克莱尔对动画的热爱与激情是超乎寻常的,她坚信动画艺术是无所不能的。尽管有时因为电视台的整体节目编排问题她的美好愿望也会落空,我依旧要感谢她对我与其他制作人的信任。”

电视卡通公司创始人约翰·柯蒂斯说:“我一贯认为搞动画的人比作真人电影的人更温文尔雅、好相处一些,比如说我们很幸运地遇到了克莱尔·凯特森,她代表第四频道来照顾我们。很遗憾,在11年硕果累累的工作后她辞职了。在这11年里克莱尔·凯特森凭借她那不可思议的鼓动力使英国动画产业迅速发展并得到世界的承认。我们会想念她的,另外说一句,她名列‘我最喜欢的人’名单之首。”

即使是竞争对手的S4C电视台动画部主编克莉丝·格雷斯(Chris Grace)也对她的人品敬佩不已:“克莱尔是那种一点架子没有、极其真诚的人。她的人格魅力与专业才华使动画师们心甘情愿地聚集在她周围。她一贯尊重创作者而从不把自己的意图强加给动画师。她成为奥斯卡最佳动画短片获奖专业户们背后的金牌策划人;她为年轻动画师们提供了就业机会。在她的指引下英国动画产业迈上了一个新台阶。了不起的人,了不起的成绩。”

法国安纳西国际动画电影节管理总监蒂茨娅娜·罗斯奇(Tiziana Loschi)说:“作为国际动画电影中心的管理者,我向克莱尔·凯特森对个人艺术动画创作的大力支持表示敬意。安纳西国际动画电影节多年来力求为动画师创造良好的发展环境,因此像克莱尔·凯特森这样与我们不谋而合的策划人与管理者就更显得珍贵。在此我对她的敬业精神及专业能力表示敬意。”

世界动画协会英国分会会长帕特·韦博、玛戈特·格瑞伍德(Margot Grimwood)说:“我们对克莱尔·凯特森为世界动画所做的杰出贡献表示敬意。这不仅是对她在第四频道工作的肯定,而且是对其人格魅力的赞扬。她渊博的学识、她对动画片的独特品位与审美、她对动画师的鼓励将英国动画产业提升到一个新高度。她以极大的热情促成了第四频道与各种社会组织及动画节的合作,从而为有才华的动画师们创造了就业机会。”

英国波恩茅斯艺术学院动画系主任彼得·帕尔(Peter Parr)说:“我代表波恩茅斯

艺术学院动画系全体师生感谢克莱尔·凯特森多年来对我们动画教学的大力支持。克莱尔不仅使在校生意识到通过努力学习、不断提高专业能力获得电视台资助不再是梦想,而且点燃了很多毕业生的创作激情。克莱尔·凯特森不仅购买了我们的毕业生达伦·达赫蒂(Darren Doherty)、尼克·史密斯(Nick Smith)导演的获奖作品《木头腿》(*The Wooden Leg*)并在第四频道播出,而且还继续资助他们进行新影片的创作。在克莱尔·凯特森的帮助下,我们学校的电影与动画专业获得了女王奖金资助。她对我们学校师生真诚、坦率的鼓励与建议使一批年轻而富有才华的动画人聚集在波恩茅斯艺术学院里。"

在克莱尔·凯特森心中只要有利于动画发展的事情她都会去做,绝对不分你我、彼此、内外。她为其他国家动画师提供了大量资金与机会,加拿大国家电影局动画导演艾利森·斯诺登与大卫·菲恩说:"克莱尔·凯特森帮助我们在英国动画界站稳了脚跟,对此我们深表谢意。我们刚从加拿大来到英国时,她便给我们投资创作了《鲍博的生日》。她给予我们极大的创作自由与鼓励。我们为与第四频道动画部建立良好关系而感到自豪。十多年来我们双方合作的最大收获就是共同创作了许多风格迥异的动画片。克莱尔从不要求统一风格,她喜欢各种不同类型的动画片。于是第四频道动画部在她任职期间成绩斐然,成为动画师的大本营。"

克莱尔·凯特森从不把动画局限于某一狭小圈子之中,她不仅投资非主流动画,而且从未停止过向主流动画(甚至动画喜剧)领域进军。她甚至支持康地·加德与莎拉·安·肯尼迪向真人电影领域转型。

第四频道的转型与未来走向

1999年3月克莱尔·凯特森突然提出辞职,第四频道没有就此事发表任何官方评论与表态。显然他们对辞职一事毫无准备,因为克莱尔·凯特森合同任期应该到9月才截止。尽管第四频道还没有任何接替她的合适人选,但依旧没有意识到这件事的严重性,官方感觉这没什么大不了的。他们甚至同意克莱尔·凯特森以非官方的形式宣布这一消息。刚开始时大家都不相信这一消息,直到四个月后,第四频道电视台艺术、娱乐与动画部主管,克莱尔·凯特森的顶头上司凯文·理苟(Kevin Lygo)才发表官方声明证实这一消息。原第四频道艺术与音乐部助理编辑卡米拉·迪肯(Camilla Deakin)(3)接替克莱尔·凯特森成为新一任动画部主编。克莱尔·凯特森则继续担任第四频道圣诞节动画特别节目的顾问。

克莱尔·凯特森长期以来扮演着英国动画新浪潮教母的角色,她利用电视这一媒体平台为英国动画的复兴推波助澜。第四频道电视台节目总监蒂姆·加达姆(Tim Gardam)这样评价这位同事:"克莱尔·凯特森始终坚持电视媒体中的动画应是独立、独特的艺术形式。第四频道很多经典动画片都是她一手策划完成的。即使她离开了第四频道依旧可以继续创作划时代的项目,这使我很欣慰。"

克莱尔·凯特森辞职后,第四频道在动画片投资方面的政策是否会发生改变,是继续制作其他频道没有的、颇具创造精神但只有少数观众喜欢的艺术短片，还是利用自己多年积累的声望与资源向大众喜欢的娱乐动画片发展，这是大家最关心的话题。

与其他国家对动画短片支持力度不够大相比，英国动画堪称乌托邦。但是这种理想状态现在也有所变化。当初由于第四频道的收视率较低（5%～10%），而又没有独立财政权，所有一切都要受制于 ITV。随着第四频道知名度越来越大，收视率越来越高，其观众群体也主要集中在欣赏水平和审美品位较高的中产阶级。而这一收入高、消费能力强的群体正是广告商追逐的对象。于是，第四频道以“有助于增加节目预算及提高节目质量”为由成功地说服政府改变了原来的资金来源结构，从 ITV 手中夺回了广告时段出售权，获得了独立财政大权。

这样一来，原来完全无须考虑收视率的第四频道必须为生存问题而做出一定妥协。毕竟广告商看重的是收视率而非作品的艺术性。而最初“雇用电视台以外的人”逐渐变成了“雇用其他电视台的人”，这样一来第四频道从一个体制外的先锋慢慢变得和其他商业电视台没有任何区别了。紧接着发生的事情就是全面缩减对独立动画公司的投资，只投资极少数制作周期短、成本低、风险小的影片，并且也由过去的独资变为只提供部分资金或以设备等资源入股的方式与导演合作。预算明显下降，对影片完成时间有严格限制，这些“店大欺客”的做法严重挫伤了动画师们的创作积极性。

20 世纪 90 年代初期，英国报纸《保卫者》（*The Guardian*）详细分析了第四频道与 BBC 的动画制作策略，发现它们都开始向大制作、周期长的系列动画片方向转型。面对这一转型，英国似乎不缺乏有才华的动画导演，但是其他岗位的高端人才（例如：故事板画师、制片人）就相形见绌了。造成这一问题的主要原因是过去十年里大批优秀的英国动画师去美国发展。不仅高薪是一个诱因，能够参与大制作的影院动画片创作也是吸引他们离开的主要原因。而英国动画最初的 30 年里，低成本、小制作、充满创造精神的动画片是主流趋势，而高投入、大制作、为电视台制作儿童系列动画片在这一时期则绝对属于非主流范畴。这样的“非主流”公司非寇斯格罗夫·霍尔电影公司莫属，巴瑞·普维斯、保罗·巴瑞（Paul Berry）、马里奥·卡瓦里等著名导演都曾经就职于这个位于曼彻斯特的老牌动画公司，该公司为电视台制作了大量高水准的儿童系列动画片。

多年艺术短片创作所造成的大工业体系不完善使面临转型的英国动画业进退两难。阿德曼动画公司迈出了艰难的第一步，拍摄了影院动画长片《小鸡快跑》。在美国老板——梦工厂的支持下，他们边培训自己的专业人才，边从美国招聘故事板画师。在近 20 年的转型期内，英国动画从业人员也从个人艺术短片创作慢慢转向系列片与影院片领域。动画短片逐渐成为艺术家展示自我、进行实验、参加动画节的专用品。能否参与系列动画片与影院片的创作已经成为衡量动画师价值的标准，建立可良性循环的商业动画体系成为英国动画产业得以生存与发展势在必行的事情。但是英国本土对动画的各种资金支持以及动画从业人员素质却日渐衰退。

第四频道目前的侧重点在于科教与少数民族题材作品，这一战略不仅体现在动画片创作上，甚至连肥皂剧与体育比赛转播都无时无刻不为少数民族观众着想。无可置疑的是，多年来动画片是第四频道的拳头产品而备受关照。但是随着电视台节目侧重点的转移，管理层似乎更关心动画片的作者是否是少数民族而非动画艺术本身。第四频道新任 CEO(1997 年上任)迈克尔·杰克逊(Michael Jackson)在媒体上表态，优秀的少数民族题材节目将成为第四频道的主流。

在这个"新媒体艺术"泛滥成灾的时代，第四频道不得不紧跟时代潮流，迈克尔·杰克逊试图把第四频道建设为一个全新的、现代化多媒体频道。在这样的大环境中，第四频道高层认为其动画改革之路目前急需英国版的《辛普森一家》或又一个尼克·帕克出现。但极具讽刺意味的是，90 年代初期《辛普森一家》要求在英国电视台播出时却遭到了第四频道的拒绝。而最早被第四频道发掘的尼克·帕克也因资金问题投奔了 BBC，为其创作了《错误的裤子》。

克莱尔·凯特森辞职后，接任她职务的依旧是一位女士——卡米拉·迪肯，对动画一无所知的她似乎对第四频道动画部充满希望。她之所以如此信心百倍，是因为她认为自己年轻，有资本与热情慢慢学习。她的发展计划是使动画部与娱乐节目部紧密结合，当然筛选本子的工作还需要有专业人员协助。我不敢想象在这样毫无经验的外行领导下第四频道动画部会走向何方。

克莱尔·凯特森离开了第四频道；大卫·柯蒂斯也离开了英国艺术委员会。尽管 MOMI 学生动画竞赛项目与"Animate!"项目还在继续，尽管卡米拉·迪肯十分卖力地继续为新闻结束后的《插播》节目寻找片源，尽管在世人眼中第四频道无比强大，但世界末日仿佛已经来临。

第四频道昔日的辉煌一去不复返。我们除了祈祷未来的年轻动画师们能有好运气外，还能奢望什么呢？这一切不由得使我想起了那些躺在书柜里、落满尘土的录像带，似乎只有它们见证了第四频道当年的成就——第四频道动画的历史就是一部伟大的独立短片发展史(今天这些当年感动过无数动画爱好者与专业人员的节目几乎都已经停播了)。

2004～2006 年三年间第四频道共投入 160 万英镑制作数部五分钟以内的动画短片。这笔资金将分别在三个项目中进行，平均每年制作 13 部短片，然后在《插播》或《艺术展览》(*Arts Show*)节目中播出。这些项目旨在"鼓励那些有挑战性而不拘泥于技术的创意与剧本"。尽管第四频道多年来一直坚持投资艺术短片的创作，但是像这次如此大规模的专项资金投入尚属首次。

除了老牌项目"Animate!"项目[(4)]外，另外两个项目分别是：

Mesh 项目——2001 年开始，为期七年。旨在培养、扶持电脑动画与网络多媒体交互动画人才(www. channel4. com/mesh)。

A. I. R. 项目——动画师培训计划(Animator in Residence)，由第四频道与国家摄影、电影电视博物馆(The National Museum of Photography, Film & Television)合作完成。竞争获胜的年轻动画师将在国家摄影、电影电视博物馆进行为期三个月的动画学习并完善他们的个人短片(www. a-i-r. info)。2008 年有四名动画师的作品入选该项目并最终在第四频道播出。

我不知道这一举措是第四频道临死前的挣扎还是东山再起的誓师，总之这一切使我感觉很恍惚。今天，克莱尔·凯特森是一名自由职业者，继续策划动画片、参与动画节、出版动画理论著作等。她的好朋友、动画导演巴瑞·普维斯这样表达自己对克莱尔·凯特森离去的惋惜："我很幸运与克莱尔·凯特森合作了三部动画片(《剧本》、《阿基里斯》、《吉尔伯特与苏利文：超级模特》)，请注意我使用的是'合作'而不是'给她打工'。我们就片子及她的项目进行了极其坦诚而有成效的谈话与争论。我欠克莱尔·凯特森一个人情，她为动画师在电视垃圾文化沙漠中提供了一片绿洲。'虽然我们的合作已经结束，但是我依旧期待再次和你一起去看电影、去泡温泉，吃完早饭后去看海。'"

无论是其享誉世界的知名度还是其高不可攀的资格审查标准，无论是其昔日的独辟蹊径、兼容并蓄还是今天的落入俗套、同流合污，第四频道都使我感觉遥不可及。

这也许就是传说中的第四频道吧。

第四频道的联系方式：

Channel 4
124 Horseferry Road
London
SW1P 2TX
UK
电话：(0)171 396 4444
官方网站：http://www·zchannel4. com

备注：

(1)克莱尔·凯特森在到第四频道工作前，曾是国家电影院的主管，有着极其丰富的制订影片放映表的经验。早在这之前(1970～1971年)她还为洛杉矶乡村博物馆(Los Angeles County Museum)制订过动画片放映计划。

(2)MOMI学生动画竞赛项目由于活动影像博物馆改建翻新，暂停一段时间。而其后的政策有所变化，短片时间从原来的3～5分钟压缩为三分钟以内。这无疑是在为成本核算考虑。而这两个项目之外的动画师得到资助的可能性越来越小。

(3)卡米拉·迪肯以《面孔杂志》(*The Face Magazine*)自由撰稿人身份入行，专攻音乐、时尚与酒吧文化。1992年她加入Uden Associates公司，从事纪录片与电视节目制片人与导演工作。她曾经以制片人的身份为第五频道制作《汽车秀》(*The Car Show*)节目，为第四频道制作音乐系列节目《约翰·皮尔的市郊之声》(*John Peel's Sounds of the Suburbs*)和系列纪录片《间谍游戏》(*The Spying Game*)。1999年2月她被任命为第四频道艺术与音乐部助理编辑，很快她便晋升为动画部主编。2001年12月她离开第四频道，创建了自己的公司——天狼星电影公司(Lupus Films)，她担任制片人制作了动画特别节目《小狼的恶劣环境手册》(*Little Wolf's Book of Badness*)、《王尔德的故事》(*Wilde Stories*)和木偶剧节目*Meekats Luvvies*、儿童系列节目《搏斗俱乐部》(*Combat Club*)。今天她依旧以顾问的身份与第四频道保持长期合作。

(4)2008年的"Animate!"项目从130个选题中筛选出七个方案，并首次资助两部网络互动作品。这些作品涉及生态学、精神治疗、军事历史等主题。七部作品共获得两万英镑的资助，2008年秋天在第四频道播出。该项目自1991年正式开展以来，已资助完成了90部短片。2006年他们出版了《Animate! 手册：审视动画》(*The Animate! Book: Rethinking Animation*)一书，这本精选集以该项目历年获奖作品为例，阐述了动画艺术的特性与本质，共有870页彩色图片，附带DVD。

寇斯格罗夫·霍尔电影公司(Cosgrove Hall Films)

寇斯格罗夫·霍尔电影公司(见彩图67)不仅是欧洲规模最大、产量最多、历史最悠久的动画公司之一，也是英国为数不多的几家同时拥有手绘、定格与电脑动画制作能力的动画公司。

公司由布莱恩·寇斯格罗夫(Brian Cosgrove)与马克·霍尔(Mark Hall)创建于1976年。二人是曼彻斯特艺术学院(Manchester College of Art)的同学,上学时两人就开始在格兰纳达电视公司(Granada Television)设计部干活。“我对动画产生兴趣是因为我看到布莱恩·寇斯格罗夫绘制的故事板”,马克·霍尔说,“我突然感觉到那些静止的画面开始说话并清晰而有趣地讲述故事。”

在这里他们俩不仅合作完成了很多动画片头,1971年还联合导演了动画处女作《魔法球》(*The Magic Ball*)。马克·霍尔负责背景绘制,布莱恩·寇斯格罗夫则负责角色表演。前者受迪斯尼影响较深,后者则是泰克斯·艾弗瑞、威廉·汉纳和约瑟夫·巴巴拉的追随者。

1971年,马克·霍尔离开工作了十年的格兰纳达电视公司(一年后布莱恩·寇斯格罗夫也辞职了),创建自己的公司。公司成立之初名为“定格动画公司”(Stop Frame Animations),1976年更名为现在的名字。公司与泰晤士电视台(Thames Television)关系密切,从1971年开始便正式为其子公司——ITV电视台的电视节目《彩虹》(*Rainbow*)制作动画片头和定格动画短片,这一合作一直延续到1993年。例如1977年的39集电视动画系列片《布丽克斯外婆的小街》(*Grandma Bricks of Swallow Street*)就是为该节目制作的系列定格动画片。影片借小街上形形色色的居民生活表现20世纪70年代英国的时事政治、奇闻轶事,当然主角中的主角非布丽克斯外婆莫属。该短片成为《彩虹》节目必不可少的解释性内容。1979年出版了该动画片的连环画,该片为公司日后写实与自然主义风格奠定了基础。

公司代表作有电视系列动画片《神勇小白鼠》(*Danger Mouse*)、《怪鸭历险记》(*Count Duckula*)、《柳林风声》、《安迪宝宝》(*Andy Pandy*)、《比尔与本》(*Bill and Ben*)、《机器人历险记》(*Little Robots*)、《邮差叔叔》(*Postman Pat*)等。

2003年布莱恩·寇斯格罗夫与马克·霍尔宣布退休,将公司交给了现任主管安东尼·安特利(Anthony Utley)。此人曾在BBC电视台担任了20年的制片人工作,因此寇斯格罗夫·霍尔电影公司又拉开了大规模为BBC制作电视系列动画片的序幕。

今天的寇斯格罗夫·霍尔电影公司位于曼彻斯特附近,公司办公大楼面积近两万五千平方米,其中包括3500平方米的定格动画摄影棚。成立30多年来几乎每年都有新作品推出,并且产量巨大,其制作的动画片在全球150多个国家和地区播出。寇斯格罗夫·霍尔电影公司不仅成为英国动画发展的原动力与重要组成部分,而且还培养了大量优秀的动画师。从这里走出来的动画人才遍布迪斯尼、皮克斯与蒂姆·伯顿等公司。

当我试图整理该公司历年作品时,有生以来第一次感到“绝望”二字!30多年来累计的作品实在太多了!似乎除了1994年没有新影片推出外,该公司每年都有大量作品面世(其中还包括四部影院长片和无数30分钟的中篇)。面对铺天盖地的片子我真的一度想放弃整理其创作年表的工作,某一瞬间我找到了我老婆装修房子时去巨大无比的建材城购物时的感受——“当你面对无法穷尽的东西时,你也就失去了购物的乐趣。因为你非常清楚,再怎么逛也不可能逛全”。

我讨厌"无法穷尽"的感觉!

主要作品

《神勇小白鼠》与《怪鸭历险记》

1981年至1992年,《神勇小白鼠》一共播出十季,共计89集(1～11、32～68,每集十分钟,其余每集20分钟)。1981年这部系列动画片在英国创下了一周2100万观众收看的纪录,即使在今天我也怀疑是否有儿童系列动画片能超过这一收视率。

古怪而又喜欢冒险的小白鼠是世界上最了不起的老鼠侦探。他和自己最信赖却常会弄出乱子的搭档——彭福尔德遵从K上校的指示,并肩作战,保护世界免于怪物、盗贼以及各种类型的疯狂恶魔的侵害。他们最主要的敌人是赛拉斯美钞男爵。

在第四频道评选的100部儿童最喜爱的动画片中《神勇小白鼠》排名第三。1983～1987年,影片连续五年获得英国影视艺术学院奖最佳动画片、最佳儿童电视动画节目、最佳动画短片提名。在电脑动画泛滥的今天,《神勇小白鼠》依旧颇受欢迎,2007年2月17日,BBC又重播了这部经典动画片。

1984年,《神勇小白鼠》在美国首播,这是第一部成功打入美国电视动画片市场的英国影片。它以其独特的英式幽默征服了儿童与成人观众。由于观众反响强烈,电视台一播再播并发行了DVD。布莱恩·寇斯格罗夫回忆当年的情景时说:"当我看见学校里的孩子们在操场上奔跑,并纷纷模仿动画片里的角色时,我知道我们红了。我坐在操场上静静地听着孩子们模仿影片里的台词,万分惊喜。"《神勇小白鼠》的成功标志着该公司真正成为英国乃至全世界知名动画制作公司。

一个趣闻:创作者万万没有想到这只戴着一只眼罩、007式的老鼠竟然会因为胸前佩戴的DM标志引起一场不大不小的风波。DM是Danger Mouse的缩写,但是当该影片卖到非英语国家时这个标志如何翻译便成为棘手问题。各国电视工作者费尽心血来解释这"DM"究竟是什么意思,并在片名上大做文章。由此看来,动画造型的一个小小装饰都会对其发行带来巨大影响,不知道各位教造型设计的老师是否在授课过程中考虑到了这一点呢?任何一个细节都不可忽视啊,但是谁又能在影片未诞生之时就预测其未来销路呢?

11年中,随着影片制作成本的不断缩减,《神勇小白鼠》质量明显下降(前八季都还不错,第九、十两季使很多影迷失望)——要不就是大量素材重复使用,要不就是一片漆黑中只有角色两只眼睛闪来闪去(请注意,神勇小白鼠还是"独眼龙")。

《神勇小白鼠》在北美的热播不仅使这个英国公司得到美国投资得以继续制作续集,而且片中的一个配角——吸血鸭(Duckula)也歪打正着一夜成名。1988年,寇斯格罗夫·霍尔电影公司以这一形象为主角创作了又一部经典英国动画系列片《怪鸭历险记》(*Count Duckula*)。

这部65集(每集22分钟)的动画片讲述了全世界唯一吃素的吸血鬼一心梦想成为名副其实、嗜血成性、有钱有势的吸血鬼贵族但总是失败的故事。作者对经典吸血鬼题材进行了恶搞。这部作品被中国引进并在电视台播出。

《柳林风声》

《柳林风声》改编自英国著名儿童文学作家肯尼斯·格雷厄姆(Kenneth Grahame,1859.3.8～1932.7.6)1908年的同名作品。该文学作品和《小王子》、《维尼熊》一样都是西方小孩子们的宝贝枕边书。《柳林风声》是肯尼斯·格雷厄姆最有名也是最后一部作品,这部作品的诞生与他的上一部作品相距了十年时间,在这十年中,他成为一个父亲。但是他唯一的儿子却天生一目失明,并在其短暂的生命中备受病痛折磨。在他儿子20岁生日的前两天(1920年5月7日)这个孩子选择了卧轨自杀,而这时他还是牛津大学的一名学生。出于对肯尼斯·格雷厄姆的尊敬,他儿子的死亡被官方记录为一次意外事故。与独生子纠缠的20年生活无疑成为肯尼斯·格雷厄姆创作中无法回避的元素,他的儿子任性、倔强的个性被移植到了《柳林风声》中那个大摇大摆、吵吵嚷嚷的蛤蟆先生身上。尽管《柳林风声》大获成功,肯尼斯·格雷厄姆却没有写续集。在他过世后多年,有人为小说添加了后续。

1983年,寇斯格罗夫·霍尔电影公司制作了一部75分钟的同名影院长片并获得英国影视艺术学院奖和美国艾美奖以及芝加哥国际电影节金奖。

借助影院长片的成功之势,公司又于1984～1990年间制作了52集(每集20分钟)电视系列动画片——《柳林风声续集》(*The Wind in the Willows Series*),英国摇滚乐队"石玫瑰"(The Stone Roses)的吉他手约翰·斯奎尔(John Squire)参与了该片的配乐创作。1989年寇斯格罗夫·霍尔电影公司再接再厉,推出了《柳林风声》的第二部影院长片——《蟾蜍双生记》(*The Tale of Two Toads*)与13集电视系列动画片《喔!蟾蜍先生》(*Oh! Mr Toad*),可谓将这一经典题材彻底开发。

《安迪宝宝》

2002年寇斯格罗夫·霍尔电影公司根据50年代经典卡通角色改编制作了52集(每集五分钟)的定格动画片《安迪宝宝》。有评论说《安迪宝宝》是BBC最好的低幼儿动画,因为几乎所有一岁多的小孩看到他都会高兴得笑出声来。

这部系列片讲的都是在捉迷藏、玩泡泡、做小手工等活动中融入唱歌跳舞的故事。这些幼儿日常有可能接触到的简单活动让宝宝们既熟悉又新奇。幼儿很容易把开朗乖巧、创作力丰富、友好的安迪当成自己的好朋友。国人对这套动画片的认识源自把它当做幼儿英语教材引进,因为该片的画外音旁白确实很简单。曾经看到一位网友这样评价这套"英语教学片":"我一直认为对学龄前儿童来讲,看原版动画不是为了能'学'到多少单词和语句,而是给予一个氛围,培养语感。终究好的动画还是国外的多,喜欢看原版动画的孩子以后学外语可能事半功倍。"

我想《安迪宝宝》符合他的要求。

《机器人历险记》

2003年寇斯格罗夫·霍尔电影公司为BBC制作了26集(每集十分钟)电视系列动画片《机器人历险记》。

在一个金属建造的世界里住着一群被当做废铁扔掉的机器人，他们各司其职，运用各种工具与丰富的想象力，敲敲打打、修修补补，利用废铁打造一个美好的世界。这个世界的中心是一棵螺丝树，是他们最伟大的创作，旁边是他们温暖的家园，每个机器人都利用废铁建造了一个属于自己的家，有的是用磁铁、有的是用音箱……此外，他们还制作了白天、黑夜以及日月星辰，只要激活一个小小的机关就可以切换昼夜，有如真实的世界。与外界的唯一连接是一条输送管，不时送来废弃的金属供他们处理利用。

今天，广东千鹤公司引进的《机器人历险记》4DVD已经上市发售。

影院动画长片

除了《柳林风声》的两部影院长片外，寇斯格罗夫·霍尔电影公司还制作了根据罗尔德·达尔（Roald Dahl）经典童话故事改编的《好心眼儿巨人》（*The BFG*，1989），这部87分钟的影片讲述一个小女孩被世界上唯一一个善良的巨人绑架的故事。该片提名1990年英国影视艺术学院奖最佳儿童电视娱乐节目奖。1990年的《傻子与飞船》（*The Fool of the World and the Flying Ship*）改编自1969年美国凯迪克大奖（The Caldecott Medal）的同名获奖儿童文学作品。该奖项创建于1938年，以英国杰出的儿童文学插画家伦道夫·凯迪克（Randolph Caldecott）之名设立。每年由美国图书馆协会从上一年美国出版的数万本童书中选出一名首奖和三名杰作奖。获奖作品封面上都贴有伦道夫·凯迪克先生的著名插画"骑马的约翰"奖牌贴纸（金色为首奖，银色为杰作奖）。凯迪克大奖代表童书界的至高荣誉，可谓图画书的奥斯卡奖。这部60分钟的影片获得1991年美国艾美奖最佳少年节目奖，世界动画大典最佳电视动画节目奖。

改编名著

寇斯格罗夫·霍尔电影公司的作品90%都改编自儿童文学作品、插画、绘本或经典卡通。例如1992年的13集动画片《卡车司机》（*Truckers*）便是改编自英国著名科幻小说作家特里·普拉切特（Terry Pratchett，1948）的同名作品。

特里·普拉切特自1983年开始创作供成人阅读的《圆盘世界》（*Discworld*，亦称《碟形世界》）系列科幻小说，截止到2006年已出版了36本，故事还在继续。其中多部被改编为漫画、动画、舞台剧、电视剧、广播剧、桌面游戏和电脑游戏。该丛书曾在2003年网络票选100部最佳科幻作品的活动中排名第九，高于《发条橙子》，与《魔戒》同样名列前茅。该系列作品已被翻译成30多种语言在全世界发行，作者本人也因此获得"英国最佳幻想小说奖"。截至2007年2月，特里·普拉切特的作品在全球累计销售5000万册。现在中国内地已出版的就有四本：《魔法的色彩》、《异光》、《平等权利》、《死神学徒》。另外，特里·普拉切特也创作儿童文学作品并于2001年获得了儿童文学大奖——卡内基奖。其中最受读者欢迎的便是从《圆盘世界》系列中衍生出的三部供青少年阅读的畅销作品《猫和少年魔笛手》、《叛逆的小精灵》和《帽子里的天空》。1996年寇斯格罗夫·霍尔电影公司又应第四频道之邀将他的《圆盘世界：灵魂音乐》(*Discworld—Soul Music*)、《圆盘世界：威德姐妹》(*Discworld—Wyrd Sisters*)两部作品搬上了电视屏幕。

1996年该公司与美国动画泰斗恰克·琼斯合作了《彼得与狼》，这部46分钟的手绘动画获得当年艾美奖最佳儿童影片奖。

首播于1981年的《邮差叔叔》是流行20多年的英国经典儿童动画片，2004年寇斯格罗夫·霍尔电影公司制作的《邮差叔叔》第四季播出。

“鲁珀特熊”这一经典形象出现在20世纪30年代，这只戴着围巾的可爱小熊每年圣诞节都会成为孩子们必须拥有的礼物排行榜热门产品。日前在英国进行的“最受喜爱的动物角色”调查中“鲁珀特熊”排行第五。

2006年寇斯格罗夫·霍尔电影公司制作了电视系列动画片《鲁珀特熊：跟随魔法》(*Rupert Bear—Follow the Magic*)。新版本的《鲁珀特熊》系列动画片融入了诸多现代元素，鲁珀特熊的朋友小象、博士獾、长翅膀的小狗、穿着唐装的小女生等人物造型既传统又具有时代感。天上掉下来的星星妹妹、解救美人鱼、帮助管理天上白云的牧云人等故事温馨平和、想象力丰富、有惊无险，加上对话不多，语速较慢，特别适合低幼儿童观众。

拓展新领域

虽然手绘与定格动画在寇斯格罗夫·霍尔电影公司作品中占有相当大的比例，但是他们从不拒绝新技术。2003年他们为BBC制作了BBC历史上第一部网络互动动画片《阿尔比恩的幽灵》(*Ghosts of Albion*)，这部Flash短片讲述了1838年伦敦被恶鬼占据，一对兄妹拯救伦敦的故事。2005年，为纪念经典电视剧人物《神秘博士》诞生40周年，他们又为BBC制作了6集Flash短片《神秘博士：莎拉卡的尖叫》(*Doctor Who—The Scream of the Shalka*)并在网络播出。2006年的《小小的我》(*Pocoyo*)是一部电脑系列动画片，这部20集的学龄前儿童动画是英国与西班牙合作制作的，中国观众对身着蓝色衣服的Pocoyo一定不会陌生，甚至有人将影片截图做成了QQ表情。在西班牙语中“Poco yo”的意思是“小小的我”，Pocoyo是一个充满好奇心、好动、个性友善的小男孩，总是在不停地学习新鲜事物。不管是与他的好朋友们一起探索外面的世界，或者只是整理他的房间，对他来说，每天都是新鲜快乐的。

《小小的我》不仅获得2006年、2007年英国影视艺术学院奖最佳学龄前儿童动画奖，而且其中《朋友间的小事》(*A Little Something Between Friends*)一集获得2006年安纳西国际动画节最佳电视动画片奖。

寇斯格罗夫·霍尔电影公司的代表作品：

1975年	《诺迪》(*Noddy*) 15分钟
1976～1979年	《杰米与神奇手电筒》(*Jamie and the Magic Torch*) 三季 10分钟/集/39集 《卡伦特与威利斯》(*Chorlton and the Wheelies*) 三季 12分钟/集/39集
1977年	《布丽克斯外婆的小街》(*Grandma Bricks of Swallow Street*) 39集
1978年	《卡洛门船长》(*Captain Kremmen*) 《会说话的包裹》(*The Talking Parcel*) 40分钟
1979年	《灰姑娘》(*Cinderella*) 40分钟
1980年	《贝壳湾》(*Cockleshell Bay*) 10分钟/集/104集
1981～1992年	《神勇小白鼠》(*Danger Mouse*) 10季 89集(1～11、32～68集每集10分钟，其余每集20分钟) 《汉姆林的吹笛》(*The Pied Piper of Hamelin*) 30分钟 定格动画片 获得1982年英国影视艺术学院奖
1983年	《柳林风声》(*The Wind in the Willows*) 75分钟 获得英国影视艺术学院奖和美国艾美奖以及芝加哥电影节一等奖
1984～1990年	《柳林风声》 20分钟/集/52集
1985年	《小丑艾利亚斯》(*Alias the Jester*) 10分钟 获得1986年英国影视艺术学院奖最佳动画短片奖 《灌木丛乐园》(*Creepy Crawlies*)
1987年	《骑士降龙记》(*The Reluctant Dragon*) 30分钟 获得1988年英国影视艺术学院奖最佳动画短片奖
1988年	《怪鸭历险记》(*Count Duckula*) 22分钟/集/65集
1989年	《好心眼儿巨人》(*The BFG*) 87分钟 获得1990年英国影视艺术学院奖最佳儿童电视娱乐节目提名 《蟾蜍双生记》(*The Tale of Two Toads*) 影院动画长片 《喔！蟾蜍先生》(*Oh! Mr. Toad*) 13集 电视系列动画片
1990年	《傻子与飞船》(*The Fool of the World and the Flying Ship*) 60分钟 获得1991年美国艾美奖最佳少年节目奖，世界动画大典最佳电视动画节目奖
1991年	《维克多和雨果》(*Victor and Hugo, Bunglers in Crime*) 22分钟/集/9集
1992年	《卡车司机》(*Truckers*) 11分钟/集/13集 《诺迪玩具国历险记》(*Noddy's Toyland Adventures*)
1992～1999年	《诺迪》(*Noddy*) 39集

续表

1993年	《复仇者企鹅》(*Avenger Penguins*) 22分钟/集/26集
1995年	《橡树守护神》(*Oakie Doke*) 《幽灵猫》(*Fantomcat*) 25分钟
1996年	《荆棘篱笆》(*Brambly Hedge*) 30分钟 《彼得与狼》(*Peter and the Wolf*) 46分钟 获得艾美奖最佳儿童影片奖 《圆盘世界:灵魂音乐》(*Discworld—Soul Music*) 《圆盘世界:威德姐妹》(*Discworld—Wyrd Sisters*) 《苏提的疯狂冒险》(*Sooty's Amazing Adventures*)
1997年	《动物农舍》(*The Animal Shelf*) 《星际船长》(*Captain Star*) 《伊妮德·布赖顿的魔法岛》(*Enid Blyton's Enchanted Lands*) 《圣诞老人与丢失的驯鹿》(*Father Christmas and the Missing Reindeer*) 25分钟
1998年	《洛奇与多多鸟》(*Rocky and the Do-Dos*)
1999年	《狐狸小鬼》(*Foxbusters*) 获得2000年英国影视艺术学院奖最佳电视动画奖 《坏猫拉尔夫》(*Rotten Ralph*) 《格里·安德森的薰衣草城堡》(*Gerry Anderson's Lavender Castle*) 10分钟/集/26集
2000年	《乡间兽医》(*Fetch the Vet*) 《吸血鬼、海盗与异形》(*Vampires, Pirates and Aliens*) 《小灰兔》(*The Little Grey Rabbit*) 15分钟 《完美男人》(*100% People*) 《儿童克隆》(*Kid Clones*)
2001年	《阿尔比》(*Albie*) 《比尔与本》(*Bill and Ben*) 52集 《特洛伊木马》(*Trojan Horse*)
2002年	*Engie Benjy* 《安迪宝宝》(*Andy Pandy*) 5分钟/集/52集 《史卡夫先生》(*Mr. Scruff*) 《精灵之影》(*Shadow of the Elves*) 《探险家》(*Adventurers*)
2003年	《机器人历险记》(*Little Robots*) 10分钟/集/26集 《阿尔比恩的幽灵》(*Ghosts of Albion*) Flash短片 《60秒爱情故事》(*Sixty Second Lovestory*) *Cosmorados*

续表

2004 年	《邮差叔叔》(*Postman Pat*) 第四季
2005 年	《花童菲菲》(*Fifi and the Flowertots*) 电视系列动画片 10 分钟/集/19 集 《神秘博士:莎拉卡的尖叫》(*Doctor Who—The Scream of the Shalka*) 15 分钟/集/6 集 《闪烁》(*Blink*)
2006 年	《小小的我》(*Pocoyo*) 电视系列动画片 7 分钟/集/ 20 集 获得 2006 年、2007 年英国影视艺术学院奖最佳学龄前儿童动画奖 《鲁珀特熊:跟随魔法》(*Rupert Bear—Follow the Magic*) 《踢到地球》(*Likeaballs*) 10 分钟/集/26 集 《蓝狗布鲁斯》(*Blue Dog Blues*) 5 分钟 获得芝加哥国际儿童电影节最佳儿童动画片奖
2007 年	《拯救罗杰》(*Roger to the Rescue*) 《神秘秀》(*The Secret Show*) 10 集 获得 2007 年英国影视艺术学院奖最佳电视动画奖
2008 年	《牵引器脑袋的埃迪》(*Eddie Retractorhead*)

寇斯格罗夫·霍尔电影公司的联系方式:

Cosgrove Hall Films Ltd.
8 Albany RoadChorltoncum Hardy Manchester
M21 0AW
UK

电话:+44(0)161 882 2500
传真:+44 (0)161 882 2555
E-mail:animation@cosgrovehall. com
官方网站:http://www. chf. co. uk

阿德曼动画公司(Aardman Animations)

本文是《世界动画电影大师》一书中《Aardman 公司与 Nick Park》一章的升级版。

1976 年,大卫·史波克斯顿(1954 年生)与彼得·洛德(1953 年生)创建了阿德曼动画公司。公司的名字来自他们同年创作的一部手绘动画短片主角,在荷兰语中"aard"是"地球"的意思,然而"aardman"则经常被翻译为"精灵"。

公司早期作品主要是强调口型与台词对位准确的动画对话系列短片,例如 1978 年为 BBC 制作的《动画交谈》(*Animated Conversation*,两集),1981～1983 年为第四频道制作的《对话片段》(*Conversation Pieces*,五集),1989 年的《同期录音》(*Lip Synch*,五集)。其中以《同期录音》系列最为有名,名扬世界的《同期录音:下一个》(*Lip Synch*:*Next*)与《同期录音:动物悟语》(*Lip Synch*:*Creature Comforts*)就是其中两集。而由彼得·洛德导演的《同期录音:战争故事》(*Lip Synch*:*War Story*)也获得了 1990 年英国影视艺术学院奖最佳动画电影提名,渥太华国际动画节最佳动画奖、最佳短片奖(10 分钟以下组)。

如果探究为什么该公司会如此热衷于对口型的话，应该从两位创始人的早期作品有幸被当时英国唯一播放动画片的电视栏目——BBC 电视台的《视觉呈现》(*Vision On*)选中讲起。该节目主要针对聋哑人，因此在角色的肢体语言与口型方面就要求很高，因为很多观众是通过唇读来了解故事情节的。当该节目制片人要求这两个没有任何动画制作相关经验与学历的年轻人继续为他制作动画时，他们便自觉不自觉地养成了关注口型对位是否准确的习惯。1981～1983 年，他们为《视觉呈现》节目制作了 26 集系列动画片——《摩夫的疯狂历险》(*The Amazing Adventures of Morph*)。

1989 年对公司来说是具有纪念意义的一年，他们不仅熟练掌握了动画对口型的技术而成为这一领域的专家，而且日后阿德曼的擎天铂玉柱、跨海紫金梁，拥有爵士与英国皇家艺术学院荣誉博士头衔的英国国宝级导演——尼克·帕克创作了两部对公司日后发展至关重要的作品：获得 1991 年奥斯卡最佳动画短片奖、安纳西国际动画节评委会大奖、英国影视艺术学院奖最佳动画电影提名、欧洲卡通论坛大奖、渥太华国际动画节三等奖的《同期录音：动物悟语》，十几年后公司以这部短片为蓝本制作了 24 集同名电视系列动画片。而获得 1990 年英国影视艺术学院奖最佳动画电影奖、1991 年奥斯卡最佳动画短片提名的《超级无敌掌门狗：奇异的假期》，则成为未来阿德曼动画公司最知名的产品。

《超级无敌掌门狗》(*Wallace & Gromit*)系列

迄今为止《超级无敌掌门狗》(见彩图 51)系列已经制作了四部中篇、十部短片、一部影院长片，当之无愧地成为阿德曼动画公司的“镇宅之宝”与拳头产品。具体信息如下：

1989 年	《超级无敌掌门狗：奇异的假期》 23 分钟 导演：尼克·帕克 获得1990 年英国影视艺术学院奖最佳动画电影奖；1991 年奥斯卡最佳动画短片提名
1993 年	《超级无敌掌门狗：错误的裤子》(*Wallace & Gromit in The Wrong Trousers*) 29 分钟 导演：尼克·帕克、史蒂夫·鲍克斯 获得1994 年奥斯卡最佳动画短片奖、安纳西国际动画节评委会大奖、英国影视艺术学院奖最佳动画电影、欧洲卡通论坛大奖、渥太华国际动画电影节大奖及最受观众欢迎奖、萨格勒布国际动画电影节大奖等 30 个奖项
1995 年	《超级无敌掌门狗：间不容发》(*Wallace & Gromit in A Close Shave*，见彩图 52) 29 分钟 导演：尼克·帕克 获得1996 年奥斯卡最佳动画短片奖、艾美奖最佳流行艺术奖、渥太华国际动画节最佳电视动画短片奖、萨格勒布国际动画电影节最受观众欢迎奖、英国影视艺术学院奖最佳动画电影；1997 年安纳西国际动画节最受观众欢迎奖

续表

2002 年	《超级无敌掌门狗:疯狂机关》(*Wallace & Gromit in Cracking Contraptions*,见彩图 54) 2 分钟/集/10 集 导演:洛依德·普莱斯(Loyd Price)、克里斯朵夫·萨德勒(Christopher Sadler)
2005 年	《超级无敌掌门狗:人兔的诅咒》(*Wallace & Gromit: The Curse of the Were-Rabbit*,见彩图 55～56、彩图 58～59) 85 分钟 导演:尼克·帕克、史蒂夫·鲍克斯(见彩图 57) 获得2006 年奥斯卡最佳动画长片奖,英国影视艺术学院奖最佳英国电影、最佳动画长片奖
2008 年	《超级无敌掌门狗:面包师谋杀案》(*Wallace & Gromit in A Matter of Loaf and Death*,见彩图 60) 29 分钟 导演:尼克·帕克 获得 2008 年英国影视艺术学院奖最佳动画短片奖

今天,华莱士(Wallace)和他忠诚的小狗格罗米特(Gromit)被英国旅游部门推荐为外国游客不可不认识的英国人物;80%的英国人都知道这对卡通形象(我刚去英国学习时问教我语言的一位 70 多岁的英国老太太"英国什么动画片最有名?"老太太想都不想地回答"*The Wrong Trousers*");以他们为原型的产品不胜枚举(由于华莱士天生爱吃奶酪,所以他在影片中经常提到的"Wensleydale"牌奶酪在现实生活中也成为狂热粉丝们的最爱而销量一路飙升);毫不夸张地说,华莱士和格罗米特已经成为英国人民心目中的米老鼠和唐老鸭。英国女皇伊丽莎白二世与布莱尔首相都亲自参观过阿德曼动画公司,由此可见其受欢迎程度。应该说华莱士和格罗米特已超越了动画片的简单形态而成为英国文化与传统的象征。

在《世界动画电影大师》一书中我已经把《超级无敌掌门狗》系列的前三部中篇及导演尼克·帕克介绍完毕,本文将着重对这三部作品以外的作品进行介绍。

《超级无敌掌门狗:疯狂机关》

当尼克·帕克为了使华莱士和格罗米特登上大银幕而埋头撰写《超级无敌掌门狗:人兔的诅咒》的剧本之时,日本电视台极其疯狂地对阿德曼动画公司发出邀请,不管他们做什么,只要是"超级无敌掌门狗"就行,他们愿意重金购买播出权。这就是《超级无敌掌门狗:疯狂机关》诞生的直接原因。而此时阿德曼动画公司正好制作了一套华莱士与格罗米特的日历,每一张画都是华莱士发明的一种奇怪机器。于是阿德曼动画公司打算根据这些机器制作几部短片,一来不需要占用尼克·帕克太多时间,二来又可以赚钱,三来可以为即将大规模生产的《超级无敌掌门狗:人兔的诅咒》进行技术测试与练兵,使创作人员尽快进入磨合状态,同时还为即将上映的影院长片做了广告,可谓一举多得。

最终阿德曼动画公司制作了十部各两分钟左右的短片集,这些短片以一种极其轻松的心态展示了华莱士在发明创造方面的天赋与激情,当然这些发明往往是没有任何实际用途的东西，因此被拿来做实验的格罗米特每次都要备受煎熬。2002 年 10 月这套短片在 BBC 和 AtomFilms 网站首播，不知什么原因当初如饥似渴的日本人此时没动静了。于是 2002 年圣诞节期间 BBC1 又播出了该系列片，今天我们可以在《超级无敌掌门狗：人兔的诅咒》DVD 花絮中找到这套短片。

《超级无敌掌门狗：人兔的诅咒》

《超级无敌掌门狗：人兔的诅咒》前前后后花费了整整五年时间，仅实际拍摄阶段就用了 15 个月！影片角色也由以往的两个主角发展到 40 多个人物，32 个完全不同的场景。250 多名工作人员与 30 多名动画师参与创作。影片一共用掉了 2.8 吨黏土材料。平均每个月消耗 44 磅胶水，1000 支给模型上色的笔。以每秒 24 格画面计算，85 分钟的影片就等于有 122400 格画面需要拍摄。拍摄期间，导演在工作室每天平均的步行路程竟有五里地！整个摄制队辛劳工作，每周起码要饮水 500 公升；拍摄场内共有 150 部对讲机，平均每天有一万次通话。动画师为每个角色制作不同形态的版本，包括 43 个不同姿势的格罗米特，35 个版本的华莱士以及 500 多只黏土兔子。除了不会说话的格罗米特，动画师还为其余三位主角分别制造了近 20 款不同嘴形。由于模型的损耗，动画师每星期还要为华莱士做 15 对新手，平均每两个月为所有角色换上新的眼睛。仅仅一个杜婷顿小姐的大宅子就花费动画师八个星期时间才建造完成；动画师还为她的花园搭配了 100 多种不同的树叶；总共制作了 700 个以上的蔬菜瓜果模型；全片使用了 15000 支各种型号的灯具，33 部摄影机与数码相机，共 96 款不同焦距的镜头。

在如此之大的劳动强度下，平均每天却只能拍出三秒钟的素材，最后还可能被剪掉，因此有人说："这是疯子才肯干的事。"在这个三岁小孩都把"CG"二字挂在嘴边的时代，在这个迪斯尼公司都宣布放弃传统手绘动画而转投三维动画制作的年头，为什么还会有人乐此不疲地和黏土较劲呢？原因很简单，黏土动画有着电脑动画不可替代的原始美与质感。

也许《超级无敌掌门狗：人兔的诅咒》中并没有令人头昏目眩的特技大场面，更没有狂轰滥炸的视觉特效。但是他有着好莱坞大片做不了的东西：英国人特有的幽默感、黏土动画独一无二的返璞归真以及一颗永不泯灭的童心。

为了保证泥偶在长时间灯光烘烤下不变形，动画师使用了阿德曼动画公司特制的塑胶黏土(aard mix)来做模型。这种材料比一般的塑胶黏土(plasticine)或模型陶土(modeling clay)更为耐用，而且又会保留材料的原始质感。如果大家细心留意的话就会发现《小鸡快跑》中的鸡仔皮肤非常光滑，但《超级无敌掌门狗：人兔的诅咒》的黏土角色外表则比较粗糙，观众可以明显发现黏土特有的质感、光泽与纹理。甚至有时候还可以在角色身上发现制作者的手指模印。这种粗糙使我感受到一股强烈的亲切感：一种人与人接触，人与黏土接触，人与各种道具、模型接触(我更愿意称呼其为"微型玩具")、人与摄影机接触后的亲近感。透过一幅幅"微缩景观"的画面我能清晰地感受到创作者游戏般的工作状态。

让我们设想一下《超级无敌掌门狗：人兔的诅咒》的拍摄现场是什么样的吧：一群

胖胖的英国人小心翼翼地行走于微缩场景之中，一不小心头撞在了道具月亮上，赶紧把它扶正。一栋栋小楼从他们胯下穿过，一辆辆小车在他们手中把玩，一颗颗豆子般大小的模型蔬菜被轻轻放进巴掌大小的菜园里……扭头一看，动画师坐在上百个一模一样的华莱士和格罗米特中间屏住呼吸给他们更换嘴巴以便与台词口型同步。桌子上堆满了黏土小兔，角落里几个壮汉正拿着锛、凿、斧、锯或建楼造树或批量生产两位明星乘坐的 Austin A35 型号老爷车。大家喝着咖啡，穿着工装裤，玩着玩具，过着小人国一般的日子。这种景象是我梦寐以求但又早已消失的工作状态。

抛开"愤青"般的感慨与怀旧——这一"21 世纪通病"不谈，让我们冷静地思考一下为什么美国人会如此钟情于《超级无敌掌门狗》？难道美国老板真的会为了纯粹的艺术与童心投以巨资制作一部没人看的黏土动画片吗？"质感"二字是换不来钱的，"原始美"更不能当饭吃！没有商业价值的影片即使再优秀也只能得到一个结果——被毫不留情地扼杀在摇篮中！这就是电影大工业的残忍与现实。

其实掀开"黏土"这一媒介的表皮，我们发现《超级无敌掌门狗：人兔的诅咒》其实是一部地地道道的美国类型电影。尼克·帕克说："我们想拍世界上第一部适合孩子看的素食主义恐怖片"，而事实也正是如此。追究起来其实这部影片的故事并不算新鲜，无非是"月夜人狼"与"科学怪人"的结合体而已。只不过导演比较巧妙地把经典恐怖片改编为适合儿童观看的"蔬菜恐怖片"——主人公见到满月就变怪物，但是这个可怕的怪物并不吃人，也不喝血，而是吃蔬菜！可爱吧?！合理吧?！有趣吧?！而华莱士喜欢发明创造的本性又与"科学怪人"制造的邪恶机械装置联系在一起，满身刀疤与伤口的弗兰肯斯坦与试管婴儿变成了"人道除兔机"。而"科学怪人"的随从也从"地狱之犬"变成了一脸 QQ 经典表情的格罗米特。这样一来，既满足了观众对恐怖片模式的期待（情节扣人心弦），又适合儿童观看，再加上很少见的黏土动画片外壳，这样的影片不成功才怪！

其实从《错误的裤子》到《间不容发》，再到今天的《人兔的诅咒》，尼克·帕克身体里始终流淌着好莱坞类型片的血液。综观这一系列作品，不难发现它们全部是"侦探片＋恐怖片"的样式，影片充满了追逐、打斗，甚至还有对经典怪物片的模仿与致敬（《超级无敌掌门狗：人兔的诅咒》结尾处"人兔"抓着女主角爬上教堂楼顶在月光下捶打自己胸膛的场景明显是在模仿《金刚》）。就连影片片名的字体和出现方式都那么"复古"。由此可见，美国老板没有找错人。他们选了一位会制作"Q 版恐怖片"的导演，一位会用黏土讲述悬念的英国大师。

2005 年 10 月 7 日，《超级无敌掌门狗：人兔的诅咒》在美国全面上映，并以首周 1610 万美元的成绩登上了票房排行榜榜首。在《机器人历险记》、《马达加斯加》、《战鸽快飞》等电脑动画大片的围攻下，这部看上去笨笨的、拙拙的英国黏土动画片竟然脱颖而出，在异地他乡获得如此骄人的战绩，并在全世界掀起一股"英国狗"狂潮。可谓红透半边天，火得一发不可收拾。这股火焰迅速燃烧到了英伦三岛，以至于在美公映三天后阿德曼动画公司的仓库由于用电不当导致火灾，公司近 30 年来积累的黏土动画人物、场记、道具、模型毁于一旦。

《超级无敌掌门狗:面包师谋杀案》

一位美女明星因为代言面包广告而无法抗拒面包美味的诱惑,于是她吃得巨肥无比。身材全无的她为这一举动付出了惨重的代价而成为一个默默无闻的普通人,从此以后她开始痛恨所有面包师。而这位昔日女明星的超级粉丝之一华莱士恰恰是一家面包店的老板,于是一起蓄谋已久、隐藏于爱情光环之下的连环杀人案悄无声息地开始了。

《超级无敌掌门狗:面包师谋杀案》是阿德曼动画公司为 BBC 电视台制作的 2008 年圣诞特别节目,前期构思 16 个月,制作周期十个月。平心而论,这部影片毫无新意,故事不伦不类,充满了刻意而为的视觉特效与技术炫耀。如果不是对两位主角太有感情,我真的无法坚持看完它。影片中有一些细节不仅使我感到恐怖,甚至有些恶心。比如说那个谋杀犯家里藏匿的各种已经被杀掉的面包师生前照片、衣服与用过的工具。漆黑的阁楼里竟然摆放着死鬼们的遗物与即将被害的华莱士的相关资料……这种场景似乎在变态杀人狂的电影里经常出现,我怎么也无法将它与《超级无敌掌门狗》的圣诞特别节目联系在一起。

在这个创造精神匮乏与疯狂追求经济效益的年代,翻拍经典成为一种时尚。但是似乎很难有哪部电影的续集能始终保持高水准,《蝙蝠侠》、《星球大战》、《超人》无一例外。《超级无敌掌门狗》已经 20 多岁了,长片、短片续集无数,难道它也要遵循历史发展规律而晚节不保吗?

《动物悟语》(*Creature Comforts*)系列

2003 年至 2005 年,阿德曼动画公司根据 1989 年尼克·帕克的奥斯卡获奖短片《动物悟语》为英国 ITV 电视台制作了同名电视系列动画片。这部 24 集的黏土动画片每集十分钟,由理查德·哥勒斯索斯基(Richard Goleszowski)导演。

动画纪录片

该片创意总监、制片人尼克·帕克这样阐述影片构思:"我们的台词不需要剧本,大家讨论各种话题——度假、医疗、食品、进化、园艺……我一直认为这个题材大有搞头,因为人和动物之间有许多共通点,用动画角色表现人类的真实生活其乐无穷,这正是阿德曼动画公司的成功之道。"抱着这种创作心态艺术家们走向乡村、城市、大街小巷,真正深入生活,与形形色色的人对话。他们根据采访录音编排故事情节、设计动物卡通造型,将录音素材剪辑为一个个十分钟左右的台词剧本。影片的配音几乎全部来自被采访的普通百姓,为了保持生活化的鲜活语言公司特意刊登广告征集各种符合要求甚至有口音的非职业演员。

影片样式完全忠实于 1989 年的版本,大力发挥公司专长,严格保证黏土动画角色口型对位准确。最终我们看到的是那些用极其生活化的语言,操着各式各样口音谈论身边时事的猫猫狗狗、猪猪羊羊、鸟鸟龟龟。

影片涉及英国百姓日常生活的方方面面,住房、体育甚至对皇室问题的看法,有趣的是在《君主制》(*Monarchy Business*)一集中出现了三只拿着家用摄像机的游客熊猫，当被问及如何看待白金汉宫时，其中两只熊猫说起了地道的北京话：

熊猫甲："他问你那个，这个，啊，白金汉宫怎么样?"
熊猫乙："挺好!"

说话完毕三只熊猫又开始拿着摄像机拍摄。这使我想起那个描述国人出国旅游的段子："上车睡觉，下车拍照，找地尿尿，回来一问看啥了？啥也不知道。"

即使一些貌似无聊、尴尬的采访也充满了人情味。例如两位耳背的老妇人在接受采访时总是所答非所问，令工作人员百般无奈。在采访结束时，这两位老妇人非常不好意思与真诚地对着镜头说："谢谢你们来听我说话，谢谢你们。"我相信所有观众看到这里都会感动，这种感动已经超越了动画制作的工业范畴而接近于艺术创作的本质——人与人的交流。最终，创作人员巧妙地将这两位老妇人卡通化为一对挂在房梁上的蝙蝠，而那些所答非所问的对话也合情合理地加进了影片，不但不觉得无聊，反而让人爆笑不已。每集《动物悟语》结尾字幕都会出现"本片配音来自英国人民"，每每看到这里我都会想起一句话"真实的东西不一定美，但是美的东西一定真实"。

这种类似于纪录片制作流程的系列动画片清晰地反映出导演脚踏实地地运用动画艺术观察、探讨生活的真实状态。很多人认为动画片与纪录片天生就是水火不相容的一对冤家，一个天马行空，尽情虚构、夸张；一个脚踏实地，绝对尊重事实，二者根本无法调和。其实这种"动画纪录片"在国外非常流行。针对那些无法再现的史实、不宜真实拍摄的题材，动画无疑成为最佳的表现手段。例如采访一个因车祸而失去孩子的母亲，无论从道德还是从艺术效果上讲，我们都无法使用摄像机全程记录这个痛不欲生、满脸是泪、几乎失控的女人。那么使用抽象的动画形式，配上母亲真实的声音也许会取得意想不到的效果。

抛开动画纪录片的实用功能不谈，《动物悟语》这种深入生活、尊重生活的创作状态实在值得我们学习与借鉴。国内很多人认为动画理所当然与现实生活无关，天经地义可以胡说八道！于是出现了无数令人啼笑皆非的幼稚作品。这些不重视现实生活的动画人一边抱怨着创作灵感的枯竭，一边无视鲜活生活的存在。"捧着金饭碗要饭吃"的现象比比皆是，其实把他们这种盲目追求"后现代搞笑"的真实状态做成动画片就已经很搞笑了。正如尼克·帕克所说《动物悟语》具有无限潜能一样，基于真实生活的创作一定富有旺盛的生命力。

令人欣慰的是国内终于出现了"动画纪录片"。清华美术学院的学生作品《民工》就是一部素描美术风格配合民工采访的动画纪录片。作者通过"摹片"形式将"拖欠农民工工资"、"农民工子女就学与医疗"等热点话题展现出来。虽然很多对话都停留在概念与表面上而没有深入探讨，但是作为学生作品能够关注社会现实，意识到"艺术来源于生活"已实属不易。

说是动画纪录片，《动物悟语》并非原封不动地照搬现实生活，艺术家们的发挥空间也很大。比如影片的造型设计灵感全部来自采访录音，不同的声音会带给艺术家们截然不同的想象空间。因此《动物悟语》剧组的所有成员几乎随时随地都戴着耳机，这是其他动画剧组所不常见的。

影片中经常会出现很多貌似荒诞滑稽，但是仔细琢磨起来不仅合理甚至富有哲理的对话：

苍蝇：“我爱吃马粪，马粪最好吃。我认为人粪和狗粪是有毒的。”

蜘蛛：“我不吃苍蝇，因为它们吃粪，我不喜欢粪。”

记者：“请问你认为自己和猴子最大的区别在哪？”

关在笼子里的仓鼠（犹豫了半天）：“猴子生活在丛林里，而我却住在猫笼里。”

人粪有毒、住在笼子里，这是在说动物吗？我看更像说我们人类自己吧。

由于反响强烈，阿德曼动画公司于2003年与2005年圣诞节又制作了两集《动物悟语》圣诞特别节目。有人统计该系列片一共26集，这是将这两集圣诞特别节目也算了进去。该系列片第一季获得2004年芝加哥国际儿童电影节最佳电视系列片奖、渥太华国际动画节最佳成人电视系列动画奖、英国影视艺术学院奖最佳喜剧电视系列片提名。

《动物悟语》中的表演问题

《动物悟语》的纪录片特点有利有弊，其弊端在于画面较为单调，被采访的动物动作不可能太丰富，因为很少有人会在镜头前肆无忌惮地手舞足蹈。因此导演必须调动一切手段与细节为影片增加趣味性，“角色表演”无疑是首当其冲要解决的问题。

《动物悟语》中的表演及导演关于表演的工作方式使我非常激动，因为它再一次与我的教学观点不谋而合。例如：“动画片中没用的动作往往是优秀的表演”、“判断一个角色表演是否到位不要看它有台词时的状态，要看它没台词而又身处画面不起眼位置时是否能吸引你的注意力，如果可以，那就是好的表演”。

《动物悟语》中不说话的群众演员往往比那些有台词的“主角”更有魅力。它们“游离”的眼神，欲说又止、小声嘟囔的动作大大弥补了采访画面的单调。比如说两只鼻涕虫接受采访，那只没有被采访到的鼻涕虫一直漫不经心地吹路过它身边的瓢虫。而那只瓢虫又特别不识时务，竟然爬到了它的头上。面对摄像机，鼻涕虫努力保持矜持而对这种瓢虫无可奈何，我相信此时此刻所有观众的注意力都被这只没说话的鼻涕虫吸引过去了。而这一动作正是可有可无的“没有用的动作”。

即使是一个没有生命的道具也能看出导演精心的表演设计，例如每次采访狮子时，伸进画面里的话筒都在哆嗦。通过这个极易被忽略的小细节我们可以体会到采访者对狮子的恐惧。有时甚至角色不出现都能使观众感受到演员的存在，例如蚯蚓在接受采访时突然回头说道：“妈妈，你有什么要说的吗？”背景草丛一阵抖动，它的妈妈并没出现，但是观众瞬间感觉“它不是一个人”，草丛之中也许“埋伏”了无数生物在偷听。

通过配角的表演扩展观众的想象空间，使表演无形化，这能省多少调动作的时间啊！在《动物悟语》第二季中导演加强了这一点，例如为了表现鼻涕虫学公鸡叫叫得逼真，导演设计了鼻涕虫一叫，它周围的小虫立刻躲起来的细节。这比光叫那只鼻涕虫声嘶力竭地伸长脖子学鸡叫高明得多。

《动物悟语》的表演之所以如此巧妙完全得益于导演理查德·哥勒斯索斯基，他亲自表演片中角色，动画师再根据导演表演录像调整动作，有时候他甚至亲自出马为角色配音。从影片制作花絮中我们看见理查德·哥勒斯索斯基时而模仿雄性动物，时而扮演雌性动物；时而是猫，时而是猪；时而与女同事一起趴在地上寻找四蹄动物的感觉，时而全身收缩感受软体动物的肢体语言。当你对比这些真人表演与最终成片时会惊讶地发现它们是如此相似！

有待完善的问题

个人认为《动物悟语》还有一些小问题有待改善：

第一，录音太干净，没有空间感。无论采访还是配音几乎都是在室内完成的，这样做降低了影片的可信度，尽管导演加了大量自然声效试图以假乱真。

第二，很多话题太本土化，不了解英国文化与社会背景的外国观众很难看懂。

第三，每集十分钟的时长有点长。毕竟是大量对话的节目，尽管导演力图搞得轻松幽默，但是看着还是有些累。也许缩短为五分钟一集会好一些。

突然想到中央电视台的《快乐驿站》似乎也属于这种类型，只不过他们太过忠实于原著，基本就是配画相声、评书与小品，观众闭着眼听也能笑得前仰后合。挺好的故事基础与操作模式被限制死了，可惜。

其他电视系列动画片

《矮子雷克斯》(*Rex the Runt*)

1998～2001年，理查德·哥勒斯索斯基导演了电视系列动画片《矮子雷克斯》，共两季，26集，每集十分钟。这套黏土动画片的雏形最早来自1989年理查德·哥勒斯索斯基导演的一部短片《同期录音：识别》，经过漫长的酝酿期终于在1998年12月由BBC2播出，成为阿德曼动画公司又一拳头产品。影片讲述四只小狗的故事，导演故意将这些黏土角色压在玻璃板上制作出极其平面的视觉效果。

《愤怒小子》(*Angry Kid*)

1999～2000年，《愤怒小子》(见彩图61～62)第一季25集在www.atomfilms.com上首播，标志着阿德曼动画公司开始向网络拓展业务。影片编剧、导演——达伦·沃尔什毕业于萨里艺术与设计学院，他的毕业作业*Oozat*使用了真人戴面具产生动画效果的方法，这与日后的《愤怒小子》制作手法几乎如出一辙。

《愤怒小子》不仅制作工艺独树一帜，其内容的成人性也是阿德曼动画公司作品中极其少见的：

《性教育》(*Sex Education*)一集中男主角和他的妹妹津津有味地看电视科普节目——如何生孩子，结果他们看吐了。

《小便》(*Piss*)一集中他坐爸爸的车时突然想上厕所,但是爸爸并没有停车而给了他一个瓶子叫他尿在里面。于是麻烦来了,他总是尿不完……于是一个急刹车后,一汽车的瓶子便……

在《骨头》(*Bone*)一集中男主角骑车不慎摔倒,肘关节的骨头摔露了出来。一只狗一口咬住了他的骨头,二人搏斗半天最终以人类胜利告终。男主角嘴里叼着狗骨头既自豪又精疲力竭地说:"这是我的骨头!"

导演将《愤怒小子》的主角定位于——好动、顽皮、反叛、对一切充满好奇心的15岁英国男孩。处于青春期的他经常会干一些"招猫斗狗"的事情,例如他骑车时会故意不让后面的卡车超过自己,就这么一直在人家前面晃来晃去,从清晨到日暮。结果夕阳西下,卡车司机彻底被打败了,而他自己也迷路了。

每集一分钟的《愤怒小子》第一季反响很好,其中《骨头》一集被提名2000年戛纳国际电影节最佳短片。于是阿德曼动画公司又制作了第二季27集,依旧由达伦·沃尔什编导。在离开阿德曼动画公司投奔激情动画公司之前,达伦·沃尔什还制作了一部24分钟的特别节目《愤怒小子:你以为我是谁?》(*Angry Kid*:*Who Do You Think I Am*?),于2004年圣诞节在BBC播出并入围2005年的安纳西国际动画节。

《小羊肖恩》(*Shaun the Sheep*)

2007年3月《小羊肖恩》(见彩图63～64)第一季在BBC播出。影片最初的创意来自尼克·帕克在制作《间不容发》时所使用的同样造型的羊群,这次依旧是人、狗组合,只不过他们成为小羊肖恩的配角。一夜间,这只怎么看怎么像刚做完"锅底灰面膜"的苏格兰黑面羊风靡全球。尽情享受生活的小羊与淳朴自然的英国田园风光使《小羊肖恩》第二季20集顺利完成,目前第三季正在制作中。

为了研究阿德曼动画公司我一口气看完40集《小羊肖恩》!其实又有哪个公司的电视系列动画片我不是这么集中学习的呢?我"恨"电视系列动画片……这次还好,280分钟,一句对话没有,我并没感觉如坐针毡,尽管这是一部针对低幼儿童的动画。当我伸着懒腰从椅子上站起来打算精选几集更新到我博客的时候,突然领悟到一个判断一部动画片是否优秀的标准:连成年人都爱看的儿童动画应该不错,反之不知道是否亦然——连儿童都爱看的成人动画……

国人对《小羊肖恩》并不陌生,似乎除了《超级无敌掌门狗》阿德曼动画公司的作品就数它在中国最火了。淘宝网上铺天盖地都是它的笔袋、暖水袋外套和DVD。其实《小羊肖恩》的巨大影响力远远不止在中国,它的电视转播权与衍生产品授权已波及150多个国家与地区,赢得包括2007年法国安纳西国际动画节最佳电视节目奖、2008年第36届艾美奖最佳青少年节目奖在内的众多奖项。2008年"小羊肖恩"的形象又出现在矿泉水、麦片包装上,著名互动娱乐公司D3Publisher(D3P)和阿德曼动画公司签订协议为"小羊肖恩"开发电子游戏,并于2008年秋季上市。

《查克鸡勇斗芥末怪》(*Chop Socky Chooks*)

2008年3月7日阿德曼动画公司制作的电脑系列动画片《查克鸡勇斗芥末怪》在

美国首播(2008年9月8日在英国首播),这部26集(每集22分钟)的系列片由赛尔吉奥·德尔菲诺(Sergio Delfino)导演。这部中国功夫题材影片的主人公查克鸡是一只地道的中国小公鸡(但从外形上怎么看怎么像是一人),他自幼在遥远的寺庙中投师习武,聪明好学,功夫了得。他深得师傅真传,深知武术之真谛在于心而非身,因此尽管有一身盖世武功却心平气和、办事谨慎。查克鸡有两个伙伴:高高发髻、三缕胡须、道人模样、英勇无比却害怕蟑螂的"杰杰",永远涂着性感口红的美女Chick P。为了维护世界和平,他们与率领猩猩部队的芥末料理国的魔头——芥末虎头鱼展开了殊死搏斗。

其他作品及导演

阿德曼动画公司除了制作电视系列动画片与影院长片外,每年还生产60部左右动画广告、MV、片头、宣传片。公司允许自己的导演在别的公司兼职甚至跳槽,许多大师从这里走向世界,例如"英国定格动画的莎士比亚"巴瑞·普维斯便在这里创作了《同期录音:下一个》。尽管这些离开公司的导演力争创作出与这里截然不同的影片,但很多观众还是会误认为这是阿德曼动画公司的作品。

公司的老臣、电视系列动画片《动物悟语》与《矮子雷克斯》的导演理查德·哥勒斯索斯基以个人名义为BBC导演了30分钟的圣诞特别动画节目《驯鹿罗宾:驯鹿大竞赛》(*Robbie the Reindeer in Hooves of Fire*,1999),该片获得2000年渥太华国际动画节最佳电视特别节目奖、2001年柏林国际电影节最佳短片奖。而他在阿德曼动画公司的同事彼得·皮克(Peter Peake)也继他之后以个人名义为BBC导演了2002年圣诞节特别动画节目《驯鹿罗宾:失落部落的传说》(*Robbie the Reindeer in Legend of the Lost Tribe*),并获得2003年芝加哥国际儿童电影节最佳电视动画节目奖、艾美奖最佳少儿节目奖。

阿德曼动画公司大力鼓励公司员工创作艺术短片,曾经担任《小鸡快跑》(*Chicken Run*)与《鼠国漂流记》(*Flushed Away*)原画师的杰夫·尼微特(Jeff Newitt),为阿德曼动画公司导演了短片《爱我,不爱我》(*Loves Me... Loves Me Not*)。这部八分钟的黏土动画片把一个恋爱中的男人复杂敏感、瞬息万变的内心活动刻画得惟妙惟肖,想象力丰富到疯狂的地步。撕掉一片花瓣——她爱我!瞬间鸟语花香、阳光明媚。又撕掉一片花瓣——她不爱我!立刻天塌地陷、阴风惨惨。我相信所有恋爱中的人都会有这种时而天堂、时而地狱的感受,导演利用动画特性将其翻译为夸张的视听语言。

1994年加入阿德曼动画公司的路易斯·库克在这里导演了大量广告、宣传片,并获得D&AD大奖、英国动画大奖、英国影视艺术学院奖。平面设计出身的他本科毕业后曾在艺术院校当老师,同时还是一名摄影师、插画家。1992年他考入皇家艺术学院攻读动画专业硕士学位。《黑色姐妹花》是他为阿德曼动画公司执导的第一部非商业性作品。这部九分钟的短片先使用三维建模,完成除打光、材质以外的全部电脑动画制作流程,再将角色与背景分层打印输出,一张一张手绘上色以追求特殊的美术风格。最后再把这些画稿扫描回去按照传统二维动画制作流程过一遍。这样一来既保证了独特的美术风格,又能发挥三维电脑动画的优势,弥补手绘动画在摄影机运动等方面的缺陷。

尽管《黑色姐妹花》获得2007年英国影视艺术学院奖最佳动画短片奖,但是影片所讲述的故事实在令我难以接受。住在荒岛上的一对姐妹救起一个海上遇难的男人,但是男人被她们丑陋的相貌与色迷迷的眼神吓得屁滚尿流,望风鼠窜。几天后,姐妹二人在海滩上发现已经冻僵的男人,她们将他扛进自己平时制作熏鱼的库房,点起篝火,把这男人烤了!影片结束时她们为这个"成熟而温暖"的男人穿上礼服,斟满美酒,仿佛他还活着一样与他谈笑风生。此时镜头拉开,狭小的房间里竟然堆满了一个个烤熟了的盛装男人……

这部短片使我想起了彼得·格林纳威执导的《厨师、窃贼,他的妻子和她的情人》(*The Cook the Thief his Wife & her Lover*,1989),一个朋友看完这电影第二天就大病一场,连续一周高烧不退、水米不进。而我上课放完《黑色姐妹花》的结果是全班同学省了一顿午饭。

2007~2010年发展规划

《鼠国漂流记》(*Flushed Away*)

2006年上映的《鼠国漂流记》是阿德曼动画公司继《小鸡快跑》、《超级无敌掌门狗:人兔的诅咒》之后与梦工厂合作的第三部动画长片。如果不说,没人会相信这是阿德曼动画公司的作品,当然阿德曼动画公司也不愿意承认这部平庸的作品出自其手。这部历时两年制作的电脑动画长片被《综艺》杂志评为2006年美国电影的"十大票房哑弹"之一,其投资与国内票房的差距达到9000万美元。《综艺》杂志这样评价该片:"为什么不老老实实地制作一部逼真的CGI动画片呢?放不下定格动画所遗留下的风格是影片的致命伤,看着实在是不伦不类。"

据说阿德曼动画公司之所以放弃自己熟悉的黏土定格动画风格而选择电脑动画形式,主要原因在于影片中有太多水的特殊效果需要处理。来自阿德曼动画公司的导演萨姆·菲尔(Sam Fell)说:"水是不可回避的,因为大部分故事发生在下水道里。水在这里已经不是一种自然物质了,更像是一个会跑会动的角色。而定格动画涉及水的场景时顶多是表现飞溅的水滴或流动的油状液体。我可以很负责地告诉你(像这样的场景)'一艘游艇疯狂地撕开水面,后面还有几艘在狂追'在定格动画中是不可能完成的,想都不用想。"

在这样"明确"的方针指导下,《鼠国漂流记》成为《怪物史莱克》与《超级无敌掌门狗》的杂交品种——电脑动画人物身上非要刻意留下黏土动画师的手指印迹。阿德曼动画公司并不擅长电脑动画,尽管它之前制作过一些电脑动画短片,但是都以失败告终。另外,影片故事更是异常无聊——坏人搞破坏的基础竟然是全英国球迷在一场非常重要的球赛中场休息时会一起上厕所,那么全国人民一起小便、冲水将成为下水道中老鼠王国居民的灭顶之灾。于是我们的男主角踏上了拯救"冲水危机"的英雄之路。

真不知道导演是怎么想的！按照这一逻辑推测，万一全国人民一起大便怎么办？

《鼠国漂流记》的失败导致阿德曼动画公司与梦工厂的彻底分裂，2006年10月3日，《纽约时报》(*The New York Times*)报道由于意见不合阿德曼动画公司将不再与梦工厂续签合同。阿德曼动画公司发言人说："梦工厂的商业运行模式不再适合我们，反之亦然。"

与索尼电影公司的合作

2007年4月阿德曼动画公司与索尼电影公司(Sony Pictures Entertainment)签订为期3年的合同，彼得·洛德说："对合作的巨大潜力我们双方都很满意与兴奋，这次合作将使我们酝酿多年的几个项目同时上马。"两个月后阿德曼动画公司公布了最新影片制作计划，四部影院长片将投入生产。

《海盗！》(*The Pirates!*)：彼得·洛德自《小鸡快跑》后再度执掌话筒，改编自吉德安·狄福(Gideon Defoe)的系列小说，讲述一群倒霉海盗的喜剧故事。

《猫咪大盗》(*The Cat Burglers*)：这部黏土动画片讲述了流浪猫为了喝牛奶而劫持运奶车的故事。阿德曼动画公司宣称其风格为"《十一罗汉》(*Ocean's Eleven*)＋昆汀·塔伦蒂诺(Quentin Tarantino)"。导演史蒂夫·鲍克斯称这将是一部"家庭版的塔伦蒂诺影片"。

《鲁道夫行动》(*Operation Rudolph*)：这部圣诞节贺岁片讲述圣诞老人的北极军事基地急需大量训练有素的顽皮孩子加入的故事。

最后一部长片未定，但导演是尼克·帕克。官方声称该片肯定不是《超级无敌掌门狗》系列作品。

阿德曼动画公司的代表作品：

1978年	《动画交谈：出局》(*Animated Conversations: Down and Out*) 5分钟 《动画交谈：领座姑娘的心声》(*Animated Conversations: Confessions of a Foyer Girl*) 5分钟 导演：大卫·史波克斯顿、彼得·洛德
1981～1983年	《摩夫的疯狂历险》(*The Amazing Adventures of Morph*) 电视系列动画片 5分钟/集/26集 导演：大卫·史波克斯顿、彼得·洛德 《对话片段：缓刑》(*Conversation Pieces: On Probation*) 5分钟 《对话片段：推销》(*Conversation Pieces: Sales Pitch*) 5分钟 《对话片段：全盛时期》(*Conversation Pieces: Palmy Days*) 5分钟 《对话片段：最新版本》(*Conversation Pieces: Late Edition*) 5分钟 《对话片段：早起者》(*Conversation Pieces: Early Bird*) 5分钟 导演：大卫·史波克斯顿、彼得·洛德
1986年	《巴比伦》(*Babylon*) 14分30秒 导演：大卫·史波克斯顿、彼得·洛德
1987年	《我的宝贝只在乎我》(*My Baby Just Cares for Me*) 4分钟 导演：彼得·洛德 获得1988年渥太华国际动画节最佳推广类动画奖(5分钟以下组)

续表

1989 年	《同期录音:下一个》(*Lip Synch : Next*)　5 分钟 导演:巴瑞·普维斯 《同期录音:识别》(*Lip Synch : Ident*)　5 分钟 导演:理查德·哥勒斯索斯基 《同期录音:装备》(*Lip Synch : Going Equipped*)　5 分钟 导演:彼得·洛德 《同期录音:战争故事》(*Lip Synch : War Story*)　5 分钟 导演:彼得·洛德 获得1990 年英国影视艺术学院奖最佳动画电影提名,1990 年渥太华国际动画节最佳动画奖、最佳短片奖(10 分钟以下组) 《同期录音:动物悟语》(*Lip Synch : Creature Comforts*,见彩图 65)　5 分钟 导演:尼克·帕克 获得1991 年奥斯卡最佳动画短片奖、安纳西国际动画节评委会大奖、英国影视艺术学院奖最佳动画电影提名、欧洲卡通论坛大奖、渥太华国际动画节三等奖 《超级无敌掌门狗:奇异的假期》(*Wallace & Gromit in a Grand Day Out*)　23 分钟 导演:尼克·帕克 获得1990 年英国影视艺术学院奖最佳动画电影奖,1991 年奥斯卡最佳动画短片提名 《举重布鲁斯》(*Lifting the Blues*)　52 分钟 导演:大卫·史波克斯顿
1991 年	《矮子雷克斯:梦境》(*Rex the Runt : Dreams*)　2 分钟 《矮子雷克斯:恐龙如何灭绝》(*Rex the Runt : How Dinosaurs Became Extinct*)　2 分钟 导演:理查德·哥勒斯索斯基 《亚当》(*Adam*)　6 分钟 导演:彼得·洛德 获得1992 年英国影视艺术学院奖最佳动画电影提名,1993 年奥斯卡最佳动画短片提名、安纳西国际动画节观众最喜爱奖
1992 年	《平克·弗瑞不死传说》(*Never Say Pink Furry Die*)　12 分钟 导演:路易斯·斯普拉根(Louis Spraggon) 《爱我,不爱我》(*Loves Me... Loves Me Not*)　8 分钟 导演:杰夫·尼微特 获得 1993 年柏林国际电影节最佳短片提名
1993 年	《超级无敌掌门狗:错误的裤子》(*Wallace & Gromit in The Wrong Trousers*)　29 分钟 导演:尼克·帕克、史蒂夫·鲍克斯 获得1994 年奥斯卡最佳动画短片奖、安纳西国际动画节评委会大奖、英国影视艺术学院奖最佳动画电影、欧洲卡通论坛大奖、渥太华国际动画节大奖及最受观众欢迎奖、萨格勒布国际动画电影节大奖 《我的手提包不见了》(*Not Without My Handbag*)　12 分钟 导演:鲍里斯·寇思迈尔(Boris Kossmehl)

续表

1994 年	《皮普与鲍格》(*Pib and Pog*,见彩图 66) 6 分钟 导演:彼得・皮克 获得1995 年英国影视艺术学院奖最佳动画短片提名、爱丁堡国际电影节最佳新英国动画奖
1995 年	《超级无敌掌门狗:间不容发》(*Wallace & Gromit in A Close Shave*) 29 分钟 导演:尼克・帕克 获得1996 年奥斯卡最佳动画短片奖、艾美奖最佳流行艺术奖、渥太华国际动画节最佳电视动画短片奖、萨格勒布国际动画电影节最受观众欢迎奖、英国影视艺术学院奖最佳动画电影,1997 年安纳西国际动画节最受观众欢迎奖
1996 年	《波普》(*Pop*) 5 分钟 导演:萨姆・菲尔 《渥特的猪》(*Wat's Pig*) 11 分钟 导演:彼得・洛德 获得 1997 年奥斯卡最佳动画短片提名 《矮子雷克斯:北极的诺斯》(*Rex the Runt: North By North Pole*) 6 分钟 导演:理查德・哥勒斯索斯基
1997 年	《怯场》(*Stage Fright*) 11 分钟 导演:史蒂夫・鲍克斯 获得 1997 年英国影视艺术学院奖最佳动画短片奖 *Oozat* 5 分钟 导演:马克・布瑞尔利(Mark Brierly)
1998～2000 年	《哼哼鼓》(*Humdrum*) 6 分钟 导演:彼得・皮克 获得1998 年芝加哥国际儿童电影节最佳动画奖、爱丁堡国际电影节最佳新英国动画奖;1999 年英国影视艺术学院奖最佳动画短片提名;2000 年奥斯卡最佳动画短片提名 《硬邦邦的食物》(*Al Dente*) 2 分钟 导演:马克・布瑞尔利 《愤怒小子》(*Angry Kid*) 电视系列动画片 2 分钟/26 集/2 季 导演:达伦・沃尔什 《怪物与小纳克西》(*Minotaur and Little Nerkin*) 2 分钟 导演:尼克・马克西(Nick Mackie) 《兔子!》(*Rabbits!*) 导演:萨姆・菲尔
2000 年	《小鸡快跑》(*Chicken Run*) 84 分钟 导演:尼克・帕克、彼得・洛德 获得2001 年美国金球奖最佳影片提名,英国影视艺术学院奖最佳英国电影、最佳视觉效果奖;2002 年英国动画大奖最佳动画长片奖

续表

2001 年	《最后期限》(*The Deadline*)　3 分钟 导演:斯蒂芬・马哲兰(Stefan Marjoram)
2002 年	《傻瓜》(*Chump*)　4 分钟 导演:萨姆・菲尔 获得 2002 年西雅图地下电影节最佳动画奖 《超级无敌掌门狗:疯狂机关》(*Wallace & Gromit in Cracking Contraptions*)　2 分钟/集/10 集 导演:洛依德・普莱斯、克里斯朵夫・萨德勒
2003～2005 年	《动物悟语》(*Creature Comforts*)　电视系列动画片　10 分钟/24 集/2 季 导演:理查德・哥勒斯索斯基 获得2004 年芝加哥国际儿童电影节最佳电视系列片奖、渥太华国际动画节最佳成人电视系列动画奖、英国影视艺术学院奖最佳喜剧电视系列片提名 《超级无敌掌门狗:人兔的诅咒》(*Wallace & Gromit: The Curse of the Were-Rabbit*)　85 分钟 导演:尼克・帕克、史蒂夫・鲍克斯 获得2006 年奥斯卡最佳动画长片奖,英国影视艺术学院奖最佳英国电影、最佳动画长片奖
2006 年	《鼠国漂流记》(*Flushed Away*)　85 分钟 导演:大卫・鲍尔斯、萨姆・菲尔 获得2007 年安妮奖最佳动画特效、最佳角色动画长片、最佳动画美术设计、最佳动画配音、最佳动画编剧奖,最佳动画导演提名;英国影视艺术学院奖最佳动画长片提名
2007 年	《小羊肖恩》(*Shaun the Sheep*)　电视系列动画片　7 分钟/40 集/2 季 导演:理查德・哥勒斯索斯基 《查克鸡勇斗芥末怪》(*Chop Socky Chooks*)　电视系列动画片　22 分钟/26 集/ 2 季 导演:赛尔吉奥・德尔菲诺 《黑色姐妹花》(*The Pearce Sisters*)　9 分钟 导演:路易斯・库克 获得 2007 年英国影视艺术学院奖最佳动画短片奖
2008 年	《超级无敌掌门狗:面包师谋杀案》(*Wallace & Gromit in A Matter of Loaf and Death*) 29 分钟 导演:尼克・帕克 获得 2008 年英国影视艺术学院奖最佳动画短片奖

阿德曼动画公司的联系方式:

E-mail:biogs@aardman. com

官方网站:http://www. aardman. com

作品免费在线观看:

http://www. youtube. com/aardman

克林伍德—欧海尔娱乐公司(Collingwood O'Hare Entertainment)

作为欧洲顶级动画公司,位于伦敦西部的克林伍德—欧海尔娱乐公司由两位英国国家影视学校的同学——托尼·克林伍德和克里斯多夫·欧海尔创建于1988年。20多年来该公司致力于儿童电视系列动画片与学龄前儿童电视动画特别节目,制作了近600集、总计7000多分钟动画片。

托尼·克林伍德担任所有影片的编剧、导演工作,克里斯多夫·欧海尔则负责公司日常事务管理及制片人工作。托尼·克林伍德先后就读于利物浦理工学院(Liverpool Polytechnic)与国家影视学校的动画专业,而美国人克里斯多夫·欧海尔先后就读于哈佛大学与国家影视学校管理专业。除了制作动画片外克里斯多夫·欧海尔还参与其他公司的纪录片、剧情片的制作。

拉格国(Rarg)是一个天堂般的地方,它完美到太阳都会等人们自然醒后才升上天空。这里的人们喜欢探险,因为他们衣食无忧,幸福快乐。直到有一天大家发现这一切美好的生活只不过是一个人的梦境而已,而梦境的制造者马上就要被闹钟吵醒。于是拉格国人决定修建一条通往现实生活的通道去阻止那个将要睡醒的人。四个全副武装的战士(脚穿厚拖鞋、耳戴隔音套)踏上了拯救拉格国之路。他们成功地将现实生活中那个做梦的人带回了他自己的梦中并使他永远香甜地沉睡下去,永不醒来。

这个从梦中人角度看待梦境制造者、分不清梦境与现实、越想越纠结的故事出自托尼·克林伍德在英国国家影视学校的同名毕业作业。这部23分钟的手绘动画片获得1988年英国影视艺术学院奖最佳动画片提名、英国动画大奖最佳儿童动画片奖,并在第四频道播出。《拉格国》不仅使他结识了同在国家影视学校学习的克里斯多夫·欧海尔,从而拉开他们俩共同创业的序幕,还引起了美国著名木偶动画大师吉姆·汉森(Jim Henson)的注意,把他推荐到美国动画圈。托尼·克林伍德创造了《拉格国》伊甸园般的景象,而《拉格国》也为他带来了好运气。1990～1994年克林伍德—欧海尔娱乐公司为华纳、派拉蒙、米高梅等美国著名公司加工了《狗不理》(*Rover Dangerfield*,1991)、《小顽童》(*Bébé's Kids*,1992)、《拇指姑娘》(*Thumbelina*,1994)等一大批电视动画片与影院动画片,迈出了创业的第一步。

1991年,ITV与苏格兰电视台(Scottish Television)委托克林伍德—欧海尔娱乐公司制作26集电视系列动画片《Z船长与Z地带》(*Captain Zed and the Zee Zone*,每集30分钟)。这部作品可以说是《拉格国》的续集或扩大版,影片讲述了Z船长每晚带领部下巡视世界上所有孩子的梦境,使他们不做噩梦并且保证每一个梦都有美好结局。显然托尼·克林伍德对人们的"睡眠质量问题"颇为关心,我不知道每天沉浸在梦幻题材中的导演应该算深刻还是童真,但是有一点可以肯定,从《拉格国》开始托尼·克林伍德就显示出制作精致、造型可爱、叙事简洁的艺术特色,这无疑对其日后制作儿童动画片大有裨益。

1994 年克林伍德一欧海尔娱乐公司受美国老牌动画公司“汉纳一巴巴拉公司”(Hanna-Barbera Productions)之托为美国特纳有线电视台(Turner Network Television,简称 TNT)改编、制作苏斯博士(Dr. Seuss) 的经典儿童故事《菊花头的麻伊子》(*Daisy-Head Mayzie*)。影片讲述麻伊子(Mayzie)头上长出一朵雏菊,一个无良的剧院老板从她身上看见了商机,于是把她带进了十里洋场一般的商圈。一时间,小女孩被光鲜亮丽的浮华社会所迷惑,当然影片结尾时麻伊子找到了真正的人生目标,一切皆大欢喜。这部 30 分钟的影片获得 1995 年美国安妮奖原创动画片音乐提名、艾美奖最佳动画电影节目提名(一小时以下组)、美国有线电视杰出奖(CableACE Award)最佳儿童电视节目奖。

在制作《菊花头的麻伊子》的同时,克林伍德一欧海尔娱乐公司为 BBC 电视台与华纳唱片公司开发、制作了一套古典音乐动画系列片《奥斯卡管乐队》(*Oscar's Orchestra*)。26 集,每集 22 分钟。在魔鬼统治的世界里音乐被禁止,人们活在死一般的寂静之中。钢琴奥斯卡决定奋起反击,带领三角铁、大号、小提琴、长笛等乐器们与魔鬼斗争,最终将美妙的音乐还给人们。

1997 年克林伍德一欧海尔娱乐公司买下英国 20 世纪 50 年代经典漫画《比诺》(*The Beano*)中“淘气包丹尼斯”(*Dennis the Menace*)的形象改编权,制作了 26 集(每集 30 分钟)电视系列动画片《丹尼斯与纳什尔》(*Dennis & Gnasher*)。十岁的丹尼斯带着“他的忠实猎狗”纳什尔一如既往地保持着他在漫画中调皮捣蛋的形象,做着一些家长眼中教坏小朋友的事情。1998 年,节目一经播出便成为 BBC 儿童节目收视率第一名,并获得 1998 年英国影视艺术学院奖最佳儿童动画片提名。

克林伍德一欧海尔娱乐公司下一个原创动画系列片是为美国迪斯尼频道制作的《动物故事》(*Animal Stories*),这部 52 集动画片主要针对学龄前儿童,每集五分钟,获得 2001 年英国影视艺术学院奖最佳学龄前儿童动画奖,影片的热播导致其周边产品:儿童图书、玩具、录像带、DVD、地图甚至诗集在英国、美国、法国的热卖。

1999~2000 年克林伍德一欧海尔娱乐公司以红极一时的《牛津阅读树》(*Oxford Reading Tree*)儿童读物为基础,为 BBC 电视台制作了电视系列动画片《魔法钥匙》(*The Magic Key*),共 26 集,每集 15 分钟。与此同时,公司还参与制作了康地·加德的电视系列动画片《庞德的生活》第二季。

2000 年之后,克林伍德一欧海尔娱乐公司将工作重点转向学龄前儿童,制作了圣诞特别节目《艾迪和小熊》(*Eddy & the Bear*)。这部半小时的短片改编自畅销儿童文学作品三部曲——《我的泰迪哪去了?》(*Where's My Teddy?*)、《它是一只熊》(*It's the Bear*)、《我最好的熊朋友》(*My Friend Bear*),讲述一个五岁男孩与一只十英尺高的熊之间的友情故事。2001 年圣诞节《艾迪和小熊》在 ITV 电视台播出,接下来 26 集(每集 11 分钟)同名电视系列动画片投入紧张的生产制作中,分两季于 2002 年 4 月与 2003 年春天播出,相关画册与不干胶玩具书也随之上市。影片获得 2002 年英国影视艺术学院奖最佳学龄前儿童动画片奖。

经过十年的酝酿,克林伍德一欧海尔娱乐公司于 2001 年推出了 75 分钟的动画长片《国王的胡须》(*The King's Beard*)。这部为 ITV 电视台制作的圣诞节特别节目成为该电视台长期保留的镇台之宝，每逢圣诞节就会拿出来播映。镜子王国的国王有着世界上最长的胡子，他的胡子蜿蜒曲折，覆盖了整个王国。他备受人民尊敬，大家都想有一副他那样的胡子。唯一对他不满的是理发师鲁弗斯，因为没人再去光顾他的买卖。于是他买通皇家侍卫，带领一群老鼠潜入皇宫，试图剪掉国王的胡子从而改变这个国家的"皇家风气"。

2003年克林伍德－欧海尔娱乐公司首次涉足电脑动画领域，制作52集（每集五分钟）的《动物老友记》。影片讲述小鸟、犰狳、猴子三位好朋友的友情故事。由托尼·克林伍德与公司另外一位台柱子——安德里亚·川恩（Andrea Tran）联合导演。安德里亚·川恩在罗马学习动画，1997年来到伦敦，他还担任了本片的造型设计工作。二位导演使用了大量非洲、拉丁美洲与西班牙传统音乐，竭力打造一部动画歌舞片。30名艺术家参与影片制作。影片获得2003年英国布拉德福动画节最佳儿童电视系列动画片奖，2004年英国动画大奖最佳编剧奖、英国影视艺术学院奖最佳编剧和最佳学龄前儿童动画片奖。

2005年克林伍德－欧海尔娱乐公司针对2～6岁儿童制作的电视系列动画片《矮园丁戈登》（*Gordon the Garden Gnome*）在BBC电视台播出，共52集，每集11分钟。影片讲述园丁戈登与他的好朋友（毛毛虫、鼹鼠、金鱼、红松鼠、麻雀）和邻居之间的故事。影片极受欢迎，美国派拉蒙公司为其发行了三张DVD。影片中的角色应邀出席了英国唯一一家儿童博物馆举办的"全球花园"专题活动并与公众见面。

2005年，克林伍德－欧海尔娱乐公司与加拿大公司合作的《哈里与他的恐龙朋友》（*Harry & His Bucket Full of Dinosaurs*）在英国第五频道、Playhouse Disney UK与美国卡通动画网（Cartoon Network）等多家电视台播出，52集，每集11分钟。这部根据畅销儿童文学作品改编的影片讲述一个五岁男孩无意中跳进了他心爱的蓝色水桶中，那些玩具恐龙复活了，于是一场恐龙世界之旅拉开了序幕。第二季52集也于2007年上映。影片除了开发DVD、图书、玩具、服装等传统周边产品外，还制作了舞台剧。

为了保证作品质量，公司从没有同时制作两部影片的先例，一般都是一部动画片进入后期制作时才开始下一部作品的前期工作。针对7～12岁孩子克林伍德－欧海尔娱乐公司制作了三维电视系列动画片《神秘演出秀》（*The Secret Show*），托尼·克林伍德与安德里亚·川恩再次联合导演。多年的业界良好口碑与丰富的制作经验使他们轻松地获得了充足的投资，因此这部影片是该公司迄今为止制作最精良的一部作品，52集，每集13分钟，50名工作人员耗时近两年完成。第一季26集于2006年9月在英国播出，第二季于2007年2月BBC2周六早上的儿童节目中播出。2007年1月该动画片第一季在美国播出，公司将每集剪辑为半小时，反响强烈，于是第二季于同年6月上映。克林伍德－欧海尔娱乐公司不仅为《神秘演出秀》建设了英国电视系列动画片史上规模最大、互动性极强的官方网站（www. thesecretshow. com），还根据动画片情节制作了相关游戏，为观众提供在线角色扮演类游戏服务（www. bbc. co. uk/cbbc）。

除了制作电视系列动画片外，克林伍德－欧海尔娱乐公司还为真人电影制作动画片段、演示类动画甚至DVD动画菜单。公司目前正在制作中的项目包括：公司的第一部新媒体作品——*Parpazoids*，它集网络游戏、手机动画、手机铃声下载于一体；52 集(每集十分钟)喜剧冒险故事 *Thorgar*；52 集(每集 11 分钟)学龄前儿童动画片《叮咚！乒乓！》(*Ding！Dong！Ping！Pong！*)；真人喜剧电视剧 *NinCOMproof*。

克林伍德—欧海尔娱乐公司的代表作品：

1987 年	《拉格国》(*Rarg*) 23 分钟 获得1989 年英国影视艺术学院奖最佳动画片提名、英国动画大奖最佳儿童动画片奖
1991 年	《Z 船长与 Z 地带》(*Captain Zed and the Zee Zone*) 电视系列动画片 30 分钟/集/26 集
1994 年	《菊花头的麻伊子》(*Daisy-Head Mayzie*) 30 分钟 获得1995 年安妮奖原创动画片音乐提名、艾美奖最佳动画电影节目提名(一小时以下组)、美国有线电视杰出奖最佳儿童电视节目奖。 《奥斯卡管乐队》(*Oscar's Orchestra*) 电视系列动画片 22 分钟/集/26 集
1997 年	《丹尼斯与纳什尔》(*Dennis & Gnasher*) 电视系列动画片 30 分钟/集/26 集 获得 1998 年英国影视艺术学院奖最佳儿童动画片提名
1999～2000 年	《魔法钥匙》(*The Magic Key*) 电视系列动画片 15 分钟/集/26 集
2001 年	《动物故事》(*Animal Stories*) 电视系列动画片 5 分钟/集/52 集 获得 2001 年英国影视艺术学院奖最佳学龄前儿童动画奖 《国王的胡须》(*The King's Beard*) 75 分钟
2002～2003 年	《艾迪和小熊》(*Eddy & the Bear*)圣诞节特别节目(30 分钟)、电视系列动画片 11 分钟/集/26 集 获得 2002 年英国影视艺术学院奖最佳学龄前儿童动画片奖
2003 年	《动物老友记》(*Yoko！Jakamoko！Toto！*) 电视系列动画片 5 分钟/集/52 集 获得2003 年英国布拉德福动画节最佳儿童电视系列动画片奖，2004 年英国动画大奖最佳编剧奖、英国影视艺术学院奖最佳编剧和最佳学龄前儿童动画片奖
2005～2007 年	《矮园丁戈登》(*Gordon the Garden Gnome*) 电视系列动画片 11 分钟/集/52 集 《哈里与他的恐龙朋友》(*Harry & His Bucket Full of Dinosaurs*) 电视系列动画片 两季 11 分钟/集/104 集
2006～2007 年	《神秘演出秀》(*The Secret Show*) 电视系列动画片 两季 13 分钟/52 集

克林伍德—欧海尔娱乐公司的联系方式：

Collingwood O'Hare Entertainment Ltd.
10-14 Crown Street
London
W3 8SB

电话：+44 20 8993 3666
传真：+44 20 8993 9595
官方网站：http://www.collingwoodohare.com

光明电影公司(Illuminated Films)

1993年,伊恩·哈维(Iain Harvey)创建光明电影公司,同年制作该公司的第一部动画片——《好饿好饿的毛毛虫》(*The Very Hungry Caterpillar and Other Stories*)。这部动画片根据著名儿童绘本家埃里克·卡尔(Eric Carle)的同名绘本改编而成。该书自1970年出版以来便稳坐英国儿童图书销售榜宝座,成为欧美最畅销、最经典的图画书之一。这部30分钟的动画片获奖无数,其录像带在德国被评为最佳儿童动画录像带,迪斯尼公司也看好其销路,代理了它在美国的全部发行事宜。

1993年,光明电影公司还制作了一部26分钟长的动画片《灰王子》(*Prince Cinders*),这部由德里克·希斯(Derek Hayes)导演的影片根据英国著名女绘本家芭贝·柯尔(Babette Cole,1950年生)的同名绘本改编而成。

光明电影公司从诞生之日起就明确了自己的发展目标——将世界知名儿童文学与绘本作品改编为手绘动画片。儿童图书出版业出身的伊恩·哈维在创建自己的公司前就已担任了很多动画片的执行制片人工作,例如与电视卡通公司(TV Cartoons Ltd.)合作的圣诞节动画特别节目《雪人》(*The Snowman*,1982,见彩图68)、《圣诞老人》(*Father Christmas*,1991),影院动画长片《当风吹起的时候》(*When the Wind Blows*,1987),与BBC合作的13集电视系列动画片《蜘蛛!》(*Spider!*,1991)等。伊恩·哈维非常清楚自己在公司的位置——管理者、制片人而非艺术家。正是有了这样的老板光明电影公司才得以成为众多艺术家的天堂。伊恩·哈维除了管理光明电影公司外,多年来一直担任欧洲动画与卡通协会(European Association of Animated Film / Cartoon)副会长,2004~2007年间,他还担任英国影视艺术学院奖动画短片组评委会主席。这些社会职务无疑为扩大其公司知名度、吸引人才起到了至关重要的作用。

1997年光明电影公司资助派特·克鲁恩(Piet Kroon)导演了动画短片《变迁》(*T. R. A. N. S. I. T*),这部12分钟的短片获得1998年洛杉矶世界动画庆典(The World Animation Celebration)最佳影片奖、芝加哥国际电影节金奖、布拉德福动画节最佳影片奖(专业组)、英国影视艺术学院奖最佳动画短片提名、欧洲卡通论坛大奖提名。

2001年光明电影公司推出了影院版动画片《圣诞颂歌:大电影》(*Christmas Carol: The Movie*),影片根据查尔斯·狄更斯(Charles Dickens)的经典名著改编而成,由日籍英国人村上吉米导演。尼古拉斯·凯奇(Nicolas Cage)、凯特·温丝莱特(Kate Winslet)等明星参与了配音工作,米高梅公司负责该片全世界的发行工作。在英国有能力制作动画长片的公司寥寥无几,光明电影公司此举无疑证明它已经成功挤进了英国一流动画公司的行列。2008年,我有幸见到了前来参加第三届中国(北京)国际大学生动画节的村上吉米导演,老人家还把《圣诞颂歌:大电影》中的一幅手稿赠送给了中国传媒大学动画学院。

2002年圣诞节,第四频道播出了光明电影公司制作的动画短片《战争游戏》(*War Game*)。这部由戴夫·岸威(Dave Unwin)导演的影片改编自著名儿童绘本家迈克·

福曼(Michael Foreman)的作品。该片在法国、加拿大、日本、芬兰、瑞士等国电视台播出，获得2002年英国动画大奖最佳儿童动画片奖、安纳西国际动画节最佳电视动画特别节目奖。光明电影公司计划推出该片的续集《战争男孩》(*War Boy*)。

2006年光明电影公司推出了电视系列动画片《小公主》(*Little Princess*)。影片根据英国著名漫画家托尼·罗斯(Tony Ross)的畅销书改编而成，65集，每集11分钟，由爱德华·福斯特(Edward Foster)导演。影片在英国、法国、日本、韩国、德国、澳大利亚、美国等150个国家和地区电视台播出，并获得2007年斯图加特国际动画电影节最佳系列动画片奖、第17届开罗国际电影节最佳系列动画片金奖、英国影视艺术学院奖最佳学龄前系列动画片提名。因为影片反响热烈，公司又制作了两集特别节目(各22分钟):《小公主:感恩节》(*Little Princess: Harvest Festival*)、《小公主:圣诞快乐》(*Little Princess: A Merry Little Christmas*)。

2007年，光明电影公司推出电视动画片《博迪与艾尔维斯》(*Buddy and Elvis*)，30集，每集10分钟，由《小公主》的导演爱德华·福斯特执导。影片讲述了小狗博迪与小猫艾尔维斯为了赢得小主人的欢心而搞出的趣事。该片在欧洲卡通论坛获得好评，很多欧洲电视台表示要购买该片播放权。目前公司正在制作根据英国著名儿童文学作家，第一位，也是唯一一位四次蝉联英国最高儿童文学奖——惠特布莱德儿童图书大奖(Whitbread Children's Book Award)的女作家杰拉尔丁·麦考琳(Geraldine McCaughrean)的《并非世界末日》(*Not the End of the World*)改编的影院版动画长片。影片描述了天堂与地狱之门同时打开时世界的景象。

光明电影公司的代表作品:

1993年	《好饿好饿的毛毛虫》(*The Very Hungry Caterpillar and Other Stories*) 30分钟 导演:安德鲁·高夫(Andrew Goff) 《灰王子》(*Prince Cinders*) 26分钟 导演:德里克·希斯
1997年	《变迁》(*T. R. A. N. S. I. T*) 12分钟 导演:派特·克鲁恩 获得1998年洛杉矶世界动画庆典最佳影片奖、芝加哥国际电影节金奖、布拉德福动画节最佳影片奖(专业组)、英国影视艺术学院奖最佳动画短片提名、欧洲卡通论坛大奖提名
2001年	《圣诞颂歌:大电影》(*Christmas Carol: The Movie*，见彩图69～70) 81分钟 导演:村上吉米
2002年	《战争游戏》(*War Game*，见彩图72～73) 29分钟 导演:戴夫·岸威 获得2002年英国动画大奖最佳儿童动画片奖、安纳西国际动画节最佳电视动画特别节目奖

续表

2006～2007年	《小公主》(*Little Princess*) 11分钟/集/65集+22分钟/集/2集 导演:爱德华·福斯特 获得2007年斯图加特国际动画电影节最佳系列动画片奖、第17届开罗国际电影节最佳系列动画片金奖、英国影视艺术学院奖最佳学龄前系列动画片提名
2007年	《博迪与艾尔维斯》(*Buddy and Elvis*)　10分钟/集/30集 导演:爱德华·福斯特

光明电影公司的联系方式:

Illuminated Films
2 Glenthorne Mews
London
W6 0LJ
England

电话:+44 (0)20 8748 3030
传真:+44 (0)20 8748 3725
E-mail: info@illuminatedfilms. com
官方网站:http://www. illuminatedfilms. com

电幻想动画公司(Telemagination)

作为欧洲最大的二维动画公司之一,电幻想动画公司由约翰·M. 米尔斯(John M. Mills)与艾尔菲·劳埃德-琼斯(Elphin Lloyd-Jones)创建于1983年。

20世纪八九十年代是电幻想动画公司的黄金时代。1983～1987年,公司的开山之作86集电视系列动画片《电子虫》(*The Telebugs*)讲述四只电子虫为了阻止电脑恶魔通过电子游戏给孩子们洗脑而展开的冒险故事。这部动画片反响很好,于是欧洲其他国家的投资者表示愿意为电幻想动画公司投资。在接下来的创作中,几乎电幻想动画公司的每一部作品或有英国以外的资金注入,或与其他国家制作机构合作。

1992～1996年,电幻想动画公司根据科林·达恩(Colin Dann)的儿童文学作品制作了电视系列动画片《动物远征队》(*The Animals of Farthing Wood*)。这部为欧洲广播联盟(European Broadcasting Union)制作的系列片每集25分钟,共39集。影片讲述动物在人类威胁下远征,寻找安全生活地的故事。

1997～1998年的《摇摆公园》(*Wiggly Park*,5分钟/集/26集)讲述了公园里蚯蚓、蜗牛、毛虫、乌龟、蜜蜂的故事。

1997～1999年,电幻想动画公司推出了首部自己原创故事的电视系列动画片《诺亚岛》(*Noah's Island*,25分钟/集/39集),影片讲述了在一只叫诺亚的北极熊统治着的飞岛上住着许多动物,诺亚的梦想就是有朝一日将它的飞岛变成全世界濒临灭绝动物的保护天堂。

2000年7月,电幻想动画公司被一家德国公司"电视狂人岛"(TV-Loonland AG)收购。这是一家在英国、法国、美国都有分公司的德国跨国公司,主要从事策划、投资、制作、发行家庭影视娱乐节目(官方网站 www. loonland. com)。

有“电视狂人岛”的充足资金与多年积累的遍及整个欧洲乃至世界的发行渠道作后盾，电幻想动画公司的创作上了一个大台阶。当年他们就制作了近半个小时的圣诞节特别动画节目《最后的北极熊》(*The Last Polar Bears*)。这部根据豪斯(Harry Horse)的同名获奖儿童文学作品改编的动画片于2000年圣诞节在英国CiTV电视台播出，并获得2001年安纳西国际动画节最佳电视动画特别节目奖。

从2000年到2004年，电幻想动画公司每年至少推出一部到两部全新动画片，既有电视系列动画片，又有特别动画节目，甚至还有影院动画长片。内行人都明白，没有强大的实力是无法完成如此巨大工作量的。

2001年的39集动画片《小精灵》(*Little Ghosts*)根据法国作家雅克·杜肯奈(Jacques Duquennoy)的畅销儿童文学读物改编而成，是一部适合学龄前儿童观看的电视系列动画片。

2002年，公司推出了两部电视系列动画片，共计52集，572分钟。分别是根据卡斯瑞恩·凯夫(Kathryn Cave)与克莉斯·瑞德(Chris Riddell)曾获得联合国教科文组织儿童文学奖的同名绘本制作的26集动画片《其他》(*Something Else*)与提名英国影视艺术学院奖的《两个女巫》(*Pongwiffy*)。

2003年的26集动画片《铁头》(*Metalheads*)的创作灵感来自动画大片《丛林大反攻》的原著故事作者、真人电影《海格力斯：色雷斯人的战争》(*Hercules: The Thracian War*)的原著漫画作者，美国著名漫画师史蒂夫·摩尔(Steve Moore)所绘制的造型。影片讲述五个生活在中世纪、每天梦想探险生活的年轻人在“铁头学院”里如何变身为骑士，如何来到21世纪冒险的故事。《铁头》获得2004年英国影视艺术学院奖最佳儿童动画片奖。

2004年根据布赖恩·伍德(Brian Wood)的同名连环画作品改编的《古怪双胞胎2》(*The Cramp Twins II*)制作完成，这部52集的电视系列动画片是电幻想动画公司与卡通电视网欧洲分公司(Cartoon Network Europe Co-production)的首次合作。近来该片已经被重新剪辑用于网络下载与手机视频点播。

2004年对于电幻想动画公司来说有着非同一般的意义，他们制作的影院动画长片《海蒂》(*Heidi*)完成了，这标志着它从一个只能制作电视动画片的机构升级为可以制作影院动画长片的一线公司。这部80分钟的影片根据瑞士著名儿童文学作家约翰娜·施皮里(Johanna Spyri，1827～1901)的同名小说改编而成，2005年圣诞节在瑞典、挪威、丹麦、冰岛等国家上映。2006年在德国公映，反响热烈。

2006年的26集动画片《罗迪和楚迪》(*Rudi & Trudi*)的创作灵感来自德国电视台ZDF的著名儿童电视节目*Siebenstien*，影片讲述罗迪和他忠实的小猫——楚迪的冒险故事，在ZDF电视台播出。

同年公司又制作了13集电视系列动画片《派特森和芬达猫》(*Pettson & Findus*)。该片根据瑞典插画家斯文·诺德奎斯特(Sven Nordqvist)的绘本改编而成，讲述了一个性格古怪的老头“派特森”和调皮小猫“芬达”的生活趣事。派特森和芬达猫在瑞典可谓家喻户晓，以他们为主角的系列故事被改编为动画片、多媒体游戏、玩具等多种产品。在瑞典首都斯德哥尔摩甚至还有专门以这个系列故事为情境的主题公园(该经典绘本的官方网站 http://www.pettson.gammafon.se)。中国也引进了该绘本,翻译为《派老头和捣乱猫的开心故事系列》。

在该电视系列片的基础上电幻想动画公司又制作了 78 分钟的影院动画长片《派特森的诺言》[*Pettson's Promise*,又名《托姆特机器》(*The Tomte Machine*)]。公司似乎对该题材极其热衷,近来又在策划拍摄以派特森、芬达猫为主角的影院长片续集,同时还要制作该题材的电视系列动画片续集。

今天的电幻想动画公司位于伦敦 SOHO 区,正在策划电视系列动画片《小羊强尼》(*Johnny Mutton*)。这部每集 11 分钟、26 集的动画片讲述了一个喜剧故事:一天人类妈妈在自家门口捡到一只小羊并收养了它,在人类家庭中这只小羊一直坚定不移地自认为自己是一个小男孩而不是一只羊。于是围绕着这只热爱表演的小羊一系列笑料故事产生了。

电幻想动画公司的代表作品:

1983~1987 年	《电子虫》(*The Telebugs*) 5 分钟/集/86 集
1992~1996 年	《动物远征队》(*The Animals of Farthing Wood*) 25 分钟/集/39 集
1997~1998 年	《虫虫公园》(*Wiggly Park*) 5 分钟/集/26 集
1997~1999 年	《诺亚岛》(*Noah's Island*) 25 分钟/集/39 集
2000 年	《最后的北极熊》(*The Last Polar Bears*) 25 分钟 获得2001 年安纳西国际动画节最佳电视动画特别节目奖、英国影视艺术学院奖提名
2001 年	《小精灵》(*Little Ghosts*) 7 分钟/集/39 集
2002 年	《其他》(*Something Else*) 11 分钟/集/26 集 《两个女巫》(*Pongwiffy*) 11 分钟/集/26 集 获得英国影视艺术学院奖提名
2003 年	《铁头》(*Metalheads*) 12 分钟/集/26 集 获得 2004 年英国影视艺术学院奖最佳儿童动画片奖
2004 年	《古怪双胞胎 2》(*The Cramp Twins II*) 11 分钟/集/52 集 《海蒂》(*Heidi*) 80 分钟 影院动画长片
2006 年	《罗迪和楚迪》(*Rudi & Trudi*) 13 分钟/集/26 集 《派特森和芬达猫》(*Pettson & Findus*) 13 分钟/集/13 集 《派特森的诺言》[*Pettson's Promise*,又名《托姆特机器》(*The Tomte Machine*)] 78 分钟 影院动画长片

电幻想动画公司的联系方式:

Royalty House
72-74 Dean Street
London
W1D 3SG
UK

电话:+44 (0)20 7434 1551
传真:+44 (0)20 7434 3344
E-mail:mail@tmation. co. uk
官方网站:http://www. telemagination. co. uk/home. html

阿卡工作室(Studio aka)

公司简介

到目前为止,本书似乎一直在谈论个人艺术短片、影院动画长片、电视系列动画片等饱含"艺术元素"的"艺术作品",对于那些"沾满铜臭味道"的动画广告似乎避而不谈。那么现在我们就来专门介绍一下英国久负盛名的动画广告制作机构——阿卡工作室。

打开阿卡工作室的官方网站,铺天盖地的作品案例使人应接不暇,我是足用了三整天时间才把这个庞大的网站浏览完毕。看完后的第一感觉就是头晕、耳鸣、手腕子疼。太多作品了！以至于我根本记不住那些广告的名字,只记住了他们的广告客户是谁:

BBC电视台、UKTV电视台、MTV电视台、尼克洛迪思(Nickelodeon)儿童娱乐节目公司、Sky TV网络电视台、ITV网络电视台、维京网络电台(Virgin Radio)、英国Lloyds TSB银行、英国NatWest银行、英国巴克莱银行(Barclays)、美国Capital One银行、英国沃达丰(Vodafone)移动通讯公司、Orange移动通讯公司、欧洲最大的电信通讯运营商TELE2公司、宝马汽车(BMW)、沃尔沃汽车(Volvo)、庞蒂克汽车(Pontiac)、世界足球联盟(FIFA)、英国邮政、乐透彩票(National Lottery)、世嘉游戏公司、Guinness啤酒、英国最大的健康保险公司Bupa、H. Samuel珠宝、德国"易理妥"褪疤贴(Elastoplast)、欧洲之星快车(Eurostar)、Meltus止咳药水、"百龄坛"苏格兰威士忌(Ballantines)、《时代》周刊(*Time*)、康柏电脑、雀巢公司……

看完这些信息我相信大多数读者会和我提出一样的问题:这公司一定很有钱?

答案是:这公司有钱很多年了。

位于伦敦SOHO区的阿卡工作室主要进行动画广告、宣传片、MV、网站互动设计创作。其作品以电脑动画为主,偶尔会使用手绘与定格技术,近年来他们又开始向交互式媒体领域进军。例如工作室不仅为康柏电脑制作了动画广告片,还将两部广告片开发为简单的网络游戏,这款角色扮演类游戏使玩家体会到了拍摄广告的乐趣。另外,工作室的导演——罗博·拉提麦尔(Rob Latimer)与菲力普·亨特(Philip Hunt)在公司官方网站上推出了他们制作的圣诞电子贺卡短片《森林里的小熊》(*Bear in the Woods*)与《寂静的夜晚》(*On a Still Night*)并提供免费下载服务。

今天,阿卡工作室正在不断模糊着二维、三维、交互式媒体之间的界限。创意总监菲力普·亨特说:"虽然你能发现(我们也制作一些传统动画),但是传统的卡通风格不是公司的主要目标。强烈的设计感与新锐的创意远远胜过那些(墨守成规)的讽刺漫画。一年来,我们一直努力完善阿卡工作室的官方网站(从而证明自己在交互式媒体领域的拓展能力)。今天,我们已经拥有一个稳定的导演、设计师团队。阿卡不仅仅是一个机构或传统意义上的动画公司,这里有宽松、优越、兼容并蓄而富有创造精神的工作环境。这是非常重要的,因为动画已经与广告密不可分。广告无疑拓展了动画的应用领域,而网络更是开发了动画的潜能。尽管在广告领域动画还处于幼儿园水平,但是人们似乎越来越喜欢通过各种媒体形式改造动画的用途。"

随着动画与新媒体的不断相互渗透,艺术家的工作方式也随之改变。阿卡工作室的主力导演格兰特·奥查德(Grant Orchard)说:"我曾经是传统动画师,直到五六年前才开始学习电脑动画技术。今天透写台已经从我的桌子上消失了。很惭愧,我现在基本上只会用手写板画画了,那些传统动画设备已经搬进了地下室。"

阿卡工作室的名字几经更换,最早叫皮扎兹电影公司(Pizazz Pictures Production),后又改名为阿卡皮扎兹电影公司(aka Pizazz),创建者是有着近 30 年商业广告与短片制作经验的马里奥·卡瓦里。此人早在 1976 年就作为动画师参与了电视系列动画片《杰米与神奇手电筒》(*Jamie and the Magic Torch*)的制作,1984 年他又加入乔夫·邓巴导演的动画短片《鲁珀特与青蛙歌曲》的创作团队,该片获得当年英国影视艺术学院奖最佳动画短片奖。

在 2001 年马里奥·卡瓦里离开阿卡工作室之前,他在这里制作了大量广告与短片,包括康柏电脑、英国邮政等大客户。其中马里奥·卡瓦里 2000 年、2001 年为 MTV 电视台制作的动画片花获得该年度 D&AD[1] 黄铅笔奖。除了制作商业作品外,在此时期马里奥·卡瓦里还把马克·贝克招聘进自己的公司并资助他完成了那部横扫世界、获奖无数的《山丘农庄》。

马里奥·卡瓦里在阿卡工作室的主要作品:

1992 年	《SOHO 广场》(*Soho Square*) 11 分钟　手绘动画片 获得 1993 年英国影视艺术学院奖最佳动画短片提名
1993 年	《脆弱的涂鸦》(*Dotty Doodles*) 40 秒　手绘动画片
1994 年	《卡门》(*Camen*) 30 分钟　电视系列动画片 《动画歌剧》(*Operavox*)中的一集,真人与电脑动画相结合 《波利乐舞》(*Bolero*)　5 分钟　电脑动画短片
1995 年	《玛丽·布莱克》(*Mary Black*)　4 分钟　动画短片

续表

1996年	《擦除》(*Eraser*) 4分钟 真人短片
1997年	《犰狳》(*Armadillo*) 3分钟 手绘动画片头
1998年	《一桶雪利酒》(*The Cask of Amontillado*) 14分24秒 真人短片

阿卡工作室主要导演

阿卡工作室目前拥有三十余位艺术家,包括导演、美术师及技术人员。

创意总监菲力普·亨特

菲力普·亨特出生于英国南部的汉普郡,为了不遵循父命成为一名兽医他选择了进入艺术院校学习,本科生活在圣马丁艺术学院度过。菲力普·亨特根据德国著名剧作家、戏剧导演、诗人布莱希特·贝托尔特(Bertolt Brecht,1898～1956)作品改编而成的偶动画短片《乞丐与死狗》(*The Beggar and the Dead Dog*)获得一等奖学金。1991年菲力普·亨特凭借动画短片《纯洁的多米诺》(*Spotless Dominoes*)获得皇家艺术学院动画专业硕士学位。

毕业后(1992年)菲力普·亨特在德国游学一年,走访了许多知名艺术院校,在绘画与音乐方面受益匪浅。1994年他导演了偶动画《Ah Pook来啦!》(*Ah Pook Is Here*)。这部6分钟的短片灵感来源于美国"垮掉的一代"旗帜性人物、小说《裸体午餐》(*Naked Lunch*)作者威廉·S. 巴洛斯(William S. Burroughs)的一段朗诵录音,菲力普·亨特为这段声音配上了画面。此人不仅是瘾君子,还是同性恋者,腰里总别着手枪,是个酒后误杀自己妻子的嬉皮。他的烟酒嗓儿与汤姆·威兹(Tom Waits)有一拼,绝对是地球上最令人难忘的声音之一。这样的人生阅历和声音条件与这部探讨宇宙、权力、生命、虚无的作品简直是天作之合。

与其他艺术家合作搞个"配乐诗朗诵"——这种事情威廉·S. 巴洛斯似乎特别喜欢干,1993年他便与涅槃乐队(Nirvana)的主唱柯特·科本(Kurt Cobain)合作联名发表了一张仅有9分41秒的EP专辑《他们都叫他牧师》(*The 'Priest' They Called Him*)。柯特·科本演奏吉他,威廉·S. 巴洛斯自言自语地朗诵着他写的故事。在柯特刺耳的吉他回授音中,我们清楚地听到威廉·S. 巴洛斯沙哑的声音:"直到他学会自己救赎自己,否则永远没有人会告诉他这一切。"第二年,柯特·科本就自杀了。

其实菲力普·亨特被世人所熟悉的代表作品可能只有《Ah Pook来啦!》一部,但是我为什么还把这仅有一部作品的导演写进书里呢?原因很简单,这片子太刺激了!我只看了一次便终生难忘。

"扭曲的灵魂"系列玩具+奎伊兄弟的不知所云+史云梅耶的定格动画技术=《Ah Pook来啦!》。

影片讲述宇宙大爆炸后的废墟之中,毁灭者Ah Pook——这一地球上最后的、主宰人类恐慌的神灵和他的密友讨论起生与死之间的界限问题——"死亡降临之时,也埋下了生的种子”。主角造型已经不能用恐怖形容,“恶心”两字似乎更贴切。画外音那位垮掉派大师的喃喃自语使我昏昏欲睡。每次观看都需要极大的勇气与耐心,因为它在挑战观众生理与心理承受能力的极限。1994 年《Ah Pook 来啦!》在伦敦电影节首映,不仅获得 1994 年渥太华国际动画节最佳实验动画技术奖,还被威廉·S. 巴洛斯选入自己的回顾展并被歌德学院永久收藏。

极其“艺术”的《Ah Pook 来啦!》为这位艺术家带来了知名度与商机。完成了德国的游学工作,菲力普·亨特来到美国与巴瑞·普维斯一起为蒂姆·伯顿执导的《火星人玩转地球》制作定格动画,遗憾的是导演迫于压力最后将所有外星人由偶动画角色换成了电脑动画人物。完成这一工作后菲力普·亨特便回到伦敦加入阿卡工作室,成为该公司旗下的一名自由职业者,签约动画导演。作为阿卡工作室的创意总监,他为 MTV 电视台、沃尔沃汽车、宝马汽车、庞蒂克汽车、FIFA(2002 年与 2006 年)、《时代》周刊等知名企业制作了大量动画广告片,其中为 Orange 移动通讯公司制作的系列动画广告片知名度最高并获奖无数。

菲力普·亨特的名字还经常出现在各种书籍、杂志的装帧与美术设计名单中,特别是儿童图书。他说:“其实我非常喜欢为孩子写书和做插画,当然与此同时还要制作比《Ah Pook 来啦!》更加阴暗、惊悚的短片。”2007 年他为畅销书《卡通角色设计 2》(*Pictoplasma: Characters in Motion* 2,2007)设计了一些造型。今天他定居伦敦,与意大利制片人、导演克里斯蒂娜·贝托(Cristina Betto)生有一女。

马克·克雷斯特(Marc Craste)

凭借为 Orange 移动通讯公司、英国 NatWest 银行、H. Samuel 珠宝、康柏电脑、Guinness 啤酒、乐透彩票、“百龄坛”苏格兰威士忌、MTV 电视台、Lloyds TSB 银行等知名企业制作的广告,马克·克雷斯特成为阿卡工作室当之无愧的金牌导演。他不仅为冰岛乐队——MúM 2004 年的专辑《夏天来了,我们的罪恶感会减轻吗?》(*Will the Summer Make Good for All of Our Sins*)制作了宣传片,还为尼克洛迪思儿童娱乐节目公司制作了 2007 年圣诞节特别视频贺卡。

澳大利亚人马克·克雷斯特没有接受过正规的艺术教育,高中毕业后便直接参加了工作。20 世纪 80 年代早期马克·克雷斯特进入悉尼动画圈,为几部仅在电视上播放的低成本电影制作动画片段。之后他有机会成为一名广告导演。因为这个机会,他去了伦敦,并定居下来。起初马克·克雷斯特从事二维动画创作,直到一个朋友教他学会了 LightWave 这个三维动画软件,他才开始慢慢将创作中心转为三维动画。马克·克雷斯特在阿卡工作室的作品基本上都是三维动画,他的艺术短片处女作《星外飞仙》(*Jojo in the Stars*)也不例外。

2003 年,马克·克雷斯特编剧、导演的《星外飞仙》获得 2003 年英国影视艺术学院奖最佳动画短片奖、2005 年的欧洲卡通论坛大奖。这部 12 分钟的电脑动画短片完全由阿卡工作室投资制作,谈到影片的创作灵感,马克·克雷斯特说:“有一次我听到了一段美丽而伤感的音乐,就是现在贯穿影片中的那段主旋律音乐。听着这首有些哀伤、凄美的乐曲,我的心绪开始游走,似乎故事的所有画面都浮现在我眼前……另外,我对马戏团和一些比较怪诞的元素一直感兴趣，加之我在《恐怖城堡》(*Pica Towers*)中创作过的角色，故事围绕这些元素就慢慢形成了。《恐怖城堡》是我在《星外飞仙》之前创作的短片三部曲(编者按：黑白电脑动画片，1～2分钟一部，比较成人)，推出后反响很不错，我们受到激励才决定继续做这个题材的。你们可以看到《星外飞仙》的场景和角色设计与《恐怖城堡》非常相似。”

无论是《恐怖城堡》、《星外飞仙》还是商业作品，马克·克雷斯特似乎对黑白影调情有独钟：“用黑白影像表达故事是我的最爱，因为这样感觉很大气。而且用黑白表现方式更能凸显我在场景设置和灯光设计上的创意。”

2008年马克·克雷斯特完成了一部24分钟的动画片《淘气鬼》(*Varmints*)，影片根据著名儿童文学作家海伦·沃德(Helen Ward)的同名作品改编而成，同时马克·克雷斯特还为该书绘制了插画。

2010年，他为加拿大冬季奥运会制作了宣传片。

马克·克雷斯特的代表作品：

2003年	《星外飞仙》(*Jojo in the Stars*，见彩图74～75)　12分41秒 获得2003年英国影视艺术学院奖最佳动画短片奖、2005年欧洲卡通论坛大奖 《旅程》(*For the Journey*)　Lloyds TSB银行系列动画广告　30秒/个/10个
2008年	《淘气鬼》(*Varmints*，见彩图75A) 24分钟 获得2009年英国影视艺术学院奖最佳动画短片提名

格兰特·奥查德(Grant Orchard)

格兰特·奥查德毕业于英国萨里艺术与设计学院，1997年加入阿卡工作室，他为阿卡工作室带来了两个D&AD大奖。

在这里，格兰特·奥查德不仅为康柏电脑、BBC电视台、沃尔沃汽车、MTV电视台、ITV网络电视台、Meltus止咳药水、Orange移动电话公司、维京网络电台、英国最大的健康保险公司Bupa、英国巴克莱银行、雀巢聪明豆(Smarties)等公司制作广告，还为爱尔兰的Dundrum购物中心制作企业宣传片。在为歌手苏贾·史蒂文斯(Sufjan Stevens)制作的MV中导演使用了动画与真实背景相结合的表达方式。

格兰特·奥查德也许是阿卡工作室创作非广告类短片最多的导演，他的第一部短片是为第四频道制作的《欢迎到明处来》(*Welcome to Glaringly*，2003)，在这部三分钟的短片里格兰特·奥查德对电子游戏的狂热尽显无遗。2005年的《公园足球》(*Park Football*)是一部两分钟的短片，“《公园足球》当初只是我学习AE软件的练习作业而已，之所以角色都是小方块是因为我没时间去细致地设计造型。总之整个作品就像一个实验”。这个看上去像16位电子游戏一样粗糙的小短片只有一个镜头，导演完全依靠声音元素营造踢球时的种种喜剧气氛。网络电视台QOOBTV竟然从这个像素画般的作品中看到了商机，于是要求格兰特·奥查德以它为原型制作十集(每集一分钟)系列动画片《我爱运动》(*Love Sport*，2007)。“与QOOBTV的合作极其愉快与完美。他们给了我们一笔钱，然后就啥也不管了。他们说做完之前我们不会进行任何干预，因为对你们有信心。这使我们目瞪口呆。”

《我爱乒乓》(*Love Ping Pong*)、《我爱相扑》(*Love Sumo*)、《我爱篮球》(*Love Basketball*)、《我爱登山》(*Love Mountaineering*)……这些“我爱”系列产品有点暴力、有点成人、有点搞笑,整体感觉与意大利动画大师布鲁诺·波兹托晚年制作的 Flash 系列作品如出一辙。只不过大师的作品形式简单,但含义深刻,而格兰特·奥查德的作品只是为了搞笑而已(当然他无时无刻不在向电子游戏致敬的状态也一览无余)。有趣的是 QOOBTV 是 MTV 电视台在意大利分公司的下属单位,怪不得他们对格兰特·奥查德的作品如此欣赏。

格兰特·奥查德今天的梦想是在两年内制作一部自己喜欢的 30 分钟以内的动画片。

格兰特·奥查德的代表作品:

2005 年	《公园足球》(*Park Football*) 2 分钟
2007 年	《我爱运动》(*Love Sport*) 1 分钟/集/10 集 Flash 动画系列片

米克·格雷夫斯(Mic Graves)

插画家出身的米克·格雷夫斯除了为康柏电脑、欧洲之星快车、Sky TV 网络电视台、美国 Capital One 银行、英国沃达丰移动通讯公司、德国“易理妥”褪疤贴、英国最大的健康保险公司 Bupa、欧洲最大的电信通讯运营商 TELE2 和 BBC2 电视台制作了大量广告外,还在很多知名动画片中担任美术指导的工作,例如马克·贝克与纳维尔·阿斯特里执导的电视系列动画片《大骑士》。作为导演他还参与了 SC4 电视台出品的电视系列动画片《新坎特伯利传说》(*Canterbury Tales*,1998)的创作,导演了《骑士传说》一集。该系列片获得 1999 年奥斯卡最佳动画短片提名、英国影视艺术学院奖最佳动画短片奖。

史蒂夫·斯茂(Steve Small)

作为美术设计师,史蒂夫·斯茂曾经参与迪斯尼公司的影院动画片《大力神海格力斯》(*Hercules*,1997)与《幻想曲 2000》(*Fantasia* 2000)的创作,电视动画版“憨豆先生”(Mr. Bean)的形象就出自他之手。史蒂夫·斯茂在阿卡工作室为世嘉游戏公司、尼克洛迪思儿童娱乐公司、UKTV 电视台等客户制作了广告。

阿曼黛·派察曼(Amandine Pecharman)

阿曼黛·派察曼毕业于世界一流动画院校——法国哥布林视觉传媒学校(Gobelins L'ecole De L'image)。毕业后她作为一位插画家、动画师、概念设计师及导演就职于阿卡工作室。

她的短片作品包括 2005 年的《线头》(*Au bout du fil*)和 2006 年的《小鸡时刻》(*Cocotte Minute*)。后者是她与五位哥布林视觉传媒学校的同学联合制作的三维动画片。这部耗时半年的短片是该校动画系为 2006 年安纳西国际动画节的开幕式定做的众多宣传片之一。

近来,阿曼黛·派察曼参与了菲力普·亨特最新短片的创作,担任美术设计工作。

卢卡斯·威格鲁克斯(Lucas Vigroux)

卢卡斯·威格鲁克斯毕业于法国著名动画院校——计算机图形图像高等学校(Supinfocom Arles),他与另外两名同学合作的毕业作业《莫名的进军》(*The March of the Nameless*,2006)是一部五分钟的三维动画片。

虽然工作室有很多艺术家,大家风格各异,但是猛一看,阿卡工作室的作品还是有其共同点的。

其一,作品美术风格非常时尚、简洁、夸张,很少出现写实风格作品。用一句最时髦的话评价就是“极其英伦”——尽管它本来就是英国公司。近年来英国以其突出的创意产业闻名于世,于是“英伦”二字便成了“潮人”挂在嘴边的时尚用语。至于“英伦”二字如何定义,看看 MTV 电视台那些五彩斑斓的片花,听听“酷玩”(Coldplay)乐队的音乐就能略知一二了。其实阿卡工作室的作品在故事情节上并没什么惊天动地之举,并非我们常见的那种靠讲故事取胜的广告,只是形式上非常抢眼、前卫。

按我们通常的思维习惯肯定会认为如此时尚的导演必然会时刻关注动画的最新趋势,但这一点上,马克·克雷斯特却显得相当“保守”:“除了和我的孩子一起看迪斯尼的动画外,我似乎没有看过别的动画(虽然现在好动画非常多)!我猜想自己是有意不去了解动画最新的发展趋势,这样才会安心地将精力集中到自己的项目上,而不会被目前所谓的潮流所束缚。”这话也对,人家本来就是创造“英伦”潮流的,又何必去模仿潮流呢。

其二,兼容并蓄、百花齐放的创作理念使公司不断壮大。澳大利亚、法国、德国、英国艺术家欢聚一堂,各取所长。除了公司内部的国际合作,阿卡工作室还与德国 Studio Soi 工作室保持长期合作关系,代理其在英国的所有业务。

Studio Soi 工作室的主要成员都是德国著名的影视艺术学院——巴登符腾堡州电影学院(Filmakademie Baden Wuttemberg)动画专业的毕业生。公司坐落在德国路德维希堡(Ludwigsburg),目前有 12 位核心成员,主要以三维动画创作为主。他们与阿卡工作室合作完成了大量广告与短片,例如:

《残缺的天使》(*Engel zu Fuss*)讲述了一个小天使因翅膀太小而从天而降的故事,这部由萨斯卡·安塞德(Saschka Unseld)与扎卡布·斯卡贺(Jakob Schuh)联合导演的六分钟短片获得 2008 年安纳西国际动画节最佳电视动画特别节目奖。他们联合导演的《兔子》(*Bunnies*)是为德国斯图加特动画电影节制作的宣传片。

萨斯卡·安塞德与约翰尼斯·威蓝德(Johannes Weiland)联合导演的《铁道挽歌》(*Olis Chance*,又名《好运的欧利》)是一部提醒儿童在火车轨道周围玩耍时注意安全的公益宣传片。

阿卡工作室的联系方式:

Studio aka
30 Berwick Street
London
W1F8RH
UK
电话:+44(0)20 74343581
传真:+44(0)20 74372309
E-mail:info@studioaka. co. uk

备注:

(1)英国设计与艺术协会奖(British Design and Art Direction,简称 D&AD)由几位伦敦的设计师创建于1962年。D&AD是代表创造性艺术、设计及广告业界的全球性教育慈善机构。从1962年起D&AD就开始致力于制定行业标准、培养和激发新人,近几年来,D&AD更充分展示了创造力对于推动商业表现的重要作用。过去40年中,D&AD一直是唯一涵盖了各种传媒模式,同时又充分认同综合性媒体方式日益增长重要性的机构。

鼓舞和奖励出色表现一直是D&AD的核心任务,其中包括:已经举办了46年的D&AD奖项;年鉴,这是一个对一年之中最优秀的设计和广告作品的永久视觉纪录;以及通过D&AD内部会员制度对创造力的积极认可。D&AD奖项——黑铅笔(金奖)、黄铅笔(银奖)一直是全世界创造性艺术界最负盛名的盛典。

D&AD官方网站:www. dandad. org

激情动画公司(Passion Pictures)

每每谈起激情动画公司我脑海中便出现两个词:"街头霸王"与"国际化"。

前者是因为该公司几乎包揽了"街头霸王"所有的MV制作,2006年"街头霸王"乐队与麦当娜在格莱美颁奖晚会上同台表演的视频以及在MTV欧洲大奖颁奖晚会上的现场表演动画也出自该公司之手。激情动画公司与"街头霸王"保持长期紧密合作,2008年他们又为其制作了奥运宣传动画片——《西游记》。

之所以用"国际化"描述激情动画公司,不仅因为它在英、法、澳大利亚等国都设有分公司与办事机构,更因为它整合了世界各国的动画高手与团队共同创作。该公司不仅是一个制作公司,更像是一个动画人才集散市场。

成立于1987年的激情动画公司位于英国创意产业中心——伦敦SOHO区,公司创业之初有幸参与了《谁陷害了兔子罗杰》(*Who Framed Roger Rabbit*,1988)的动画制作。影片中真人演员与二维动画的完美结合为公司打开了知名度。

作为欧洲著名的动画制作机构,激情动画公司主要从事影视动画、动画广告与动画MV制作。公司早期作品以二维动画与视觉特效为主,近年来电脑动画作品所占比例越来越高,但是二维、定格、与真人相结合的动画技术也都有所涉及。公司有一支极其专业的创作队伍,涵盖了导演、制片人、视觉特效师、美术设计、动画师、CG工程师等动画创作整个流程所需要的全部人员。

创业20多年来,激情动画公司成为全球众多广告代理商理想的合作伙伴,国际大客户遍布世界各地:DHL快递、本田讴歌(Acura)汽车、贝克啤酒、惠普(HP)、Cartoon Network电视台、英国《卫报》、起亚汽车(KIA)、摩托罗拉、匡威(Converse)、索尼PlayStation 2游戏机、松下、可口可乐、沃达丰无线通讯公司、美国运通旅行支票(Amex)、苹果iPod Shuffle播放器、美国大通银行(Chase Bank)、美国电话电报公司(AT&T)、BBC电视台、阿迪达斯、英国国家特快火车公司(National Express)、美国联合航空(United Airlines)、MTV电视台、乐之饼干(Ritz)、美国南方无线通讯公司(Cellular South)、金霸王电池(Duracell)、耐克、微软公司的便携媒体播放器Zune……

除了动画广告片外,激情动画公司还为许多大牌乐队与歌手量身打造出风味迥异的 MV：比约克（Bjork）、绿洲乐队（Oasis）、梯云踪乐队（One Giant Leap）、Bell X1 乐队、暴乱乐队（Riot）、无信仰乐队（Faithless）、酷玩乐队、Alias、REM 等。其中最有名的、搞动画的人最熟悉的莫过于那首翻唱于皇后乐队的《我们来摇滚你》（*We Will Rock You*）的童声版动画片，虽然这是法国一家矿泉水的广告，但是其可爱得使人想揉搓歌者的童声与令人眼花缭乱的动画形变已经使观众忘记了这则广告究竟贩卖的是什么产品，而深深记住了这部动画 MV。

主要导演

皮特·坎迪兰德（Pete Candeland）

皮特·坎迪兰德（1972 年生），澳大利亚人，高中时便因出众的绘画才能被迪斯尼公司驻悉尼的分公司看中，作为动画师他参与了《美女与野兽》、《阿拉丁》、《狗狗上天堂 2》（*All Dogs Go to Heaven* 2）等动画片的制作。2000 年他加入激情动画公司，与“街头霸王”的造型设计者——杰米·休利特为该乐队联合导演、制作了八首 MV，从而成为激情动画公司知名度最高的金牌导演。

皮特·坎迪兰德除了为起亚汽车、摩托罗拉、可口可乐等著名企业导演动画广告外，还进军电子游戏领域，为 Xbox360 游戏《吉他英雄 2》（*Guitar Hero II*）、《摇滚乐队 1、2》（*Rock Band* Ⅰ、Ⅱ）等游戏制作了动画宣传片。

2002 年 BBC 电视台聘请他为世界杯足球赛制作动画宣传片。

达伦·沃尔什（Darren Walsh）

提到达伦·沃尔什，很多人会立刻想到阿德曼动画公司的经典电视系列动画片《愤怒小子》，此人正是《愤怒小子》第一季与第二季的编剧、导演。

1993 年，达伦·沃尔什毕业于萨里艺术与设计学院，毕业后作为自由职业者一直从事广告与 MV 的制作。2003 年他加入激情动画公司，在这里他为英国国家特快火车公司、BBC 电视台、贝克啤酒、沃达丰、金霸王电池等知名企业制作广告。达伦·沃尔什最有名的动画广告作品要数 2007 年为索尼 Bravia 液晶电视机制作的《兔子游戏》（*Play Doh*）。导演指挥 40 名工作人员，使用 2.5 吨橡皮泥制作了 200 只兔子，这些兔子穿梭于人群与车流之间，奔跑于伦敦街头，最终合体为一只 30 英尺高的巨型兔子。在这个电脑特效横行的年代，这样一部全部外景实拍的定格动画片实属少见。虽然光线闪烁，人流跳跃，但是这部“实打实，傻卖力气”的影片却营造出 CG 特技无法达到的视觉震撼效果。该广告获得 2008 年渥太华国际动画节最佳商业动画片奖。

国际化

2008 年 1 月激情动画公司创建了子公司——怪兽公司（Strange Beast）。这是一个吸纳国际人才，寻求国际合作的影视制作、发行机构。该公司集合了英国、美国、南非、日本、法国、巴西等国设计、动画、电影制作高手与团队。怪兽公司更像一个动画人代理组织，有专职经纪人管理这些自由职业者性质的艺术家们。为其介绍广告、网站设计、MV、短片甚至艺术展览等业务。正是因为有众多行家里手加盟，才能保证激情动画公司制作的影片风格如此变化多端，充满活力。

与该公司合作的个人与团队都是享誉业界的大腕，在与激情动画公司合作之前就已经名声在外。例如：

法国著名动画系列片《派特与斯坦利》(*Pat et Stanley*)[1]的编剧、导演皮埃尔·寇菲(Pierre Coffin)在这里为可口可乐制作了动画广告《北极熊篇》。

来自大黄蜂影视公司(Hornet Inc.)[2]的巴西导演谷里赫米·玛肯德斯(Guilherme Marcondes)那部结合了木偶、手绘、电脑动画等多种形式于一体的获奖短片《老虎》(*Tyger*)令我印象深刻——一只造型感极强的老虎游走于城市之间，它所经过的地方人类瞬间都变成了各种动物。谷里赫米·玛肯德斯在这里为BBC2制作了宣传片。

"机械大街一号"(1st Avenue Machine)是一家美国动画、特效公司，他们善于将真人、真实背景与CG动画完美结合，天衣无缝的画面往往可以营造出极其古怪与刺激的视觉效果。"机械大街一号"与激情动画公司合作，为MTV电视台、Nicktoons、阿迪达斯、Alias乐队等客户制作广告与MV。

今天，激情动画公司在巴黎设有分公司，在澳大利亚的墨尔本设有办事处。法国分公司的作品是我的最爱，无论是美术风格还是创意都令人爱不释手，法国人确实天生是拍电影的料。

鬼才动画小组BONZOM在这里为英国歌手Mika的《棒棒糖》(*Lollipop*)制作了装饰性极强的动画MV。这部向"狼外婆与小红帽"致敬的MV在网络上流传广泛。另外大力推荐他们制作的短片《蝌蚪》(*The Padpole*)。那小造型，那小细节，那小节奏处理得忒法国了！

在公司制作的众多MV中我独爱巴黎分公司为法国女歌手宝琳·克罗兹(Pauline Croze)的《你很帅》(*T'es Beau*)制作的真人与动画相结合的MV。导演充分利用动画影子与真实环境的关系，大玩动画特性：现实生活中的鲜花凋谢了，墙上花的影子却怒放了；现实生活中的金鱼无奈地在鱼缸中晃悠，而它的影子却在天花板上自由游弋；现实生活中的衣架死气沉沉地站在那里、一动不动，但是它的影子却如雨后春笋般迅速蔓延，瞬间变成一棵枝叶茂盛的大树。把那种人在斗室而心已飞扬于大自然的感觉表现得淋漓尽致。

动画以外的创作

除了动画片外，激情动画公司还拍摄纪录片。他们拍摄的纪录片《九月的一天》(*One Day in September*,1999)获得2000年奥斯卡最佳纪录片奖、2001年艾美奖最佳纪录片奖。2007年是激情动画公司纪录片的丰收年，他们制作的三部影片在圣丹斯电影节(Sundance Film Festival)上亮相,其中《月影》(*In the Shadow of the Moon*)获得"世界电影观众奖"(World Cinema Audience Award),另外一部纪录片《黑日》(*Black Sun*)提名英国影视艺术学院奖。2007 年 6 月,他们为探索频道《动物星球》节目(*Animal Planet*)拍摄的系列纪录片《激情大自然》(*Passion Wild*)第一集《塞伯与犀牛的秘密》(*Saba and the Rhino's Secret*)正式播出。

激情动画公司的联系方式:

Passion Pictures
County House
33 — 34 Rathbone Place
London
W1T 1JN

电话:+44(0)2073239933
传真:+44(0)207323
E-mail:info@passion-pictures.com
官方网站:http://www.passion-pictures.com

备注:

(1)《派特与斯坦利》(又名《河马与狗》)是法国 Mac Guff 工作室制作的三维系列动画片,讲述小狗斯坦利与河马派特之间有趣的故事。2003 年 9 月 1 日在法国 TF1 电视台首播,每年推出一季,每集 2 分钟左右。目前已经推出三季,共计 160 多个短片。推荐《雨中曲》(*Singin' in the Rain*)一片,其表演堪称一绝。

(2)与激情动画公司性质相同的美国公司,总部位于纽约,占地 5000 平方米。该公司不仅从事真人、动画等影视作品的制作,还开发影视周边产品,例如玩具抱枕。2006 年,大黄蜂影视公司开始为其签约导演提供经费,制作非商业艺术短片以便寻求长远发展。该公司与激情动画公司等世界知名企业保持长期合作关系。

尼克萨斯动画公司(Nexus Productions)

1997 年夏洛特·巴瓦索(Charlotte Bavasso)与克莉丝·奥瑞丽(Chris O'Reilly)创建尼克萨斯动画公司(见彩图 77)。公司的第一个项目就是为英国著名乐队 U2 全球巡回演唱会的巨型舞台屏幕制作背景动画(据说这个屏幕是迄今为止世界上面积最大的屏幕)。

这个位于伦敦的动画制作机构主要针对成人制作二维、Flash、三维、定格与真人相结合的动画短片、广告、MV、电影片头、宣传片。客户包括:英国西敏寺银行、可口可乐、PSP 游戏机、BBC 电视台、沃达丰无线通讯公司、MTV 电视台、加拿大皇家银行(Royal Bank of Canada)、宝马汽车、美国广播公司(ABC)、LG、阿迪达斯、大众汽车、摩托罗拉、PS2 游戏机、美国嘉信银行(Charles Schwab Bank)、英国防止虐待儿童协会(NSPCC)、爱华音响(Aiwa)、Orange 无线通讯公司、索尼电视机……

其中为本田汽车制作的广告获得戛纳国际广告节大奖。除了制作动画广告外,尼克萨斯动画公司还参与制作电视系列动画片《猴土》(*Monkey Dust*)。

为真人电影制作动画片头也是尼克萨斯动画公司主要赢利点,例如 2002 年的《米兰达》(*Miranda*)、2006 年的《粉红豹》(*The Pink Panther*)。为史蒂文·斯皮尔伯格导演的《逍遥法外》(*Catch Me If You Can*,见彩图 76)制作的动画片头获得 2004 年英国动画大奖最佳影视美术设计奖。

在英国，像尼克萨斯动画公司这种以制作广告与MV为主的公司存在一个有趣的普遍现象——每个公司都会有一至几个领军人物成为公司的旗帜。这些导演才华横溢，其作品确实与众不同。当然，任何时代、任何国家，天才都是少数，那些相对平庸的导演也没闲着，他们支撑起这个行业的产量，至于质量问题则需要天才们去解决了。面对这样的金牌导演，公司往往会给予奖励——在制作商业项目的间歇，为他们投资制作个人艺术短片。尼克萨斯动画公司的当家导演团队——"史密斯与佛科斯"(Smith & Foulkes)便是享受这一待遇的典型案例。

"史密斯与佛科斯"通过一只兔子讲述电影发展史的摩托罗拉手机广告使每一个热爱电影的观众激动不已，几乎每一个镜头都可以找到导演向经典电影致敬的影子。他们为可口可乐制作的三维动画广告展现了姚明与"小皇帝"詹姆斯的"东西方对决"。影片最后竟然出现了中文歌曲，大唱"团结的力量大，团结的力量大，团结的力量就是大"……

尼克萨斯动画公司与BBC为"史密斯与佛科斯"联合投资制作了8分钟的电脑动画短片《送葬者》(*This Is Way Up*)。影片讲述两个殡葬工人送棺材去墓地路上发生的趣闻轶事。该片最初是应《瘪四与大头蛋》(*Beavis and Butt-Head*)的导演麦克·乔吉(Mike Judge)之邀，请他们制作一部短片参加他主办的"动画秀"(The Animation Show)巡回展映。《送葬者》获得2008年渥太华国际动画节观众最喜爱的动画短片奖以及2009年奥斯卡最佳动画短片提名。

除了扶持金牌导演外，尼克萨斯动画公司还大胆发掘、起用各行各业的艺术家，而并非局限于动画、电影领域。公司创建者之一克莉丝·奥瑞丽说："独立动画的时代来临了。我们发现越来越多的客户与投资商喜欢用动画这种形式讲故事，当然不只是皮克斯那种类型的动画片，像《和巴什尔跳华尔兹》(*Waltz with Bashir*, 2008)、《我在伊朗长大》(*Persepolis*, 2007)这样的动画片也越来越受到重视。我们需要的导演与艺术家是那种可以把文字转换为画面的人，今天推动影视制作业前进的动力之一是引进各种跨专业、跨技术领域的人才。(在这种大环境中)观众的审美品位也随之变化，他们越来越关注影片的叙事方法与奇特的视觉效果。观众已经不满足于广告、MV中呈现的多种媒体混合的形式，他们希望在影院长片中看到更多跨媒体形式。"

在这样的方针指导下，尼克萨斯动画公司为制陶艺术家巴纳比·巴福德(Barnaby Barford)投资制作动画片《受损货物》(*Damaged Goods*, 2008)。"我们观察到他的陶瓷作品极具叙事性，每一件陶瓷制品都仿佛电影中的一场戏"，克莉丝·奥瑞丽说。这部由尼克萨斯动画公司、英国艺术委员会与第四频道联合资助的短片的角色全部由陶瓷烧制而成。

像其他英国著名动画公司一样，尼克萨斯动画公司的创作班底相当国际化。旗下高手来自日本、法国、瑞典等地。曾凭借《初体验》(*Never Like the First Time*)获得第56届柏林国际电影节最佳短片金熊奖的瑞典导演乔纳斯·欧岱尔(Jonas Odell)，在这里为英国乐队"冰金"(Goldfrapp)制作的动画MV入选2004年安纳西国际动画节，为法兰兹·费迪南乐队(Franz Ferdinand)制作的MV提名格莱美最佳音乐录影带奖。

尼克萨斯动画公司与日本动画制作机构、个人合作极其紧密。

原名小山让治(Joji Koyama)的伍夫·万·包(Woof Wan-Bau)出生于东京,8岁时随父母移居英国。谈到自己这个奇怪的名字时他说:"其实我的名字有点恶作剧嫌疑。我曾在一家饭馆工作,周围全是来自世界各地的人。仅仅是出于打发时间的缘故,我每碰到一个顾客便会问他们国家的语言中表示动物叫声的词汇如何发音,那时我最喜欢的是狗叫声。后来我做了导演,就想一定要给自己起个最傻的艺名。于是我就把英语、意大利语和德语中表示狗叫的单词连到了一起。挺有趣的,因为我觉得这个名字听上去很像亚洲人的名字,类似于汪凯崴(Wong Kai-Wai)之类的发音。所以说,我的名字就是一个无聊的恶作剧。"

1997年,伍夫·万·包就读于金史密斯大学美术专业。具有设计、插画专业背景的他对实验电影颇感兴趣。他的处女作——为Four Tet乐队制作的动画MV使尼克萨斯动画公司注意到了他,并与他签约。在这里伍夫·万·包为Mogwai、Four Tet、Coldcut等乐队创作了大量动画MV,其中为Four Tet乐队的《我的天使爱摇滚》(*My Angel Rocks Back and Forth*)制作的动画MV获得英国动画大奖最受观众喜爱奖。他为第四频道电视台*Mesh*节目制作的动画短片《西瓜之爱》(*Watermelon Love*)造型非常奇特。

风靡网络的日本电脑系列动画片《监狱兔》(*Usavich*,又名《普京兔与基里连科兔的欢乐狱中生活》的编剧、导演富冈聪(Satoshi Tomioka)长期与尼克萨斯动画公司合作,为其导演了本田汽车等多部广告(见彩图78)。

曾经凭借《攻壳机动队》、《最后的吸血鬼》、《人狼》、《新世纪福音战士 》、《机动警察》等动画片威震世界的日本著名动画公司Production I. G,在这里为"墨菲"啤酒(Murphy)制作了极其日本范儿的动画广告。

尼克萨斯动画公司的联系方式:

Nexus Productions
113—114 Shoreditch High Street
London
E1 6JN
UK

电话:+44(0)20 7749 7500
传真:+44(0)20 7749 7501
E-mail:info@nexusproductions. com
官方网站:http://www.nexusproductions.com

果冻动画公司(Sherbet)

果冻动画公司位于伦敦,是一家以制作广告、实验短片、MV、电视系列动画片以及网站设计为主的制作机构,由导演乔纳森·霍奇森与制片人乔纳森·拜尔斯窦(Jonathan Bairstow)创建于1996年。

公司不仅为以下知名企业制作过动画广告与宣传片:贝尔电信公司(Bell Atlantic Telecommunications)、萨博汽车(Saab)、西亚特汽车(Seat)、德国汉高公司(宝莹)洗洁用品(Persil)、全球最大的投资管理机构之一领航投资有限公司(Vanguard Investment)、板球世界杯(Cricket World Cup)、李维斯牛仔裤、达能饮料(Actimel)、百威啤酒、荷兰旅游局、可口可乐、德国多芬化妆品(Dove)、拜尔集团公司(Bayer)、丹佛动物园、迪塞服装(Diesel)、联美航空公司(United Airlines)、Visa 信用卡、诺基亚、索尼爱立信、万事达信用卡、索尼笔记本电脑、瑞士银行(Bank of Switzerland)、约克郡茶(Yorkshire Tea)、苏格兰电力公司(Scottish Power)、美国通用磨坊食品公司(General Mills),还参与了 BBC 电视台电视系列动画片《猴土》的制作。今天公司还提供动画与电影的培训与教学服务。

由于公司创始人乔纳森·霍奇森与乔纳森·拜尔斯窦都是皇家艺术学院动画专业的毕业生(前者毕业于 1985 年,后者毕业于 1988 年),因此公司的签约导演大部分是来自皇家艺术学院的校友。既有 2004 年刚从皇家艺术学院动画专业毕业的研究生马特·阿比斯(Matt Abbiss),又有皇家艺术学院动画系资深教授蒂姆·韦伯。前者在这里完成了毕业作业《车站》(*Bus Stop*)并成为公司主力导演,后者则在果冻动画公司的资助下为第四频道制作了动画短片《估价先生》(*Mr Price*,2004)。

果冻动画公司风格变化多端,以二维手绘技术为主,个人认为其作品比阿卡工作室灵活而富有才气。公司目前有 20 位签约导演,其中不乏著名电视系列动画片《庞德的生活》的导演康地·加德这样的大腕。另外,公司也会代理、资助一些独立导演制作商业与个人项目,例如凭借《死神与母亲》一片获得安纳西国际动画节最佳美术设计奖、欧洲卡通论坛评委会大奖、斯图加特国际动画节一等奖的女导演鲁斯·灵福特就多次与该公司合作。

乔纳森·霍奇森(Jonathan Hodgson)

乔纳森·霍奇森 1960 年出生于英国牛津,动画导演、果冻动画公司创始人。曾任教于德国巴登符腾堡州电影学院动画系、英国皇家艺术学院、创意艺术大学动画系。为第四频道动画节目资深顾问。2006 年应加拿大国家电影局之邀在渥太华、多伦多、蒙特利尔等地进行巡回讲座,讲授大师课程。

1979～1981 年,乔纳森·霍奇森就读于利物浦理工学院(Liverpool Polytechnic)平面设计专业,获得学士学位。他的毕业作业《狗》(*Dogs*)获得 1981 年斯图加特动画电影节最佳学生电影奖、剑桥动画节最佳学生电影奖。

1982～1985 年,他就读于英国皇家艺术学院影视艺术系(School of Film & TV),获得动画专业硕士学位。在校期间的作品《夜总会》(*Night Club*,1983)不仅被 BBC2 收购并在《动画进行时》(*Animation Now*)节目中播出,还获得 1983 年安纳西国际动画节评委会大奖、伦敦电影节 Mari Kuttna 奖、斯图加特动画电影节一等奖、1984 年慕尼黑电影节最佳动画奖。

研究生毕业后乔纳森·霍奇森与苏珊·杨(Susan Young)创建了实践影像工作室(Practical Pictures),制作动画广告与动画片头,该工作室三年后解散。这之后(1988～

1995)他作为自由职业者先后就职于费利克斯电影公司(Felix Films)、巫术工作室(Mojo Working)与极速电影公司(Speedy Films),制作了大量动画广告与宣传片。

乔纳森·霍奇森的作品关注现实生活,经常使用真人与动画相结合的表现手段,其风格更接近于动画纪录片。例如1987年的《世界末日之钟》(*The Doomsday Clock*)便是一部为联合国制作的呼吁核裁军的宣传片(与苏珊·杨联合导演)。

1997年的《感受我的路》(*Feeling My Way*)是根据导演本人去见朋友路上的所见所闻创作而成的。乞丐、公车、书店、广场,这些再普通不过的沿途景象经过动画化的加工变得异常神奇。影片获得1998年英国动画大奖最佳新技术应用奖、渥太华国际动画节评委会大奖。

2001年的《伪装》(*Camouflage*)讲述了家庭暴力与不幸对孩子成长的影响。这部真人与动画相结合的作品获得2001年德国奥伯豪森国际短片电影节(Oberhausen International Short Film Festival)大奖、波兰波兹南儿童电影节(Poznan Children's Film Festival)银羊奖、2002年英国影视艺术学院奖最佳动画短片提名、美国世界动画大典(World Animation Celebration)联合国儿童基金会奖、伊朗青年电影协会(Iranian Young Cinema Society)最佳实验电影奖。

《有着美丽眼睛的男人》(*The Man with the Beautiful Eyes*,1999,见彩图79~80)彻底奠定了乔纳森·霍奇森在英国动画影坛的稳固地位,这部改编自美国后现代主义诗人、作家——查尔斯·布可夫斯基(Charles Bukowski,1920.8.16~1994.3.9)同名诗歌的短片在伊朗、澳大利亚、波兰、德国、西班牙、意大利、法国、加拿大等国家的动画节中获得包括2000年英国动画大奖七分钟以下组最佳影片奖、英国影视艺术学院奖最佳动画短片奖在内的15项大奖。影片于2000年9月在第四频道播出,影像极其意念化。

乔纳森·霍奇森的代表作品:

1980年	《无法预见的航班》(*An Unseen Flight*)
1981年	《狗》(*Dogs*) 7分钟 获得1981年斯图加特动画电影节最佳学生电影奖、剑桥动画节最佳学生电影奖
1983年	《伪艺术电影》(*Arty Film*) 《压力反应》(*The Stress Response*) 《夜总会》(*Night Club*) 6分钟 获得1983年安纳西国际动画节评委会大奖、伦敦电影节Mari Kuttna奖、斯图加特动画电影节一等奖,1984年慕尼黑电影节最佳动画奖
1984年	《小动物园》(*Menagerie*)
1985年	《思路》(*Train of Thought*)

续表

1987 年	《世界末日之钟》(*The Doomsday Clock*) 10 分钟 联合国出品
1997 年	《感受我的路》(*Feeling My Way*) 5 分 30 秒 真人与动画相结合 获得1998 年英国动画大奖最佳新技术应用奖、渥太华国际动画节评委会大奖
1999 年	《有着美丽眼睛的男人》(*The Man with the Beautiful Eyes*) 5 分 30 秒 第四频道出品 获得2000 年英国动画大奖 7 分钟以下组最佳影片奖、英国影视艺术学院奖最佳动画短片奖
2001 年	《伪装》(*Camouflage*) 8 分钟 真人与动画相结合 第四频道出品 获得2001 年德国奥伯豪森国际短片电影节大奖、波兰波兹南儿童电影节银羊奖，2002 年英国影视艺术学院奖最佳动画短片提名、美国世界动画盛典联合国儿童基金会奖、伊朗青年电影协会最佳实验电影奖
2006 年	《森林低语》(*Forest Murmurs*) 真人与动画相结合

苏珊·杨(Susan Young)

作为乔纳森·霍奇森在皇家艺术学院的同门师姐，苏珊·杨不仅与乔纳森·霍奇森一起创业开办公司，而且作为果冻动画公司的元老之一，今天她依旧继续着与乔纳森·霍奇森的亲密合作。

1984 年，作为皇家艺术学院动画专业当年唯一的毕业生，苏珊·杨顺利地拿到硕士学位证书。1986 年，她为诺丁山狂欢节导演了以南美音乐为背景的手绘动画片《安巴巴拉马》(*Umbabarauma*)。从这时起她处理形变的能力与超强的视听语言节奏感便初见端倪。说实话，除了巴瑞·普维斯外，能使我有"咣当一声，跪地朝拜"冲动的英国动画导演就数苏珊·杨了！尽管我看到的她的作品大部分是广告，但是那种极其自由、唯有动画才具备的时空转换和导演与生俱来的节奏感使我喘不过气来。她的手绘能力太强了，是我爆喜欢的那种类型！

在果冻动画公司她为伦敦"古典音乐 FM"电台(Classic FM)、板球世界杯(Cricket World Cup)、李维斯牛仔裤、达能饮料、荷兰旅游局、可口可乐、百威啤酒制作了动画广告片，每一部都堪称经典。

果冻动画公司的联系方式：

Sherbet
3 ST. John's Path
London
EC1M 4DD
UK

电话：+44(0)2072530200
传真：+44(0)2072530222
E-mail：Info@Sherbet. co. uk
官方网站：http://www. sherbet. co. uk

第 6 章

英国动画专题研究

本章概论:英国动画产生的人文与自然背景

小引子

在策划《动画馆》系列丛书之初,我曾经有一个极其远大但又几乎无法实现的理想:每一本动画国别史的作者不仅应该懂得他所撰写的那个国家的语言、文字以便阅读外文资料,而且最好在那个国家待过一年以上的时间,只有这样才能深入了解那个国家之所以能产生这种动画的社会、人文、历史甚至民族性格等方面的背景与原因。试想,一个既不懂日语又从没去过日本的作者与一个精通日语又在日本旅居多年的作者撰写同样一本《日本动画》,你会相信谁说的?答案不言而喻。

但是显而易见,这一要求太苛刻了,国内没几个作者能符合这一标准。就算有这样的高人,估计也不屑于舞文弄墨、纸上谈兵,早做片子赚大钱去了。尽管梦想遥不可及,但是我还是要抛砖引玉——我会英语;我在英国留学近两年;我写的这本书叫《英国动画》。

2001年10月至2003年6月我在英国德比大学艺术与设计学院(School of Art and Design of University of Derby)学习电影与动画。这短短的20个月英国之行给我的不仅是动画专业知识,更多的是学习方法甚至做人态度的改变以及对英国的初步了解。本文试图通过我在英国的亲身经历解释为什么英国人会做(并且只有他们能做)本书中提及的英国动画,同时作为本章的概论引出英国动画的特点及产生背景。

英式幽默

“英式幽默”这个词和“英式摇滚”一样挂在很多“潮男”、“潮女”嘴边，似乎一句“英式”就概括了所有他们无法解释但又颇具魅力的文化现象。如果按照这一逻辑拓展开来的话，理所当然也应该有“法式幽默”、“美式幽默”、“日式幽默”、“中式幽默”。但有趣的是，在众多“幽默”中似乎只有“英式幽默”知名度最高，那么“英式幽默”究竟什么样？它又是如何产生的呢？

先举几个英国动画片中的例子说明典型英式幽默啥样：

菲尔·莫洛伊导演的《椅子的性生活》通过椅子的组合、搭配、运动演绎了人类所有能想到、做到的性行为。其中“卖淫”一节，画面只是在椅子上贴了十英镑的标签而已，而“妓院”则是画面中有一张桌子和一把椅子，各自贴着标签价格而已。

冷吧……这一段落就这么两个静止画面……导演认为对于椅子来说家具店就是一个巨大的风月场所，只要给家具贴上标签就是出卖“色相”……各色椅子嫖客会到此买春……我真不知道该说导演是幼稚得可爱还是猥琐得看什么都带“颜色”。最关键的是影片开始之前导演还极其严谨，宛如科学调研报告一般地用旁白和字幕说明：“以下绘画基于1997年10月至1998年1月间的行为观察。我不想从我的研究中得出普遍推想，但某种趋势是很显著的。”

这个例子非常具有代表性地显露出英式幽默的一个特点——冷，不动声色地冷，极其严肃地冷，绅士风度般地冷。

阿德曼动画公司制作的系列短片《超级无敌掌门狗：疯狂机关》中，有一集讲述华莱士为了摆脱失眠的困扰发明了一种数羊的机器（民间传说睡不着就数羊）。每当他深夜无法入睡时就开启机关，把睡梦中的格罗米特叫起来，强迫睡眼惺忪的小狗穿上小羊服装在他面前蹦过来弹过去地被他数。于是出现了这样很“英式幽默”的画面：

华莱士煞费苦心地准备着入睡前的铺垫工作：左手抱着玩具小熊、怀里揣着暖水袋、听着催眠曲般的唱片、调整枕头到最适合数羊的位置，一切预备妥当后他一按开关，楼下的格罗米特被特制的蹦床弹上了二楼主人的床前。结果没数三下华莱士就睡了……看着墙上“还剩下457只羊”的倒计时计数器与对此早已习以为常的格罗米特一边被蹦起来一边看报纸，万般无奈地等待500只羊被彻底数完的情景，你可以深切体会到“英式幽默”的另一个特点——费尽心血、不厌其烦地干着毫无意义的事情。

这种“起大早、赶晚集”，绕一大圈冤枉路最终又回到起点的冷笑话正是英式幽默的精髓。英国人的这种幽默感是天生的，这是一个办事严谨到有些死板的民族，在我们眼中可笑的举动对他们来说也许是再正常不过的事情，他们并没觉得不妥与滑稽，因此可以不露声色地埋头苦干。多年的法治社会与先辈留下的经验教训与规章制度使得英国人办事很规矩，严格遵守社会与法律准则，这些传统与制度有时候经典到英国人甚至不需要动脑子判断只要按照老祖先留下的原则办事就一定不会出大乱子。你可以说他迂腐、保守、死板，但是他自己并没意识到这有什么不好，于是笑料便产生了。

“如果你是法律承认的盲人的话，看电视可以付半价”

英国学校宿舍里都有有线电视接口，要想看电视必须买“TV License”(电视执照)。我刚刚住进宿舍就收到电视公司寄来的信，通知我每年需要交100多英镑的费用，如果没交钱而偷偷看电视的话，一旦被抓到就要罚款1000英镑。

当我厌倦了信中所详细阐述的各种法律条文时，突然发现一句令我终生难忘的话——“如果你是法律承认的盲人的话，看电视可以付半价。”

这句话不是开玩笑，而是极其严肃认真的法律条文！我相信正在看书的你一定笑了，因为你是中国人。英国人可从没觉得这有什么不妥。

于是我便按照“中式幽默”的逻辑开始畅想——如果我只有一只眼睛应该付多少钱？如果我是色盲是否也只需要付一半钱？如果我像蜻蜓那样有上万只复眼的话，我一定不能在英国看电视——会因为交不起有线电视费而破产。

于是就这句话我拍了自己到英国之后的第一个短片作业——《英国的盲人》(*The Blind People in UK*)。短片讲述一个盲人疯狂赶路，不顾飞驰的车流与重重困难，她甚至偷了一辆自行车拼命赶路。没人知道她这么着急要去干什么。影片结尾时大家才明白，她就是为了赶回家享受法律赋予盲人的半价看电视的权利(确切地说是半价“听”电视的福利)。当画面上这个盲人非常心满意足地听着电视节目，而电视画面却是一片雪花时，我的画外音响起那句幽默的法律条文——“如果你是法律承认的盲人的话，看电视可以付半价。”我想这个短片的创意在英国可能会被国家有关部门选为“政府保障残疾人福利”的正面宣传片，但是在中国绝对没有人会认为这是真的。

当我给我的英国老师和同学放这个片子时，他们并没觉得这规定哪里可笑，只是承认这条法律有漏洞，应该继续完善——比如确实应该考虑色盲观众的利益……与此同时他们很有礼貌地感谢我帮助他们发现了自己从未意识到的“民族劣根性”……

不知道是英国人太“傻”，还是中国人太“聪明”，我只能说东西方文化存在巨大的差异。

十以内加减法

如果说做事一丝不苟本无可厚非的话，那么一丝不苟地做事却总做不好就容易使人发笑了。

有一次我托人在加拿大买了不少动画片DVD，朋友说能否给他欧元而非人民币。于是我便去城里最大的银行拿英镑换欧元。我问营业员换100欧元需要给她多少英镑。这个穿戴整齐，颇显专业气质的职业女性拿着计算器苦苦算了五分钟后告诉我需要105英镑。我虽然不知道当时的汇率是多少，但是我那少得可怜的经济常识告诉我——英镑是世界上最贵的钱，拿它兑换什么钱都只应该比那个兑换的数字少而不应该多。也就是说要换100欧元的话，我所付的英镑不应该超过100。可是为什么这位专业人士却要我105英镑呢？我便请她再算一次，于是一个老职员过来和她一起算。我看着这两位职业女性一个拿计算器，一个拿笔极其投入地算着不由得想笑。最终她们算出来了，连连道歉说：“对不起，是我算错了。”天啊，在英国数一数二的大银行里竟然上演了一幕十以内加减法数学竞赛，比赛结果竟然是高考数学30分的我赢了！

如果说此事的本质还是100以内加减法而略显复杂的话，那么我去学校餐厅吃早饭的账务错误则是真正十以内的加减法了。

由于要剪辑作业，所以每天早上我总是第一个到校并在餐厅吃一顿狠的，以保证一天可以不吃不喝。我一连七天每天都吃一样的早饭——两个炸鸡蛋，两根烤香肠，两片烤面包，两个炸春卷似的东西，一份番茄豆外加一瓶牛奶——但是没有一次的饭钱是一样的!？基本集中在2.84英镑至3.34英镑的范围里上下浮动。每次我看着那个比我还高还壮、穿着职业套装（围裙）的女招待严肃认真地敲击收款机键盘算完账，微笑地告诉我又一个闻所未闻的数据时，我都有一种创作动画片的冲动。

英国定格动画发达的原因

我曾经看过一个尼克·帕克讲解定格动画制作流程的英国电视节目，这位大师笑容可掬地对着镜头边说边演示："你动一下（偶的关节），拍一格；你动一下，拍一格；你动一下，拍一格；你动一下，拍一格……"他身边的主持人起初还饶有兴趣地听他讲解，后来就开始流露出百无聊赖后的敷衍表情，最后竟然走了。画面隐黑，黑起，表示不知道多少时间过去了。当主持人再次回到镜头前时尼克·帕克依旧不厌其烦地说着："你动一下，拍一格；你动一下，拍一格；你动一下，拍一格……"

这个例子生动地证明了定格动画是一门耗工夫、需要耐心的艺术。由此推断，英国定格动画发达是否意味着英国人都是慢性子并且有的是时间呢？如果答案是肯定的话，又是什么导致了英国人这一特性？英国人慢性子的成因又是什么？

社会背景——安居乐业

经济基础雄厚，社会结构稳定，人民安居乐业甚至"忘业"——忘掉"正经"工作而"不务正业"（例如艺术）。

凭借老牌资本主义国家的底子，英国的经济、政治、军事等各个领域早都已经形成了系统的科学管理模式。连"盲人看电视半价"这么细枝末节的事情都已经法制化了，可见其社会福利待遇的完善。2002年，我所在的德比市居民月平均收入1400镑，而每个月用于吃饭的钱只占月收入的1/7。除去供房子和一切生活杂费外，每个月起码有1/3收入的节余。再加上教育、医疗等公共事业有保险与国家补贴，人民真正做到了衣食无愁，贫富差距并不悬殊。甚至连外国人也可以享受英国的福利待遇，例如一个中国朋友的夫人与孩子来陪读，小孩可以免费进入当地幼儿园就读，每天只需交一英镑午饭钱。一个月不到400块人民币的费用比在国内上幼儿园还要便宜得多。

走进英国的超级市场映入眼帘的几乎全部是进口货物，连土豆都是Made in Spain。本以为英国是个畜牧业大国（要不"疯牛病"哪来的），结果去商店里一看——牛、羊肉怎么也全是进口的啊？开汽车开出去五个小时竟看不见一块庄稼地，一水儿绿油油的草地。偶尔可以看见几只牛羊懒散地躺在地上睡觉、打滚。好不容易看见一大片金黄的油菜花，原以为是英国农民兄弟的劳动果实，结果一打听才知道那是人家用来增加土地肥沃程度的——英国人种它的目的就是为了叫它自己烂在地里。

我百思不得其解，既然什么都靠进口，英国人自己每天做些什么呢？

由于没有生活压力，所以英国人也就没有工作压力。英国的商店、公司一般都是上午十点上班，下午五点下班。周末除了超级市场、电影院和酒吧外其他场所包括商场几乎是不营业的。再加上我所在的德比是个小城市，对这个作息时间更是贯彻得极其到位。每天一过晚上八点街上就一个人都没有了。过年过节更要提早购买、储备食物——因为连卖吃的超市都不开。我曾经在圣诞节的中午12点出门看了一眼，街上连个人影都没有。在这种地方想得"非典"都难，因为走出一公里见不到一个人，我想传播病毒都找不到被传染对象。

从十点到17点的七个小时上班时间内英国人又都干了些什么呢？喝咖啡，吃点心，喝下午茶，出去抽烟（英国很多地方是不许抽烟的，所以只好去公司、商店门口抽）。我无数次看见学校的办公人员上班时间戴着耳机听着音乐，喝着咖啡聊天。

我曾经看见英国人用了三个月时间拆除了一座二层小楼。那不是什么文物古迹，更不是在闹市区。这活要是搁中国干，一天就夷为平地了。我好几次看见那个拆除工地上只有一个工人在干活。蓝天白云之下，身着工装裤的英俊小伙子叼着烟，听着身边录音机里放出的音乐不紧不慢地拆房玩。与其说他在干活不如说他在做游戏，做一个拆房子的游戏。那一瞬间我丝毫感受不到脑体差异的存在。在英国，一个民工和一个大学教授活得一样逍遥自在，活得一样有尊严。

有一次我宿舍楼门口的自来水管道坏了，白花花的水喷涌而出，很快就汇成一条小溪，潺潺作声。可能是因为北京是个缺水城市吧，我这人最见不得浪费水，于是赶紧打电话报修。修理人员来得倒是很快，看着也很专业的样子（开着那样的车，穿着那样的衣服，戴着那样的帽子，拿着那样的工具）。他们先把损坏的区域用特殊的障碍物围起来，以免有车会撞到他们。然后就倚在"前方施工请绕行"的牌子上，点着一支烟，拿出早已准备好的咖啡壶，倒上一杯冒着热气的咖啡，从堆满专业工具的车里拿出一个录音机开始边听音乐边聊天。似乎眼前哗哗流着的水根本不存在一样！我眼睁睁看着他们抽完烟，喝完咖啡，收拾好录音机才开始干活。估计这时候浪费的水已经够一个陕北人喝一辈子的了！

适宜养老的自然环境

我的终生梦想就是去英国养老。

这里冬天不会低于零度，夏天不会超过三十度。一年四季就一条裤子，不冷不热，没见谁家装空调。这个狭长的岛国潮湿多雨，空气中永远弥漫着大海的味道，各种海鸟悠闲地散步于闹市区。有人说从英国任何一个城市开车40分钟就可以到海边，因此传统英式红砖房都或多或少有些青苔。很多第一次来英国的人看见这种布满青苔的"老房子"就大呼"英国历史真悠久啊！都长青苔了！"他们看见的房子历史真的悠久？未必。但是有一件事是肯定的——英国忒潮，是个房子就长青苔。对于久处干旱地区的我来说，每天可以大口呼吸带海味的空气，尽情被雨淋是件再美好不过的事情。

英国人常说"英国没有气候，只有天气"，以此来表明这里天气的变化莫测。多变的天气为人们提供了永恒的话题，即使最沉默寡言的英国人也喜欢谈论天气。的确，在一日之内忽晴忽阴忽雨忽风的情况并不少见。有一次我坐车路过一望无际的油菜花地，突然阴云密布的天空裂开了一道口子，一束耀眼的阳光穿云而下照射在金黄色的油菜花地上。那一瞬间我惊呆了，这就是印象派绘画啊！我满眼看到的只有色块、光线、反差极大的影调及无法用语言形容的气氛，而线条、细节则全部被忽略。我似乎理解了为什么印象派绘画诞生于欧洲，因为他们每天都可以看到这样令人瞠目结舌的画面，这就是他们生活中的一部分。当我还没感慨完毕，那道裂缝合上了，一切又恢复到阴森凄冷的哥特风格之中。这一切变化都发生在一分钟之内，换句话说，你还没来得及戴太阳镜就开始下雨了。

这种天气使英国人变得格外谨慎小心，当你看到一位英国老人在阳光明媚的早上带着雨具出门时千万不要觉得可笑。而这种办事严谨的习惯正是定格动画创作必不可少的前提条件。

与人潮涌动、噪音刺耳、大汗淋漓、空气干燥的环境相比，适于养老的气候使人平和而不浮躁。我一直认为艺术创作与做学问一样，需要一个使人淡定的自然环境，英国无疑是最佳选择。

生活习惯与思维方式

在这样的经济基础与自然环境下，英国人活得很滋润。于是一些国人也许无法理解，但对英国人来说再普通不过的生活习惯与思维方式出现了。

我们宿舍区门房有一个很帅的英国小伙子，20 多岁。他每天的工作就是打扫卫生，收拾公用厨房里的垃圾袋。有一天我和他聊天才知道他竟然是硕士！我非常惊讶与不解，问他打扫卫生用学到硕士吗？为什么不换个更好的工作，发挥自己的专业优势？他的回答如此自然与平静："现在的工作很好啊，工资足够我生活。每天的工作我完全可以胜任，也不累。最主要的是每天可以和年轻人在一起，大家一起唱歌、跳舞、烤肉，多好。"

这种随遇而安的平和心态转化到定格动画创作中就是对本职工作的精益求精而非好高骛远。电视系列动画片《动物悟语》的制作花絮中有一个场景令我印象深刻：一个身着工作服、戴着防护面具、拿着喷枪绘制巨大背景的年轻人蹬着梯子，一丝不苟地描绘巨大的拍摄布景。那绝对可以以假乱真的蓝天白云背景显示出这位动画师扎实的绘画基本功，但从他那满身颜料的破旧工作服与专业防护面具上却丝毫察觉不到这是一位艺术工作者，他更像一个工人。但正是那极其"不艺术"的外表与他那极其艺术的作品使我感觉到这才是真正的艺术。通过采访我们得知这是一位艺术专业的毕业生，虽然只是绘制背景，但是他从没因为工作简单、"低档"而糊弄。话里话外他都流露出对自己作品的满意以及对这份工作的热爱。如果把他的这一工作交给中国同行做估计会直接从网上下载一现成的蓝天白云照片、喷绘打印，没人会费尽心血去画。因为中国动画师认为这活忒"低档"，与"艺术创作"四个字无关，有省劲的方式干吗还要自己跟自己较劲？

中国动画从业人员与动画发达国家专业人员相比，一个最大的差距就是我们的从业者总是那么“有追求”！一个刚毕业没多久的大学生加了不到一年中间画就开始琢磨自己明天是不是就可以升职为原画师了？下个月是不是就可以做导演了？下下个月是不是就是制片人了？明年或后年这时候怎么也能整个影院长片了吧？三部长片一出，估计就能和迪斯尼平起平坐了……

我相信（并且无数事实已经证明）前面提到的那位英国动画师会一辈子安于布景绘制工作，从不抱怨这是一项没有价值的“低级工作”，而我绝对不相信我们的动画师会毫无怨言十年如一日地加中间画。在日本有年近六旬的中间画师，但是在中国不要说 60 岁，如果过了 30 岁你还在加中间画肯定会被所有人耻笑，认为这是不思进取、一事无成的表现。

还是《动物悟语》的制作花絮，一位负责室内布景的女动画师乐此不疲地将地板做旧。先拿特殊液体喷，再拿砂纸打，累得满头大汗，一切只为导演的一句话——“我要维多利亚风格的地板”。她指着那块极其逼真的“微缩地板”上一个不起眼的小坑儿非常骄傲地说：“看，这是我设计的。我很高兴看见导演走进摄影棚，指着我做的地板说——这棒极了！”也许她的这一精心设计观众根本看不到，即使有人看见了也不会认为那是有意为之的结果（因为做得太逼真了）。但是对于她来讲，这是她的工作，必须也完全可以做好，就这么简单。

与中国动画从业人员好高骛远、不安心于本职工作的浮躁现状相比，英国动画师“甘当革命螺丝钉”的精神实在值得学习。我想，这一安心于本职工作的传统与英国人的思维方式和生活习惯不无关系。

英国杂货市场有很多卖“微缩景观”的玩具店，锅碗瓢盆、桌椅板凳、家用电器……我们日常家居所需的一切物品这里都有，只不过是微缩版本的。你可以一件一件分开买，直到凑够一个房间所需的一切物品。例如当你买全了锅碗瓢盆、柴米油盐甚至偷吃案板上咸鱼的小猫，你可以再向老板买一间微缩厨房把这些物品装进去，于是一个“小人国厨房”诞生了。我看到这种东西第一反应就是——它可以做定格动画的背景与道具！如果你的经济实力允许，还可以再买一间卧室、一间卫生间、一间客厅的话，你完全可以不断“添置产业”直到买全了一栋标准英国居民小楼所需的一切。老板会卖给你一个这种住宅的横截面微缩楼房，你可以把各个房间装饰布置起来，于是你拥有了一座设施完备的英国小楼。

这种既耗费时间、又需要耐性的玩具在英国非常流行，无论男女老幼都爱玩。谁又知道那些屏住呼吸、拿着镊子小心翼翼布置“卧室”的粗手大脚的毛头小子日后不会成为阿德曼动画公司的成员呢？

英国人平和、内敛的思维方式与传统、慢速度的生活习惯，使这个国家具备了产生优秀定格动画作品的群众基础与社会根源。

英国动画中的二维与三维

英国的社会、自然条件导致了其重视传统动画形式的特点，相比之下电脑动画在英国市场不大。英国著名动画理论家珍·琵琳说:“在英国三维动画是立体动画的统称(three-dimensional,例如木偶动画)。若是谈到三维电脑动画,法国是最活跃的国家了。你若是去动画影展就会发现法国学生在三维电脑动画上的创造力很不可思议。他们的三维动画很有质感,使人感觉这不是用电脑做的。他们希望做出看起来很真实的东西,这是最让人兴奋的。但是我也要强调有些东西是电脑做不出来的,还是要用传统的方法。英国有三维电脑动画制作,但是不多。我一直认为电脑只是一个工具罢了。”

来自寇斯格罗夫·霍尔电影公司的资深动画师吉恩·弗林与约翰·奥弗德可以说是英国传统手绘动画的见证人,他们从事动画工作已经有55年的历史。自从1976年加入寇斯格罗夫·霍尔电影公司工作后就没有再离开,创造过辉煌也经历过英国动画的冰河期,可以说目睹了手绘动画在英国的发展轨迹。

吉恩·弗林谈到30多年来英国动画的变化时说道:“我作为新手一进入公司便开始参与《杰米与神奇手电筒》的制作。那时候我们直接在赛璐珞片上绘制动画,1976年的夏天非常热,刚刚画上去的东西很快就化掉了,于是我们要极其迅速地绘制否则就要再画一遍。我们没有任何动检仪式的东西,只能埋头苦画直到胶片洗印出来才知道自己画得是否正确。在《神勇小白鼠》出现之前我们判断自己工作准确性的唯一工具就是直觉与经验,当然还有扎实的基本功。今天英国动画的创意元素正被技术与商业元素越来越多地干预着。远东、印度、中国等国家的动画加工业蓬勃发展,质高价廉,导致大量英国动画流向海外加工。大家不必见面通过网络就可以交流并完成工作,这又使制作成本得以降低。复兴手绘动画的责任成为寇斯格罗夫·霍尔电影公司责无旁贷的任务。我们自主开发了二维动画软件并独立完成了很多片子。”

约翰·奥弗德说:“随着动检仪以及电脑的出现,动画制作变得越来越简单与快捷。从商业角度考虑,这对动画工业来说无疑是好事。但是动画既是产品也是艺术品,一味追求投入产出比必然会削减其艺术性。手绘动画更接近艺术创作本身,更能体现创作者的个性。这就像拿纸笔写信与发电子邮件一样,尽管结果相同但其中滋味与差异不言而喻。”

这两位前辈的观点代表了大多数英国动画师的意见。尽管英国动画形式传统,但这并不妨碍其创造时尚与潮流。英国动画师喜欢用最新的技术去模仿、营造最原始的东西,例如剪纸、木偶动画片的效果。无论是造型、质感还是动作,都故意做得拙拙的、笨笨的。相比之下中国动画师则喜欢炫耀他们那并不成熟的电脑动画技术,生怕别人不知道这是电脑做的。审美差距啊……

但是在电脑动画势不可当的今天,连迪斯尼公司都放弃了传统手绘动画制作,英国传统动画阵地也难以坚守。英国赫特福德大学文化创意产业学院院长克里斯·麦金特瑞(Chris Mclntyre)谈到今天的英国动画产业时这样说:“可能是由于经济以及行业许可证的一些原因,英国传统二维动画制作现在非常低迷。今天很多英国二维动画公司都将大部分工作外包到了海外。英国定格动画作品仍然非常流行,在这方面英国可以说是龙头老大。不过定格动画因其技术方面的局限性不太适合国际化合作,因此很多作品只能英国本土生产。相反那些能够积极接受新技术的公司情况非常好，他们拥有电脑动画方面的专业人才，尤其是在游戏研发以及视觉特效方面都达到一个前所未有的发展态势。但对这些公司来说现在面临的最大问题就是缺少技术生产核心人才，这个问题在世界范围内也是一样的。”

针对这一不争的事实，吉恩·弗林说：“CGI 与手绘动画谁胜谁败之争短期内不会有定论，我依旧一如既往地坚持手绘动画创作，因为在各个年龄段的观众眼中只有好与不好的动画，他们是不会去探究一个动画片究竟使用了什么技术。其实今天手绘动画比以往任何时代都更接近百姓，手机、网络、PDA 等都有手绘动画的身影，其市场前景一片光明。唯一使人们认为手绘动画衰落的原因就是电视台老板不再喜欢这种东西而停止制作动画系列片与动画节目。如果只剩下手绘影院动画长片存在的话，这无疑对动画业发展不利。”

这段话使我想起了皮克斯动画公司的约翰·拉斯特(John Lasseter)早年的一个故事。1987 年，当他带着日后成为皮克斯公司标志的《跳跳灯》(*Luxo Jr.*)来到世界计算机图形图像协会(Siggraph)会场时发生了一件令他终生难忘的事情。影片刚一放映完，一位电脑图形图像领域的知名教授便大步流星地走过来说：“约翰，我问你一个问题!”初出茅庐的约翰·拉斯特的心立刻提到了嗓子眼：“完了，完了，他肯定会问我技术方面的问题！哪些数据是计算错误的？我太清楚这个短片里有太多的技术失误与不足。”但是令他没有想到的是，这位电脑专家一脸严肃地问：“你影片里那成年台灯是爸爸还是妈妈?”瞬间约翰·拉斯特一颗心落了地，恍然大悟，原来观众关心的是角色的性格塑造而不是技术瓶颈。连如此专业的电脑权威都不计较你的技术问题，普通观众又有谁会去斤斤计较呢？从那以后他便坚定了讲有趣的故事、塑造生动形象而非比拼电脑技术的创作信念。

这种对艺术与技术关系的深刻认识并非追逐时尚与讨好某人，面对二维动画公司纷纷关闭而三维动画大行其道的现状，约翰·拉斯特说：“对这种现象我感到遗憾。很多老板投资电脑动画的原因是因为他们认为观众已经不再爱看二维动画了，三维动画必定代替手绘动画。他们认为观众不喜欢一部电影是因为这部影片是这部摄影机拍的，而那部摄影机拍的观众就爱看了。这是多么荒谬的想法!”

结尾

本文只是《英国动画专题研究》一章的概述引子而已，英国动画的具体特点下文有详细介绍，这里不再赘述。

仅靠 20 个月短暂的英国停留不足以彻底了解英国人，20 年还差不多，所以本文不妥、偏激之处还望海涵。有机会再去读个博士吧，目标——英国皇家艺术学院动画系。

2007 年暑假我因工作原因再返英国，倍感亲切。有生以来第一次感受到传说中“第二故乡”四个字的意味。从那时起我突发奇想——等我退休了去英国养老，无疾而终，此生足矣。

草草万余言，感觉什么也没说。跨学科、跨国家的文化比较本来就不是我这种岁数、资历的人能胜任的，所以还是“虚”着来吧。如果用一首歌来概括英国给我留下的印象，那就是“酷玩乐队”的《花火》(*Sparks*)。

建议你找来听听，也许能想象出英国什么样。

英国动画中的女性

英国有个女王

在这样一个盛产绅士，重视传统甚至略显保守的国家里，女性动画工作者却表现出令人惊讶的狂放不羁并取得了全世界男性动画人都羡慕不已的成绩。夏洛特·布朗斯顿在其撰写的《没有涵盖全部女性特质：英国 90 年代的女性和电影》一文中谈道：“在英国，视听产业雇用的女性在过去的 15 年里急剧增长。在影视界女性作为剧作家、纪录片制作人、动画师、制片人不断发展。”无论是导演，还是理论工作者与教育家，甚至电视台动画部门高级管理人员，女性在英国动画界扮演着极其重要的角色。

曾为将英国动画推向世界作出杰出贡献、受到世界动画界爱戴的第四频道动画部前主编克莱尔·凯特森——女的；

英国最牛的动画学校国家影视学校动画系主任吉莉安·蕾斯——女的；

世界最牛的动画院校皇家艺术学院动画系主任琼·阿胥沃斯——女的；

著有《女性与动画》(*Women & Animation*)等书的著名英国导演、动画节策展人、动画制片人、动画理论家珍·琵琳——女的；

四次英国影视艺术学院奖，两次安纳西国际动画节、两次萨格勒布国际动画电影节获奖者，两次奥斯卡最佳动画短片提名获得者乔安娜·奎恩——女的；

获得安纳西国际动画节最佳电视系列动画片奖，洛杉矶动画节最佳电视系列动画片奖、最佳电视系列片导演奖，渥太华国际动画节最佳电视系列动画片奖的《庞德的生活》的导演康地·加德——女的；

2008 年奥斯卡最佳动画短片金像奖《彼得与狼》的导演苏茜·坦普利顿——女的；

英国第一部动画长片《动物农庄》(*Animal Farm*)的导演之一、英国动画之父约翰·哈拉斯的妻子乔伊·巴彻拉——必须也只能是女的；

……

有时我真是百思不得其解，为什么英国动画圈的女人都这么强呢？

难道是因为她们有个女王？

英国动画女性突出的原因

英国动画女导演鲁斯·灵福特在《女性动画》(*Women's Animation*)一文中说:"尽管电影业是男人的天下,但是与真人电影业中的女性从业人员相比,动画业的情况就算好很多了。这也许与动画创作的特性有关,小规模的手工作坊式制作需要从业人员有耐心与毅力,办事细致,有合作精神而不锋芒毕露,而这些正是人们心目中传统女性所应该具备的。近年来,一些男性导演也开始表现女性题材,因为他们意识到女性导演在表达感情的细腻方面确实值得学习。"

持此观点的人不在少数,英国著名动画理论家珍·琵琳女士在其著作《女性与动画》中这样解释女性在英国动画领域中的优势:"女性的观察力和敏锐度都很高。女性在动画制作上比男性更有弹性,很多事可以自己掌控,做起来也比较得心应手。"

如果我们简单地认为女性在英国动画中出尽风头的原因仅仅在于女性自身独特的生理与心理素质的话就未免有些片面了。任劳任怨、勤劳朴实、细腻敏感似乎不仅仅是英国女性的特征,全世界女人都这样。为什么其他国家的女动画师就没见什么动静呢?显然,仅仅凭借艺术家具备的某一种潜质是无法形成气候的,女性之所以在英国动画领域独占鳌头自然有其外部客观原因。国家与全社会的重视是导致这一结果的根本原因。

在英国,官方、非官方机构,宗教、非宗教组织,商业、非商业部门都给予女性动画师大力支持与资助,这似乎已经成为一种时尚与传统。英国电影学会一般会把投资给予"少数族群",例如女性导演与少数民族导演(或反映少数民族文化的影片),英国著名动画女导演维拉·纽布尔就多次与该机构合作。系统介绍了英国乃至全世界的女性动画导演的《女性与动画》一书就是由英国电影学会于1985年出版的。

国家对女性动画的重视并不是泛泛而谈,很多细枝末节的问题显示出英国人特有的细致与人文关怀。例如针对从事电脑工作的女性比男性少五倍这一现象,以电脑动画与电子游戏闻名的英国提赛德大学计算机学院专门为女性(九岁以上)开设了相关辅导课程,帮助她们了解与接近电脑,培养女性对电脑的兴趣,打破只有男孩才能学好电脑的神话。该活动从2008年12月开始,计划每年一次,有来自20所学校的200多名女学生参与了2008年的活动。

国家与社会的重视不仅表现在资金投入上,宽容的态度与百花齐放的艺术创作气氛更是艺术家梦寐以求的。在英国女性动画师的创作空间很大,投资方很少干预影片的题材、样式问题。这不禁使我想起陈丹青老师关于"什么是艺术家的天堂"的一句话:"天堂就是你身在天堂然后还可以骂这里是地狱的地方。"

面对国家如此的重视,英国民间动画组织与机构也不甘落后,利兹动画工作室就是曾经辉煌一时的女性动画基地。该工作室创建于1978年,以创作反映社会现实,针砭时弊、观点独特的动画短片闻名。该工作室聚集了大量女性动画师,并创作出一大批女性主义动画,从而成为名噪一时的英国女性动画根据地。在英国动画圈她们拥有一个响亮的外号"女性之眼宣传队"(Women's Eye Propaganda)。利兹动画工作室不仅创作动画片，还组织女性电影节，鼓励少数民族艺术家，普及动画艺术。

利兹动画工作室第一部作品是 1978 年的《谁需要托儿所？我们！》(*Who Needs Nurseries? We Do!*)，这部八分钟的短片是一部号召五岁以下儿童进入托儿所的公益广告片。该工作室创作的短片（一般为 8～15 分钟）不仅涉及女性工作健康与安全、女性与暴力、女性流浪人员等问题，还有环境污染、节约能源、工作压力、种族歧视、儿童性骚扰等社会热点问题。其作品不仅在电视台与电影节上放映，还在各大学、政府机构、培训中心、工会组织、医院，甚至银行放映。从某种意义上讲，利兹动画工作室已经不是一个单纯的动画片制作机构，它还扮演着服务社会、教育大众的角色。20 世纪 90 年代初期利兹动画工作室解散。

英国动画业女性突出的另外一个原因与今天的时代背景密不可分——这是一个"阴盛阳衰"全球化的时代。我不知道"阴盛阳衰"是一种诱因还是一种结果。总之男人越来越像女人，女人越来越像男人。所以有时我不得不反思当我们高喊英国女动画师万岁的时候，是真的女性表现优秀还是女性躯体下掩盖的某些男性思维在作怪？

无论如何，有一点是千古不变的真理——男女搭配，干活不累。当英国男人都忙着扮演绅士的时候，英国女性以其积极、热情的亲和力与优秀的管理与创作才能后来居上。有那么一句话"男人征服世界，女人征服男人"，于是女人征服了世界（这句是我加的）。在一个赏心悦目、心智健全的女上司手下干活又有什么不好呢？例如电幻想动画公司的现任主管——贝丝·帕克(Beth Parker)就是一个"一英里外就能听见她爽朗笑声、精通'6000'多种语言"的女人（公司官方网站对她的描述）。凭借流利的德语与极具凝聚力的人格魅力，贝丝·帕克把这个英德合股公司管理得井井有条。

艺术与性别的关系＝男厕所与女厕所的关系

记得我在英国上学时每周有一次所谓的艺术概论课，全班十个同学凑在一起讨论一些巨大无比的话题，例如"艺术与政治的关系"、"艺术与性别的关系"。首先是老师以身作则发表自己的观点，然后同学们依次发言。每次遇到这种课我都很无语，因为我总感觉艺术创作不是讨论这种虚无缥缈的话题就可以弄出来的，要想了解我的想法请看我的片子，我所有的观点都在那里面。

有一次老师非逼我谈谈"艺术与性别的关系"，我说："艺术与性别的关系就像咱们学院男厕所与女厕所的关系。为什么一楼的厕所是共用的？谁进去就是谁性别的厕所？因为咱们学院地方小，一楼没多余的空间盖两个厕所，而出出进进的人又多，所以只好谁先进去就算谁的。为什么二楼只有女厕所，而三楼只有男厕所呢？因为与一楼相比，这两层楼去的人相对少些，但是依旧没有足够空间每层盖两个厕所，所以只好采取折中的方法稍微照顾一下性别特征。而出于方便女性、女士优先的考虑，女厕所在二楼，女生可以少爬一层楼。男生身强力壮您就多爬一层楼也累不死，所以男厕所在三楼。如果我们学院有足够的空间，我相信每层楼都会有一男一女两个厕所的。

我举这个例子的目的是想说明性别在艺术创作中起不到什么至关重要的作用，因为你是一爷儿们也好，还是一娘儿们也罢，在你出生时就已经注定了，你的基因与血液中无时无刻不流淌着性别特征（当然您要是基因突变或者后来改变了性取向那单说）。没有导演会在拍片子前先深思熟虑，反复论证——我是一爷儿们呢？还是一娘儿们呢？导演的性别特征自然而然会在其作品中体现出来，这是一种纯生理与心理反应。女性导演的作品肯定与男性导演作品不一样，这就跟你是一爷儿们不能进女厕所一样正常（非要进去就该有警察叔叔来管了）。

当然，有闲情逸致同时条件允许您强调一下自己的性别特征——比如说盖两个厕所——也无伤大雅。没条件您就该怎么拍就怎么拍，也不会有人对您的性别产生疑问（不就一共用厕所吗？中国有的是）。"

我的一席话说完全场鸦雀无声……我估计他们全没听懂……

言归正传，其实不论在哪个国家，人们一谈到女性导演作品往往会想到"题材广泛"、"表现大胆"、"细腻委婉"、"女权主义"等字眼，其实除了"女权主义"以外，哪一个又是男性导演做不到的呢？至于前面那些所谓的特点无非是与男性导演作品比较而言的产物，这就如同说男人和女人是两种截然不同的动物一样毋庸置疑而没有讨论的必要。至于"什么是女权主义"我不愿也没资格多说，隔行如隔山，这个问题还是留给妇联的同志们去研究吧。在此我只想明确一点，我阐述的是"英国女性动画"而不是"英国女权动画"。

动画女导演鲁斯·灵福特在《女性动画》一文中说："绝大多数女性动画师都不愿意接受这一按性别划分的概念，'女性动画'只不过是便于理论家定义越来越多与主流动画不同的动画而已。"康地·加德说："我从不用那个词（女权主义）形容自己，我觉得自己更像一个社会主义者。"

关于女性动画题材与特点问题，鲁斯·灵福特说："女性动画给人的印象往往与女性的政治地位有关，大都是半自传性的，不是性骚扰，就是节食，要不就是拿自己身体的某一部分说事。例如卡亚拉·帕克（Kayla Parker）导演的《激情的牢笼》（*Cage of Flame*，1992）便极其细致地描述了女性来月经时的状态。这些动画片中所表现的性更加直白，与日本动画与美国经典动画中的观念大相径庭。动画越来越成为女性导演表达隐私与心灵救赎的艺术创作形式，当然，公主王子式的浪漫童话故事她们也能胜任。艾莉森·德·维尔与派卓·弗里曼的作品向世人证明了女性动画师活得有多么滋润。"

主要女性动画导演

乔安娜·奎恩(Joanna Quinn)

乔安娜·奎恩 1962 年 2 月 4 日生于伯明翰，毕业于英国米德尔塞克斯工艺学校（Middlesex Polytechnic，1992 年更名为米德尔塞克斯大学——Middlesex University）。谈到为什么选择动画作为自己的职业，乔安娜·奎恩说："我非常喜欢画画，因为家里只有我一个孩子，所以画画成为我打发寂寞时光的唯一方法。我在去米德尔塞克斯工艺学校学习图形设计前，从没想过要成为一名动画师。在学校我开始对动画感兴趣，我的专业与它也对口。当别人为动画制作所产生的巨大绘画工作量而抱怨‘天啊！究竟还要画多少？’时，我却美滋滋地说‘哦耶！可以画这么多啊！’”

1985年，她的毕业作业《夜店猛男秀》(*Girls Night Out*)仅仅完成了线检工作。毕业后，她应卡的夫一个电影工作室之邀来到威尔士工作。这个工作室是S4C电视台资助开办的，而第四频道在威尔士的分部购买了《夜店猛男秀》的播映权并在第四频道播出。有了一些资金后，乔安娜·奎恩请来专业人士重新为影片制作了音乐、音效，影片于1987年完成。《夜店猛男秀》获得了当年的安纳西国际动画节评委会特别奖、最佳处女作奖等三项大奖。

影片讲述一个普通英国女人——“贝里尔”(Beryl)对现有的生活与婚姻感到乏味，于是她便和几个女性朋友相约去酒吧狂欢，观看猛男脱衣舞表演。几杯酒下肚，一向沉默寡言的“贝里尔”竟然变得异常疯狂。她像男人看见脱衣舞女一样狂饮、尖叫，往脱衣舞男内裤中塞钱！最后竟然当着所有观众扯下了猛男的内裤，并带回家留作纪念！

“贝里尔”与以往动画片中的女性形象都不相同，她不性感、不高贵、不漂亮(甚至有些肥胖)，她只不过是一个再普通不过的英国中年家庭主妇。“贝里尔”过着极其平凡的生活：做饭、洗碗、收拾家务、给女性朋友打电话聊天、面对沉默寡言的丈夫。而南威尔士口音与方言使得这个角色更加真实与贴近观众。在设计这个形象时，乔安娜·奎恩试图避免影视作品中传统女性形象的概念化，甚至“丑化”其形象，这一切都是为了使这个角色更接近普通百姓，以引起普通观众的共鸣。

关于这部短片乔安娜·奎恩回忆道：“《夜店猛男秀》在伦敦电影节上放映，并在安纳西国际动画节获得三个奖，这使我很兴奋。去安纳西领奖的经历让我终生难忘，因为我根本不清楚去世界最棒的动画节领奖对我来说意味着什么。当时我已经激动得飘飘然了，似乎这世界上的动画师除了我就剩下迪斯尼了。在动画节上我不仅观摩了来自世界各国的动画片，还遇到很多片商。他们争先恐后地表示要购买《夜店猛男秀》的播放权，于是我和无数个片商签了授权合同，以至于全世界很多电视台都播出了这部作品。S4C和第四频道鼓励我继续以影片主角——贝里尔为造型制作动画片，于是我的职业生涯开始了。”

《夜店猛男秀》的成功使乔安娜·奎恩意识到主流动画是多么缺乏生动有趣的女性角色与有实力的女性导演，同时她也认识到作为女性导演的社会责任感。于是，乔安娜·奎恩又以“贝里尔”作为主角导演了《健美选拔赛》(*Body Beautiful*)。

影片讲述“贝里尔”为自己肥胖的身材和平庸的相貌感到苦恼，于是她和所有女人一样加入了减肥的行列。是追求男人眼中的美丽，还是我行我素、快乐潇洒地活出个自己？经过痛苦的抉择与各种令人啼笑皆非的事情，“贝里尔”选择了后者。在减肥成果汇报会上，她身穿比基尼在舞台上大跳“艳舞”，最终征服了观众和裁判，使那些外形貌似健美但身心并不健康与快乐的男男女女们大跌眼镜。

如果说《夜店猛男秀》传达了“女人和男人一样有权利寻求快乐”的主题的话，那么

《健美选拔赛》则进一步阐明“女人的快乐与美丽不应单纯服从于男人的审美与要求，为自己而活着才是做女人的意义”。影片获得1992年萨格勒布国际动画电影节最佳幽默动画短片奖。

1987年乔安娜·奎恩与剧作家、制片人赖斯·米尔斯(Les Mills)共同创建了“贝里尔动画公司”(Beryl Productions International Ltd.)。公司成立20多年来始终本着质量至上、精益求精的态度创作。贝里尔动画公司除了制作艺术短片外，也承接动画广告片的业务。他们与美国的“ACME电影公司”(ACME Filmworks Inc.)保持紧密合作关系，为北美、欧洲与墨西哥客户服务。公司为“魅力”牌手纸(Charmin)和“伟嘉”猫粮制作了动画广告片。2004年他们又为美国航空公司制作了60秒的动画广告片。

乔安娜·奎恩是公司的首席导演，她那纯手绘彩铅画的美术风格使影片制作周期与成本明显增长，以至于20多年来该公司只生产了七部动画短片和四部动画广告片(累计约60分钟)。谈到生存问题，乔安娜·奎恩说：“80年代末90年代初期，各种对动画片的资助非常多，影片资金来源不成问题，似乎到处都是想投资动画片的人。第四频道更是投以巨资鼓励独立电影人创作。那段时间简直是天堂般的日子，而现在的情况则大不一样了。投资者把钱包抓得紧紧的，他们似乎已经不再对‘艺术’二字有兴趣。投资人对影院动画长片更有兴趣，因为他们认为动画长片可以在未来的几十年内给他们带来无穷无尽的收益。例如我最新的短片就没人赞助，影片的预算一半来自我自己，一半来自S4C电视台。现在，我基本靠制作动画广告片的收入支撑短片创作。依靠制作动画短片确实难以生存，除非你懂得如何变通。我的下部短片就打算尽可能简化一点，因为我以往的影片工作量极大，耗时又长，成本太高。而我又不可能一个人完成所有工作，我必须为参与创作的人员支付劳务费。所以如果你想创作动画短片，就要尽可能简化影片风格，这样一来你就可以花很少的钱实现梦想。如果你的作品具备娱乐性，那么你可以通过出售播发权给电视台和DVD版权获得收益。记住，短片的成本一定不能太高。”

1993年的《大不列颠》(*Britannia*)是一部极其特殊的作品。乔安娜·奎恩借助狗的形象把英国殖民主义者的贪婪、残暴、丑陋、愚蠢表现得淋漓尽致。当我看到银幕上那只身披英国国旗的恶犬肆意吞噬非洲人民时不由得大惊，身为英国人的乔安娜·奎恩如此“揭露”、“污蔑”甚至“辱骂”自己的祖国难道不会有麻烦吗？答案是否定的，该片获得了1994年英国影视艺术学院奖最佳动画片提名、1994年萨格勒布国际动画电影节动画短片一等奖和1994年广岛国际动画节最佳影片奖。

1996年的《摇滚明星弗瑞德》(*Famous Fred*)是乔安娜·奎恩为电视卡通公司制作的一部25分钟的中篇作品。导演把猫发情叫春想象为猫化身为摇滚明星每天夜里在街上开演唱会。猫明星——弗瑞德不仅给他的主人带来了无限快乐，并为他所居住的那条街上的猫带来了美妙的歌声。影片美术风格与乔安娜·奎恩以往的所有作品都不相同，极其精致与商业化。猛的看去真不敢相信影片是出自特立独行的乔安娜·奎恩之手。影片获得1997年安纳西国际动画节最佳电视动画节目大奖、1998年奥斯卡最佳动画短片提名。

《摇滚明星弗瑞德》是迄今为止乔安娜·奎恩导演的最长的一部作品，当记者问及她是否有意涉足动画长片时，她回答道："从短片向长片转型需要绘制更多的细节，这无疑增加了成本。(如果不考虑成本的话)故事最重要，我的合作伙伴赖斯·米尔斯就是一位作家。我的美术风格和赖斯·米尔斯的情节是我们影片受欢迎的原因。如果叫我们做一部长片的话，我想制作周期起码需要 20 年。因为我依旧会按照制作短片的模式和习惯导演一部长片。如果我们在某些方面放弃、妥协或折中一些，制作周期可能会缩短。但是，什么都可以妥协，唯独故事不能对付。只有本子好才可能在美术风格等方面稍微'偷工减料'一些。"

1998 年的《巴斯的妻子》(*Wife of Bath*)是电视系列动画片《坎特伯雷传说》(*The Canterbury Tales*)中的一集，乔安娜·奎恩又回到了她一贯的铅笔画风格。影片获得 1999 年奥斯卡最佳动画短片提名。

2006 年，乔安娜·奎恩的《梦想与欲望：家庭关系》(*Dreams and Desires：Family Ties*，又名《影音日记》)一经推出便获得包括渥太华国际动画节最佳独立动画短片奖和英国影视艺术学院奖最佳动画片奖在内的 14 项世界动画大奖。这是"贝里尔"系列的第三集，此时离"贝里尔"在《夜店猛男秀》中首次登场已过去了 20 年。由此看来，任何一部经典系列动画片都需要长时间的积累而绝非一蹴而就的事情。

影片讲述"贝里尔"得到一部微型数字摄像机，于是她开始四处拍摄，梦想导演出自己的短片。但是在朋友的婚礼上她的创作热情却捅了大娄子。全片以"贝里尔"手持摄像机的主观镜头为主，导演竭力营造纪录片的真实感。看来，这种"动画纪录片"在英国颇为流行，很多导演都对它乐此不疲。

桑德拉·洛(Sandra Law)在其撰写的《自画像：乔安娜·奎恩、康地·加德和艾莉森·德·维尔的女性动画作品》(*Putting Themselves in the Pictures：Images of Women in Work of Joanna Quinn，Candy Guard and Alison de Vere*)一文中谈道："乔安娜·奎恩的作品充满了女权主义色彩，她认为男性导演制作的动画片中对女性的描写陈腐而千篇一律，相比之下，由女导演制作的反映女性题材的作品则充满新意与活力。传统动画与连环画中的幽默给乔安娜·奎恩很大启发，她的作品全部是通过幽默的故事讲述女性的经历。而这种她独有的幽默又是男性导演所不具备的，因为很多男性作者取悦观众的原则是'揭示女人愚蠢的一面'。乔安娜·奎恩认为幽默是一种'强大的武器'。"

乔安娜·奎恩的代表作品：

1987 年	《夜店猛男秀》(*Girls Night Out*) 6 分钟 获得 1987 年安纳西国际动画节评委会特别奖、最佳处女作奖等
1991 年	《健美选拔赛》(*Body Beautiful*，见彩图 90～93) 13 分钟 获得1991 年英国影视艺术学院奖最佳动画片奖；1992 年萨格勒布国际动画电影节最佳幽默动画短片奖
1992 年	*Elles*(见彩图 94) 3 分钟

续表

1993 年	《大不列颠》(*Britannia*) 5 分钟 获得1994 年英国影视艺术学院奖最佳动画片提名;1994 年萨格勒布国际动画电影节动画短片一等奖(30 秒钟至 5 分钟竞赛单元);1994 年广岛国际动画节E组最佳影片奖
1996 年	《摇滚明星弗瑞德》(*Famous Fred*) 25 分钟 获得1997 年英国影视艺术学院奖最佳儿童动画奖;1997 年安纳西国际动画节最佳电视动画节目大奖;1998 年奥斯卡最佳动画短片提名
1998 年	《巴斯的妻子》(*Wife of Bath*) 5 分钟 获得 1999 年奥斯卡最佳动画短片提名、艾美奖最佳动画片奖
2006 年	《梦想与欲望——家庭关系》(*Dreams and Desires: Family Ties*) 10 分钟 获得2006 年渥太华国际动画节最佳独立动画短片奖、2007 年英国影视艺术学院奖最佳动画片奖

康地·加德(Candy Guard)

康地·加德 1961 年出生于加拿大,从小便是超级连环画发烧友。《快乐的宴会》(*The Beano*)、《花花公子》(*Dandy*)等连环画中那些有勇有谋的女性角色无疑对她日后创作影响深远。康地·加德先后就读于英国纽卡斯尔工艺学校(Newcastle Polytechnic)和位于伦敦中心的圣马丁艺术学校(St Martin's School of Art),专攻纯艺术。在投身动画圈之前,康地·加德曾经在真人电影领域工作过相当长的一段时间,她曾与女导演彭妮·乌洛克(Penny Woolcock)合作,为其导演的真人电影《热带女人》(*Women in Tropical Places*,1990)撰写剧本。

其实康地·加德是个不折不扣的女权主义者(尽管她从不承认,又有几个女权主义者承认自己是呢?),她说:"实际上公平地讲,在男性强势的社会里你没有权利责怪。(但是我依旧)对一些现状很愤怒,尤其是女性在电影工业中所扮演的角色问题。无论是女演员还是其他女性创作者都无时无刻不被男性所左右。比如说一场性爱戏,男导演永远叫女演员骑在男演员身上晃来晃去,就为叫观众看清楚她的乳头。即使在《玩具总动员》这样我极其喜欢的动画片里,我也感受到了这一点。为什么所有玩具角色都是男的?!"

如此富有杀伤力的观点如何体现呢?康地·加德并没有咆哮如雷地怒骂,高声呼吁"女性应该统治全宇宙,God is girl!"而是极其真诚地从女性自身特点出发,脚踏实地地探讨一些鸡毛蒜皮的小事,甚至毫不遮掩地暴露女性的一些弱点。康地·加德作品中的女性经常盲目追寻或虚无缥缈或恶俗无比的理想,但是到头来却因自己目标不清而竹篮打水一场空。导演揭示了女性由于优柔寡断、目光短浅所导致的庸人自扰与缺乏安全感。"女人缺乏安全感"的主题使其作品鹤立鸡群,这种危机感除了社会对女性的不公正待遇外,来自女性自身的弱点也无疑成为其重要诱因之一。试想,一个连自己要干什么都不知道的人又怎么会有安全感呢?

1990年是康地·加德创作的高峰期，连续导演了《无题》(*Untitled*)、*Moanologue*、《我如何?》(*What About Me?*)、《肥胖问题》(*Fatty Issues*)、《蹩脚的打字员》(*The Wrong Type*)等动画短片，分别探讨了体形、减肥、时尚与着装等千古不变的女性话题。

《蹩脚的打字员》讲述了一个根本不会打字的女人却要应聘打字员工作的尴尬经历。导演尽情展现了女人的无能与愚蠢：她在一分钟时间内只能手忙脚乱地打出一个字母；她经常丢三落四，根本跟不上老板的语速去打字；以至于帮助她蒙混过关，通过面试的女同事最后都忍无可忍，叫她赶紧走人。影片结束时，这个无能的女人站在公司大门口，恋恋不舍地向楼上的男老板挥手道别，口中默念"再见"，尽管老板连看都不看她一眼。

这是一部有趣的作品，使我第一次认识到女权主义者原来也会自嘲。瞬间，我对康地·加德肃然起敬。

1992年的《空想家》(*Fantastic Person*)由第四频道与S4C电视台联合出品，影片讲述了一个再平凡不过的女性慵懒而忙碌的一天。女主角自欺欺人地以各种我们认为是浪费时间的行动消磨着无聊的时光：漫不经心地打扫卫生，一瓶接一瓶地喝酒，看着无聊的电视节目。她以酗酒来使自己放松(或者说麻痹自己)，在酩酊大醉中制订明天又一个"完美无缺"的计划。但是当新的一天来临时，一切计划又在呼呼大睡中付诸东流。

康地·加德对女性自欺欺人的弱点进行了大胆而透彻的讽刺，她在揭示女性本身弱点(例如自恋)时从不留情，与乔安娜·奎恩塑造的"贝里尔"那种我行我素、展现真我的性格相比，康地·加德影片中的角色大都找不到自己的位置，她们极力迎合别人的看法，试图扮演并不适合自己的角色，但是到头来往往笑料百出，迷失了自我。直面现实生活、勇于剖析女性弱点使康地·加德的影片明显区别于那些"怨妇型"女权主义导演作品，从而使男性观众更容易接受。

1993年，康地·加德导演了《二选一的边缘》(*Alternative Fringe*)。

一个女人满怀激情地来到美发厅希望得到一个漂亮的新发型，但是学徒的手艺着实令她失望。这个羞涩与内向的女人却不敢表达自己的不满，只能任凭那个糟糕的女美发师蹂躏自己的头发直至崩溃。除了表现女人的软弱无能外，影片通过"女人非常在意自己发型"这一不争的事实表现了"女人的自信来自生活细节，一旦生活质量无法保证，女人将失去自信"这一主题。

女人真的是太在乎自己的发型了，这也许就是女人和男人最大的不同吧，我觉得光头很好，永远不会过时的发型，还好打理——早上洗脸时连头都洗了。但是我老婆却不这么认为："没有好头型就没有好心情！头发不好看穿什么衣服都不会好看！女人最头疼的就是找不到好的美发店，剪头发不是技术活儿，是审美问题。郁闷啊，到哪才能找到满意的店呢?"看着我无比惊恐与疑惑的眼神，她每次都要再补充一句："切……你们男人是永远不会明白这些的！"

康地·加德的作品使我第一次真正意识到"女人是什么?"不管女人的这些表现是好是坏，我都第一次真切地认识到女人的特点。例如：女人永远活在"镜子"的世界中。

这个镜子既包括现实生活中的真实镜子(有几个女人不爱照镜子呢? 反正我老婆每天不把镜子照碎了誓不罢休),又暗指影响女人做出正确判断的大千世界。女人或习惯于、或不得不按照“镜子”里的一切指导自己的行为。我不知道自己领悟到的是否是女权主义者们终身追求的目标——女人真的和男人不同。不管这些不同是好是坏,都是上帝赋予人类的、与生俱来的、无法改变基因的本性。但遗憾的是,目前我见到的大多数女权主义者所追求的与康地·加德的主张恰恰相反——女人一定要和男人一样,否则就是歧视妇女。我理解的女权主义不应是“女人一定要和男人一样”,而是“女人就是和男人不一样”。

我并不反感她的作品的主题,仿佛在听一个小女人喋喋不休地说着那些鸡毛蒜皮的生活琐事。坦诚而不加修饰,时不时又显露出女人天生的细腻、浪漫与斤斤计较。女人,本就该如此。这使我想起在英国留学时看过的一个名为《女厕》(*Ladies*)的动画短片(忘记是谁导演的了),影片讲述了一个极其女人的故事:

两个女人在相邻的两个隔段内方便,但是谁也不愿意先发出某种“自然声响”。于是她们故意制造出各种“自己马上就完事”的假象解除这一瞬间的尴尬,从而希望对方赶紧发出某种“自然声响”或尽快离开。于是两人开始不断拉卫生纸、放水冲马桶、玩头发、检查内裤是否干净,甚至爬上隔段去看对方走了没。这种貌似无聊的故事恰恰反映了女人特有的心理活动与细腻情感。试问,如果换成两个大老爷们做出这种举动你能接受吗? 这就是女人与男人的不同。

由此看来,真诚表达自我与是否女权毫无关系。突然间我对康地·加德得出一个结论——女人中的女人,尽管她长得并不漂亮。

◎《庞德的生活》(*Pond Life*)

《庞德的生活》是康地·加德由个人艺术短片向商业电视系列片转化的代表作品,也是她知名度最高的作品。

1996年,康地·加德开始编剧、导演电视系列动画片《庞德的生活》,第一集名为《我真的想要一个男朋友吗?》(*I Want a Boyfriend ... Or Do I?*),由S4C与第四频道联合出品。第四频道动画部主编克莱尔·凯特森在正式投资这部系列片之前对其进行了严格的市场调查与论证,她说:“反馈意见惊人地一致,所有男性受访者都认为《庞德的生活》是一部女权主义作品。但我认为康地·加德所要表达的主题并非如此,它适用于所有人群,是很普遍的社会现象。”这套13集,每集11分钟的系列片于1996年底开始在第四频道播出。《庞德的生活》获得1997年安纳西国际动画节最佳电视系列动画片奖、1998年渥太华国际动画节最佳电视系列动画片奖。

这是康地·加德第一次团队作业,专业动画师们的加入使其美术风格得以完全保留。影片秉承了康地·加德一贯的风格,极其幽默与写实,仿佛一台真人舞台秀。主角朵莉·庞德(Dolly Pond)是一位住在伦敦市郊的单身女性。她运气不佳、有些神经质。像所有女人一样,朵莉·庞德喜欢八卦,渴望一个完美的男人与一份满意的工作。朵莉·庞德的生活充满欢闹与愤世嫉俗。作品的片头部分很有趣,朵莉·庞德生活的城镇瞬间变成了池塘,一切都被淹没。她拼命游向水面,但是无数水草缠住了她的脚把她向下拉。而水草的另一端则是水下象征世俗的亲朋好友、阿猫阿狗。我想，这其中的寓意不言而喻。康地·加德经常把这部作品与美国电视剧《老友记》(*Friends*)相比较，认为两者风格很接近。众所周知，英国人骨子里具有与众不同的幽默感，但是他们的民族个性又决定了他们羞于表达。在这一点上《庞德的生活》有了突破性的进步，展现出大胆而国际化的全新英国喜剧样式。

《庞德的生活》原本安排在21：45播出，瞄准了BBC同一时间段播出的澳大利亚肥皂剧《邻居》(*Neighbours*，因为两部影片的观众群基本一致)，但是最终改为17：45播出。这无疑影响了收视率，并迫使导演删除了一些对话。即使这样，这部电视系列动画片依旧打败了许多真人电视剧而获得英国编剧协会颁发的最佳电视连续剧提名。

由于反响很好，第四频道继续为康地·加德投资，拍摄了《庞德的生活》第二季。2000年9月新一季七集动画片(每集30分钟)播出，康地·加德依旧担任编剧、导演工作。

◎动画中的对话问题

康地·加德的影片风格简约、直接，谈到自己的美术风格时她说："造型之所以简单是为了节约成本。角色造型平面化是故意减弱其真实性，过于丰富与绚丽的视觉效果会分散观众对影片主题的注意力。(相比之下)我认为展现动画特性更为重要。我追求的是二维手绘，画外音铺底，简单幽默的影片。"

康地·加德这样描述自己的职业："写个有趣的故事然后把它画出来"，我对其作品的整体印象是"写个有趣的故事然后把它说出来"。极其简洁甚至略显粗糙的美术风格加上口无遮拦的冷幽默构成了她影片的特征，喋喋不休的对白使观众即使闭着眼睛听也不会损失什么重要信息。康地·加德的影片多是描述英国女人的日常生活(以倒霉事居多)，画面简单，重在剧本，以风趣、机智的对话见长，仿佛一部"配画广播剧"。这不禁使我想起国产动画的对白问题。

中国动画似乎有一个"醒目"的特征，就是角色千万别张嘴说话。看画面都挺好的，一说话，完蛋了。无论是台词内容还是配音演员的表演都由里向外渗透着一个字——傻，怎么听怎么别扭。用我的话说就是"不说人话"。这种情况从学生作业到公司商业作品无一幸免，就连很多功成名就的老导演都不会写台词，也不会指导演员配音。更有甚者干脆采用英文或方言配音，我就曾看过上海话、粤语配音的学生作业。当我追问学生为什么采取这种观众不看字幕就听不懂的形式时，他们的回答令我震惊："因为我们发现使用普通话配音太傻了，所以只好采取大家都听不懂的语言，那样效果也许还好点。"

无奈啊……因为自己不懂配音与表演，只好将责任推卸给"母语"的"苍白无力"。我并不反对使用方言，但是学生使用它的初衷并不是剧情需要，而是掌握不好普通话配音。这种避重就轻的掩耳盗铃之举实在令人绝望。久而久之，中国动画形成了一种风气——角色尽量不说话，美其名曰"我们用画面讲述故事，走国际化路线。你作品那么多对话怎么参加国外比赛？人家评委听不懂，就不爱看了。"

"由于不会说话导致不敢说话"与"会说话但不轻易说话"是完全不同的两个境界。

面对国产动画多年来的“失语症”，学生甚至建议“学院赶紧开设‘声优’专业吧！您瞧人家日本动画片的配音，再看看我们的配音，简直……”

“不会说话”的主要原因有三点：第一，不重视观察生活、体验生活。那些妙趣横生的对白不是闭门造车胡编乱造出来的，需要大量生活积累与提炼——这也正是康地·加德所擅长的。第二，不重视声音在动画创作中的重要性，无论是技术还是观念层面。第三，动画师不懂表演，无法指导配音演员创作。我亲眼目睹了学生与配音演员的一次合作，那场景只能用“惨不忍睹”四个字形容。

由于学生不懂表演，所以根本镇不住演员，不管人家说什么学生都频频点头称是。基本上角色张嘴，有声，导演就很满意了。我实在看不下去了，说：“你停一下，刚才那句‘女英雄’你感觉配音演员的语气对吗？”

学生胆怯地说：“差不多吧？”

我说：“配音演员是把这三个字平均分配，‘女英雄’，但是你看看画面，那角色在说这三字时是扑通一下跪倒，你自己试验一下当人做这个动作时还能把这三个字平均分配吗？应该是‘女……英雄’吧？‘女’字是他下跪过程中发出的声音，必定是拉长的，而‘英雄’两字则是他跪到地上后发出的声音，因此是连在一起的。”

学生按照我说的做了一遍跪地的动作，果真是和我说的一样。我把他拉到一边，耳语道：“你的配音演员连画面都不看就在那读词，他怎么可能理解我刚说的那个。你是导演啊！你起码得提醒他配音时看看画面吧！”这就是我们的动画导演对配音的理解——连人说话时的基本生理反应都还没认识清楚，何谈角色性格的塑造。

阐述这些并不是一味吹捧康地·加德的“配画广播剧”如何了得，只是想说明既然我们的生活不能没有对话，那么为什么我们的动画片中全是哑巴呢？

“取消对话”绝不是动画艺术的特性，没人想倒退回100年前的默片时代，除非你是卓别林那样的天才。

康地·加德的全部作品几乎都是由她的同学兼同事，动画女导演莎拉·安·肯尼迪配音。

除了制作动画片外，康地·加德还长期从事插画与漫画创作。1988年，她为第四频道的电视栏目《妇女观点》(*Woman in View*)制作插画。20世纪90年代中期，她的连环画曾经在《观察员》(*Observer*)杂志的增刊上连载，这为其日后为第四频道创作电视系列动画片《庞德的生活》打下了坚实的基础。

康地·加德制作了大量动画广告片，同她的个人短片一样，这些广告也充斥了大量对话。另外，这些广告大都和女性问题有关，例如怀孕试纸等。在为英国抗乳腺癌活动制作的五部公益广告片中，康地·加德第一次使用了三维模仿二维效果的动画技术。

今天，康地·加德定居于伦敦西部。2006年她出版了自己的第一本小说《双层巴士上的迪斯科舞会》(*Just a Little Disco on an Open-top Bus*)。

康地·加德的代表作品：

1988 年	《小东西》(*A Little Something*) 《美好梦想》(*Wishful Thinking*)
1990 年	《我如何?》(*What About Me?*)　47 秒 *Moanalogue*　2 分钟 《蹩脚的打字员》(*The Wrong Type*)　4 分钟 《肥胖问题》(*Fatty Issues*)　4 分钟 获得 1990 年渥太华国际动画节最佳电视动画片奖(非系列片组)
1992 年	《空想家》(*Fantastic Person*)3 分钟
1993 年	《二选一的边缘》(*Alternative Fringe*) 5 分钟 获得英国动画大奖最佳剧本、年度最佳喜剧奖
1996 年	《庞德的生活》(*Pond Life*)13 集,每集 11 分钟　第一季　电视系列动画片 获得1997 年安纳西国际动画节最佳电视系列动画片奖,洛杉矶动画节最佳电视系列动画片奖、最佳电视系列片导演奖;1998 年渥太华国际动画节最佳电视系列动画片奖
2000 年	《庞德的生活》　第二季　电视系列动画片

艾莉森·德·维尔(Alison de Vere)

艾莉森·德·维尔(1927.9.16～2001.1.2)出生于巴基斯坦的白沙瓦(Peshawar),3 岁时移民到英国。大学专业是绘画,毕业后在一家小公司做上色员。1951 年,她加入著名的哈拉斯与巴彻拉动画公司,担任 Layout 工作,后慢慢晋升为导演,一直到 1956 年才离开。

离开哈拉斯与巴彻拉动画公司后她在广告、纪录片与电影特技方面取得了一定成绩。1968 年参与了影院动画长片《黄色潜水艇》的制作,担任背景绘制总监工作。1970～1980 年间她为怀亚特·卡塔尼欧电影公司(Wyatt Cattaneo Productions)制作了大量动画广告片,长期而良好的合作关系使该公司成为日后艾莉森·德·维尔个人短片创作的主要投资方。

1980 年她创建了自己的公司,艾莉森·德·维尔独立完成的动画处女作是 1968 年的《双面》(*Two Faces*),接下来她又导演了《咖啡酒吧》(*Café Bar*)。影片讲述了一对男女在咖啡馆云山雾罩聊天的故事,全片没有出现一句对话,导演发挥其丰富的想象力,将他们所谈的内容视觉化。二人时而穿梭于炮火连天的战场,时而上演着骑士救美的爱情故事。观众可以清晰地触摸到两人热火朝天的神侃状态。影片结束时,二人平静而彬彬有礼地离开了这个再普通不过的英国小咖啡馆,各奔东西,就像影片一开始时他们安静地来到这里一样,仿佛刚才那些轰轰烈烈的事情从不曾发生过。这就是每天发生在英国咖啡馆里的情景,普通而不平凡。

1979 年的《帕斯卡先生》(*Mr. Pascal*)将艾莉森·德·维尔天马行空的想象力发挥

到极致。

老鞋匠帕斯卡先生可能是出于职业本能，实在无法忍受修道院门口墙上钉在耶稣像四肢上的钉子（他这一辈子做鞋都追求钉子深藏不露），于是便回家拿来工具把耶稣身上的钉子拔了下来，并为耶稣穿上睡衣、袜子、夹脚趾的拖鞋，又用创可贴把那些钉子留下的伤口贴上。夜深了，为了取暖他把耶稣头上的荆棘冠烧了生火，并与耶稣相互依偎。

耶稣复活了，他与无家可归的人们一起喝酒、唱歌、跳舞。耶稣利用自己的法力为大家治病，使酒与面包永远吃喝不完。天亮了，帕斯卡先生在修道院门口的长椅上睡着了，耶稣像被烧成了灰烬，原来这一切只是一场梦。

私自拆卸耶稣像，焚烧耶稣像，丑化耶稣像等在世人眼中极其大逆不道的举动经过导演的处理变得如此温馨与符合道义。那一夜帕斯卡先生与流浪汉们仿佛来到了天堂。影片结尾时两个天使来到帕斯卡先生身边，把耶稣像的灰烬挖坑埋了，种下种子，瞬间一棵树长了出来，树上开满了美丽的鲜花。艾莉森·德·维尔这样描述《帕斯卡先生》："很久以前，当我还是个学生时非常不喜欢十字架上耶稣受难的造型，并发誓一辈子也不会画这种东西。但是很多年后，我经过激烈的思想斗争，放弃了自己当年的想法而开始使用这一造型创作了一部动画片的剧本。（之所以会有如此大的转变，可能是因为）我的住所附近有一个女修道院，墙上挂满耶稣受难像。14 年来，我经常去那里，修道院的长椅及各种装饰自然而然地成为我影片中的场景。（至于影片中那个修鞋店）几年前我还去过。那家人都已经变样了，有的已经去世。那个修鞋匠有一张迷人的脸，他的名字并不叫帕斯卡。他来自另外一家修鞋店，但是现在他接管了这家店并一直用心经营着，这正是我影片的主题。最终，当我在海德公园地铁站遇到两位卖艺为生的音乐家时，这些似乎毫无关系的因素鬼使神差地结合在了一起。我请他们为这部短片创作音乐，而我则根据他们的旋律绘制画面。实际上，影片的主角都是我在街头相识的普通人，而非一般电影中虚构的人物。另外，我真的很害怕创作一个卡通耶稣形象，很多画稿都被我扔进了垃圾桶。"《帕斯卡先生》获得安纳西国际动画节大奖和 1980 年英国影视艺术学院奖最佳短片提名。

《帕斯卡先生》燃起了艾莉森·德·维尔对宗教的兴趣，接下来的几部作品都蕴涵着极其浓厚的宗教色彩。1984 年，她根据乔治·艾略特的小说制作了一部略带救赎性质的动画短片《织工马南》(*Silas Marner*)，影片由英、法两国合拍。

相比康地·加德的闷骚与乔安娜·奎恩的疯狂、张扬，艾莉森·德·维尔显得更加深沉与内敛。她的影片几乎没有对话，充斥着大量象征符号。艾莉森·德·维尔喜欢观众看完她的影片去独立思考、领悟主题而不是通过台词、故事等显而易见的因素直接灌输给大家。这也许与她的年龄有关吧，60 岁的人思考问题的方式肯定与 30 岁的人不一样。

1987 年，60 岁的艾莉森·德·维尔导演了《黑狗》(*The Black Dog*)。这部影片描述了一个女人被美食、华服、性爱等物质诱惑，最终痛苦不堪，无法解脱的故事。导演为这个女人安排了一条形影不离的黑狗，它的造型酷似埃及神话中引导亡灵之神——阿奴比斯(Anubis)。每当女人遇到困难时，黑狗总会帮助她。他们时而穿梭于沙漠，时而游离于妖兽都市，时而出现在巨大的金字塔中，时而又回到了子宫之中。导演借助黑狗使女人经历了一次宗教救赎，最终彻底脱离诱惑而回归到孩子般的纯真状态。这部 18 分钟的影片充满疯狂的想象力与神秘主义，所传达的自省意识与对命运、童真、宗教等问题的探讨更是极其深刻。

晚年的艾莉森·德·维尔致力于儿童电视动画片的创作。1989 年她导演了适合低幼儿童观看的“小人国版加勒比海盗”——《天使与兵人》(*The Angel and the Soldier Boy*)。1996 年，69 岁的她为 BBC 导演了《老鼠与鼹鼠》(*Mouse and Mole*)，每集 5 分钟，共 10 集。

2001 年死于英国的康沃尔(Cornwall)。第二年，她担任故事板画师工作的动画片《小小的奇迹》(*A Small Miracle*)在电视台播出。

艾莉森·德·维尔的代表作品：

1975 年	《咖啡酒吧》(*Café Bar*)　6 分钟
1979 年	《帕斯卡先生》(*Mr. Pascal*)　7 分钟 获得1979 年安纳西国际动画节大奖，1980 年英国影视艺术学院奖最佳短片提名
1984 年	《织工马南》(*Silas Marner*)　28 分钟
1987 年	《黑狗》(*The Black Dog*)　18 分钟 获得1989 年丹麦欧登塞国际电影节第一名(Odense International Film Festival First Prize)
1989 年	《天使与兵人》(*The Angel and the Soldier Boy*)　25 分钟
1996 年	《老鼠与鼹鼠》(*Mouse and Mole*)　5 分钟/集/10 集

维拉·纽布尔(Vera Neubauer)

维拉·纽布尔 1948 年出生，迄今为止已经制作了 30 多部动画片与真人短片。她撰写了大量剧本，搞过个人摄影展，策划过动画节，并担任鬼性电影公司(Spectre Films)的艺术总监。在她的个人网站上她把自己定位于独立艺术家与电影工作者。英国、意大利、德国、巴西、印度等国都举办过维拉·纽布尔的个人作品回顾展。她在英国中央圣马丁艺术学校与金史密斯学院任教，教授电影制作。作为客座教授维拉·纽布尔还经常游学授课于比利时、德国、土耳其、挪威等地。

20 世纪 70 年代初期，维拉·纽布尔毕业于皇家艺术学院，在校期间创作了两部各一分钟的动画短片《加农炮弹》(*Cannon Fodder*，1971)、《遗传学》(*Genetics*，1972)。毕业后她参与了 BBC1 电视台著名儿童电视节目《视觉呈现》的创作团队，制作她自己的动画短片并在该电视台播出。1973 年她应德国电视台之邀导演了六集儿童动画系列片《皮普与贝茜》(*Pip and Bessie*)并在德国播出。

1978 年，维拉·纽布尔导演了一部 25 分钟的动画片《为真人电影制作的动画片》(*Animation for Live Action*)。这部由英国电影学会投资的影片使用极其低幼、粗糙的黑白画风营造了一个女人眼中的“战争”场面。片中的真人动画师与动画角色在剪辑台上大打出手,这种真人与动画相结合的方式成为她日后经常采用的影片样式。

1981年的《决心》(*The Decision*)通过一位家庭主妇梦境与现实的不可调和性展现了女性追寻理想与现实之间平衡点的过程。女主角梦想成为一名无数男人追求的公主,但是每到关键时刻她却总被各种家庭琐事从梦境中拽回现实。这部33分钟的动画集合了真人、手绘甚至在胶片上直接划擦等形式。影片创作灵感来自维拉·纽布尔的家庭生活,她女儿的尿布成为全片第一个镜头,而她的小儿子则赤裸全身、手拿弓箭扮演爱神丘比特。身为母亲的维拉·纽布尔的喜怒哀乐在影片中表现得淋漓尽致。影片阐述了性别歧视、母性、女权主义、女性与战争、女性与性爱等问题。其嬉笑怒骂的表现手法与导演一贯严肃认真的创作态度形成巨大反差,作品已经超越了简单女权主义宣传而成为经典。

维拉·纽布尔在《生命之轮》(*Wheel of Life*,1996)中使用沙滩上的贝壳、草绳、碎石等杂物勾勒出人形,讲述了人类由亚当、夏娃偷食禁果开始的罪恶旅程。影片充满了宗教救赎式的反省。每一场戏结束时海水都会冲上沙滩,把导演在沙滩上画的各种人偶瞬间冲刷干净,不留一丝痕迹。

维拉·纽布尔除了动画片外还导演了大量真人电影,也许是出于对真人影像的热爱,她在制作动画时也喜欢将真人元素与动画结合在一起使用,这种"混合动画片"包括:针对儿童观众、讲述环境对孩子影响的《儿童世界》(*The World of Children*,1984);由英国艺术委员会资助,阐述权力如何在政治与人际关系中逐步统治人类的《母亲的诅咒》(*The Mummy's Curse*,1987);根据美人鱼故事改编的《湖女》(*The Lady of the Lake*,1995)。

在2003年的《铁钩》(*Hooked*)中,一个钩子跟随一个女人去旅行,他们游历了墨西哥、危地马拉、秘鲁、玻利维亚等国家。每到一地,女人便会根据当地的特点与自己的感受使用这个钩子编制各种东西。这部极其诡异的定格动画与纪录片相结合的作品由第四频道和英国艺术委员会联合出品。

值得一提的是,维拉·纽布尔影片极其暧昧与色情的美术风格除了来源于这位女才子的个性外,她的助手菲尔·莫洛伊也功不可没。这位日后凭借更加色情与暴力的成人动画片赢得无数世界一流动画大奖的男士为维拉·纽布尔创造了一种与传统动画技巧截然不同、极其随意而节约时间与劳动量的美术风格与工作方法。

维拉·纽布尔的代表作品:

1972年	《动画主张》(*Animation—Allegation*) 25分钟
1973年	《皮普与贝茜》(*Pip and Bessie*)
1976年	《命运》(*Fate*) 1分钟
1978年	《为真人电影制作的动画片》(*Animation for Live Action*) 25分钟 英国电影学会出品

续表

1981 年	《决心》(*The Decision*) 33 分钟 英国电影学会出品
1984 年	《儿童世界》(*The World of Children*) 15 分钟 第四频道出品
1987 年	《母亲的诅咒》(*The Mummy's Curse*) 25 分钟
1995 年	《湖女》(*The Lady of the Lake*) 20 分钟
1996 年	《生命之轮》(*Wheel of Life*) 16 分钟
1999 年	《月亮》(*La Luna*) 26 分钟 第四频道、英国电影学会联合出品 《我跳舞》(*I Dance*) 1 分钟 《龙与蝴蝶》(*The Dragon and the Fly*) 1 分钟
2001 年	《披着羊皮的狼》(*Woolly Wolf*) 4 分 15 秒 S4C 出品 获得 2001 年英国影视艺术学院奖最佳动画片、最佳短片大奖
2003 年	《铁钩》(*Hooked*) 10 分钟 动画纪录片
2004 年	《最后的马戏团》(*The Last Circus*) 23 分钟
2005 年	《羊毛村,羊毛头》(*Woolly Town—Woolly Head*) 5 分 45 秒

鲁斯·灵福特(Ruth Lingford)

鲁斯·灵福特(1953 年生)1990 年毕业于米德尔塞克斯工艺学校,获得纯艺术与艺术史双学士学位。在校期间她创作了两部各三分钟的手绘动画片:《全部的爱》(*Whole Lotta Love*,1989),灵感来自"齐柏林飞船"乐队(Led Zeppelin)一张关于艾滋病的唱片海报;《血海》(*Sea in the Blood*,1990)。

从米德尔塞克斯工艺学校毕业后她又来到皇家艺术学院攻读动画专业硕士学位。在这里鲁斯·灵福特创作了两部各四分钟的动画片:关于人口繁殖的《行李》(*Baggage*)以及包含电脑动画技术在内的手绘动画《面包屑》(*Crumble*)。从《面包屑》开始,鲁斯·灵福特日后的影片风格便初见端倪——形式上以手绘与数字技术相结合为主,黑白版画效果,主题则以死亡、战争、性爱为主。

1993 年她获得英国艺术委员会的"Animate!"项目资助,拍摄了《她想要的》(*What She Wants*)。这部四分钟的短片全部使用家用电脑制作完成,讲述了一个满脑子性爱的女人的一天。影片于 1994 年在第四频道播出。

1997 年,经过活动影像博物馆三个月的动画专业训练,鲁斯·灵福特再次获得第四频道与英国艺术委员会合作的"Animate!"项目资助,拍摄了《死神与母亲》。这部手绘与电脑相结合的黑白动画片根据安徒生的童话改编而成,讲述了母亲如何战胜困难从死神手里夺回自己孩子的故事。这部宣扬母爱的影片获得 1997 年安纳西国际动画节最佳美术设计奖、欧洲卡通论坛评委会特别奖、英国布拉德福动画节最佳实验动画奖,1998 年斯图加特国际动画节一等奖、英国动画大奖最佳影片奖(十分钟以上组)。

1998 年她完成了《战争的快感》(*Pleasures of War*),这部 11 分钟的短片由古代传说改编而成，讲述一个女人牺牲自己的身体去拯救一座围城的故事。影片使用了大量真人战争场面的纪录片素材。

2002年鲁斯·灵福特再一次得到"Animate!"项目资助，导演了《老傻瓜》(*The Old Fools*)。影片根据菲利普·拉金(Philip Larkin)的诗歌改编而成，表达了导演对老人的恐惧、怜悯与厌恶。这一体验应该来自于她早年行医的经历，在考取米德尔塞克斯工艺学校之前鲁斯·灵福特是一名医生，主要治疗患有精神病的老年人。这段经历无疑对她日后创作产生了影响——在她眼中老人象征着死亡与恐惧。

除了创作个人艺术短片外，鲁斯·灵福特还制作了大量动画广告片、科教片、电视系列动画片。她导演的动画MV《以眼还眼》(*An Eye for an Eye*)获得2002年英国爱丁堡艺术节麦克莱伦奖。与此同时，她还在英国国家影视学校、皇家艺术学院与美国哈佛大学兼职任教，并撰写了很多动画理论文章。

鲁斯·灵福特的代表作品：

1994年	《她想要的》(*What She Wants*) 4分钟 第四频道、英国艺术委员会联合出品
1997年	《死神与母亲》(*Death and the Mother*) 11分钟 第四频道、英国艺术委员会联合出品 获得1997年安纳西国际动画节最佳美术设计奖、布拉德福动画节最佳实验动画片奖、欧洲卡通论坛评委会大奖；1998年斯图加特国际动画节一等奖、英国动画大奖最佳动画片奖(10分钟以上组)
1998年	《战争的快感》(*Pleasures of War*) 11分钟 第四频道、英国艺术委员会联合出品 获得1999年巴塞罗那独立电影节最佳动画片奖(Barcelona Independent Cinema Festival)、2000年中国台湾国际动画节最佳动画片奖
2002年	《老傻瓜》(*The Old Fools*) 6分钟 第四频道、英国艺术委员会联合出品

玛珠特·瑞米恩(Marjut Rimminen)

1968年毕业于芬兰赫尔辛基工艺美术学院平面设计专业(Helsinki College of Applied Art)，她的动画处女作获得1972年萨格勒布国际动画电影节最佳动画广告片奖。同年，在芬兰电影基金会的资助下玛珠特·瑞米恩与哥哥一起完成了一部三分钟的手绘动画片《回到未来》(*Trip to Eternity*)。

1973年哈拉斯与巴彻拉动画公司邀请这位芬兰导演加入他们的公司。但是只干了一年她便离开该公司在伦敦创建了自己的公司。她一边为芬兰制作动画广告片，一边为第四频道制作动画短片。

玛珠特·瑞米恩1986年导演的《我不是女权主义者，但是……》(*I' m Not a Feminist, But...*)是根据克里斯廷·罗克(*Christine Roche*)的同名绘本改编而成。这部七分钟的轻喜剧结构松散，经常以静止的素描或插画作为转场。强烈的美术风格使影片看上去更像一本漫画书。

1987年，她导演了《盲目的公正》(*Blind Justice*)，这部九分钟的动画纪录片改编自一个女人真实的监狱生活。该片获得1988年英国动画大奖最佳影片与最佳电影音乐提名。

1991年玛珠特·瑞米恩与女导演克里斯廷·罗克又合作完成了动画短片《污点》(*The Stain*)。这部11分钟的黑白短片讲述了一个普通家庭中暗藏的仇恨。这个极其黑色而又略带神秘色彩的故事来源于一则真实的新闻。在喃喃的画外音中，导演以手绘与定格动画方式讲述了各种乱伦与家庭暴力的故事。这部作品的主题是其他英国动画女导演从未涉及的，因为其太过敏感与灰色。影片获得1992年广岛国际动画节评委会特别奖、旧金山国际电影节评委会特别奖。

《污点》过后，克里斯廷·罗克继续从事绘本与科教读物的创作，而玛珠特·瑞米恩则于1996年导演了电脑、真人与定格相结合的动画片《幸福归来》(*Many Happy Returns*)。这部8分23秒的短片讲述了一个真实家庭中发生的精神崩溃故事。

虽然身在英国，玛珠特·瑞米恩却从没有忘记自己的祖国，她经常与芬兰电影机构合作。例如1982年她与芬兰电影基金会合作导演了《桥》(*The Bridge*)；1996年的*Urpo & Turpo*是真人与木偶动画相结合的电视系列动画片，每集九分钟，共六集。这套为芬兰电视台制作的动画由芬兰电影基金会、欧洲剧本基金会联合出品，曾经在印度与芬兰的动画节上获得过大奖。

玛珠特·瑞米恩热心公益事业，她不仅关心女性堕胎问题，导演了《混合感情》(*Mixed Feelings*，1998)，而且还于2001年为联合国儿童基金会制作了防治艾滋病的动画公益广告《红丝带》(*Red Ribbon*)。

特别推荐1996年玛珠特·瑞米恩应瑞典著名品牌Absolut伏特加制作的动画广告片——《Absolut伏特加》(*Absolut Panushka*)。该公司邀请了包括玛珠特·瑞米恩在内的24位国际知名动画师参与创作，每人使用该品牌经典酒瓶造型剪影制作十秒动画，并在网络首映。

玛珠特·瑞米恩的代表作品：

1986年	《我不是女权主义者，但是……》(*I'm Not a Feminist, But...*) 7分钟　第四频道出品
1987年	《盲目的公正》(*Blind Justice*)　9分钟　第四频道出品
1989年	《青蛙王子》(*The Frog King*)　7分钟
1991年	《污点》(*The Stain*)　11分钟　第四频道出品 获得1992年广岛国际动画节评委会特别奖、旧金山国际电影节评委会特别奖
1996年	*Urpo & Turpo* 电视系列动画片　芬兰电影基金会、欧洲剧本基金会联合出品 《幸福归来》(*Many Happy Returns*)　8分23秒　第四频道出品
1998年	《混合感情》(*Mixed Feelings*)　12分钟　第四频道出品
2001年	《红丝带》(*Red Ribbon*)　1分钟

苏茜·坦普利顿(Suzie Templeton)

苏茜·坦普利顿1967年出生于英国南部的汉普郡(Hampshire),曾在英国最棒的两所动画艺术院校学习——获得创意艺术大学学士学位、皇家艺术学院动画专业硕士学位。其硕士学位毕业作业《狗》获得2002年英国影视艺术学院奖最佳动画短片奖、英国动画大奖最佳学生作品奖、渥太华国际动画节学生竞赛单元大奖、广岛国际动画节大奖。

迄今为止,她只导演了三部动画短片作品(全部为定格动画片),令世人了解她的作品则是获得2008年奥斯卡最佳动画短片奖的《彼得与狼》。

《彼得与狼》这个经典童话故事曾经被改编为歌剧、话剧、音乐剧、绘本、儿童文学、有声书、动画等多种艺术形式,其中影响最大的要数1936年俄罗斯作曲家普罗高菲夫创作的交响乐童话。在这部音乐童话中所有角色都用不同乐器来扮演。

2006年是《彼得与狼》交响乐童话诞生70周年,苏茜·坦普利顿推出了这部30分钟的定格动画。创作灵感来自导演对音乐的喜爱,“这部交响乐太伟大了!我被深深打动,五年来我每天都在听它”。

苏茜·坦普利顿远赴俄罗斯考察,并参与场景、人偶的设计工作。影片全部拍摄工作在波兰完成,最多时有六座摄影棚同时开工。100多名英国、波兰的动画师鼎力合作,历时五个多月,成为波兰历史上规模最大的动画片项目。据说最大的一个场景占地170平方米。难怪该片制片人在影片首映时说:“当年普罗高菲夫用三天时间就创作出了这部交响乐,而我们250多人用了五年时间才拍出这部动画片。仅剧本撰写阶段就用了两年,而每天一个动画师只能完成一秒半的动作调试。”

与以往版本不同的是苏茜·坦普利顿把这个经典故事搬到了现代,并赋予其全新的结尾。影片在英国皇家阿尔伯特音乐厅与埃克塞特大教堂(Exeter Cathedral)举办了有现场交响乐表演的放映活动。

《彼得与狼》最大的一个特点就是影片中的偶做得极其逼真,特别是小男孩的眼睛简直以假乱真。我相信很多观众一定惊叹于这些技术层面,但是我却不喜欢这些宛如蜡像一般的偶,因为它们逼真到“变态”的程度。既然追求如此真实的效果,那去拍真人不好吗?看着片中那只狼下山的动作如此之流畅与准确,除了感叹其技术强大外,我真的找不出其他称赞的话语。

看完《彼得与狼》的制作花絮我最感兴趣的有两点:

数字技术的广泛应用。貌似这是一部极其标准的定格动画,但是有趣的是全片无时无刻不与数字技术有关。例如,在开拍之前,三维的Layout已经全部完成,景别、机位、摄影机运动、角色镜头内部的调度,甚至部分简单动作的调试都已经定死,以便动画师准确地掌握影片节奏。接下来的偶动画拍摄则严格按照这一活动故事板进行。导演一直在寻找一种类似气球的材质但是未果,于是小鸟身上绑的那只蓝色气球最终以纯三维的形式出现。至于使用数码单反照相机拍摄而非传统的胶片摄影机,后期制作中的蓝幕抠像,烟火特殊视觉效果,擦掉偶支架等问题更是离不开数字技术。

剧组在影片还没完成时就到小学进行动画普及教育活动。他们给孩子播放影片的三维 Layout 片段，请孩子们利用手中简单的乐器现场给影片配音乐。专职教育专家还会给学生们介绍《彼得与狼》的音乐背景、角色特征，然后叫孩子们自己在简单的动画软件里加动画，上色，并阐述对影片人物的理解。我认为这种推广动画的手段很高明，既激发了孩子们的想象力，培养了动画人才，又很人性地宣传了影片。看着孩子们兴奋的眼神，听着他们即兴为影片配上的音乐，我无比感动。这才是动画艺术的本质！长此以往，英国动画大有希望。而我们呢？"那小孩，背手，坐好！只许看半个小时的动画片啊！接受教育。"

也许是《彼得与狼》的名声太大，所以观众一般会认为苏茜·坦普利顿是一位关心孩子、倾心于童话故事的主流女导演，其实看一看她过去的两部短片，你就会彻底改变这种观点。

1999 年的《斯坦利》(*Stanley*)讲述了一个老男人爱上一颗卷心菜，最终把嫉妒卷心菜的老婆杀掉的奇怪故事。影片充满了老男人的性幻想与老女人的嫉妒、仇恨。在老男人的梦中卷心菜躺在浴缸里，男人为她刮着腿毛(所谓大腿其实就是卷心菜的根)，宛如女性生殖器的菜心一张一合，召唤着老男人。而老女人则不断地拿刀剁着各种食物(导演使用了真实的肉)，始终想把卷心菜吃掉。

2001 年的《狗》更加黑暗，导演通过一条狗的死亡过程暗示了小男孩母亲的死亡。影片中竟然出现了父亲用枕头闷死病狗未果，然后再拿起台灯将狗活活打死的镜头。看得我不寒而栗啊！回过头来再看看《彼得与狼》，感觉这部作品真阳光，真美好！这不禁使我想起《彼得与狼》制作花絮里苏茜·坦普利顿的话："我的风格比迪斯尼黑暗得多，年纪小一点的孩子可能会被吓到。"

我相信，她没说谎。

苏茜·坦普利顿的代表作品：

1999 年	《斯坦利》(*Stanley*)　7 分钟
2001 年	《狗》(*Dog*)　5 分钟 获得2002 年英国影视艺术学院奖最佳动画短片奖、英国动画大奖最佳学生作品奖、爱丁堡国际电影节最佳新英国动画奖、墨尔本国际动画节最佳影片奖、渥太华国际动画节学生竞赛单元大奖、广岛国际动画节大奖
2006 年	《彼得与狼》(*Peter & the Wolf*)　30 分钟 获得2007 年安纳西国际动画节最佳动画短片大奖、英国影视艺术学院奖最佳动画短片提名，2008 年奥斯卡最佳动画短片金像奖、英国动画大奖最佳电视动画特别节目奖

其他女性动画导演

◎凯瑟琳·斯巴德·休斯顿(Kathleen 'Spud' Houston)

生于 1911 年 1 月 10 日，她的处女作是 1935 年的《狐狸亨特》(*The Fox Hunt*)。她在安生·戴尔(Anson Dyer)、哈拉斯与巴彻拉动画公司都工作过。1968 年她导演了

《牵牛花》(*Petunia*),1980 年她根据新西兰民间传说制作了《失去翅膀的几维鸟》(*How the Kiwi Lost His Wings*)。

◎维拉·琳尼卡(Vera Linnecar)

1923 年出生于伦敦,她是传记电影公司(Biographic Films)的台柱子。她的主要作品包括:《萨曼塔的春天》(*Springtime for Samantha*,1965)、《猫就是猫》(*A Cat Is a Cat*,1971)和《我能否揣摩你的态度?》(*Do I Detect a Change in Your Attitude?*,1980)。

◎希拉·格拉巴(Sheila Graber)

出生于 1940 年 6 月 14 日,1970 年崭露头角。在接下来的 10 年内她一直从事动画制作,1981 年她根据吉普林的文学作品导演了十集动画系列片《只是这些故事》(*Just So Stories*)。

◎丹尼·杰克逊(Dianne Jackson,1941.7.28～1992.12.31)

踏入动画圈是从参与《黄色潜水艇》的制作工作开始的。1982 年,她根据英国漫画大师雷蒙德·布力格斯(Raymond Briggs)的同名儿童文学绘本创作的《雪人》获得巨大成功。影片获得 1983 年奥斯卡最佳动画短片提名、1983 年英国影视艺术学院奖最佳儿童电视动画片奖。自 1988 年导演了 35 分钟的中篇动画《爷爷》(*Grandpa*)后,丹尼·杰克逊便一直病魔缠身。尽管她又强撑着导演了五集《彼得兔的世界与朋友们》(*The World of Peter Rabbit and Friends*,每集 24 分钟),但终因癌症于 1992 年去世而未能完成这套九集的电视系列动画片。

◎莱斯莉·H. 肯(Lesley H. Keen)

1953 年 12 月 10 日生于格拉斯哥,1975～1978 年,她在捷克斯洛伐克著名电影公司 Bratriv Triku 学习(该公司制作的《鼹鼠的故事》在中国家喻户晓)。后来她回到家乡创办了"永恒视觉动画公司"(Persistent Vision Animation)。1983 年,她导演了向瑞士画家保罗·克利(Paul Klee)致意的《运动之线》(*Taking a Line For a Walk*)。莱斯莉·H. 肯似乎对古希腊与古埃及文化十分感兴趣,接下来的几部作品全部取材于此。1984 年的《俄尔浦斯与欧律狄刻》(*Orpheus and Eurydice*)获得当年戛纳国际电影节最佳短片金棕榈奖提名。1985 年的《跨越时间的俄尔浦斯》(*Orpheus Through the Ages*)是一部 48 分钟的动画纪录片。1990 年的《太阳神之路》(*Ra: Path of the Sun God*)讲述了一个埃及神话故事:地狱之神、生育之神与他们邪恶的表兄之间的战争。这部 72 分钟的影院长片为三段体结构,导演使用了大量转描仪技术。影片在营造古埃及神秘气氛方面做得非常到位,虽然角色表演不是很完美——有人评价它像喝醉了酒的梦游者——但某些变形还是极其优美的。尽管影片美术风格独树一帜,甚至某些场景颇有现在三维动画大片的风范,使人怀疑是否使用了电脑动画技术。但是故事太过老套,观众对此并不买账。

◎莎拉·考克斯(Sarah Cox)

1999～2000 年间,莎拉·考克斯任教于美国萨瓦纳艺术与设计学院电脑艺术系(Computer Arts Department of Savannah College of Art and Design),教授二维动画。1997 年她导演的《三条出路》(*3 Ways to Go*)获得当年英国动画大奖十分钟以下组最佳影片奖。

2001年莎拉·考克斯导演的《朴素的快乐》(*Plain Pleasures*)在安纳西国际动画节放映引起关注,并获得2002年德国莱比锡国际电影节最佳动画片银鸽奖。这部七分钟的短片为她带来了知名度与商机,于是她与另外一位女导演萨利·亚瑟(Sally Arthur)共同组建了亚瑟—考克斯动画公司(Arthur Cox),制作动画广告片、动画片头(她们的广告作品主要针对法国市场)。2004年莎拉·考克斯导演的《重金》(*Heavy Pockets*)获得2005年英国影视艺术学院奖最佳动画短片提名。

今天莎拉·考克斯在国家影视学校动画系任教。

◎卡罗莱纳·洛佩兹·卡柏莱罗(Carolina Lopez Cabellero)

西班牙籍女导演卡罗莱纳·洛佩兹·卡柏莱罗毕业于萨瑞艺术设计学院,1992年的《天鹅之歌》(*Swan Song*)是她的大学毕业作品。这部八分钟的短片集合了定格、手绘、拼贴等手法。影片讲述一位国王被一个神秘女子的歌声所吸引,但是当他发现那个女子竟然是天鹅所变而无法适应王后生活时失望至极。于是国王为她定做了一个面具以掩饰其不雅的面容。影片以王后撕掉面具,放弃王室生活与一群天鹅飞走作为结尾。这个神话故事传达了导演对女性社会地位问题的隐喻。如今,卡罗莱纳·洛佩兹·卡柏莱罗回到西班牙成为动画节策划人,筹办了著名的Sitges电影节(Sitges Film Festival)。

◎派卓·弗里曼(Petra Freeman)

1992年,派卓·弗里曼导演了《磨坊》(*The Mill*)。这部八分钟的短片讲述一个小女孩被一群蜜蜂叼到蜂巢之中,发现了一个神秘仙境的故事。派卓·弗里曼选择了在玻璃上使用油彩绘制的技巧,创造了大量具有象征意味的符号化影像。影片由第四频道和英国电影协会资助完成,获得1992年广岛国际动画电影节大奖。1996年她导演的《跳跃的琼》(*Jumping Joan*)获得渥太华国际动画电影节技术创新传媒奖。

◎莎拉·安·肯尼迪(Sarah Ann Kennedy)

莎拉·安·肯尼迪导演的木偶动画系列片《卡普斯敦小屋》(*Crapston Villas*)讲述了一群住在伦敦破旧的维多利亚风格房子里居民的故事。《卡普斯敦小屋》每集十分钟,共13集。1998年,该片获得英国畅销杂志《广播》(*Broadcast*)评选的年度最佳新节目奖。这是有史以来动画片第一次击败真人影视作品而获得该奖项。

莎拉·安·肯尼迪的配音才能比其导演才能更为出名,她在马克·贝克导演的《粉红猪小妹》和康地·加德导演的《庞德的生活》中都有出色表现。

英国动画的实用性

英国动画的实用性及其成因

英国大使馆每年都会和中国传媒大学搞一些文化交流活动,例如动画MV展、设计师讲座，旨在推广英国创意产业。每次活动结束时观众都会收到一份调查表，我印象最深刻的一个问题是“你觉得英国是创意发源地吗?”我不知道他们何以如此自信以至于问出这样自大的问题，搞得全世界似乎只有英国人会思考。但是有一点不容置疑，英国确实是最早(1995 年)提出“创意产业”这一概念的国家之一，近年来伦敦更是成为世界创意产业的中心。皇家艺术学院的院长这样评价今天的英国创意产业:“从某方面讲英国正在经历一场创意革命。当然，我们并没有发明设计、广告、时尚、广播、电子游戏等事物，我们只是给这些领域起了名字，贴上标签，让人们认识到它们的价值而已。作为国民经济的一部分，创意产业很早以前就开始了。我们不是第一个搞创意产业的，但我们是第一个使用创意产业这一名词的人，并且对其极为重视。我认为创意产业在英国 GDP 中的比例比其他国家要高，占了英国整个经济的 8%。这个比例很高，其发展速度是国民经济平均发展速度的三倍，所以伦敦有很多创意公司。”

英国政府支持创意产业的力度与日俱增，十几年前就开始对包括动画在内的文化创意产业状况进行评估——从广告到电子游戏，一共分为 13 个类别，其中有七个类别与动画有关。由此看来，在英国动画可以干很多事情，而不仅仅是讲故事。

其实动画除了作为叙事性艺术品在电视台与电影院放映外它还有很多其他功能:动画 MV，动画广告，建筑浏览动画，电子游戏过场动画，影视作品的动画片头、片花，电影特技，舞台表演的多媒体展示，电视节目包装，工业设计演示动画，文化遗产数字化保存与演示，甚至动画电子贺卡与 DVD 光盘动画菜单。在英国几乎每一位动画艺术师(无论名气大小)都参与过实用性动画项目的创作，并涌现出一大批像激情动画公司、阿卡工作室等享誉世界的本土动画公司。

制作实用性动画的好处显而易见——钱多！无论是制作预算还是创作者的报酬都是制作个人艺术短片所无法比拟的。看着那些世界顶级商家客户名单，我想任何一个动画师都会怦然心动。在赚取高额利润的同时(其利润率远比制作电视系列动画片高得多)，这些制作实用性动画的公司还借助与世界一流商家合作之名提高了自己的知名度与影响力。于是又有新客户慕名而来，或制作实用性动画或投资创作叙事性动画，动画运营的良性循环就此建立。

也许有人会说“拿人钱财，替人消灾”，实用性动画的艺术创作空间肯定微乎其微甚至毫无艺术可言，用“制作”二字形容它比用“创作”二字更为贴切。在中国这一猜测也许成立，但是综观英国实用性动画，你会发现一个普遍现象——这些“活儿”与动画师的个人艺术短片无论在制作技巧、形式还是美术风格上并没有明显区别。以广告为例，英国动画广告所表现的内容乍一看通常与产品本身没有多大关系。观众往往记住了一部富于创意的动画片而忽略了广告所推销的产品是什么。广告客户不但不追究自己的产品没有被明确宣传的责任，反而很欣赏艺术家们这种“文不对题”的创新想法。在这样有品位的客户的培养下，英国动画艺术家们获得了其他国家动画师可望而不可即的创作机会与资金，很多动画广告片的形式与主题丝毫不逊色于艺术短片，令人爱不释手，有收藏的冲动。动画广告成为动画师的试验田，各种新技术与形式得到客户充足资金的大力扶持，动画师积累了经验与资金，再应用于个人短片创作，于是又一个良性循环建立了。

尼克萨斯动画公司的创始人夏洛特·巴瓦索说:“过去日本动漫势不可当,除了日本漫画与为儿童制作的二维动画片外,我们几乎没什么选择余地,并且这二者之间没有任何过渡性产品。今天,随着动画广告、动画 MV 客户的增多,与过去截然不同的动画技术与风格样式出现了,于是尼克萨斯动画公司应运而生。”

谈到创作自由与商业压力的关系,阿卡工作室的创意总监菲力普·亨特说:“给予创作者更多的回旋余地比单纯命令我们去干活更利于完成任务。我给一些制片人看《Ah Pook 来啦!》,他们都表示很喜欢,但是不会叫我去做这样的广告,因为它看着太古怪了。但是他们会和我保持联系,有活还是会通知我。”

在中国有这样艺术修养与宽容态度的老板似乎还没出生,而在英国我们却发现一个有趣的现象——实验色彩越浓厚的动画片越容易受广告客户的青睐,奎伊兄弟就是典型案例,他们那令人费解的作品吸引了众多广告客户。一位广告公司主管这样解释聘请他们制作广告的原因:“奎伊兄弟的作品质感怪异,非常特别,因此很耐看。他们的作品不仅是引人注目的广告,也是优秀的广告,所以我们可以反复播出这些广告,它在众多的电视广告中独树一帜,异常抢眼。”

另外,这些实用性动画充分发挥了动画艺术的特性,成为真人影视手段无法替代的独立军。例如激情动画公司制作的一则洗衣粉广告中使用动画形式讲述一个男孩如何把自己衣服搞脏的神奇过程:一只巨龟打喷嚏引起一阵大风,风吹起报纸把玩滑板的小狗眼睛蒙住了,于是小狗撞在了火箭上,导致火箭误发射。违规升空的火箭肯定命短,不一会儿就栽了下来,笔直地戳在马路中间,一辆疾驶而来的汽车躲闪不及险些翻倒,满满一车皮球便倾斜而出,其中一个球滚下山坡,正好击中了正在踢球的小孩面前的泥坑,于是他被溅了一身泥!一连串不可思议的过程结束后,一个真人小男孩抱着足球,很严肃地冲着镜头说“这就是我衣服为什么脏了的原因”。爆笑啊!既符合动画的特性,又恰如其分地表现了孩子的谎言与童真的可爱。这个广告创意极其有力地证明——很多事情只有动画能做到。英国防止虐待儿童协会(NSPCC)的公益广告更是如此,我们根本无法想象、观众也不愿意看到实际拍摄真人孩子被虐待的镜头,于是动画手段便成为独一无二的选择。

造成英国实用性动画如火如荼发展的原因,除了客户开明、审美品位高、能够赋予创作者广阔空间外,动画师对艺术与商业的正确认识也是关键因素之一。英国动画师从没把艺术创作与商业生产视为截然对立的两个阵营。他们从不会因为自己创作了广告、MV 而感到羞耻,也不会以阳春白雪的艺术家自居。一切都那么顺其自然,水到渠成。没有自大,也没有自卑,这种心态实在值得我们学习。

其实,光有客户与动画师也难以实现实用性动画的大规模运转,灵活而宽松的工作室制度才是保证实用性动画稳步发展的基础。

英国动画工作室制度

英国动画公司中24%是中型，14%是大型公司，其余是微型公司。大多数英国动画工作室都强调宽松、优越、兼容并蓄而富有创造精神的“工作室文化”，请注意我说的是“工作室文化”而不是“公司文化”。他们把自己称为工作室而不是动画公司或者制作公司，就是为了强调他们出售的是创意而非简单的视频产品（这有点像纯手工打造的汽车比流水线生产的汽车更显尊贵一样）。在此我想解释一下工作室与公司的区别，一个搞摄影的朋友告诉我他现在开的是摄影工作室而不是摄影公司，虽然也拍婚纱但是与婚纱摄影公司还是有本质区别的。工作室规模小，管理与创作都很灵活，更多的是以摄影师的个人艺术创作为主。而婚纱摄影公司则完全是流水线生产，有一个规定模式，谁来了都是这一套，甚至连化妆都分工协作——你负责眉毛，我负责嘴唇，各司其职，机械复制。

因此，尽管凭实力而言很多英国动画工作室早已是世界顶级动画广告公司，但是他们却喜欢人家称之为工作室（Studio）。这与国内那些动不动就称自己为“国际有限公司”（实际上就仨半人租一地下室）的动画作坊相比，谁高谁低，一目了然。心态问题决定一切啊！说到底，英国动画工作室所强调的工作室文化是一种开放、自由的创作态度，以设计师和导演为核心，审视、指导所有工作项目，以创意取胜而非技术炫耀与堆积。小巧玲珑、个性十足、管理灵活、富有创造精神。

以阿卡工作室为例，他们的签约导演除了制作工作室的项目外，也可以接受公司以外的商业活动并独立完成。工作室从不会限制他们的个人发展，并经常为他们介绍商业项目。有活就干，没活就散，这使其更像一个旗下拥有众多高手的动画人才经纪公司。正是这种管理模式才使得三十余位艺术家能最大限度地发挥各自优势、共同进步，为公司与个人带来双赢的结果。阿卡工作室给予签约导演们自由的创作空间与衣食无愁的待遇，这些艺术家在物质与精神上都极大丰富之后也会回报社会。其签约导演格兰特·奥查德自己有一个小公司（官方网站：www. thehopeandanchor. net），专门扶持那些因资金短缺而发愁的职业动画师、摄影师、游戏编程人员等艺术家们完成他们的作品，于是又一个良性循环开始了。

如此宽松的管理模式并没有导致工作室的导演们各自为政，老死不相往来，他们往往通力合作，共同完成一个项目。阿卡工作室在推广企业形象时也从不单独宣传某一个导演的东西，而是把所有导演的作品一起推荐。这么做是为了使客户有更多的选择而不是决定于工作室某一领导的好恶。谈到这里的工作方式，偶动画导演出身的菲力普·亨特说：“我经常会把自己接到的项目转交给别的导演，因为我知道这个项目做成二维动画要比做成偶动画效果更好。有时候我们会把一个项目告诉全工作室的人，因为我相信所有人都能拿出令人满意的创意——甚至工作室前台的接待员与跑腿送文件的。我相信工作室所有人都有这个潜能，在关键时刻就会爆发出来。相信别人会使事情变得简单起来，从而帮助我们大步前进。我们经常会收到十个甚至更多的点子与拍摄建议，我需要做的只是选择、审视哪个更适合我们而已。我非常期待别的导演看完我的画与故事板后提出意见。”

今天，这种灵活的动画项目代理、动画经纪人制度已成为很多英国动画工作室采用的经营模式并逐渐成为传统。

英国动画的实用性对中国动画的启示

在连温饱问题都无法解决的中国动画界，目前要想生存下去当务之急不是多出几个艺术家，而是增加实用性动画的产量与质量。这就如同中国动画现在缺的不是安纳西、萨格勒布那样的艺术动画节大奖，而是赤裸裸的、以商业效益作为衡量标准的奥斯卡最佳动画短片奖。

先吃饱肚子才有心情与精力提高艺术修养，这个貌似地球人都知道的道理在中国动画界为什么实施不了呢？原因如下：

(1)“万般皆下品，唯有故事高”的创作心态使动画专业的师生从一开始便毫不犹豫地断了自己的一条后路。我曾经不止一次看到老师告诫学生毕业创作如果不讲故事、故事讲得不漂亮、故事主题不深刻，那就是巨大的失败！四年算白学！面对不想讲故事，只想针对某些技术环节进行实验或纯粹表达自我状态的作业，老师会予以迎头痛击，毫不留情地枪毙这些“与艺术毫无关系”的“低级”想法。

(2)实用性动画需求方与动画师缺乏最基本的沟通与交流，二者甚至不知道对方的存在，实用性动画发展的大环境没有形成。除了房地产老板知道找几个搞电脑的做点建筑浏览动画外，需求方根本不知道动画可以帮助他们做什么，更不知道去哪里找这些动画师以及他们的市场行情。

(3)实用性动画需求方素质与修养太低，只相信“恒源祥，羊羊羊”那样胡同串子吆喝卖臭豆腐的推销路子，你跟他们谈动画可以帮助他们推广产品等于对牛弹琴。

综上所述，实用性动画需求方、供给方自身都存在严重的观念问题，二者又缺乏沟通，于是产业链根本无法形成。中国动画急需拓展实用性动画领域！针对这种现状，我们应该转变创作方向，把工作重点从单纯为电视台、电影院生产的叙事性动画转移到实打实地为工农兵学商服务的实用性动画领域。与此同时，从动画教育抓起，在师生中树立实用性动画并不可耻，艺术与商业完美结合才是王道的观念。

强调动画的实用性丝毫没有贬低动画艺术之意，也没有万般无奈、迫不得已而为之的遮丑之心。恰恰相反，这正是动画的特性之一。如果你还放不下艺术家的架子，拉不下这张脸，那就让我们来看看最具贵族气息的英国皇家艺术学院院长克斯托佛·弗瑞利是如何看待艺术与商业二者关系的吧：

“我们需要设计大师——他们见识不凡、与众不同；但是同时我们也需要普通的设计师——他们脚踏实地、经营管理着企业。在当今世界这二者缺一不可。现在与过去的情况不一样了，很多经理、商业咨询师涉足设计行业，传统设计师的角色也随之发生变化。他们越来越多地与其他行业发生着关系(而不是只简单地考虑艺术创作问题)。

我认为当前有两大问题困扰着设计界，一个是懂技术、搞生产的人不懂设计，他们不知道如何与设计师沟通。这个问题必须也可以解决，大学教育是一个途径。另一个问题就是商人(习惯性)地认为艺术家是一群很难合作的人。我们应该把商业与有创造力的学生联合起来。学生有很多非常出色的想法与创意，这正是商业领域所缺乏的创造精神。必须让商人和艺术家通力合作，这对双方都有利。另外，我们培养的学生都很有个性与才华，在拥有自信的同时也很自负。而大公司需要的是有合作精神的人而不是一味特立独行的艺术家。(针对这一客观事实)我们正在(调整教学方法与结构)努力改善这一情况。”

英国动画工作室制度对中国动画的启示

英国的动画工作室更像一个个人才集散市场，来去自由，不养闲人。资源共享，有活互相通知。这不由得使我想起中国急需推广动画经纪人制度，把那些散兵游勇般的动画编剧、导演、原画等人力资源整合到一起，由一个靠谱的机构(例如动画经纪人公司)统筹规划，为他们寻找实用性动画创作机会，使各个行业逐渐意识到动画可以为他们提供哪些服务并最终促成双方合作。动画经纪人公司不仅要储备大量人才，还要向各个可能与动画发生关系的领域进军，牵线搭桥，拓展业务。并在适当的时机进行宣传，甚至由经纪人公司投资制作一些旨在宣传公司人才的动画短片。

真正的经纪人不应坐等人才送货上门，动画经纪人其实应该像演员经纪人一样在学生还没毕业时就去发现“明星”，寻找优良品种与好点子。不要等演员成了明星再去签约，那时候一切都晚了。中国急需独具慧眼的“动画星探”，他们发现的不仅是人才，还有处于雏形期的剧本、美术造型甚至衍生产品的开发可能性。

虽然我们的动画经纪人公司目前还不能像英国动画工作室那样拥有大量稳定客户，大规模投资进行实体影片制作，但是作为过渡性产品，现阶段在中国还是有一定存在意义的。

另外，我之所以大力提倡动画经纪人制度，除了受到英国动画工作室制度的启发外，很多毕业生的遭遇也使我很早以前就萌生了这一想法。

我发现一个可悲的现象，再优秀的学生只要一毕业，扔到社会上一年，准完蛋。不论你是到公司、电视台就职，还是个体户单干，激情与创造精神会在一年内迅速消失。是现实与理想相差悬殊而导致的毕业生恐慌症？是学生不适应复杂的社会状况而茫然不知所措？还是千军万马过电视系列动画片这座独木桥而导致纷纷落马？

因此，多年来我一直想成立一家公司送学生一程，使他们从纯粹的学生状态顺利过渡到商业创作阶段。我去寻找各种实用性或叙事性动画项目，带着这些素质极好的毕业生进行创作。在实用性或叙事性动画项目中我更倾向于前者，因为这毕竟不是做毕业作业。你别太阳春白雪，也别太一味媚俗。既不能扼杀他们的创造精神，又不能任凭他们不切实际地无病呻吟。

所有学生在刚步入社会时都会因工作压力而感到不适应，英国人也不例外。菲力普·亨特说:“(刚开始进入广告这行时)我仿佛又重新上了一次学,我不仅要面对极其具体的任务并去解决问题,还有避免千篇一律的可怕后果。我讨厌一成不变的所谓艺术风格,不断创新才是保持我创作激情的唯一出路。”我的公司应该像一把保护伞帮助这些有艺术潜质的毕业生顺利度过这一必经阶段,使他们在艺术创作与商业行为之间找到自己的平衡点。与此同时,我通过密切合作与深入了解,逐渐掌握这些毕业生各自的优势,了解那些可能连他们自己都没意识到的长处,将其推广到适合他们的项目与领域之中。而这一切最好在实用性动画项目中进行,因为我们大家都要吃饭。

在这一过程中我所充当的角色介乎老板与导师之间,如果非要定义这种混合物是什么的话?请允许我套用周星驰在《喜剧之王》中的一句经典台词:“其实我是一个……经纪人。”

英国动画中的外国人

有一次和台南艺术大学音像动画研究所所长余为政教授聊天,也不知道怎么就谈到了英国动画,他说:“英国动画历史是由外国人书写的,他们的动画之父——约翰·哈拉斯就是匈牙利人。因此到现在很多英国人还对此耿耿于怀,有一次,那个谁谁谁你知道吧?(编者按:余老师说的是一位英国著名动画理论家,此处名字打上马赛克)就对我说约翰·哈拉斯在英国待了一辈子,到头来连英语都说不好。我心说英语说不好又怎么样?你们的动画历史不还是人家开创的!”

说者无心,听者有意。余老师的一段“八卦”使我恍然大悟,对啊!余老师不说我还真没意识到这一不争的事实。约翰·哈拉斯的匈牙利文名字是 János Halász,早在移民到英国之前(1932 年)就已经开始在自己的祖国制作动画片了。英国著名动画理论家珍·琵琳也说:“事实上,英国动画持续的力量是外国人注入的。英国为他们提供了其祖国没有的工作环境或教育。30 年代,列恩·雷来自新西兰,理查德·威廉姆斯和乔治·杜宁来自加拿大,奎伊兄弟是美国人,奥斯卡·格里罗(Oscar Grillo)来自阿根廷,荷兰人迈克尔·杜克·德威特和芬兰人玛珠特·瑞米恩来到英国求学并留下来拍片,而法国人格里·丹尼斯(Gaëlle Denis)那部获得英国影视艺术学院奖最佳动画短片奖的毕业作业《永不睡觉的鱼》(*Fish Never Sleep*)则是在英国皇家艺术学院完成的。”

英国之所以能够吸引外国动画师的原因大概有以下几个:

(1)欧洲很小,走动起来很方便。尽管英国还没有加入欧盟,但是相近的文化根基与生活习惯使他们交流起来几乎没有障碍。

(2)祖先疯狂的殖民掠夺与扩张为英国原始资本积累打下了坚实的基础,从政府到民间都有大量资金流向艺术创作。尽管今天的“日不落帝国”已没有往日的辉煌,但是瘦死的骆驼比马大,拥有贵族气派的大英帝国是舍得为“艺术”二字花钱的。

(3)小公司的工作室制度非常灵活、松散,“有活就干,没活就散”的管理模式使动画师流动性很大。既然允许人员在各个公司之间流动,当然也就允许在各个国家之间循环。

(4)宽松的艺术创作氛围与优秀的动画高等教育吸引了大批有识之士在英国相聚。看看皇家艺术学院、国家影视艺术学校与创意艺术大学动画专业的毕业生名单，就知道有多少外国人在这里追逐自己的动画艺术之梦。1～2 年的硕士学位课程相对其他国家三年的惯例来说既节约了时间，又节省了开支。最主要的是在这里可以体验到传统与现代共存的多元文化。

外国动画师进入英国的第一个高峰期是 20 世纪 30 年代，刚刚起步的英国动画显露出本土人才匮乏的状况，在英国邮政总局(British General Post Office，简称 GPO)的资助下大量外国动画师在英国或借助英国资金进行创作，这其中不乏大师级人物：德国剪纸动画导演洛特·雷妮格、实验动画大师列恩·雷、美国先锋电影导演海克特·霍金(Hector Hoppin)与安东尼·格洛斯(Anthony Gross)以及日后导演了英国第一部动画长片的约翰·哈拉斯。

1968 年苏联入侵捷克斯洛伐克，很多捷克斯洛伐克动画师逃亡到英国，将他们擅长的定格动画技术与传统带到了这里。一大批捷克斯洛伐克动画师为当时英国唯一播放动画片的电视栏目《视觉呈现》制作动画片，这直接影响到也在那里工作的阿德曼动画公司的两位创始人大卫·史波克斯顿与彼得·洛德。从某方面讲捷克人是英国定格动画发达的幕后英雄之一。

外国动画师涌入英国的第二个高峰期是 20 世纪 80 年代初期。当时很多英国电视台为了节约制作成本既不自己生产也不购买本国动画公司的作品而是直接购买苏联、捷克斯洛伐克等国家现成的动画片。通过买卖成片使英国电视台与观众接触到大量美国动画片以外的艺术短片，并结识了一大批享誉世界的外国动画大师。1982 年伴随着第四频道正式开播，英国电视台开始聘请、投资外国知名动画师为其制作短片。其中不乏比利时动画之父劳尔·瑟瓦斯，荷兰动画大师保罗·德里森，美国动画导演、剧作家、漫画家、真人电影导演特里·吉列姆这样的大腕。即使一些貌似默默无闻的外国人也为英国动画发展作出了巨大的贡献，例如澳大利亚编剧斯坦·黑沃德(Stan Hayward)与鲍伯·苟德弗瑞长期合作，共同完成了《波洛尼厄斯》、《阿尔夫、比尔和弗瑞德》、《卡玛·苏卓归来》、《亨利的猫》、《梦中宝贝》、《速食性》、《女人简历》等大量优秀作品。斯坦·黑沃德还为乔治·杜宁和理查德·威廉姆斯写本子。他还与约翰·哈拉斯夫妇一起创造了英国最早的电脑动画片。此人还与鲍伯·苟德弗瑞合作将其动画片改编为连环画册。

这些大师将迥然不同的艺术风格与动画片样式带到了英国，并成为 20 世纪 80 年代英国动画再度复苏的催化剂。英国电视台尝到了国际化的甜头，于是不再局限于投资动画短片。第四频道资助爱尔兰籍日本人吉米·村上与捷克斯洛伐克超现实主义动画大师尚·史云梅耶分别导演了《当风吹起的时候》与《艾利丝》两部动画长片。

20 世纪 90 年代至今是英国与外国合作交流的第三个高峰期。梦工厂与阿德曼动画公司的合作使《超级无敌掌门狗》彻底征服了全世界。此时外国动画人对英国动画的影响已经从单纯的艺术创作扩展为资金注入、联合发行等领域。这种交流并不是单向的，英国也不是一个巨大的“劳务输入国”。在与各国同行合作的过程中大家建立了良好的合作关系并在日后的创作中互惠互利。例如蒂姆·伯顿会到英国寻求定格动画公司帮助他完成《圣诞夜惊魂》与《僵尸新娘》，而英国电视系列动画片《动物悟语》中也不乏漂洋过海而来的美国艺术家，英国女导演苏茜·坦普利顿的定格动画《彼得与狼》的拍摄工作则全部在波兰完成。从这些你中有我、我中有你的合作里我丝毫没感觉到"英国动画历史由外国人创造"有什么丢人的地方，反而体会到了这个国家的兼容并蓄。至于"待了一辈子英语也没说好"的问题大可不必斤斤计较，因为在说英语方面英国人向来看不上任何英语国家的人。我就亲耳听见一位英国老人在评论"英音"与"美音"哪个好听与正宗时很不屑地说："美国人?！哼哼……他们说的可是英国话。"

参考文献

第 1 章

http://www.screenonline.org.uk/film/id/445505/index.html

《欧洲动画盛事　英国占半壁江山》，作者：冯雪飞

http://www.britishcouncil.org/ZH/china-arts-ukarts-film-cartoondor.htm

第 2 章

http://ieol.chsi.com.cn/hwyx/info.do?schId=7217279

http://www.eduwo.com/hotnews/ukstudy/focus/files/qhBZMtZtmPg=.shtml

http://www.rich8.com/8/shop/splistnr.php?wdid=yoyoshop&biao=1&ProductID=479&PartID=30&PID=30

http://en.wikipedia.org/wiki/Dr._Seuss

第 3 章

http://www.shulu.net/wg/dwzy/dwzy.htm 这个网页有《动物农庄》的中文小说全文(感谢中文译者张毅、高孝先以及该书电子版的输入者复旦大学的唐薇小姐)

张卫民:《乔治·奥威尔:使政治写作成为一种艺术》

留葆祺:《乔治·奥威尔:"楚人养狙"与"动物庄园"》

程汉:《乔治·奥威尔:神话的批判》

http://www.unitedcn.com/03ZHMJ/23MING/new_page_3944.htm

www.tvvideos.com/addamsfamily.html

www.1worldfilms.com/1world/mastersofanimation.htm

www.awn.com/mag/issue3.7/3.7pages/3.7southall.html

www.cartoonresearch.com/feature.html

http://www.catsuka.com/news_detail.php?id=1238968348

Giannalberto Bendazz, *Cartoons——One Hundred Years of Cinema Animation*, 1994, John Libbey & Company Ltd.

John Halas: *Master of Animation*, 1987, BBC Books

Paul Wells: *Understanding Animation*, 1998, Routledge

http://www.imdb.com/name/nm0323962/

http://www.toonhound.com/bobgodfrey.htm

http://www.screenonline.org.uk/people/id/869480/index.html

http://film.guardian.co.uk/interview/interviewpages/0,6737,475302,00.html

http://www.anim8ed.org.uk/resources_index_godfrey.asp

英国创意艺术大学动画研究中心：http://

www. ucreative. ac. uk/index. cfm? articleid=11263

http://www. filmreference. com/Writers-and-Production-Artists-Gi-Ha/Godfrey-Bob. html

肖潇:《极端成人动画大师——Phil Mulloy(菲尔·莫洛伊)》,(作者系中国传媒大学动画学院 2006 级动画创作理论与实践方向研究生)

慧曼法师:《佛门管理:有效解决企业九大难题》,当代中国出版社 2007 年版

北太西:《椅子的性生活》,(http://cctv. mtime. com/group/fkmd/discussion/134052/

http://www. britfilms. com/britishfilms/directors/? id=D5D44D521af4424A59OrSsAF100E

http://www. wiki. cn/wiki/Daniel_Mulloy

http://www. imdb. com/name/nm0612465/

http://msn. mtime. com/person/1408609/details. html

http://www. awn. com/stuttgart_anifest/workshop. html

http://www. britfilms. com/britishfilms/directors/? id=D5D44D521af4424A59OrSsAF100E

"Frames Per Second 杂志对 Phil Mulloy 的采访"(音频):http://www. fpsmagazine. com/podcast/2006/03/podcast-001-phil-mulloy. php

法国杂志的评论:http://www. fluctuat. net/1633-Mondo-Mulloy-Phil-Mulloy

第 21 届柏林国际短片电影节对其作品的评论:http://www. interfilm. de/festival2005/filme-a-z-eng. php? programm=285

余为政主编:《巴瑞·普维斯采访》(采访者为魏子彬),摘自《动的艺术　画的电影》,台南艺术学院出版

格雷戈里·P. 富尼埃(Gregory P Fournier):《剧本与原子弹——日本文化类型的转变》(*Screen Play and the Atomic Bomb—Changing Styles in Japanese Culture*)

珍·琵琳(Jayne Pilling):《巴瑞·普维斯的世界》(*The Universe of Barry Purves*)

加里·莫理斯(Gary Morris):《这个英国天才的戏法——赋予木偶以生命》(*This Brilliant Brit's Sleight-of-Hand—Breathes Life into Wood and Wire*)

公司官方网站:http://www. awn. com/snowden-fine/

《链条秀男孩里奇》官方网站:http://www. rickysprocket. com/#/home

http://en. wikipedia. org/wiki/Bob_and_margaret

http://www. screenonline. org. uk/film/id/559894/index. html

The Animate Book (Benjamin Cook and Gary Thomas, 2007, Wallflower Press)

Unsung Heroes of Animation (Chris Robinson, 2007, John Libbey Publishing)

Animation Unlimited (Liz Faber and Helen Water, 2004, Laurence King publishing)

http://asifa. net/+/bush/

http://www. ruanyifeng. com/blog/2007/07/mae_west. html

http://movie. cctv. com/person/894620/

弓盈:《麦克尔·杜克·德威特(Michael Dudok de Wit)》,(作者系中国传媒大学动画学院 2006 级动画创作理论与实践方向研究生)

吕鸿雁、张骏编:《动画大师的生平与作品》,中国传媒大学出版社 2007 年版

《倾心空与静——访荷兰导演麦克尔·杜克·德威特:XFUN 杂志 2004 年 4 月对德威特的采访》

荷兰动画电影协会(NIAF—Nederlands Instituut voor Animatie Film, 即 Dutch Institute for Animation Film)2004 年 12 月对德威特的采访

http://www. imdb. com/

Big Cartoon 网：http://www.bcdb.com/
PChome 新闻台 blog：http://mypaper.pchome.com.
荷兰动画电影协会网(NIAF)：http://www.niaf.nl/niaf2006/en/index_en.htm
维基百科：en.wikipedia.org
世界动画网(AWN)：http://www.awn.com
尼可拉·罗奇(Nicola Lockey)：《从广告到影院片的回归》(*From Commercials to Features and Back*)
苏·格里芬(Sue Griffin)：《邓巴：绘画启示》(*Dunbar: Still Drawing Notice*)
林克欢：《先锋的意义——雅里"愚比王"系列读后》
马丁·艾斯林(Martin Esslin)著，华明译：《荒诞派戏剧》，河北教育出版社 2003 年版
乔夫·邓巴官方网站：http://www.geoffdunbar.net
http://www.tushucheng.com/book/1816037.html
http://www.musicafilm.it/movie-dvds/paul-mccartney-the-music-and-animation-collection.html
http://www.screenonline.org.uk/people/id/858602
邱禹凤：《从英国动画浅谈实验技法与动态设计的关系：以 BAA 动画为例》，摘自"你不知道的禹多田生活"博客 http://tw.myblog.yahoo.com/jw! uSkCd0WLBhjwIG5lo4Kf/article? mid=2353&next=2353&l=a&fid=1
http://www.screenonline.org.uk/people/id/1115040/
http://www.animateprojects.org/films/by_artist/a/d_a_andersons
希瑟·凯尼恩(Heather Kenyon)：《西蒙·帕梅尔的超现实主义世界》(*The Surreal World of Simon Pummell*)
http://www.awn.com/mag/issue5.02/5.02pages/kenyonpummell.php3
http://www.bbc.co.uk/films/2003/11/21/bodysong_2003_review.shtml
http://www.animateprojects.org/films/by_date/2000/blinded
http://news.bbc.co.uk/sport2/hi/olympics/monkey/7514376.stm
http://www.bbc.co.uk/imagine/tag/monkey_journey_to_the_west.shtml
http://www.monkeyjourneytothewest.com

第 4 章

创意艺术大学官方网站：www.ucreative.ac.uk
创意艺术大学动画研究中心：www.ucreative.ac.uk/index.cfm? articleid=11263
http://www.lboro.ac.uk/departments/ac/mainpages/Research/staffpages/paulwells/paulwells.htm
拉夫堡大学动画研究所：http://www.lboro.ac.uk/departments/ac/mainpages/Research/animationacademy/index.html

第 5 章

第四频道动画节目网站：http://www.channel4.com/culture/microsites/A/animation/
雷内·克特拉兹(Rene Kotlarz)：《第四频道历史与英国动画展望》(*The History of Channel 4 and The Future of British Animation*)
http://mag.awn.com/article_view.php? id=1164&page=all
http://www.britfilms.com/newsandevents/channel4animationaward
http://www.lupusfilms.net camilladeakin.htm
吉亚纳贝托·班达兹(Giannalberto Bendazzi)的书评：《尤里·诺尔斯金与故事中的故事：一位动画师的旅程》(*Yuri Norstein*

and Tale of Tales: An Animator's Journey)

http://mag.awn.com/index.php? ltype = search&sval=+Clare+Kitson&article_no=2627&page=1

安尼克·泰尼格(Annick Teninge):《创建全新的大英帝国:向克莱尔·凯特森致敬》(*Building A New British Empire—A Tribute to Clare Kitson*)

http://mag.awn.com/index.php? article_no=1163

弗兰肯希·克瓦斯基(Frankie Kowalski):《荒岛上的系列片——为电视带来生机的人》(*Desert Island Series—Be Sure to Bring a Power Source for TV!*)

http://mag.awn.com/index.php? ltype = search&sval=+Clare+Kitson&article_no=956&page=1

哈维·岱纳若夫(Harvey Deneroff):《五位独立动画的拥护者》(*Supporting Independents: Five Champions*)

http://mag.awn.com/index.php? ltype = search&sval=+Clare+Kitson&article_no=1229&page=1

吉尔·麦克格瑞尔(*Jill McGreal*):《走出动画"犹太区":克莱尔·凯特森与她的"杀人游戏"》(*Out of the Animation Ghetto: Clare Kitson and Her Muffia*)

http://www.awn.com/mag/issue1.2/articles1.2/mcgreal1.2.html

阿曼达一简·瑞德(Amanda-Jane Read):《手绘动画:此一时彼一时》(*Drawn Animation: Then and Now*)

埃里克·李莱尔(Eric Lilleor):《风雨三十年》(30 *Years On*)

http://en.wikipedia.org/wiki/Cosgrove_Hall_Films

http://www.toonhound.com/swallow.htm

http://www.yoyoto.com/book/2006/10/10010302.html

阿卡工作室官方网站:http://www.studioaka.co.uk

http://www.animationshow.com/interviewwithgrantorchard

http://www.colonymedia.co.uk

http://zed.cbc.ca/go? user_id = 11383&c=contentPage

http://www.animationshow.com/interviewwithgrantorchard

http://www.bbc.co.uk/dna/filmnetwork/U1562484

LOVE SPORT 在线观看:http://www.bbc.co.uk/dna/filmnetwork/A29673831

李梦:《Studio aka——现在流行英式创意》,作者为中国传媒大学动画学院 2006 级设计艺术学动画创作理论与实践方向研究生

http://news.awn.com/index.php? ltype=top&newsitem_no=25426

http://www.bjartlab.com/cige/antennacn.html

http://www.softimage.com/community/customer_stories/gorillaz/default.aspx

http://www.coloribus.com/focus/passion_pictures_best_animated_commercials/(激情动画公司动画广告片免费下载地址)

http://xino-xano-videos.blogspot.com/2008/01/pete-candeland.html

http://news.awn.com/index.php? ltype=top&newsitem_no=25426

http://www.bjartlab.com/cige/antennacn.html

http://www.hodgsonfilms.com/CV.html

http://www.bbc.co.uk/dna/filmnetwork/U8308873

http://www.sherbet.co.uk/directors/jonathanHodgson

http://www.independentexposure.com/filmmaker/615/Jonathan_Hodgson.html

http://www.bfi.org.uk/education/teaching/

movingshorts/films/film1. html
http://www. screenonline. org. uk/film/id/714333

第 6 章

“贝里尔动画公司”官方网站：http://www. berylproductions. co. uk/
http://www. screenonline. org. uk/film/id/468226/index. html

康地·加德作品观看网址：http://ww. sherbet. co. uk/directors/candyGuard

维拉·纽布尔官方网站：http://www. veraneu-bauer. com

《彼得与狼》官方网站：http://www. peterand-thewolffilm. co. uk

http://muum. spaces. live. com/blog/cns! AD412161E97BA23D! 3584. entry

http://www. screenonline. org. uk/film/id/714333

http://www. bbc. co. uk/dna/filmnetwotk/a23081636

安东尼亚·兰特(Antonia Lant):《女性独立电影:利兹动画工作室案例》(*Women's Independent Cinema: The Case of Leeds Animation Workshop*)

莱斯特·弗莱德曼(Lester Friedman):《英国电影与撒切尔主义:战火爆发》(*British Cinema and Thatcherism: Fires Were Started*), 1993 年 UCL Press 出版

桑德拉·洛(Sandra Law):《自画像:乔安娜·奎恩、康地·加德和艾莉森·德·维尔的女性动画作品》(*Putting Themselves in the Pictures: Images of Women in Work of Joanna Quinn, Candy Guard and Alison de Vere*),1995 年发表于《动画世界》(*Animation Wovld*)杂志

〔英〕夏洛特·布朗斯顿,李二仕译:《没有涵盖全部女性特质:英国 90 年代的女性和电影》

鲁斯·灵福特(Ruth Lingford):《女性动画》(*Women's Animation*),http://www. screenonline. org. uk/film/id/468226/index. html

《利兹动画工作室》(*Leeds Animation Workshop*, Annette Kuhn, Reference Guide to British and Irish Film Directors)

http://www. screenonline. org. uk/people/id/559139/index. html

Robert Russett&Cecile Starr, *Experimental Animation—Origins of A New Art*, 1976,Litton Educational

Frank Thomson, *Nightmare Before Christmas*, 1993, Disney Enterprises,Inc.

Brian Sibley, *The Wrong Trousers*, 1998, BBC Worldwide Ltd.

Peter Lord & Brian Sibley, *Cracking Animation—The Aardman Book of 3-D Animation*, 1998, Aardman Animations Ltd.

Richard Williams, *The Animator's Survival Kit*, 2001,Faber and Faber Ltd.

John Grant, *Masters of Animation* 2001, B T Batsford

Jayne Pilling, *A Reader in Animation Studies*, 1997,John Libbey & Indiana University Press

Giannalberto Bendazzi, *Cartoons—One Hundred Years of Cinema Animation*, 1994,John Libbey Publishing

Paul Wells, *Animation and America*, 2002, Rutgers University

Dr. Robert R. Hieronimus, *Inside the Yellow Submarine—The Making of the Beatle's Animated Classic*, 2002, The United States of America

Karl F. Cohen, *Forbidden Animation—Censored Cartoons and Blacklisted Animators in America*, 1997, McFarland & Company, Inc., Publishers

Jerry Beck, *Outlaw Animation: Cutting-Edge Cartoons From the Spike & Mike Festivals* 2003,Harry N. Abrams,Inc.

Clay Animation, 1980, American Highlights
Makin' Toons: Inside the Most Popular Animated TV Shows and Movies, 2003, Allworth Press
Andy Lane & Paul Simpson, *The Art of Wallace & Gromit: The Curse of the Were-Rabbit*, 2005, Titan Books
Jim Smith & J. Clive Matthews, *Tim Burton*, 2002, Virgin Books Ltd.
Maureen Furniss, *Art in Motion: Animation Aesthetics*, 1998, John Libbey & Company Pty Ltd.
Anima Mundi & Ed. Julius Wiedemann, *Animation Now!*, 2005, Taschen
Jayne Pilling, *2-D and Beyond*, RotoVision
Tim Burton, *Tim Burton's Vincent*, 1998, Hyperion Books
P. Adams Sitney, *The Avant-garde Film: A Reader of Theory and Criticism*, 1978, New York University Press
P. Adams Sitney, *Visionary Film, the American Avant-garde*, 1979, Oxford University Press
Clare Kitson, *Yuri Norstein and Tale of Tales: An Animator's Journey*, 2005, John Libbey Publishing
Vivien Halas, Paul Wells, *Halas & Batchelor Cartoons: An Animated History*, 2007, Southbank Publishing
Amid Amidi, *Cartoon Modern: Style and Design in 1950s Animation*, 2006, Chronicle Books
Roger Horrocks, *Len Lye*, 2001, Auckland University Press
Chris Robinson, *Unsung Heroes of Animation*, 2006, John Libbey Publishing
Gorillaz, *Gorillaz: Rise of the Ogre*, 2006, Riverhead Hardcover
Spencer Drate & Judith Salavetz, *Pure Animation: Steps to Creation with 56 Cutting-edge Animators*, 2007, Merrell
Suzanne Buchan, *Animated Worlds*, 2007, John Libbey Publishing
A Reader, *Animation —Art and Industry*, 2007, Indiana University Press、John Libbey Publishing
Jayne Pilling, *Women and Animation*, 1993, British Film Institute
John Gatehouse, Geoff Wilmetts, *The A-Z of British Animation*, 1998, Titan Books Ltd
Chris Robinson, *The Animation Pimp: An Official AWN Press Publication*, 2007, Course Technology
G., Michael Dobbs, *Escape: How Animation Broke into the Mainstream in the 1990S*, 2007, BearManor Media
Olivier Cotte, *Secrets of Oscar-winning Animation: Behind the Scenes of 13 Classic Short Animations*, 2007, Focal Press
《大国细节——英国》:凤凰出版传媒集团、江苏文艺出版社 2006 年 12 月第 2 版
〔英〕罗伯特·莱西著,王丽芝、程华权译:《英国女王伊丽莎白二世》,东方出版社 1996 年版
〔英〕约翰·吉林厄姆著,沈弘译:《中世纪英国:征服与同化》,外语教学与研究出版社 2007 年 9 月第 1 版
王振华著:《英国》,社会科学文献出版社 2003 年版
黄玉珊、余为政编著:《动画电影探索》,台湾远流出版事业股份公司 1997 年版
〔英〕莉斯·费伯、海伦·沃尔斯特著,王可、曹田泉、王征译:《动画无极限——世界获奖动画短片的经典创意》。由英国 Laurence King Publishing Ltd. 授权,上海人民美术出版社 2004 年独家出版
余为政:《动的艺术　画的电影(续)》,台南艺术学院 2006 年版